Vera F. Birkenbihl

# Coaching Kompakt Kurs

## Potentiale erfolgreich entwickeln
## und Lebensqualität gewinnen

24 Lehrbriefe

D1687867

OLZOG

# Gesamtinhaltsverzeichnis/Schwerpunktthemen

Vera F. Birkenbihl

# Coaching Kompakt Kurs

Potenziale erfolgreich entwickeln und Lebensqualität gewinnen

**24 Lehrbriefe**

# Der Vera F. Birkenbihl-Brief

# Erfolg & Lebensqualität

+++ geistig ständig fitter +++ als Persönlichkeit immer erfolgreicher +++
in der Kommunikation Schritt für Schritt besser +++ denn: Erfolg ist ein Prozeß

**Monatlicher Beratungs- und Trainingsservice** **Brief zum BasisWissen**

Liebe Leserin,
lieber Leser,

die Tatsache, daß Sie diesen Brief lesen, läßt vermuten, daß Sie **nicht** (wie die meisten Menschen) „gelebt werden", sondern Ihr Leben selbst aktiv gestalten wollen. Das heißt, Sie sind bereit, sich kreativ auseinanderzusetzen, um **Ihren persönlichen Erfolg**, und damit Ihre **Lebensqualität** zu erhöhen. Sie gehören zu den wenigen, die bereits wissen, daß man Erfolg nicht als „Produkt" kaufen und dann besitzen kann, denn: **Erfolg ist ein Prozeß!** Ähnlich wie die körperliche Fitneß gilt auch im geistig/seelischen Bereich: Use it or lose it! (Gebrauche es oder verliere es!). Wir müssen unsere denkerischen „Muskeln" genau so trainieren, wenn wir geistig fit bleiben oder werden wollen. Dabei hat die neueste Gehirnforschung eindeutig gezeigt: Es ist nie zu spät. Egal, wie lange man „gesündigt" hatte: Wer mit einem systematischen Training beginnt (wenig aber regelmäßig), wird bereits nach einigen Wochen spüren, wie alles leichter fällt. Denn der Organismus paßt sich immer der vorhandenen Situation an (faul oder fit), körperlich wie im Kopf!

Sie möchten effizienter werden (z.B. **Gedächtnis**, Kreativität) aber auch weniger Streß und Ärger erleiden müssen, um wertvolle Zeit und Energien für das eigentliche Leben „frei zu bekommen". Das sind einige wesentliche Aspekte, die wir meinen, wenn wir sagen, es gilt (noch) **erfolgreicher** zu sein/werden. Das heißt auch, daß Sie Ihr Potential optimal entwickeln, damit Sie **gerne** tun, was Sie immer besser tun. Und es bedeutet, daß Sie etwaigen Erfolgs-Blockaden in Ihrem Leben auf die Schliche kommen (z.B. Anti-Erfolgs- oder Anti-Reichtums-Programme), welche bewirken, daß Sie sich selbst „im Weg stehen" könnten.

Vera F. Birkenbihl

**Vera F. Birkenbihl**

gehört zu den erfolgreichsten Persönlicheits-Entwicklern Europas, die seit 1970 abertausende von Seminarteilnehmer/innen, Leser/innen, Rundfunk-Hörer/innen, und Fernsehzuschauer/innen überzeugt und begeistert. Das Wesentliche ist, daß V.F.B. lebt, was sie „predigt". Egal ob sie mit einer Person spricht oder vor tausend, immer spürt man ihr persönliches Bedürfnis, ihren Mitmenschen etwas zu geben.
Aber sie gibt nicht nur weiter, sie hat auch wesentliche Konzepte selbst entwickelt, z.B. die Berücksichtigung der Arbeitsweise des Gehirns bei der Informationsaufnahme und Weitergabe **(= gehirn-gerechtes Arbeiten)**, die **Birkenbihl-Methode, Fremdsprachen zu lernen**, das **gehirn-gerechte Rechentraining**, das **Insel-Modell** (Selbsterkenntnis, persönliches Wachstum und Kommunikation), **Erfolg als Faktor unserer Lebensführung** (wer sein Leben führt, ist Führer) u.v.m.
Als Leser/innen dieses Briefes werden Sie viele dieser Techniken kennen und schätzen lernen.

Dr. Reinhard Möstl, Verleger,
OLZOG Verlag

Wenn Sie kein erfolgreicher Eremit in der Höhle werden wollen, dann bedeutet Ihr Wunsch, (noch) erfolgreicher zu werden auch: Sie möchten Ihre Art der KOMMUNIKATION mit Ihren Mitmenschen (beruflich wie privat) überprüfen und gegebenenfalls optimieren. Denn in der Zukunft wird nur bestehen, wer die drei **Schlüssel-Begriffe** des postindustriellen Zeitalters be- und ergreifen kann:

1. **Information** (erhalten & weitergeben)

2. **Kommunikation:**
   dabei geht es um die Beziehungen zu unseren Mitmenschen (Kund/innen, Mitarbeiter/innen, Kolleg/innen, Partner, Kindern).

3. **Service:**
   es geht hier nicht nur um die bessere Beziehung zu den Kund/innen, sondern auch um den „internen" Service innerhalb des eigenen Unternehmens und generell im Umgang mit Menschen.

Hierin unterscheidet sich der Mensch, der Verantwortung für sein Leben übernimmt, von jenen „Fröschen" (s. Broschüre BasisWissen), die auf ihr Glück hoffen und im Zweifelsfall die Schuld auf die Welt, d.h. auf andere Menschen, auf den Staat, auf Gott, auf das Schicksal schieben...

Sie hingegen, liebe Leserin, lieber Leser, sind bereit, Ihren Lebensweg **bewußt** zu gehen. Wer aber bereit ist, sich selbst zu helfen, der kann tatsächlich Hilfestellungen finden und anwenden. Sie werden in diesen Briefen vieles finden, was Ihren persönlichen Erfolg (beruflich wie privat) erhöht, zum Teil sogar dramatisch! Denn Er•FOLG ist immer die FOLGE dessen, was Sie zuvor gedacht und getan haben. Wenn Sie Ihr Handeln optimieren, dann werden Sie zwangsläufig auch die Folgen (sprich: Ihren „Erfolg") optimieren. **Beispiele:**

- Wenn Sie begreifen, daß 80% Ihrer **„Gedächtnisprobleme"** gar keine sind (vgl. BasisWissen) und wenn Sie aus den bahnbrechenden Ergebnissen der Gehirnforschung Ihren ganz persönlichen Nutzen ziehen wollen, dann sind Sie bereit, Ihr bisheriges Vorgehen zu überdenken und ca. einen Monat lang täglich ca. zehn Minuten Trainingszeit zu „investieren", um Ihr **Gedächtnis dramatisch zu verbessern**, oder? Und wenn Sie später weitere Details zu dieser Methode erfahren, auch diese systematisch durchzutesten. Und wenn Sie darüber hinaus Techniken ange-

Regelmäßige Inhalte der
**Vera F. Birkenbihl-Beratungs- und Trainingsbriefe**

**Themenbereich Nr. 1**
**Gehirn-gerechtes Arbeiten:**

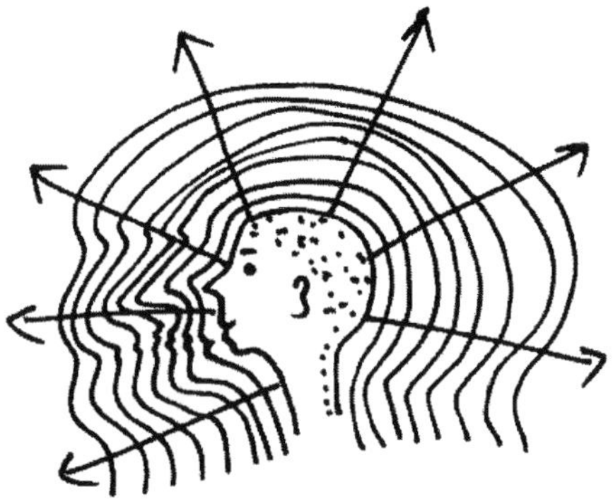

- **Brain-Management im Informations- Zeitalter,**
- **Denk-Techniken und**
- **Kreativität**

**Themenbereich Nr. 2**
**Der persönliche Erfolg:**

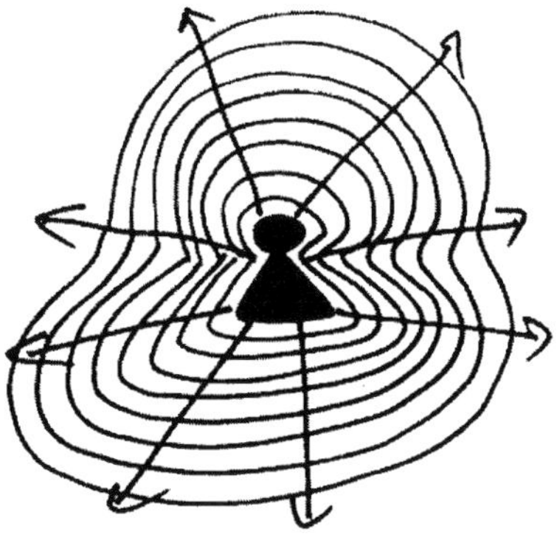

- **Anti-Streß**
- **Anti-Ärger**
- **Potential erweitern**
- **Persönlichkeitsentwicklung** (werden, wer man eigentlich schon ist)
- **Pro-(Lebens-)Freude**
- **Pro-Erfolg**
- **Pro-Reichtum in jeder Form,** (also auch in materieller Hinsicht)

**Themenbereich Nr. 3**
**Kommunikation:**
**Das Birkenbihl'sche INSEL-Modell:**

- **die eigene Insel besser kennen lernen**
- **die eigene Insel systematisch erweitern**
- **die Brücke zu den Inseln anderer bauen**

- **Ein Seminar** wirkt sehr intensiv (aber nach dem Tag sind die meisten Gedanken „verpufft", weshalb man ja „nacharbeiten" müßte, was jedoch erfahrungsgemäß die wenigsten Teilnehmer/innen tun. (Deshalb bieten Video-Vorträge und -Seminare die Möglichkeit, sie mehrmals zu genießen, wann und wo Sie wollen, auch mit Familie, Freunden, Kolleg/innen usw.)
- **Tonkassetten** sind phänomenal geeignet, um sich wichtige Gedanken immer wieder einmal bewußt zu machen (z.B. auf Reisen, beim Gassigehen, beim Bügeln...), aber hier kann man nichts anstreichen und gezielt finden, wenn man es wieder benötigt.
- **Ein Buch** bietet für manche Menschen zuviele Informationen auf einmal, weshalb viele Leser/innen gute **Artikel** vorziehen, aber um diese zu finden, muß man eine Menge Zeitschriften durchforsten...

boten bekommen (z.B., um Ihre **Kreativität** zu erhöhen), dann sind Sie sicherlich gerne bereit, auch diese zu testen, richtig?

- Wenn Sie erfahren, **warum** Sie sich früher häufig **ärgern „mußten"** (d.h., daß Sie sich eigentlich in vielen Fällen **gar nicht** ärgern müssen!), dann können Sie auch hier neue Verhaltensweisen testen, indem Sie die angebotenen **konkreten Anti-Streß-/Anti-Ärger-Tips und Techniken** in Ihr Leben integrieren, nicht wahr? Denn so gewinnen Sie wertvolle Zeit und Energie, die Sie in Ihren Erfolg „investieren" können!

- Wenn Sie lernen, warum die **Kommunikation** manchmal leicht, manchmal aber sehr schwer fällt und wie man Verständnis für den **Standpunkt anderer** entwickeln kann (was nicht heißt, man müsse zustimmen!) und wie man durch dieses Verständnis die **„Brücke"** zum anderen bauen kann (selbst wenn man nach wie vor eine andere Meinung vertreten möchte), dann werden Sie diese Ideen testen wollen. Und wenn Sie merken, daß Sie immer weniger „echt schwierige" Kommunikations-Situationen erleben, dann hat dies **zwei Vorteile**:

Erstens sparen Sie wiederum wertvolle Zeit und Kraft (= Energie). Zweitens fühlt sich Ihr Gesprächspartner wohler, was seine/ihre Bereitschaft, auch in Zukunft mit Ihnen zu sprechen (oder verhandeln) erhöht. So baut man gute Beziehungen auf, welche spätere Kommunikationen für beide Teile erleichtern...
Jetzt würde ich Ihnen noch gerne eine Frage beantworten, die mir seit der Planung dieses Briefes regelmäßig gestellt wurde:

**Frage**:
*Warum neben Ihren zahlreichen Veröffentlichungen, Vorträgen, Seminaren und TV-Beiträgen jetzt auch die Briefform?*

**Antwort**:
*Jede Form der Veröffentlichung hat ihren besonderen Nutzen.*

**Dieser Brief** ist als Ihr persönliches Beratungs- und Trainingsprogramm konzipiert und bietet Ihnen **folgende Vorteile**: Sie erhalten **einmal pro Monat** einige **kurze** Texte, die Ihnen pro Brief jeweils nur einige wenige Gedankengänge (diese aber intensiv) anbieten.

Dabei ist der Weg, den ich Ihnen vorschlage in der Regel „vom Kopf in den Bauch", das heißt: Erst, wenn Sie gedanklich nachvollziehen können **warum** etwas nicht optimal läuft (z.B. warum wir uns zu häufig ärgern) sind Sie offen für eine Alternative (für ein neues **wie**).

Zu allen wichtigen Abschnitten gibt es praktische Übungen, in Form von **Inventur- oder Quiz-Aufgaben** vorab, damit Sie einen Gedankengang aktiv entdecken können. Oder in Form von **Trainings-Aufgaben**, konkreten **Tips** und **Techniken**, welche Ihnen helfen, die neuen Einsichten auch praktisch in Ihr Leben zu integrieren.

Manchmal lade ich Sie zu einer Übung ein, deren Sinn nicht gleich erklärt wird, damit Sie (wie im Seminar) etwas ausprobieren können. Die Erklärung folgt immer im selben Brief (vielleicht aber erst einige Seiten später, wenn es einen zweiten Schritt der Übung gibt, der erst abgeschlossen werden soll. Inventur-Übungen zeigen Ihnen, WIE Sie derzeit vorgehen (z.B. in Bezug auf Ihr Gedächtnis). Experimentelle Übungen lassen Sie etwas Neues spielerisch ausprobieren, ehe die Erklärung (für den Kopf) folgt. Und die TRAININGS-Aufgaben (oder STRATEGIEN) helfen Ihnen schrittweise immer besser zu werden. Diese Trainingsaufgaben fallen in zwei Kategorien:

1. **PFLICHT**:

Diese Aufgaben sollten Sie unbedingt durchlaufen, wenn Sie Ihre „Erfolgsmuskeln" stärken (und „Fett" oder „Verkalkung" abbauen) wollen. Diese Aufgaben werden durch dieses Symbol gekennzeichnet.

Symbol für **PFLICHT-Aufgaben**

2. **KÜR**:

Bei diesen Trainings-Einheiten handelt es sich um mögliche vertiefende Übungen, von denen Sie sich aussuchen, wozu Sie Lust haben. Sie erhalten ein anderes Symbol.

Symbol für **KÜR-Übungen**

Wie das ganze praktisch abläuft, können Sie am Beispiel der beiligenden Broschüre „BasisWissen" sehen: Sie entspricht der Art des Briefes, nur mit dem Unterschied, daß Sie den Umfang von ca. vier Briefen enthält, und zwar aus 3 Gründen:

1. Es gilt, Ihnen zu **drei** Themenbereichen erste Grundlagen anzubieten, damit die Briefe auf diesen aufbauen können.

2. Somit wissen Sie genau, ob Sie diesen aktiven Weg wirklich gehen wollen.

3. Sie erhalten eine faire Chance, Charakter und Stil der Briefe zu testen, ehe Sie Ihre Entscheidung treffen.

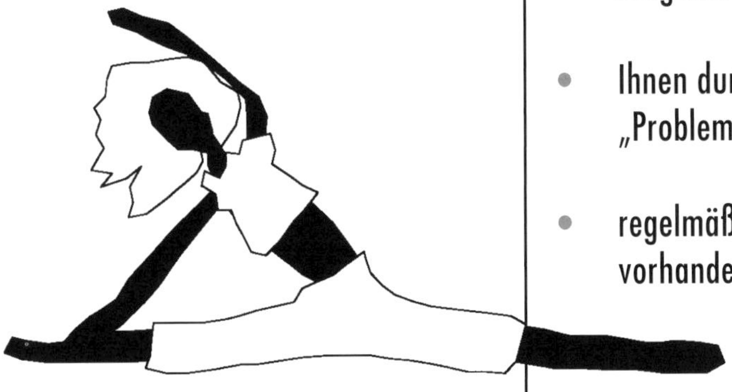

**Beispiel**: Angenommen ich bitte Sie, in der Zeit zwischen dem heutigen und dem folgenden Brief, Ihre Umwelt (inkl. Fernsehen) auf einen bestimmten Aspekt hin zu beobachten. Dann könnte die **Pflicht**-Aufgabe in der Beobachtung selbst liegen (inkl. einiger Stichpunkte, mit denen Sie Ihre Erkenntnisse festhalten). Es könnte jedoch eine (mögliche) **Kür**-Übung geben, welche Sie bittet, bestimmte Aspekte Ihrer Beobachtungen ausführlicher zu dokumentieren. Nun entscheiden Sie erstens, ob diese Zusatz-Variante Ihnen für Sie persönlich besonders hilfreich erscheint und zweitens, ob Sie Lust haben, mehr als einige Stichpunkte aufzuschreiben.

Bei den **Kür-Aufgaben** haben Sie immer die **Wahl** ob (und wie) Sie sie ausführen wollen. Wenn Sie im Schnitt von fünf vorgeschlagenen Kür-Aufgaben eine auswählen, reicht das völlig. Aber die **Pflicht-Aufgaben** stellen ein **Minimum** dar. Dabei gilt: Alle **Pflicht-Aufgaben** sind in jahrzehntelanger Seminar-Praxis entwickelte **Mikro-Module**, die mit **wenigen Minuten** Zeitaufwand **pro Tag** „erledigt" werden können. Denn die Gehirnforschung hat auch bewiesen, daß täglich einige wenige Minuten weit mehr bringen als einmal pro Woche 3 Stunden! Auch diesen Vorteil werden Sie zu schätzen lernen...
Inhalt und Gestaltung dieser Briefe entsprechen einem Coaching. Alle Superstars (nicht nur im Leistungssport) haben ihren Coach! Dessen Aufgabenbereich sieht vor:

- **Basis-Informationen** zu für Sie wichtigen Themen anzubieten (deshalb muß der Coach ein Profi auf seinem/ihrem Gebiet sein),

- Ihnen **Möglichkeiten** zur regelmäßigen Überprüfung, Absicherung und Konsolidierung von bereits Erreichtem anzubieten,

- Ihnen durch regelmäßige **Check-Ups** zu helfen, etwaige „Problemzonen" zu erkennen und zu optimieren,

- regelmäßige **Übungs-Programme** zu erarbeiten, damit Sie vorhandene Stärken systematisch ausbauen können!

Deshalb werden Sie in jedem Brief zur aktiven Mitarbeit eingeladen. Sowohl beim Lesen des Briefes (bitte immer Schreibzeug bereithalten) als auch mit einer „Hausaufgabe" (eine Pflicht-Aufgabe) bis zum nächsten Brief.

**Und genau hier liegt der Vorteil dieses Verfahrens**: Bei einem Buch lassen Sie sich durch den Hinweis „bitte vier Wochen trainieren, ehe Sie weiterlesen" wohl kaum vom Umblättern abhalten. Aber der nächste Brief kommt wirklich erst in einem Monat; also fällt es Ihnen weit leichter, Ihr Training zu absolvieren.

Bitte prüfen Sie jetzt den Text BasisWissen und treffen Sie dann Ihre Entscheidung. Wenn Ihnen dieser Erfolgs-Weg zusagt, dann verbleibe ich bis zum nächsten Brief,

mit liebem Gruß,

Ihre Vera F. Birkenbihl

P.S. **Noch eine Gratis-Probe**

Damit Sie besser abschätzen können, welche Art von praktischen Tips, Techniken und Methoden Sie im Brief immer wieder angeboten bekommen werden, hänge ich jetzt ein Beispiel an. Wenn Sie **kreativ Ideen** suchen, dann hilft Ihnen dabei die von mir entwickelte...

## Kreativitäts-Technik: 90 Sekunden Plus©

Wenn wir kreativ nachdenken wollen, gibt es zwei Möglichkeiten:

1. Wir wollen **erste** Gedanken **suchen**. Wir beginnen also bei „Null" und beginnen in unserem Geist zu „fischen". Hierbei gilt: **Die ersten 60 bis 90 Sekunden sind in der Regel die REICH•haltigsten!** Wir brauchen also nicht jedesmal 20 Minuten zu grübeln, wenn wir erste Ideen (Assoziationen) sammeln wollen.

2. Wir wollen EINE spezifische Idee (vielleicht eine, die bei Schritt 1 entstanden war?) weiter ENTWICKELN. In diesem Fall wollen wir einen längeren Zeitraum „am Ball" bleiben, damit ein Ent•WICKLUNGs•Prozeß stattfinden kann. Nur so können wir **einen** Gedankengang in Ruhe ent•wickeln (= herauswickeln).

In beiden Fällen gilt es zunächst, das zu „finden", was bereits in uns „liegt". Nun gibt es wieder zwei Möglichkeiten:

a) **Entweder es sind Menschen in unmittelbarer Nähe**, die Sie kurz um ihre Ideen befragen können.

b) **Oder Sie sind derzeit allein** (vgl. Kasten)

**zu a)** Im Seminar vergleichen die Teilnehmer/innen ihre Ergebnisse des ersten (90-Sekunden-)Schrittes mit ihren Nachbar/innen (in Kleingruppenarbeit). Sie „klauen" (gegenseitig) Ideen und geben ihre preis. Auch hier reichen 2 – 3 Minuten. Dann hat jede/r einzelne eine ganze Menge neuer Ideen. Über diese können sie jetzt (oder später) alleine weiter nachdenken.

**zu b)** Sind Sie jedoch allein, wenn Sie kreativ sein wollen (müssen?) und neue Ideen suchen – wo bekommen Sie jetzt die hilfreiche Kleingruppe her? Nun, gottseidank gibt es Telefon (Fax, e-mail und internet chat groups).

Sie können nämlich nach Ihren ersten 90 Sekunden Nachdenken drei, vier Menschen anrufen und kurz befragen. Wir müssen natürlich vorher einige Menschen gefunden haben, mit denen wir uns vorab geeinigt haben, daß wir uns gegenseitig in dieser Weise **um 90 Sekunden Hilfestellung bitten** dürfen.
Ich habe ca. 20 Gesprächspartner, die ich schnell mal anrufen kann, wenn ich eine Idee suche. (Auch diese Menschen können mein Wissens-Netz „anzapfen".) Im Schnitt erreiche ich von drei Personen jeweils eine (weil andere im Meeting oder außer Haus sind), aber ich kann innerhalb von ca. 10 Minuten mit drei bis vier Kontakten sprechen, um drei/vier mal 90 Sekunden Assoziationen einzuholen.
Ebenfalls wichtig sind die Spielregeln für solche Gespräche (auf die man sich natürlich ebenfalls vorab geeinigt hat):

1. Man fällt ohne irgendwelche Begrüßungsfloskeln (also ohne ein „Wie geht es Ihnen heute?") mit der Tür ins Haus. Zum Beispiel mit der Frage: „Hätten Sie 60 – 90 Sekunden Zeit für ein Stichwort?" Wenn der andere zustimmt, entriegele ich die Pause-Taste meines Kassettenrecorders (vgl. KASTEN) und nenne mein Stichwort: „Das heutige Thema ist XXX".

2. Während der/die Partner/in uns seine/ihre Assoziationen nennt, schweigen wir, weil wir sonst seine/ihre Gedankenkette stören. Dies soll schließlich kein Brainstorming (= eine gemeinsame Entwicklung von Ideen) werden! Dies ist eine Bitte um 60 – 90 Sekunden Zeit für erste spontane Assoziationen dieses Gesprächspartners!

3. Werden durch Ideen des anderen neue eigene Assoziationen ausgelöst, so notieren wir diese (schweigend!).

4. Wenn dem anderen die Ideen ausgehen und er/sie beginnt, „krampfhaft" nach weiteren zu suchen, weisen wir darauf hin, daß die Zeit abgelaufen ist und bedanken uns.

5. Auch am Ende werden keine „echten" Gespräche geführt. Dieser letzte Punkt ist sehr wichtig!

*Erstens*, **weil wir den anderen kurz aus irgendeinem Gedankengang herausgerissen haben**. Eine Mini-Unterbrechung von 60 – 90 Sekunden kann jede/r gut verkraften. (In Ausnahmefällen hätte unser Partner bei Schritt 1 gesagt, daß es jetzt leider nicht geht.)
*Zweitens*, **weil ja auch wir am Thema bleiben wollen**! Oft notiere ich

**Tip**: Ich schneide diese Assoziationen auf Band mit (das wissen meine Gesprächspartner/innen natürlich). Dies hat drei Vorteile:

1. Meine Helfer/innen können **spontan reagieren** (ohne warten zu müssen, bis ich ihre/n Begriff/e notiert habe). Das bedeutet eine weit ergiebigere „Ausbeute", denn jeder Gedanke löst weitere aus, weil er mit zahlreichen Gedanken im Wissens-Netz verbunden ist. Je grösser die Freiheit, von „Knotenpunkt" zu „Knotenpunkt" im Wissens-Netz zu springen, desto mehr wird dabei „herauskommen" (d.h. HERAUS•gewickelt werden).

2. Ich kann **eigene neue Assoziation** aufschreiben, die ein vom Gesprächspartner genannter Begriff jetzt in mir auslöst, weil auch ich die Freiheit habe, in meinem Wissens-Netz „herumzuspringen")!

3. Wenn ich hinterher das Band abhöre, kann ich mir wieder viel Zeit lassen und **weitere eigene Assoziationen** aus meinem eigenen Wissens-Netz in mir „hochsteigen" lassen.

noch 30 – 60 Sekunden weitere **vom Partner ausgelöste** Ideen, ehe ich wieder zum Hörer greife und die nächste Nummer wähle.

Natürlich kann es vorkommen, daß eine diese/r Helfer/innen ein Gespräch wünscht. Also sagt der Partner am Ende z.B.: „Ich möchte gern mit Ihnen sprechen, geht es heute noch?“, und wir verabreden einen Zeitpunkt, aber dieses „richtige“ Gespräch muß unbedingt separat geführt werden (vgl. Kasten S. 7).
Nur wenn Sie die Spielregeln immer einhalten, haben unsere Partner die Gewähr, daß solche Ideen-Such-Telefonate innerhalb von 90 Sekunden abgeschlossen sind. Brechen Sie hingegen die Regeln manchmal, dann fallen Ihre Ideen-Such-Telefonate bald in die Kategorie „normaler“ Anrufe und werden dementsprechend behandelt. Dann können Sie diese Aktion nicht mehr mit einem von drei Wunschpartner/innen durchführen, weil zu viele Ihrer potentiellen Helfer/innen gleich abblocken werden. Damit aber ist die Ideen-Such-Möglichkeit zerstört, durch welche Sie dreifach profitieren (s. unten).

So erhalten Sie in Null-Komma-Nichts eine Fülle von Anregungen, welche Ihnen „Material“ für viele fruchtbare Stunden danach liefern! Vergleichen Sie stundenlanges „angestrengtes Nachdenken“ (die berühmte Bleistift-Kau-Phase) mit den Vorteilen für alle, die bei der Methode 90 Sekunden Plus© mitwirken (denn die Menschen, die Ihnen heute ihre 90 Sekunden schenken, dürfen Sie ja auch anrufen, wenn sie Hilfe brauchen).

Somit profitieren Sie **dreifach** von **90 Sekunden Plus©**:

1. Sie können jederzeit die Ideen von mehreren Gesprächspartnern „anzapfen“. (Na ja, nachts um 3 Uhr möchten Sie wahrscheinlich nur Partner/innen am anderen Ende der Welt anrufen, was ich regelmäßig tue, weil ich oft nachts geistig arbeite.)

2. Sie haben während der 60 – 90 Sekunden die Möglichkeit, neue Assoziationen, die Ihr Partner in Ihnen ausgelöst hat, ebenfalls zu notieren (Sie schneiden die Ideen des anderen auf Band mit, damit Sie frei sind, Ihre eigene Ideen aufzuschreiben). Vgl. auch BasisWissen S. 21.

3. Sie haben nach dem Kurz-Telefonat die Möglichkeit, weitere eigene Gedanken in Ihrem Inneren zu finden (d.h. sie HERAUS•zuwickeln)!

# BasisWissen

## zum Vera F. Birkenbihl-Brief

## Erfolg & Lebensqualität

- geistig ständig fitter
- als Persönlichkeit immer erfolgreicher
- in der Kommunikation Schritt für Schritt besser
- denn: Erfolg ist ein Prozeß

Beratungs- und Trainingsservice

## Vorwort

Dieses BasisWissen soll Sie vor allem mit jenen grundsätzlichen Denk-Modellen vertraut machen, auf denen die Briefe später aufbauen; es hat also auch ein wenig Nachschlage-Charakter.

Bei den Übungen wird sich zeigen, ob Sie diese Beratungs-Briefe wirklich wie eine Sitzung mit Ihrem persönlichen Coach nutzen wollen. Ich darf Sie an die Redewendung „Sei kein Frosch!" erinnern. So ein armer Kerl hat nicht viel Entscheidungs-Spielraum, aber Sie haben ihn! Wenn Sie nur lesen, werden Sie nur maximal 40% des Nutzens aus diesen Briefen „herausholen", den sie Ihnen bieten **könnten**. Es ist natürlich Ihre Entscheidung!

Wenn Sie aktiv mitspielen wollen, dann legen Sie jetzt bitte bereit:

- **DIN-A 4 Blätter** (optimal einzelne Seiten, die Sie später lochen und im Service-Ordner (Übungs-Journal) einlegen können).
- **Schreibgerät/e.** Heute reicht ein Stift, aber in der Zukunft wären auch farbige Stifte sicher oft hilfreich...

Wenn Sie später Ihre Briefe durcharbeiten, benötigen Sie noch:

- **Einen normalen Kassettenrekorder oder ein Diktier-Gerät:** es kann ein extrem preiswertes Modell sein, da Sie nur (Ihre) Sprache festhalten wollen. Optimal wäre eine bequeme Ein-Hand-Bedienung ohne großen Aufwand.
- **Einen Timer:** optimal einen, der **die Zeit rückwärts zählt** und nach soundsovielen Sekunden oder Minuten piepst. Sonst müssen Sie immer die Uhrzeit zum Übungsende ausrechnen. Dies ist lästig, vor allem, wenn Sie mehrere 15-Sekunden-Aufgaben hintereinander durchführen wollen...

**Achtung:**

Wenn Sie schon in meinen Vorträgen oder Seminaren waren oder wenn Sie Bücher, Ton- oder Video-Kassetten von mir kennen, dann wird Ihnen manches bekannt **vorkommen**. Aber so manche Erklärung ist inzwischen **weiter entwickelt** als damals. Der „Kenne ich schon"-Effekt beeinflußt die Wahrnehmung (die neuen Aspekte „fallen heraus").
Deshalb: **Bitte lesen Sie trotzdem alles**, damit Sie den jeweils **neuesten** Stand der Gedanken oder Denk-Bilder kennenlernen.
Danke.

## Er/sie?

Es geht um das „Er/sie"-Problem: Selbstverständlich gehen wir immer davon aus, daß sowohl Sie, liebe Leserinnen und Leser Damen und Herren sind, als auch die Menschen, mit denen Sie zu tun haben. Deshalb verwende ich oft die „moderne" Schreibweise „Kund/innen" oder

**Achtung:**

Es gibt nur ein **einziges erstes Mal**. Alle Inventur-Übungen helfen Ihnen, wertvolle Erkenntnisse zu erlangen, nämlich durch ein persönliches Erlebnis! Deshalb wünsche ich Ihnen, daß Sie mit wachem **Forschergeist** an die Texte herangehen...

Davon können Sie sich sofort überzeugen: Vergleichen Sie Nachrichtensendungen von deutschen mit denen ausländischer Sender (z.B. via Satellit) und Sie sehen, daß der Ankermann oder die Ankerfrau (im Studio) den Korrespondenten (der z.B. vor der Klagemauer in Jerusalem steht) mit Namen ansprechen. Auch er benutzt den Namen der Ankerperson in seiner direkten Anrede. Bei uns hören Sie dies äußerst selten (im Gegensatz zu „Hallo Mainz", wenn die Verbindung endlich steht). Zwar wird es auch bei uns langsam besser, aber nur sehr langsam...

**Tip:**

Sprechen Sie Ihre/n Gesprächspartner mehrmals pro Gespräch mit seinem Namen an. Dadurch registriert er (in der Regel unbewußt), daß Sie wirklich ihn meinen. Deshalb fühlt er sich (ebenfalls unbewußt) von Ihnen „echt angesprochen".

„Mitarbeiter/innen" usw. Aber wenn ich Ihnen einen **konkreten** Tip geben möchte (z.B. wie Sie mit jemandem besser „umgehen" können), dann ist ein „er/sie" oft nicht sinnvoll (vgl. Beispiel unten). An solchen Stellen werde ich nur „er" sagen; dieses „er" bezieht sich automatisch auf „dieser Mensch[1] " und beschreibt Ihren jeweiligen Gesprächspartner. Denn:

**Tips und Techniken müssen kurz und präzise MERKsatz-ähnlich formuliert werden, damit sie MERK-Charakter haben.**

**Fallbeispiel:**
Wir Deutsche neigen dazu, unsere Mitmenschen anzusprechen, ohne sie wirklich persönlich „anzusprechen", weil wir die direkte Anrede viel seltener einsetzen als Angehörige anderer Nationalitäten (vgl. Kasten).

Sehen Sie, dieser Tip würde in der „politisch korrekten" Formulierung wie folgt aussehen:

*Sprechen Sie Ihren Gesprächspartner/in ... mit **seinem/ihren** Namen an. Dadurch registriert **er/sie** ..., daß Sie wirklich **ihn/sie** meinen. Deshalb fühlt **er/sie** sich ... von Ihnen „echt angesprochen".*

Damit aber wird die MERK•barkeit des Satzes drastisch reduziert, denn diese Formulierung müssen Sie in Ihrem Kopf jeweils als „er oder sie" übersetzen, so daß Sie zwei Personen in Ihrer Vorstellung aufbauen, nämlich eine männliche oder eine weibliche. Damit aber würde der MERK•Satz zu viel Qualität verlieren. Ich hoffe, Sie sind einverstanden.

Lassen Sie uns nun einsteigen:

---

[1] Da ja auch wir Damen „Menschen" sind, hoffe ich, daß Sie diese Regelung nachvollziehen können:

## Unser Thema: Ihr Erfolg

Wie im Brief zum BasisWissen bereits erwähnt, kann man Erfolg (beruflich wie privat) nicht ein für allemal „erwerben“, um ihn dann für immer zu „haben“, denn: **ERFOLG ist ein PROZESS!**

Deshalb zeichnen sich alle Erfolgreichen dadurch aus, daß sie sich aktiv für ihren Erfolg entscheiden, daß sie Verantwortung für Ihren Erfolg übernehmen und daß sie dann ständig „am Ball bleiben“.

Die nebenstehende Abbildung gibt Ihnen einen ersten groben Überblick über die Schwerpunkte der Briefe. Die **Art** der Abbildung ist ein sogenanntes KaWa© und gehört zu einer Kreativ-Technik, in die ich Sie später einführen werde. Lassen Sie sie im Augenblick nur „einfach etwas wirken“.

Die Begriffe werden in diesem BasisWissen „angedacht“, so daß wir später systematisch aufbauen können. Beginnen wir mit einem etwas ungewöhnlichen Begriff (bei „R“), dem **Repertoire**. Wir verwenden dieses Wort normalerweise eher auf das Können eines Künstlers (Musikers) bezogen. Ich habe ihn bewußt gewählt, denn:

- Erfolg ist auch Lebens-**KUNST**!
- Es geht um Ihr **KÖNNEN**: In manchen Bereichen sind Sie bereits „super“, in anderen wollen Sie schrittweise besser werden…
- Dies erreichen Sie durch **TRAINING**, und das impliziert mässiges aber regelmäßiges Arbeiten (deshalb das Brief-Konzept).

*Ich wünsche Ihnen viel Entdecker-Freude…*

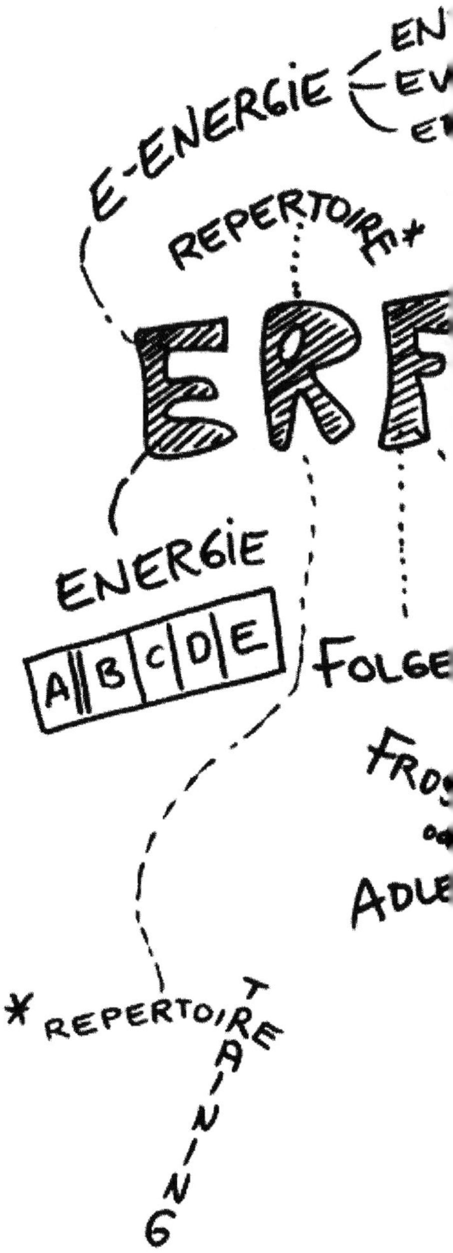

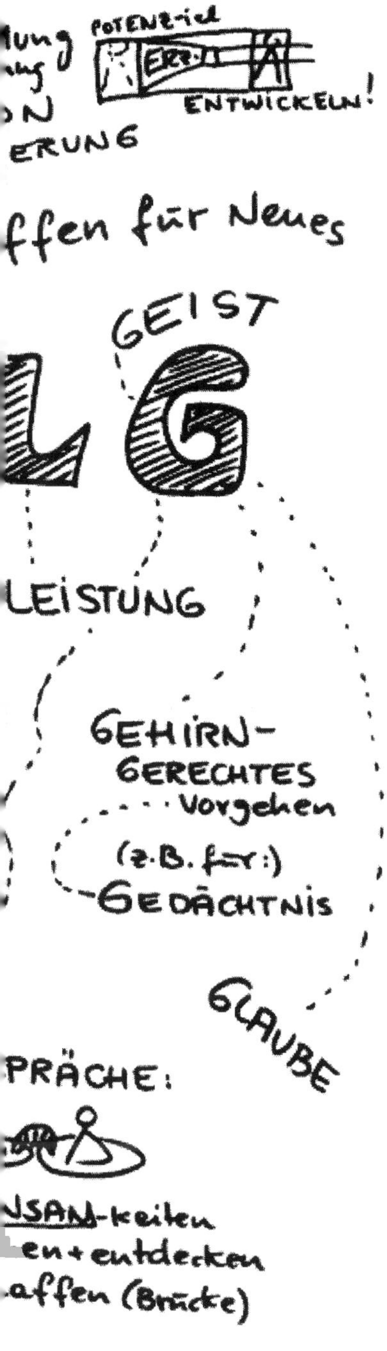

## INVENTUR-Aufgabe:

Bitte lesen Sie die folgenden fünf Beispiele aufmerksam durch. Stellen Sie sich die Situationen jeweils vor und halten Sie fest, wie Sie sie „finden“:

1. Sie sind mit jemandem verabredet, die Person ist **unpünktlich. Ärgert Sie das?**

2. Jemand spricht und gestikuliert so, daß Sie **seine Handflächen** sehen können. **Stört Sie das?**

3. Sie beobachten eine Person, die ungeniert **in der Nase bohrt. Wie finden Sie das?**

4. Denken Sie an eine Person, die **nie „bitte“ und „danke“ sagt. Mögen Sie diesen Menschen besonders gerne?**

5. Denken Sie an eine Person, **die Sie häufig kritisiert. Drückt das auf Ihr Selbstwertgefühl?**

Wahrscheinlich haben Sie mindestens zweimal gedacht, das beschriebene Verhalten würde auch Sie stören, vielleicht sogar aufregen. Warum ist das so? Um diese Frage zu beantworten, müssen wir kurz bei Adam und Eva anfangen. Na ja, nicht ganz, aber bei Ihrer Geburt!

Bitte denken Sie an den Zeitpunkt Ihrer Geburt. Die **Figur** symbolisiert Ihr Potenz-ial (absichtlich so geschrieben!), d.h. die **Potenz**, die Sie theoretisch hätten entwickeln können: All Ihre Anlagen, Talente, persönliche Eigenschaften usw.

Im Optimalfall hätten Sie Ihre **Potenz entwickelt**. Wenn das gelingt, dann sind wir erfolg-REICH, zufrieden, glücklich usw.

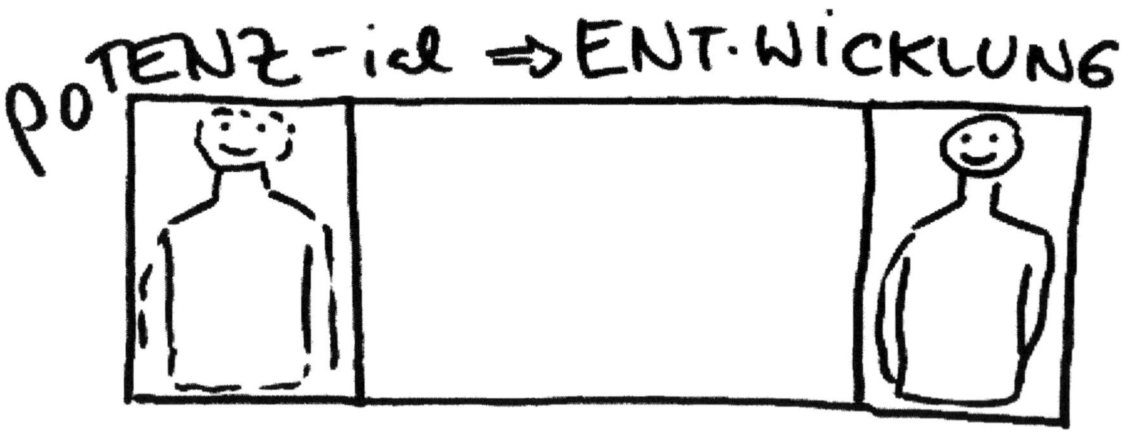


Leider aber ist den meisten von uns etwas „dazwischen gekommen", was unsere Entwicklung maßgeblich beeinflußt hat, nämlich unsere **Erziehung**.

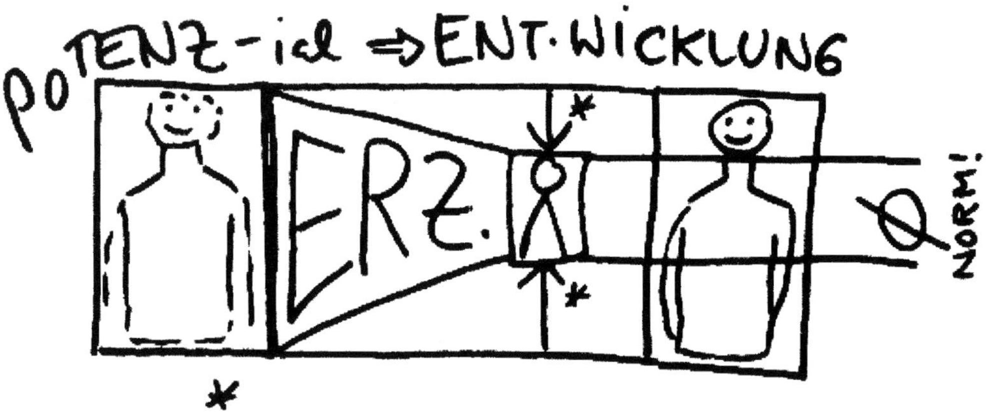


* Hier wurden wir „kleiner" („weniger") als wir gemäß unseres angeborenen Potenz-ials sein könnten!

Erziehung aber ist leider nicht identisch mit (optimaler) Entwicklung! Der Begriff Ent•Wicklung entspricht nämlich dem lateinischen Wort EDUCARE (vgl. englisch *education*). Ent•*Wicklung* aber bedeutet: *heraus*wickeln, was bereits *„drinnen" steckt*, analog dem Parallel-Begriff der *Ent·Faltung* (Herausfalten was „drin" ist).

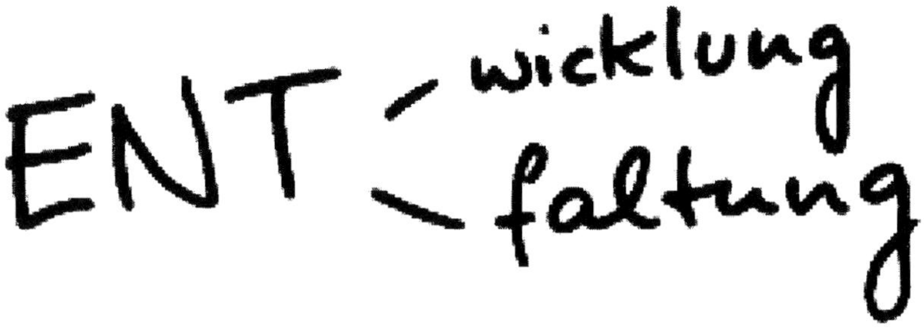

Leider aber werden wir weniger educated als vielmehr „erzogen“, und dies bedeutet, daß man uns zu einer gewünschten Norm hin-(er-)zieht, die jedoch immer „kleiner“ ist, als das Potenz-ial.
Denn, Durchschnitt ist Mittelmaß und Mittelmaß kann niemals das optimale Entfalten des Potenz-ials bedeuten. Ein Mensch, der sein Potenz-ial wirklich optimal entwickelt, ist eben nicht mehr Durchschnitt, sondern erfolg•REICH. Deshalb wirkt er auf seine Umwelt „anders“ (eben „erfolgreicher“ als andere) manchmal ist er geradezu „genial“, aber er ist definitiv nicht mehr „normal“.

Erfolg-REICH: das ureigenste
Potenz-ial **trotz** Er•ZIEH•ung
zur Normalität ent•wickeln.

**Beschreibung der Welt**

Jeder Mensch, der mit einem Kind in Berührung kommt, ist ein Lehrer. Er erklärt dem Kind die Welt, bis zu jenem folgenschweren Augenblick, da das Kind die Welt so deuten kann, wie sie ihm erklärt wurde. Jetzt wird das Kind ein Mitglied und es erreicht die volle Mitgliedschaft, wenn es in der Lage ist, all seine Wahrnehmungen so zu deuten, daß sie mit dieser Beschreibung der Welt übereinstimmen.

*(Carlos Castaneda)*

Wir werden uns in diesen Briefen regelmäßig mit den enorm wichtigen (Aus-)Wirkungen Ihrer Erziehung auf Ihre Entfaltungs-Möglichkeiten befassen. Sie werden viele Tips und Techniken erhalten, die es Ihnen erlauben, Ihr ureigenstes Potenz-ial nicht **wegen, sondern trotz Erziehung** zu entfalten. Das ist eine der wichtigsten Aufgaben eines erfolg•REICHEN Menschen: seine persönliche, individuelle Evolution!

Aber kehren wir kurz zurück zum Zeitpunkt Ihrer Geburt: Sie traten in diese Welt ein und hatten Null Ahnung, was richtig oder falsch, OK oder Nicht-OK wichtig oder unwichtig sein würde. Für Sie war damals alles wichtig, richtig und OK. Aber dann kamen die großen Leute und begannen **Ihnen die Welt zu erklären** (vgl. **Kasten**).

Allmählich begannen Sie zu begreifen, was bei diesen Leuten **Zorn** auslöste und so lernten Sie erstens, was anscheinend Nicht-OK war und zweitens, daß man mit Zorn reagieren muß, wenn es passiert. Langsam entwickelten Sie sich zu einem braven Mitglied Ihrer Familie, Schule, Firma, Gemeinde usw.

Dasselbe ist natürlich allen anderen Menschen widerfahren. Deshalb gilt: Je ähnlicher andere Menschen erzogen wurden, desto leichter finden wir den Umgang miteinander! Im Klartext: Deren **Beschreibung der Welt** deckt sich mit der unseren und das finden wir angenehm! Aber die Regel gilt auch umgekehrt: Je mehr das Verhalten anderer von den Programmen in unserem Kopf abweicht, desto mehr verunsichert uns das.

Ehe wir diesen Gedanken weiter verfolgen, möchte ich Ihnen noch ein wichtiges Denk-Modell vorstellen, auf welches wir uns später immer wieder beziehen werden. Es ist das

## BIRKENBIHL'sche INSEL-MODELL.

Bitte stellen Sie sich jeden Menschen als in einer Insel lebend vor. Wir sagen bewußt „in" einer Insel (statt „auf"), weil diese symbolische Insel ein Teil von uns ist (d.h. auch, daß wir sie nie verlassen können).

Diese Insel birgt unser Potenz-ial, darüber hinaus repräsentiert sie jedoch auch **alles**, was wir je gelernt haben, sowie all unsere **Hoffnungen, Ängste, Motive, Ziele, Meinungen** usw. Natürlich ist sie auch „gefüllt" **mit unserer Beschreibung der Welt**.

Nun gilt: Je ähnlicher die Insel-Inhalte unserer Mitmenschen unsere eigenen sind, desto größer sind die Überschneidungen unserer Inseln (Standpunkte, Erfahrungen, Erwartungen an die Welt). Je mehr Überschneidungen wir haben, desto **ähnlicher** werden wir zwangsläufig denken, fühlen, handeln, reagieren usw. Also fällt die Kommunikation mit dem anderen leicht!

Ist der andere Mensch jedoch nur in **wenigen** Aspekten ähnlich „gelagert" wie Sie, dann gibt es weit weniger Überschneidungen. Dann finden Sie die Kommunikation mit ihm teilweise „anstrengend" (aber immer noch leichter als mit einem „Inselbewohner", dessen Insel Ihnen völlig fremd ist, wie z.B. einem Angehörigen einer Ihnen sehr fremden Kultur.

**INTER ...:**

wie international. Hier geht es um mehrere Einheiten (z.B. Staaten)

**INTRA ...:**

wie intra-venös. Hier geht es um ein einziges Gebilde (z.B. um einen Staat, einen Organismus, einen Menschen), innerhalb dessen sich etwas abspielt.

Bitte bedenken Sie: Wenn wir von Überlappung der Inseln sprechen (oder von Distanz), dann meinen wir immer: **derzeit**.

Das heißt: Wir betrachten immer **eine** spezifische Situation und stellen fest, wieviel Überschneidung es **in diesem Augenblick** gibt. Wenn wir vielleicht politisch völlig andere Standpunkte vertreten als unser Kollege (Kunde, Nachbar/in), so können wir doch bei anderen Themenbereichen „ein Herz und eine Seele" sein.

Wenn wir jedoch **regelmäßig** mit einer Person sprechen, verhandeln oder arbeiten müssen, deren Insel sich **in einigen für uns wichtigen** Punkten stark von unserer Insel unterscheidet, dann wird die Frage wichtig: Können wir die Brücke zu ihr bauen? Darauf werden wir in den Briefen noch oft eingehen; denn **gute „Brückenbauer" sind weit erfolgreicher** als Menschen, die nur mit Gleichgesinnten kommunizieren oder arbeiten können!

## Spuren der Erziehung...

Einer der wichtigsten Aspekte unserer Erziehung sind die Programme, mit denen man uns zur gewünschten Norm hin erzogen hat. Dabei ist wichtig zu begreifen, daß es **inter-** und **intra-kulturelle Programme** gibt (vgl. **Kasten**).

Durch die **inter-kulturellen Programme unterscheidet sich** ein Papua von einem Deutschen (außer, wir bringen den Papua „rechtzeitig" nach Deutschland!).

Durch die **intra-kulturellen Programme** unterscheiden sich einzelne Menschen desselben Kulturkreises voneinander (so erziehen manche Eltern ihre Kinder zu mehr Selbständigkeit als andere).

Da dies ein **wichtiges Thema** in unseren Briefen sein wird, lassen Sie uns heute nur den **Grundstein** legen. Dieser heißt: Es gibt Programme **für** etwas (z.B. für Pünktlichkeit, Ehrlichkeit, Fleiß) und Programme **gegen** etwas (z.B. gegen Faulheit, Fehler, Besserwisserei).

Solange ein Mensch über seine Programme noch nie nachgedacht hat, gilt folgende Spielregel:

Wenn ihm etwas begegnet, wofür er von seiner Erziehung ein Programm erhalten hat, dann findet er das automatisch gut. Und: Wenn ihm etwas begegnet, wogegen er von seiner Erziehung ein Anti-Programm erhalten hat, dann findet er das ebenso vollautomatisch nicht gut.

## Beispiel:

Sie sitzen im Caféhaus und am Nebentisch sitzt ein einzelner Herr. Eigentlich hat er ja recht nett gewirkt. Aber der rülpst plötzlich laut und deutlich... Wenn Sie ein Anti-Programm haben, dann finden Sie das gar nicht OK. So nett wirkt der Herr jetzt nicht mehr... (Auf unser Insel-Modell bezogen können wir sagen: In **diesem** Aspekt ist seine Insel „anders" als unsere!)

Wenn jemand etwas tut oder sagt, wogegen Sie ein Anti-Programm haben, dann besteht die große Gefahr, daß Sie sagen/denken: „Der Typ ist nicht-OK." vielleicht drücken Sie es auch ein wenig drastischer aus: „Der ist ja unmööööglich!", oder schlimmer.

Aber dieser Mensch mag völlig OK sein, er wirkt nur aufgrund **Ihrer** Programme im Kopf **auf Sie** so „unmöglich", d.h. er ist **in Ihren Augen** nicht-OK. Das hat mit ihm als Person überhaupt nichts zu tun; nur mit den Programmen derer, die ihn ablehnen.

Dieser Mensch (vgl. auch den im Kasten) entspricht nicht der Norm, zu der wir hinerzogen worden waren! Warum wissen wir das? Weil wir ein **Anti-Programm** haben. Deshalb erscheint uns sein Verhalten verrückt (das heißt wegge•RÜCKT von der Norm). Und wenn er in unregelmäßigen Abständen weiterhin lacht, könnte in 5 Minuten jemand den Krankenwagen rufen, weil er sich so sehr bedroht fühlt...

Gehen wir die Beispiele von oben noch einmal durch:

**Ein weiteres Beispiel:**

Sie sitzen wieder im Caféhaus und wieder sitzt ein einzelner Herr am Nebentisch aber diesmal **lacht er plötzlich laut und herzlich!** Manche schauen, ob er ein Buch vor sich liegen hat. Es wäre ja noch verständlich, wenn er etwas Witziges gelesen hätte.
Da ist aber kein Buch.
Die meisten denken jetzt in etwa: „Da hockt der mutterseelen allein und lacht. Der hat sie doch nicht mehr alle! **Der ist ja nicht normal.**"

Alle Menschen dieser Welt haben sich gefälligst nach meinen Programmen in MEINEM KOPF zu richten!

In manchen asiatischen Ländern gilt es als unhöflich, anderen die Handflächen zu zeigen.
Andere Länder, andere Sitten heißt eben auch: andere Länder, andere Programme!

### 1. Sie sind verabredet, die Person ist unpünktlich.

Je tiefer Ihr Anti-Programm gegen die Unpünktlichkeit sitzt, als desto **natürlicher** empfinden Sie **Ihre Forderung, alle Menschen dieser Welt müssen immer und überall** pünktlich sein.

Diese Erwartungshaltung hat natürlich Ihr Anti-(Unpünktlichkeits-) Programm aufgebaut. Das ist **Teil Ihrer Insel** und wehe dem Menschen, dessen Insel sich **in diesem Punkt** mit Ihrer Insel **nicht** überschneidet.

Der Mensch ist ein Unmensch; er ist unmöglich, er ist nicht-OK.

Aber nehmen wir doch einmal einen Moment lang an, der Mensch sei wirklich „schlimm"; Frage: Warum muß das **in Ihnen** Unsicherheit oder Zorn auslösen? Warum müssen Sie Streßhormone produzieren und Ihre wertvollen Energien mit Ärger verbraten? Warum sollten Sie sich den Rest Ihres Lebens über Menschen **ärgern** müssen, deren Programmierung von Ihrer abweicht? Antwort: Das „müssen" Sie nur, solange Sie entweder von diesen Mechanismen nichts wissen oder danach, wenn Sie sich so entscheiden!

### 2. Jemand spricht und gestikuliert so, daß Sie seine Handflächen sehen können.

In unserer Kultur ist das vollkommen OK, das heißt: Wir haben kein Programm dagegen (wohl aber Menschen in gewissen asiatischen Ländern). Dort löst diese Gestik, **die wir überhaupt nicht bewußt registrieren würden**, Ärger aus.

Woran Sie auch sehen können, daß es **nie die Handlung als solche** ist, die Unwohlsein oder Zorn auslöst, sondern die **Diskrepanz zu unserer eigenen Erwartungshaltung** (sprich: Insel), z.B. aufgrund von früheren Erfahrungen oder einem Programm!

### 3. Sie beobachten eine Person, die ungeniert in der Nase bohrt.

Wahrscheinlich finden Sie das nicht sehr OK. Ihrem Programm gemäß darf man nur in der Nase bohren, wenn einen niemand sieht. Tut es also jemand, den Sie sehen können, dann verstößt er gegen Ihr Programm und deshalb erleben **Sie** Unlust. Interessant, nicht wahr?

4. **Denken Sie an eine Person, die nie „bitte" und „danke" sagt.**

Dieses Beispiel zeigt sehr gut, daß wir Menschen umso lieber mögen, je mehr positive Signale sie uns senden. Aber es ist natürlich leicht, Menschen zu mögen, die **nett zu uns** sind. Bei den anderen beginnt die Kunst...

5. **Denken Sie an eine Person, die Sie häufig kritisiert.**

Je wichtiger Ihnen die **Meinung anderer über Sie** ist, desto abhängiger werden Sie von Ihrer Umwelt.

Sie sehen, wie wichtig solche Gedanken sind, wenn wir lernen wollen, besser mit unseren wertvollen Energien umzugehen. Ein intelligentes Streß-Management bedeutet: Weniger Ablehnung, weniger Ärger, mehr Kraft und Zeit für das eigentliche Leben. Sie werden in den Briefen wertvolle Anti-Streß und Anti-Ärger-Strategien erhalten, die sich bei abertausenden meiner Seminar-Teilnehmer/innen bereits bestens bewährt haben. Es ist viel leichter, als unsere Erziehung uns weisgemacht hat, insbesondere, wenn man Ihnen regelmäßig gesagt hat, wie schwer doch alles sei, und daß es ja doch keinen Sinn habe, etwas zu unternehmen und ähnlich. Mit dieser Art von Programmen sind wir beim nächsten Grund-Modell angelangt. Es geht um die berühmte provozierende Frage (des amerikanischen Erfolgs-Psychologen, Wayne Dyer): Sind wir...

Nachdem Sie vor allem denjenigen Menschen gefallen werden, die ähnlich wie Sie programmiert wurden, werden Sie immer **auch** auf (anders programmierte) Leute stoßen, denen etwas an Ihnen nicht paßt. Die Kritiker unter diesen Menschen werden dann meckern. Wenn Sie sich jedesmal verunsichern lassen, verbraten Sie unnötig viel Energie, die Ihnen dann in den anderen wichtigen Bereichen fehlt...

## Frosch oder Adler?

Wenn Sie bedenken, daß der Frosch seine Nachkommen der Natur übergibt, während der Adler sie selbstverantwortlich aufzieht... Und wenn Sie weiter bedenken, daß viele Nationen den Adler im Wappen (oder in der Staatsflagge) haben (manche Länder haben sogar einen Doppel-Adler!). Warum? Nun, der Adler steht für das Lösen von Problemen während der Frosch sich zwar riesengroß aufbläst, aber letztlich vor allem quakt... Sehen Sie sich als Adler?

Eine **Metapher** ist eine Art von **Vergleich** (Gleichnis) oder eine Analogie.

So ist unser **metaphorischer Frosch** demzufolge ein **Denk-Bild**, das uns dabei helfen kann, etwaig vorhandene **Frosch-Aspekte** an uns zu entdecken, z.B. das Quaaaken (= jammern, lamentieren, nörgeln, meckern und ähnlich).

Erst die **Selbst-Erkenntnis** kann den Wunsch nach Veränderungen auslösen, erst dieser **Wunsch** kann **Taten** bewirken.
Wer bereits in irgend einem Punkt sein „altes Ich" verbessert und so einen Teil seines **wahren Potenzials entfaltet** hat, weiß, wie befreiend und beglückend dieser Prozeß sein kann…

Wobei auch das wieder viel mit unserer Umwelt zu tun hat, denn: Das, wovon wir umgeben waren, hat uns maßgeblich geprägt. Wenn wir von Adlern umgeben waren, dann sind wir adler-mäßig geprägt worden und wenn wir von Fröschen umgeben waren, dann quaken wir eben viel.

Aber im Gegensatz zum echten Frosch (der nur im Märchen zum Prinzen wird), können sich **metaphorische Frösche** (vgl. Kasten) sehr wohl in Adler verwandeln.

Auch hierzu wird es Fallbeispiele und Übungen in den Briefen geben!

## Energie!

Ein Thema, auf das wir in den Briefen immer wieder eingehen werden, ist Ihr Energie-Haushalt und Energie-Spar-Modelle (z.B. weniger Streß und Ärger) bzw. geistig/seelische Fitneß-Programme, weil gehirngerechtes Vorgehen nicht nur Energie spart sondern sogar Energien „freisetzt". Um diese Zusammenhänge später jederzeit besprechen zu können, wollen wir uns heute das **Basis-Modell** kurz ansehen. (Es geht ja in diesem Text darum, das BasisWissen für die Briefe aufzubauen.). Wollen wir uns ein Rechteck vorstellen, welches unseren Energie-Haushalt symbolisiert: Es gibt fünf Bereiche (A-, B-, C-, D- und E-). Im Denk-Modell stellen wir uns **zunächst** jedes Abteil gleich groß vor. Die gestrichelten Linien repräsentieren verschiebbare Trennwände.

**Energie-Haushalt:**
Jeder dieser Abschnitte steht für bestimmte Arten von Energie. Also sollen z.B. **B-Energien** andere Prozesse „finanzieren", als A-, C-, D- und die E-Energien. Falls jemand jedoch weit mehr B-Energien braucht, fehlen ihm diese in den anderen Abteilungen.

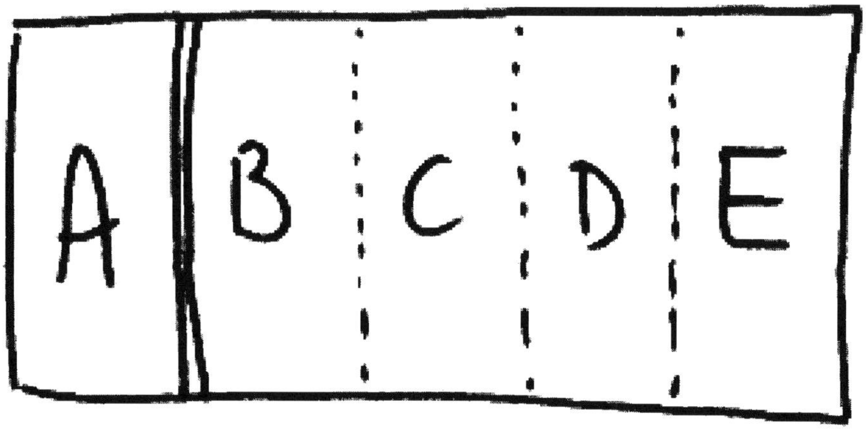


Sehen wir uns die einzelnen Abteilungen kurz an:

## A-Energien

**A** steht für „autonom", d.h. wir benötigen diese Energien für autonome Prozesse. Sie sind für automatisch-ablaufende Vorgänge, wie die die Atmung, die Verdauung, der Metabolismus, die Temperaturregelung (Gänsehaut, Schwitzen) unseres Körpers usw. zuständig. Das alles macht der Körper alleine. Wenn wir krank sind, holt sich der A-Bereich so viel Energie wie nötig, also haben wir zu solchen Zeiten wenig Interesse für Dinge, die uns vorher wichtig waren. Deshalb sagt der Volksmund zu

**A = Autonom**
(nacktes Überleben)

recht, daß man sich gesundschlafen soll, im Klartext: wir geben dem Körper freiwillig so viel Energie (aus allen Bereichen) wie er benötigt, damit wir schnell heilen können. Über A-Energien können wir nicht frei verfügen. Im Gegensatz dazu stellen die B-, C-, D- und E-Energien den Bereich dar, über den wir sehr wohl frei verfügen können. Dieses Thema werden wir in den Briefen regelmäßig ansprechen.

## B-Energien

B-Energien haben mit unserem Selbstwertgefühl zu tun. Das B steht für „BIN". Dabei geht es um die (oft bange) innere Frage **„Bin** ich OK?". Wenn Sie sich OK fühlen, dann brauchen Sie nur wenig B-Energie und haben dementsprechend mehr für die nachfolgenden Bereiche (also für das eigentliche Leben) übrig. Stellen Sie sich jedoch in Frage oder fühlen Sie sich angegriffen (z.B. durch Kritik), dann verschieben sich die Trennwände zwischen den Abteilungen, weil sich der B-Bereich jetzt ausdehnt und mehr Energie holt, was natürlich weniger für die anderen Bereiche übrig läßt.

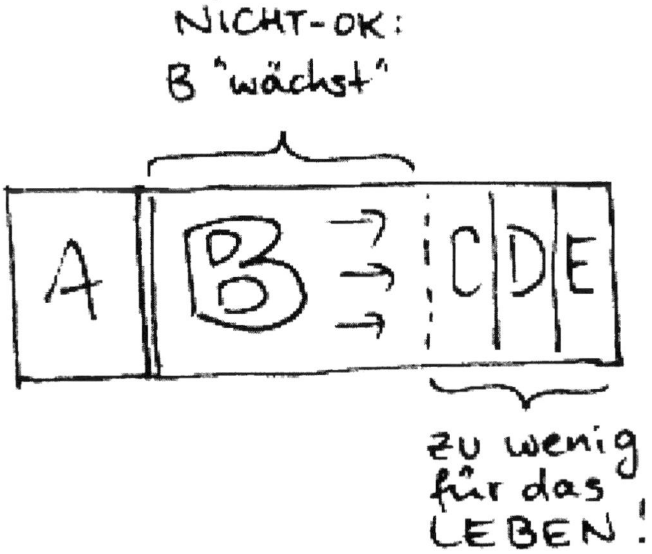


Somit ist der **B-Bereich** ausschlaggebend dafür, wieviele Energien wir für alle **wichtigen Aufgaben im Leben** „frei" haben werden, von Routine-Handlungen über die Durchführung der Tätigkeiten, die wir „Arbeit" nennen, bis hin zu unserer Fähigkeit, mit Neuem umzugehen.

Unser Selbstwertgefühl ist der zentrale Faktor, der unseren Erfolg ermöglicht:

**Fühlen wir uns OK, dann haben wir jede Menge Energien frei; leidet hingegen unser Selbst-Bild, dann verbraten wir Unmengen von Energien mit Verteidigungs-Manövern wie Rechtfertigungen, Schuldzuweisungen u.ä.**

Wir erleben diese **Energie** dann **negativ** in Form von unangenehmen Gefühlen (Frust, Ärger, Wut, Zorn), weshalb wir uns regelmäßig mit Anti-Streß befassen werden. Dabei dürften **Ärgergefühle** wohl am meisten Zeit und Energien „fressen", deshalb werden wir uns in den Briefen mit den besten (erwiesenermaßen erfolgreichsten) **Anti-Ärger-Maßnahmen** auseinandersetzen…

## C-Energien

C = Chronos / Chairos

Der Buchstabe **C** steht für (griechisch) „Zeit", genauer: für **zwei** unterschiedliche Zeit-Begriffe der alten Griechen:

**Chronos**: das ist die lineare Zeit, an die wir **normalerweise** denken. Wir kennen den Begriff „chronologisch", der sich von **chronos** ableitet. Hier geht es um den **Zeitpfeil**: diese Art von Zeit geht stetig voran, sie treibt uns an und von ihr haben wir anscheinend immer zuwenig.

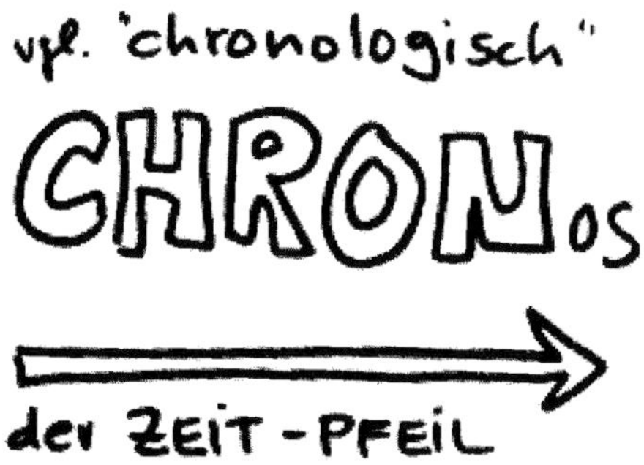


Aber es gibt im Griechischen noch eine Art von Zeit, nämlich:

**Chairos**: Damit ist, im Gegensatz zum Zeitpfeil der Zeit-**Punkt** gemeint. **Chairos** beschreibt auch das, was wir als das **Hier-und-Jetzt** bezeichnen.

Denken Sie an ein Kind, das sich einer Sache vollkommen hingibt. Es ist völlig im Hier-und-Jetzt „versunken", genau genommen verspürt es **keinerlei** Verstreichen der Zeit. Deshalb muß die Mutter ja in der Regel mehrmals rufen, bis das Kind sie hört. Dies ist kein böser Wille, sondern ein typisches Phänomen von **Chairos**: Hier wird unser visuelles und unser akustisches Wahrnehmungs-„Feld" dramatisch eingeschränkt. Man ist eins mit dem, was man gerade liest, schreibt, untersucht, zeichnet oder spielt. Wir befinden uns dann sozusagen in einer Zeitblase, eben jenem magischen Zeit-Punkt der (wie ein geometrischer Punkt) keinerlei Ausdehnung hat.

Und nun denken Sie an eine/n Erwachsene/n im „normalen Alltag", der/die völlig busineß-like von einer Tätigkeit zur nächsten jagt. Wie erlebt er/sie die Zeit in der Regel? Oft …

Es ist immer **Chronos**, nie **Chairos**. **Chairos** drängt nicht, **Chairos** ist das Hier-und-Jetzt, und das Hier-und-Jetzt kann nie (be-)drängen.

- vergeht ihm/ihr die Zeit zu schnell,
- fühlt er/sie sich gehetzt,
- leidet er/sie unter Zeit-Druck.

Wenn wir uns von der Zeit gedrängt fühlen, sollten wir uns immer klarmachen: Es ist **Chronos**, nicht **Chairos**. **Chairos** drängt nicht, Chairos ist das Hier-und-Jetzt, und das Hier-und-Jetzt kann uns nicht drängen...

Wenn wir in Routine versinken, dann sind wir Opfer von **Chronos**. Je mehr **Chairos** wir in unser Leben lassen können, desto weniger werden wir von **Chronos** bedrängt und desto weniger Energie-Verlust erleiden wir im Bereich der C-Energien. Denn wer sich gejagt und gehetzt fühlt, wer nie genug Zeit zu haben scheint, der **bezahlt** dieses Gefühl, unter **Zeitdruck** zu leiden mit C-Energien. Das aber kostet weit mehr Kraft als uns die Routine-Tätigkeiten selbst je gekostet hätten!

Wir werden später noch besprechen, wie Sie Ihre eigenen Routinen und Handlungen auf SINN•haftigkeit beurteilen können...

An den Routine-Tätigkeiten können Sie **ablesen**, ob Ihr Energie-Haushalt derzeit in Ordnung ist. Gehen Ihnen die Routine-Tätigkeiten nämlich auf den Wecker, handelt es sich entweder um Routinen, die **nicht sinnvoll** sind, oder aber Sie leiden an einem Energie-Defizit und haben deshalb nicht einmal genügend C-Energien, um diese Routinen oder Aufgaben ohne Streß zu bewältigen. Fehlt es aber bereits im Bereich der C-Energien, dann wissen Sie mit Sicherheit, daß Ihnen für die Abteilung D und E nicht mehr genügend Energien zur Verfügung stehen. Und diese beiden Abteilungen sind sehr wichtig.

**D = Durchführung**

## D-Energien

Das **D** steht für die **Durchführung** von Tätigkeiten, die wir im weitesten Sinn als „Arbeit" bezeichnen. Damit meinen wir alle **Leistungen**, die Sie erbringen (nicht nur Arbeiten, für die Sie bezahlt werden). In der Physik ist „Arbeit" bekanntlich „das, was Energie kostet". In unserem Denk-Modell benutzen wir die D-Energien für die bewußte Durchführung von Tätigkeiten im Gegensatz zu Routine-Handlungen im C-Bereich.

**Arbeit**: Dazu gehören alle kreativen Arbeiten, auch im Haushalt (z.B. Kochen) genau so, wie das Üben mit einem Musikinstrument oder das Training auf dem Sportplatz.

**Merke**: Je weniger D-Energien Ihnen zur Verfügung stehen, desto weniger gut können Sie leisten, was auf das Selbstwertgefühl drückt, wodurch sich der B-Bereich wieder ausdehnt und sich aus den anderen Bereichen mehr Energien holt. Dies hat unmittelbare Auswirkungen auf C, sodaß Sie sich noch mehr von der Zeit (d.h. von **Chronos**) gehetzt fühlen. Dies aber verschlechtert Ihre Leistungsfähigkeit also den D-Bereich usw.
Erkennen Sie die ständigen gegenseitigen **Wechselwirkungen** zwischen den einzelnen Energie-Abteilungen? Dann leuchtet Ihnen ein, warum die meisten Menschen zuwenig E-Energie übrig haben. Aber der E-Bereich ist unheimlich wichtig.

## E-Energien

**E = Ent•deckungen und Ent•wicklungen**

Der E-Bereich hat zu tun mit **Er•weiterung**, mit Ihrer **Ent•wicklung**, mit spannenden **Ent•deckungen**, mit Neugierde und der Fähigkeit für Faszination, also **Lernen** im weitesten Sinne. Es geht um unser seelisch/geistiges Wachstum, um unsere **Evolution als intelligente Wesen**. Es geht um unsere Fähigkeit, unser angeborenes Potenz-ial optimal zu entwickeln, um der/die zu werden, der wir sein könnten, wenn da nichts „dazwischenkäme" (z.B. Energie-Defizite). Leider verbraten die meisten Leute so viel Energien für die anderen Bereiche, daß im E-Bereich nichts mehr übrig bleibt. Darum haben sie panische Angst vor allem, was **neu** ist oder **anders**, weil Ihnen die Flexibilität der E-Energien fehlt.

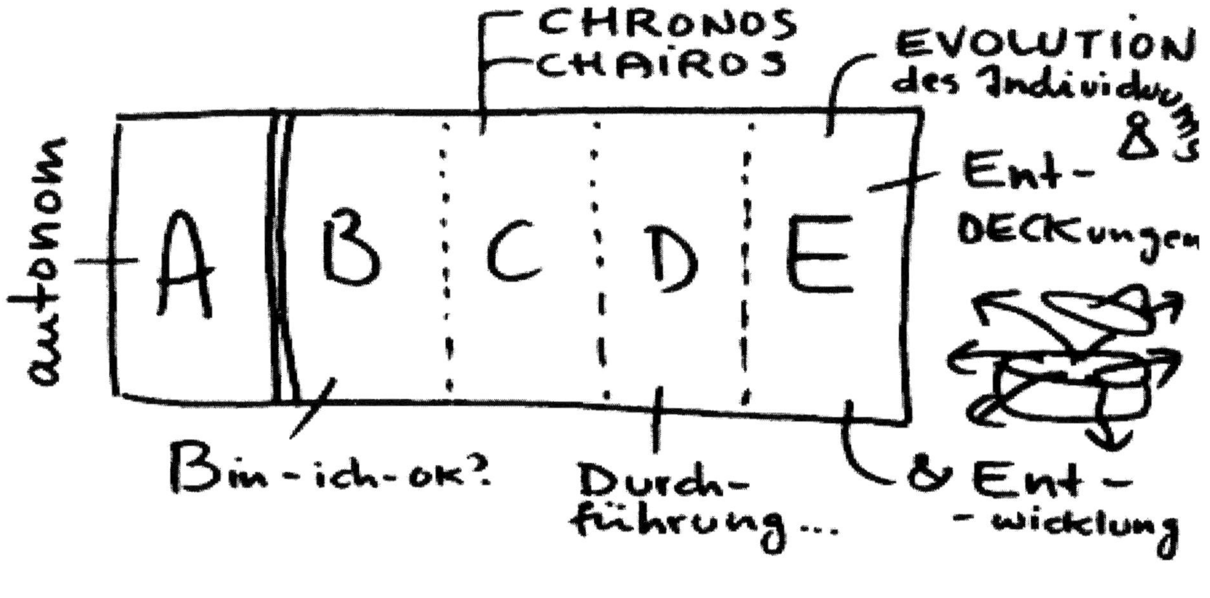

# PFLICHT-Aufgabe

> Es ist jetzt 15:06 h;
> wenn es jetzt bereits 15:07 h wäre, würde die Welt dann aufhören, sich zu drehen?

Demnächst, wenn Sie den Eindruck haben, besonders unter Zeitdruck zu leiden, sehen Sie bewußt auf die Uhr und stellen Sie sich folgende Frage: „Es ist jetzt genau (Uhrzeit); wenn es jetzt (Uhrzeit + 1 Minute) wäre: Würde die Welt dann aufhören, sich zu drehen?" Wenn die Antwort „nein" lautet, dann schenken Sie sich diese eine Minute für die folgende Basis-Energie-Übung:

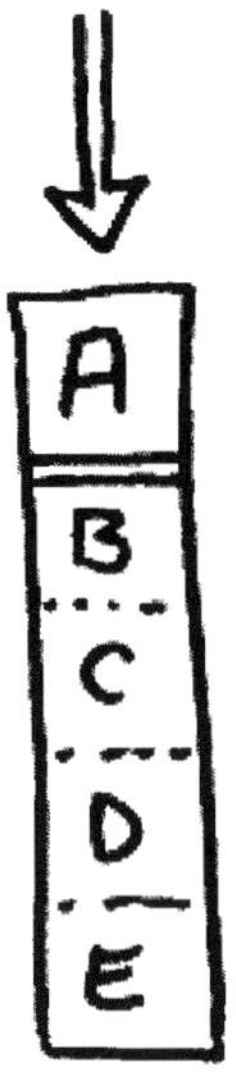


## Basis-Energie-Übung (ca.1 Minute)

Zeichnen Sie ein Energie-Diagramm und reflektieren Sie kurz: **Wo liegt Ihr Problem heute?** Dabei gilt: Sie können das Energie-Diagramm waagerecht oder senkrecht anlegen, was Ihnen besser erscheint – ist für Sie „richtig". Fragen Sie sich z.B.:

- ❑ **Müssen Sie gerade Neues lernen/lesen/erarbeiten** und es fehlt „hinten" (E), weil Sie zuviel „vorne" (B, C oder D) „verbraten"?

- ❑ **Gibt es zuviele Routine-Tätigkeiten**, die Ihre wertvolle C-Energien rauben, so daß zu wenig für die eigentliche Arbeit (D) übrig bleibt?

- ❑ Sind es Selbstwertgefühl-Probleme (B), die Sie derzeit „nerven"?

> Schuld- oder Schamgefühle (z.B. weil Sie etwas „falsch" (einen Fehler) gemacht haben oder Angst haben, Sie könnten etwas „falsch" (einen Fehler) machen.

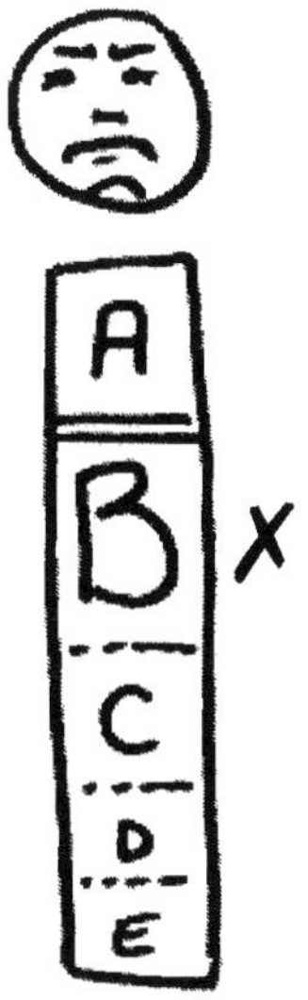


Wenn Sie diese wichtige Übung die ersten Male ausführen, geht es nur darum, die Art von **Energie-Mangel zu diagnostizieren**. Denn was nützen Ihnen die besten Energie-Strategien in den Briefen später, wenn Sie nicht wissen, in welchen Bereichen Sie gerade zuviel verbrauchen?

Bitte beachten Sie: Die meisten Zeit- und Energie-Probleme gehen auf das B-Konto, z.B. **allgemeine „Streß-"Gefühle** (z.B. Hemmungen, Unsicherheit, Schuld- oder Schamgefühle und Ängste) beruhen in den meisten Fällen auf Gefühlen der (derzeitigen) eigenen Unzulänglichkeit, sind also dem B-Bereich zuzuordnen. Ausnahme: endokrine Hormon-Störungen! Wenn solche Gefühle so regelmäßig auftreten, daß sie bereits „normal" zu werden drohen, gehen Sie natürlich zum Arzt. Aber die meisten Streß-Attacken sind temporär, wenn sie auch weit häufiger auftreten können, als uns lieb ist. Das Problem ist in den „zivilisierten" Industrie-Nationen weit verbreitet, deshalb werden wir das Thema in den Briefen regelmäßig aufgreifen. Denn es ist weit leichter, damit fertig zu werden, als man uns glauben gemacht hat. Weniger Energie-Vergeudung aber bedeutet positive Energie für die Dinge im Leben, die uns wirklich am Herzen liegen; d.h. für **D** und **E**.

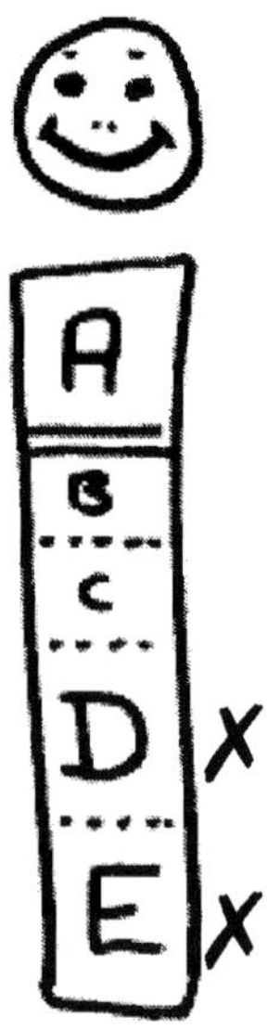


**Ärger, Wut, Zorn**: Ordnen Sie solche Gefühle immer dem **B-Bereich** zu; wir werden später besprechen, warum. Wenn Sie im Augenblick nur registrieren: Solche Gefühle sind „ungut", d.h. wir fühlen uns nicht „wohl" dabei jedes psychologische „Unwohlsein" aber drückt immer (auch) auf unser **Selbstwertgefühl** und kostet zuviel **B-Energie**.

Wenn Sie noch einmal an die Abbildung von Seite 4 (siehe unten) denken: Jetzt verstehen Sie bereits den oberen Teil sowie das Energie-

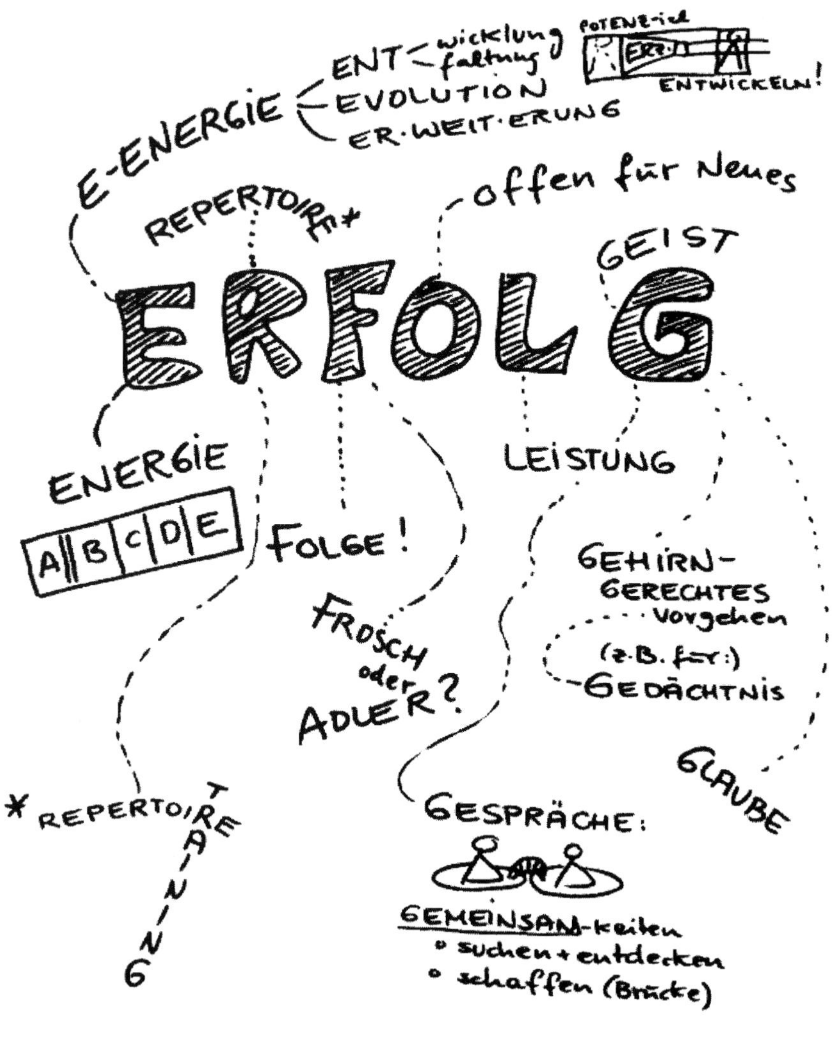

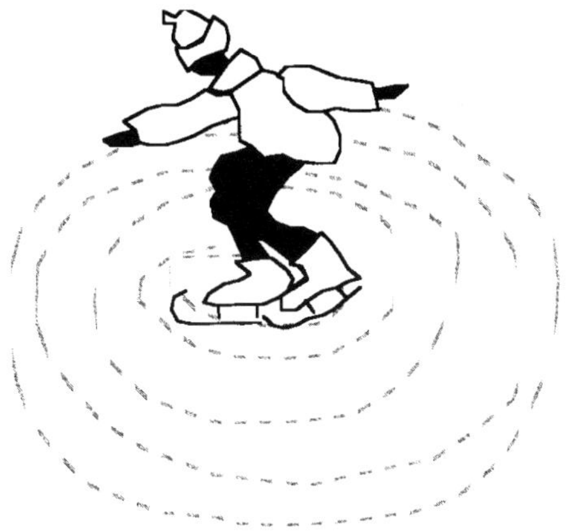

Modell am Rand.

## Gehirn-gerechtes Arbeiten

Zum BasisWissen für diese Briefe gehören auch die folgenden drei wichtigen Gedankengänge zum Thema **gehirn-gerechtes Arbeiten**:

1. **warum** Ihre geistige Kompetenz für Ihren Erfolg in der Zukunft so wichtig sein wird,

2. **wie gut** Ihr Gedächtnis bereits ist und

3. **warum** auch Sie ein phänomenales Gedächtnis erwerben können.

**Achtung:**

Wir werden später auf die Übung zurückkommen. Nur wenn Sie jetzt (und nachher) aktiv mitspielen, kann die Aufgabe Ihnen etwas für Sie sehr Wichtiges demonstrieren.

## PFLICHT-Aufgabe

Bitte nehmen Sie ein Blatt (QUER). Tragen am Rand die Zahlen 1 – 16 ein. Ziehen Sie senkrechte Linien, so daß vier Spalten entstehen (vgl. Abb.)

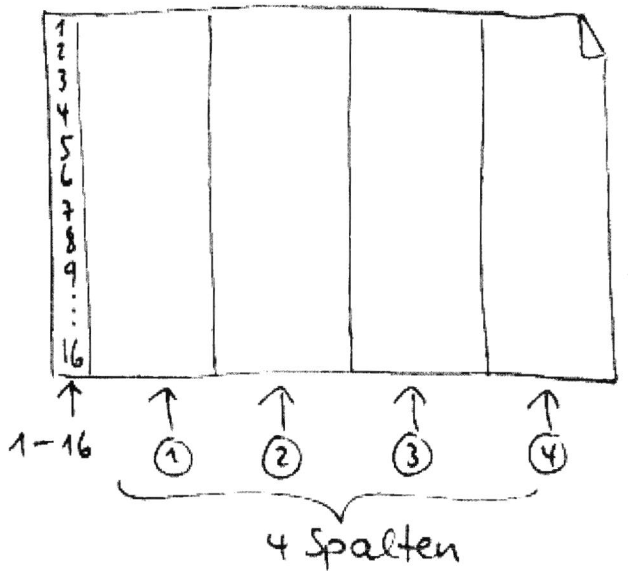


1. Dach
2. Gabe
3. Frankenwein
4. Igel
5. Elefant
6. Nadel
7. Garten Eden
8. Birne
9. Portal
10. Scheck
11. Aus [beim Fußball]
12. Dock
13. Fundbüro
14. Irrtum
15. Lux
16. Adipositas

In der Randspalte sehen Sie eine (kopfstehende) Liste mit 16 Begriffen. Ihre Aufgabe besteht darin, zu jedem Begriff drei Wörter zu notieren, die Ihnen einfallen. Beispiel: Angenommen, das erste Wort wäre *Zebra* und Ihnen würde einfallen: *Afrika, Safari, gestreift*, dann würden

Sie (waagerecht) in die Spalten 1 – 3 „Afrika", „Safari", „gestreift" schreiben. Die Begriffe aus der Wort-Liste schreiben Sie nicht – nur Ihre eigenen Assoziationen zu jedem dieser Wörter. (Also bleibt die Spalte 4 vorläufig noch leer.)

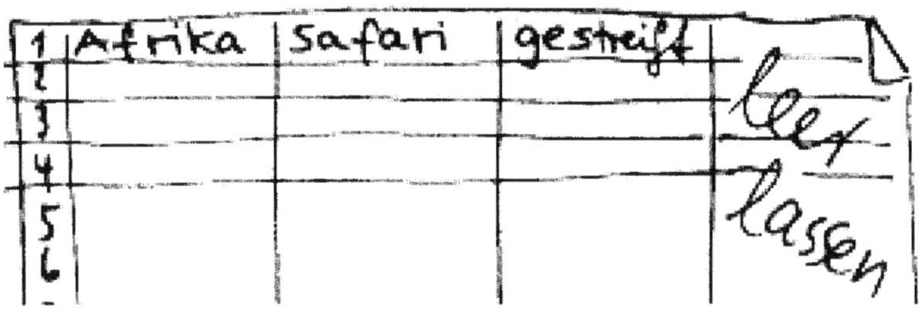


*Bitte beginnen Sie jetzt...*

Nun drehen Sie das Blatt bitte um (damit Ihre Augen nicht zufällig „darauf fallen" können). Wir kommen später wieder darauf zurück.

Bevor wir mit dem nächsten Abschnitt beginnen, folgt eine weitere Aufgabe. Auch diese Inventur-Aufgabe ist **sehr wichtig für das, was danach folgt**. Also gilt auch hier: **Bitte unbedingt aktiv mitmachen** (es dauert nur ungefähr 90 Sekunden).

## PFLICHT-Aufgabe (ca. 90 Sekunden)

Bitte nehmen Sie das Blatt jetzt wieder zur Hand, auf das Sie vorhin Ihre Assoziationen zu den 16 Wörtern (in den Spalten 1 – 3) notiert hatten. Jetzt werden Sie in die 4. Spalte schreiben.

### Die Aufgabe lautet wie folgt:

Bei wievielen der 16 Zeilen gelingt es Ihnen, aufgrund Ihrer eigenen Assoziationen, das ursprüngliche Wort zu RE•KONSTRUIEREN? In unserem Fallbeispiel von vorhin bedeutet dies: Würde Ihnen, wenn Sie *Afrika, Safari, gestreift* **lesen**, jetzt das *Zebra* wieder einfallen? Wenn ja, dann schreiben Sie in die 4. Spalte den ursprünglichen Begriff aus

Fast alle Menschen können 9 – 11 der Begriffe RE-KONSTRUIEREN, viele schaffen sogar 13 – 14. Ebenso haben fast alle Probleme mit Nr. 15 und 16 (15 = Lux, 6 = Adipositas), was übrigens beabsichtigt ist!

der Liste. Fällt Ihnen dieses Wort jedoch jetzt nicht ein, dann gehen Sie zur nächsten Zeile weiter.

Bitte RE•KONSTRUIEREN Sie jetzt alle Begriffe, die Sie leicht und mühelos RE•KONSTRUIEREN können.

Wenn Sie Ihr Ergebnis mit dem meiner Seminarteilnehmer/innen vergleichen wollen, dann lesen Sie bitte jetzt den (kopfstehenden) **Kasten**.

Warum habe ich bewußt zwei Begriffe in die Liste „geschmuggelt", die erfahrungsgemäß den meisten Menschen Probleme bereiten? Nun, Wenn Sie zu einem Wort urspünglich **keine eigenen Assoziationen** bilden konnten, dann können Sie auch später dazu nichts RE•KONSTRUIEREN. Warum das trotzdem keinen Beweis für Ihr „schlechtes Gedächtnis" darstellt, lesen Sie im nächsten Abschnitt...

Legen Sie das Blatt mit Ihren Assoziationen bitte in der Rubrik „Übungs-Journal" des Service-Ordners abgelegt haben. Der nächste Schritt, der sich auf diese Liste bezieht, folgt in den Briefen.

Halten wir vorläufig nur fest, daß Gedächtnis nicht unbedingt das Resultat von „Lernprozessen" ist. Informationen können durchaus in Ihr Gedächtnis „rutschen", wiewohl Sie sie überhaupt nicht gelernt (gepaukt, gebüffelt) hatten. Denn Ihr Gedächtnis kann weit mehr, als Sie ihm in der Regel zutrauen. Aber lesen Sie selbst:

## Ein schlechtes Gedächtnis?

Vielleicht kennen Sie ja den berühmten Goethe-Satz: *Was du ererbst von deinen Vätern hast, erwirb es, um es zu besitzen!* Im Klartext: Anlagen müssen entwickelt werden! Deshalb sprachen wir ja (auf Seite 7) davon, daß erfolgreiche Menschen ihr **Potenz**-ial nicht wegen, sondern trotz Programmen aus Elternhaus, Schule und Umwelt entwickeln. Auch in Bezug auf Ihr Gedächtnis gilt es, sich von vertrauten Glaubenssätzen (wie: ich habe halt ein schlechtes Gedächtnis) zu trennen. Denn:

Was du ererbst von deinen Vätern hast, erwirb es, um es zu besitzen!

*Goethe*

Die Tatsache, daß Sie diese Zeilen lesen (dasselbe gälte auch, wenn Sie blind wären und Ihnen jemand den Text vorlesen würde) beweist, daß Ihre angeborene Anlage für Gedächtnis OK ist. Warum kann ich das behaupten? Einfach, aufgrund von folgender Tatsache:

Wer diese Briefe durcharbeitet ist „jemand", d.h. Sie empfinden sich als Person, Sie haben den Eindruck eines stabilen „Ich", nach dem Motto: „Ich bin dieselbe Person, die ich von anfang an war.
Zwar werde ich älter (und vielleicht auch weiser), aber ich bin immer noch ich." Tatsache ist, daß dieses Ich nur durch eine gigantische Gedächtnisleistung aufrechterhalten wird. Das wissen wir spätestens seit wir verfolgen, was Alzheimer-Patienten widerfährt: Zuerst verlieren sie einzelne Gedächtnisinhalte, dann erkennen sie ihre nächsten Verwandten und Freunde nicht mehr und danach verlieren sie ihr Ich! Danach können sie noch jahrelang leben, woraus wir sehen, daß das Ich zum Überleben nicht notwendig ist. Aber was überlebt, ist eben keine Persönlichkeit mehr.

Wenn Sie jedoch genau wissen, wer Sie sind, ist Ihr Gedächtnis OK. Wenn Sie also Probleme haben, sich manches zu merken, was Sie gerne einspeichern würden, dann liegen Ihre Schwierigkeiten nicht an Ihrem Gedächtnis, sondern an Ihrer Vorgehensweise. Anders ausgedrückt:

Was Sie im Gedächtnis einspeichern und ständig „griffbereit" halten müssen, um ein stabiles Ich aufrechtzuerhalten, ist keine Leistung Ihres bewußten Denkens, sondern wird von Ihrem **Unbewußten** vollautomatisch für Sie geregelt (deshalb klappt es auch so gut). Nur physiologische Probleme (z.B. Sauerstoffmangel, Fehlen bestimmter Botenstoffe, ein Tumor, Alzheimer) können diesen Ich-Aufbau behindern. Aber die meisten Menschen, die behaupten, Gedächtnisprobleme zu haben, sind physiologisch in Ordnung. Also muß es an der **Art** liegen, wie sie die bewußte Einspeicherung vornehmen. Diese ist jedoch vom Schul-Lernen geprägt worden und die Schule (in den westlichen Industrienationen) macht viel falsch! Die Resultate sind offenbar: Schulabgänger können immer schlechter lesen, schreiben, sich mündlich ausdrücken und rechnen. Auch in den **Oberschulen** und Universitäten sinkt das Niveau seit Jahren (Deutschland liegt an Platz 17!). **Firmen** suchen händeringend **qualifizierte** Arbeitskräfte! Aber **70% der Arbeitslosen** sind nicht einmal für Büroarbeit mit Kundenkontakt qualifiziert!

Lernen bedeutete im Industrie-Zeitalter, bestimmte Dinge ein für allemal zu lernen. Aber die Schlüsselqualifikationen für Erfolg in der Zukunft spielen sich in folgenden drei Bereichen ab:

Wir wollen weder Eltern- noch Lehrerschelte betreiben. Es gibt zwei Gründe für die gegenwärtige Misere:

1. hat erst die neuere Gehirn- und Gedächtnisforschung gezeigt, was wir bisher falsch machen. Es dauert normalerweise zwei bis drei Generationen, bis neue Forschungsergebnisse im Alltag wirklich genutzt werden, aber **die Zeit haben wir nicht!**

2. liegt das Industriezeitalter unwiderruflich hinter uns, d.h.: Die **post-industrielle Ära** hat bereits begonnen.

Ich bin
GERNE
intelligent(er)
und "genial"!

1. **Informations-Management**: ent-lernen, um-lernen und Neues lernen; Grundvoraussetzung ist ein gut trainiertes Gedächtnis!

2. **Kommunikations-Fähigkeit**: wirklich eingehen auf andere, um echte Beziehungen aufzubauen; das geht nur mit einem gut trainierten Gedächtnis!

3. **Service-Professionalität** – auch innerhalb einer Firma oder Organisation heißt das: flexibel reagieren und den anderen echte Dienst-LEISTUNGEN bieten; auch hierbei hilft ein gutes Gedächtnis!

Im Industriezeitalter benötigte die Wirtschaft menschliche „Roboter", die einige wenige Handgriffe zuverlässig ausführen konnten. Der Großteil der Arbeiter war angelernt, d.h. die Leute konnten nach einigen Tagen produktiv eingesetzt werden. Nur Führungskräfte hatten Fachwissen (Vorarbeiter) oder eine fachlich-qualifizierte Ausbildung (Meister). Es gab relativ wenige Arbeitnehmer mit „weißem Kragen". Heute und in der Zukunft wird der Mensch zur wertvollsten „Ressource", damit aber werden alle Beziehungen (auch berufliche) „menschlicher", sowohl innerhalb der Organisationen als auch im Kontakt zu den Kunden.

**Der Erfolg in der Zukunft** hängt also von **anderen Faktoren** ab als in der Vergangenheit. Die wichtigsten sind:

1. **Lernfähigkeit**: altes ent-lernen oder um-lernen und regelmäßig Neues lernen! (vgl. E-Energien S.18)

2. **Flexibilität** – dazu muß man über E-Energien verfügen können!

3. **Kreativität** – auch sie fordert E-Energien.

Wir werden uns schrittweise an ein phänomenales Gedächtnis herantasten. Denn dieses ist nicht das Ziel (oder „Endprodukt"), sondern ein Symptom: Es beweist, daß Sie gehirn-gerecht vorgehen, was wichtige positive Auswirkungen auf alle geistigen Leistungen hat. So gesehen können wir das Gedächtnis mit einem Thermometer vergleichen, mit dem Sie Ihre Temperatur messen, um auf Ihren allgemeinen (geistig-mentalen) Gesundheitszustand zu schließen.

Deshalb werden wir uns in den Briefen regelmäßig mit diesen Fragen befassen: Wenn Sie genügend Energie „frei" bekommen, können Sie diese in Ihre **Zukunfts-Qualifikation** lenken. Außerdem macht es weit mehr Spaß, intelligent, flexibel und kreativ zu sein!

## Lernprozesse

Neuere Forschungsergebnisse haben gezeigt, daß einige der Vorstellungen, die wir über Lernprozesse hegen, ziemlich falsch sind.

Wenn Sie sich eine Lernkurve vorstellen: Die meisten meiner Seminarteilnehmer denken an eine eine Art von „Hügel", mal eher sanft, mal eher steil ansteigend, z.B. so:

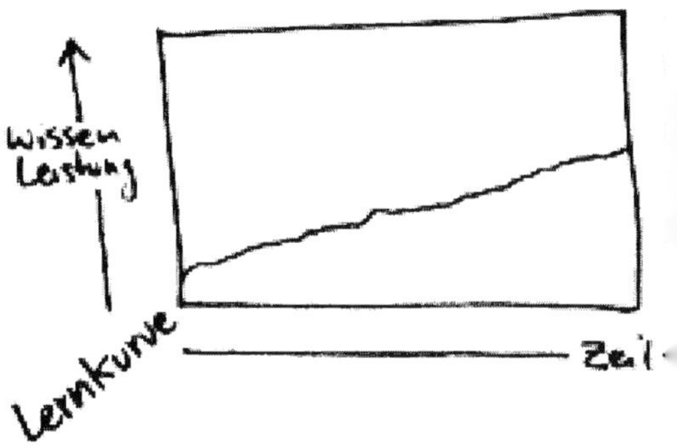


Tatsache aber ist, daß Lernprozesse bei Anhäufung von Wissen (Daten, Fakten, Informationen) völlig anders verlaufen, als Lernprozesse von Verhalten. Merke:

1. **Wissen** wird durch Lernen erworben, Verhaltensweisen hingegen durch Training (welches zu Können führt)!

2. **Wissens-Gedächtnis** muß demzufolge im „Kopf" (Gedächtnis) landen und später dem Geist zur Verfügung stehen, **Verhaltens-Gedächtnis (= Können)** hingegen soll später **Verhalten** auslösen, muß also eher im Körper „gespeichert" werden.

Demzufolge unterscheidet sich die Lernkurve für **Wissen** von Lernen von **Verhalten** (das durch Training erworben wird). Lassen Sie mich dies anhand einer einfachen Metapher an-SCHAU•lich machen.

## Der Weg zur Meisterschaft
### (Verhalten/Können)

Wenn Sie mit einem neuen Verhalten ganz von vorne beginnen, dann legen Sie quasi einen ersten **Trampelpfad** im „Dickicht" Ihrer Neuronen im Gehirn an. Begehen Sie diesen Weg öfter, dann wird der Pfad fester und eines Tages entscheiden Abertausende von kleinen Helfern in Ihrem Gehirn, die Strecke jetzt zur Autobahn auszubauen (also zu „asphaltieren"). Während dieser Zeit scheinen Sie keine Fortschritte zu machen; Sie befinden sich auf einem „Lern-Plateau", aber nur, wenn Sie weiter trainieren! Und gerade das fällt jetzt schwer, weil es ja anscheinend nicht voran geht. Nun: solange eine „Autobahn" im Bau ist, geht es für die Autos auch nicht „weiter", erst wenn die neue Strecke eröffnet wird. Wenn das in Ihrem Gehirn passiert, dann fahren Sie plötzlich glatt und mühelos auf Ihrer „Datenbahn" von A nach B.

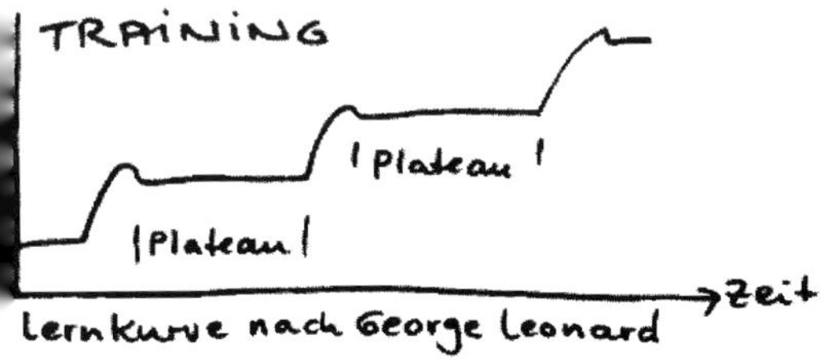


Deshalb betont **George Leonard** (in seinem hervorragenden Buch: „Der längere Atem") die Wichtigkeit des Lern-Plateaus. Er sagt: **„Wir müssen lernen, das Plateau zu lieben!"** Stellt es doch gerade jenen Zeitabschnitt dar, in dem die derzeitige „Wegstrecke" zu einer „Datenautobahn" umgebaut wird! Früher konnten solche Plateaus die Lerner frustrieren (oder zum Aufgeben veranlassen). Heute aber wissen wir, daß jedes **Lern-Plateau** geradezu der **Beweis** dafür ist, daß Lernen stattfindet!

Diese Entwicklung spiegelt die **Lernkurve für Verhalten** wieder: Es gibt einen Leistungssprung (Übergang vom Trampelpfad zum Baubeginn); dann gibt es einen kleinen Abfall und auf diesem Niveau verläuft jetzt das Plateau, solange die Datenbahn sich im Bau befindet.

Jetzt wollen wir uns ansehen, wie die **Lernkurve bei der Aneignung** von **Wissen** aussieht.

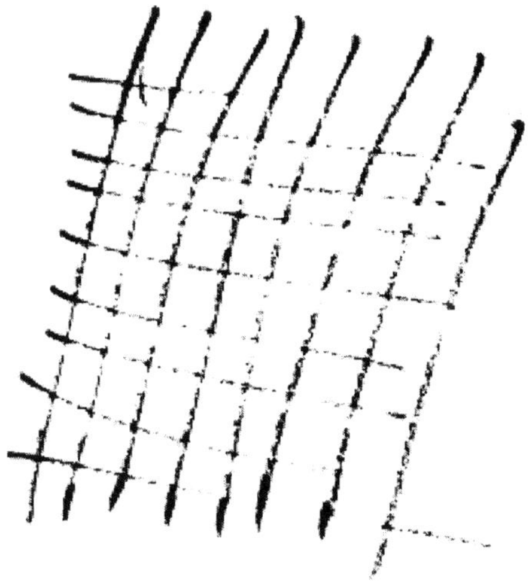

Dieses Netz symbolisiert das gigantische Wissens-Netz Ihrem Kopf. Das heißt: Jedes „bit" an Informationen, das Sie jemals gelernt haben, ist ein „Faden" in diesem Netz (und repräsentiert eine bevorzugte Nervenbahn im Gehirn).

## Der Weg zu Wissen
### (Daten, Fakten, Informationen)

Wieder möchte ich Ihnen eine Metapher anbieten: Bitte stellen Sie sich ein gigantisches Netz vor!

Und nun stellen Sie sich vor, Sie hören oder lesen etwas, was Sie sich vielleicht merken wollen. Im Denkbild: eine **neue Information** kommt auf Ihr Wissens-Netz „zugeflogen": Vorne „trägt" sie einen eingebauten Widerhaken.

Nun passiert folgendes:
Wenn Sie zu dieser neuen Information bereits „passende" Fäden im Netz haben, dann wird die neue Info von diesen wie magnetisch angezogen. Sie „saust" dorthin und „hakt" sich vollautomatisch ein!

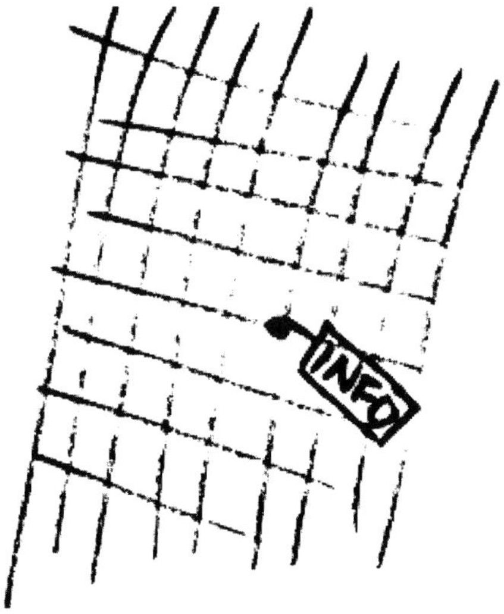


Es ist also **keine zusätzliche Gedächtnisleistung** Ihrerseits nötig, um die neue Information in Ihrem Gedächtnis zu „plazieren".

Anders sieht es aus, wenn die neue Information im Netz keinen „Faden" findet, weil es in Ihrem Wissens-Netz noch nichts „Passendes" gibt. Sie haben sich mit diesem Thema noch nie (richtig) befaßt; ein Begriff ist Ihnen „völlig neu", Sie haben von dieser Sache noch nie zuvor gehört/gelesen oder Sie hatten damals in der Schule gefehlt, als das „dran war"...

Nun, wenn die INFO keinen Faden zum Festhaken finden kann, dann segelt sie an Ihrem Wissens-Netz vorbei, um auf Nimmerwiedersehen zu verschwinden. Dann haben Sie den falschen Eindruck, Lernen sei „schwierig". Aber:

Der Schwierigkeitsgrad jeder Art von Information ist lediglich abhängig von der Tatsache, **ob Sie persönlich zu dieser Information bereits Fäden im Netz besaßen**, ehe Sie sie gehört oder gelesen haben!

Wenn ja ist diese Info **für Sie leicht**!
Andernsfalls ist diese Info **für Sie schwer**.

**So einfach ist das!**

**Einmal** wahrgenommen (gehört, gelesen) und begriffen **bedeutet**: GEMERKT!

Erinnern Sie sich:
Das 16. Wort in der Assoziations-Liste hieß Adipositas. Dazu können die meisten meiner Seminar-Teilnehmer/innen im ersten Teil des Experimentes **keine** Assoziationen bilden. (Falls Sie Adipositas kennen, wie steht es mit *Xylograph*?)
Jetzt wissen Sie, warum die Assoziations-Liste zwei Begriffe enthält, zu denen die meisten Menschen **keine** Assoziationen haben. Damit will ich demonstrieren: Ist uns ein Begriff unbekannt, dann kann der Begriff bei der zweiten Aufgabe auch nicht RE•KONSTRUIERT werden: Kein Faden im Netz! Das heißt: wahrgenommen aber leider nicht begriffen! Demzufolge kann diese Info auch nicht gemerkt werden. Nicht etwa weil Ihr Gedächtnis schlecht wäre, sondern weil die Info sich in Ihrem Wissens-Netz nicht festhaken konnte! Wir werden diesen wichtigen Aspekt später wiederholt aufgreifen ...

Demzufolge sind manche Arten von Informationen **für Sie** „schwerer" oder „leichter". In der Vergangenheit nahm man an, die Info selbst sei „schwer" oder „leicht", aber inzwischen wissen wir: Wenn es bereits Fäden gibt, an welche die neue Information "andocken" kann, dann ist es für Sie immer leicht, unabhängig vom Inhalt dieser Information.

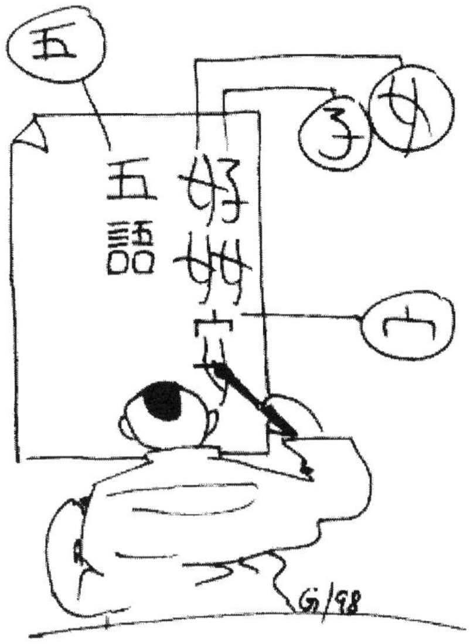


## Drei Beispiele:

1. **Für einen Chinesen** ist ein neues Schriftzeichen umso leichter zu lernen, je mehr ähnliche er bereits kennt. Dasselbe gilt für jeden Deutschen, der Chinesisch lernt!

2. Für jemanden, der bereits Bücher über die Psychologie von Erfolg und Versagen gelesen hat, ist jedes weitere Buch zu diesem Thema "leicht"; wenn so ein Buch jedoch Ihr erstes ist, werden viele Informationen noch an Ihrem Wissensnetz vorbei segeln und es wird Ihnen so manches „Spanisch" vorkommen. Spanisch ist nur für Nicht-Spanier schwer!

3. Wenn Sie die **Addition** beherrschen, fällt Ihnen die **Multiplikation** leicht (denn genaugenommen stellt sie eine verkürzte Form einer Kettenaddition dar). Fehlen jedoch die Additions-Fäden im Netz, ist eine Multiplikation zunächst einfach „nicht zu begreifen" ... Im Klartext:

Wann immer Ihnen irgend eine Information **„kompliziert"** vorkommt, dann hatten S i e hierzu noch keinen Faden in Ihrem Netz.

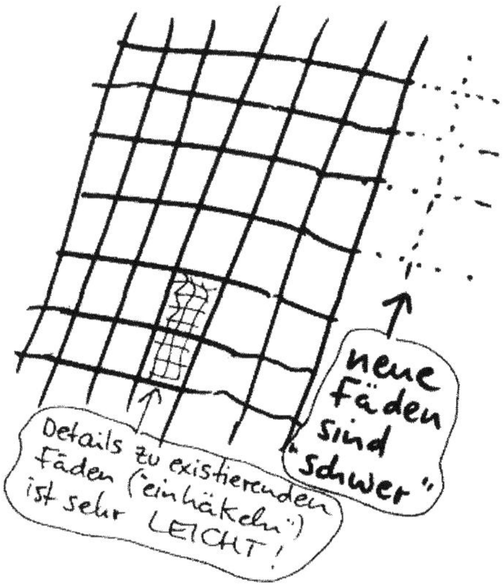


Also gilt die Regel: **Nur der Anfang ist schwer**, d.h.: Jeder Anfang bedeutet, daß **erste neue Fäden am Rand des Netzes** geknüpft werden müssen.

Das ist natürlich mit gewissen Anstrengungen verbunden. Fehlt nämlich ein passender Faden, dann müßte die neue Informationen im „Nichts" plaziert werden, und eben das ist **neurophysiologisch unmöglich**.

Andererseits ist es sehr leicht, neue Detailfäden **in existierende Netzmaschen einzuhäkeln**, weil diese sich ja vollautomatisch an existierende Fäden einhaken.

Also sieht die **Lernkurve für Wissen** wie folgt aus: Je mehr wir (zu einem bestimmten Thema) bereits wissen, desto leichter können wir neue Informationen *verarbeiten*, desto steiler ist die Lernkurve.

Je mehr wir (zu einem bestimmten Thema) bereits wissen, desto leichter können wir neue Informationen *verarbeiten*, desto *steiler* ist die Lernkurve.

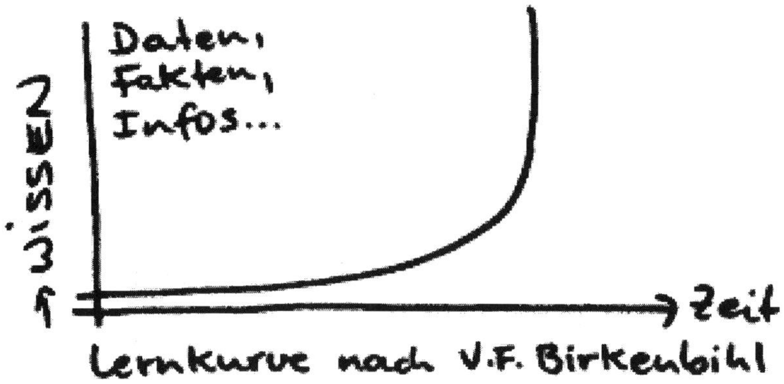


Allerdings müssen wir für jedes Thema eine eigene Lernkurve anlegen, aber immer gilt: **jede Wissens-Kurve ist exponentiell!**

Das heißt: Wenn wir Informationsmengen pro Zeiteinheit ansehen, dann können Sie im steilen Teil der Kurve **die gleiche Menge (an „Stoff") in weit weniger Zeit lernen.**

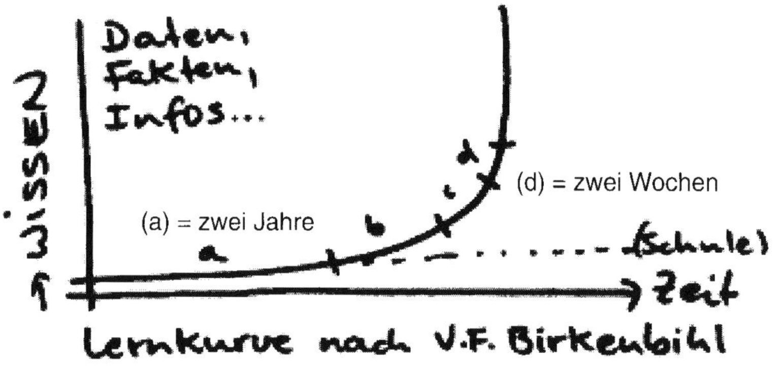


Natürlich kann so eine grobe Zeichnung nicht maßstabsgetreu sein: Stellen Sie sich die Strecke (a) als einen Zeitraum von zwei Jahren vor (z.B. in den ersten Schuljahren), die Strecke (d) hingegen als zwei Wochen.

Theoretisch sollten wir in den ersten sechs Schuljahren jede Menge Lernkurven anlegen, so daß Lernprozesse zu den etablierten Themenbereichen immer schneller ablaufen. Die Wirklichkeit sieht jedoch leider anders aus:

- **Der Unterricht nach wie vor ist zu wenig gehirn-gerecht**, so daß die meisten Schüler/innen ihre Lernkurven nur bis Lernkurvenabschnitt (a) entwickeln können.

- Dadurch haben sie das **Gefühl**, Lernen müsse auch weiterhin „schwer" bleiben und viel Zeit und Energie kosten (ein gigantischer Fehlschluß).

- Was schwer/schwierig **erscheint**, frustriert besonders Menschen, die schnell aufgeben (d.h. die meisten Menschen, weil ihnen **die hierfür nötigen E-Energien fehlen!**). Also meiden sie solche Situationen vorsorglich von vorneherein. Deshalb haben die meisten Jugendlichen und Erwachsenen geradezu Angst vor Lernen...

- Weil sie aber zuwenig lernen, erreichen die meisten Menschen den exponentiellen (also den **steilen**) Abschnitt der Lernkurve (d) nur in ganz wenigen Bereichen (Beruf, Hobbies).

- Nun schreiben sie ihren Lernerfolg in **diesen** wenigen Bereichen fälschlicherweise ihrem besonderen „Talent" zu und **glauben** demzufolge ebenso fälschlicherweise, in den anderen Bereichen „untalentiert" zu sein (ein genau so gefährlicher Fehlschluß).

- **Deshalb scheuen sie sich vor weiteren Lernprozessen** („Das kann ich eh nicht!" – „Ich habe halt kein Sprachentalent!" – „Ich kann leider nicht zeichnen." – „Ich könnte nie ein Musikinstrument lernen." usw.) und so machen sie ihre **selbst-erfüllende Prophezeiung** immer wieder wahr, was ihren falschen Glauben bestätigt. Und so wird unser Glaube zu unserer „Wirklichkeit" (darüber in den Briefen mehr!). Also schließt sich der Teufelskreis. Das erinnert mich an meinen Lieblingssatz der Möwe Jonathan:

**Glaube an Grenzen,**
**und sie gehören Dir!**

**Im Klartext:**

Welche Grenzen Sie auch immer ziehen wollen; dies sind Ihre Grenzen innerhalb welcher Sie leben werden. Je mehr Sie an Ihre Behinderungen, Untalentiertheit und ähnliche Grenzen glauben, desto mehr „gehören" sie Ihnen...

## Gedächtnis:
### (Wie merken wir uns Informationen?)

Wenn ich meine Seminar-Teilnehmer/innen frage, womit sie das Gedächtnis vergleichen würden, dann tauchen immer **Bilder von Behältern** auf (z.B. Schubladen-Kasten), in denen die Wissens-Inhalte aufbewahrt werden. Demzufolge **müßte** Gedächtnis dem Prozeß des Suchens gleichen: Wenn ich Glück habe, finde ich das Gesuchte…

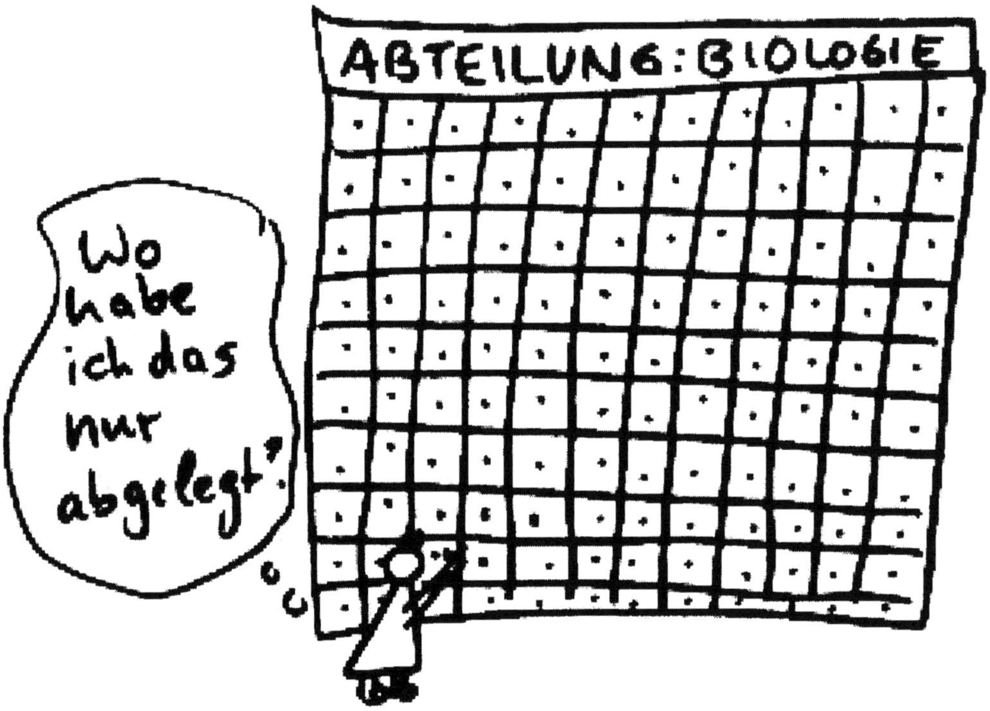


**Leider haben wir oft kein Glück!**

Gedächtnis aber ist das Resultat unseres Könnens.

Solange wir angenommen haben, daß wir Infos im Gedächtnis ablegen (um sie später wieder hervorzuholen), solange glaubten wir, die **Qualität des Speichersystems** (der Hardware = unseres Gehirns) bestimme den Erfolg.

Tatsache ist jedoch, daß Sie wichtige Infos BEWUSST in Ihr Wissens-Netz „einbauen" wollen, um den Merkvorgang dramatisch zu erleichtern.

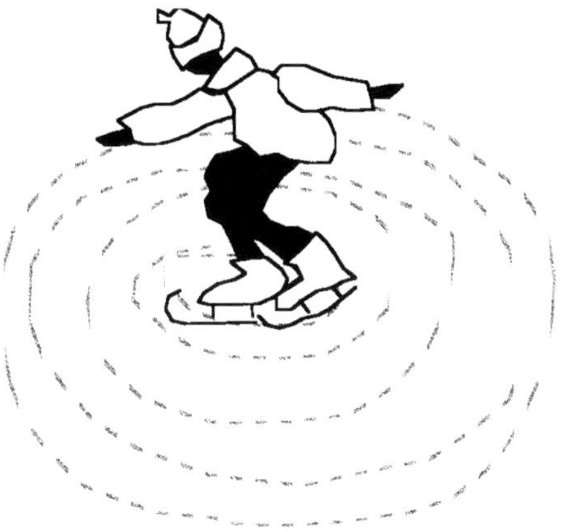

Bevor wir hier weiterfahren, wieder ein kleines Experiment. Es ist wichtig, daß Sie es auf zwei Ebenen durchlaufen: Einmal inhaltlich, zum anderen, indem Sie sich selbst beobachten. Dies geht natürlich nur, wenn Sie aktiv mitmachen. Wenn Sie gebeten werden, etwas halblaut zu sagen und Sie können gerade nicht sprechen (weil andere Sie hören könnten), dann sprechen Sie bitte unbedingt sub-vokal (d.h. Sie stellen sich vor, Sie würden sprechen. Dabei bewegt sich Ihr Sprechapparat, ohne daß man einen Ton hört) und Sie können alle Erfahrungen des Experimentes erleben. Einverstanden?

## Ein Experiment – 3 kleine Aufgaben:

1. Bitte sagen Sie die Wochentage auf – **so schnell wie möglich**.

2. Beim zweiten Durchgang gilt: **Ist Ihr Tempo identisch**, wenn Sie jetzt die Wochentage rückwärts aufzählen?

3. Zuletzt bitte ich Sie, **wieder auf Ihr Tempo zu achten**, wenn Sie die letzte kleine Aufgabe durchführen: Bitte sagen Sie die Wochentage auf, aber diesmal alphabetisch.

**Erinnerung:**
**Es gibt nur ein einziges 1. Mal!**

Wenn Sie sich beobachtet haben und wenn Ihre Erfahrungen denen der meisten meiner Seminar-Teilnehmer/innen ähneln, dann haben Sie folgende Beobachtung gemacht: Unabhängig von Ihrem Basis-Tempo (also ob Sie normalerweise eher bedächtig oder sehr schnell sprechen), hat sich **Ihr relatives Tempo verändert**:

1. **Beim ersten Mal** waren Sie am schnellsten.

2. **Beim zweiten Durchgang** (rückwärts) waren Sie im Vergleich zum Tempo bei der ersten Aufgabe umso langsamer, je seltener Sie in der Vergangenheit die Wochentage rückwärts benötigt hatten.

3. **Beim dritten Durchgang** (alphabetisch) wird das Tempo merklich langsamer, oft könnte man von „Zeitlupe" sprechen.

Warum? Nun, genaugenommen ist jede Erinnerung eine RE•KONSTRUKTION. Aber was wir schon oft getan (gesagt, gelesen, geschrieben usw.) haben, das **RE•KONSTRUIEREN** wir so schnell, daß wir diesen Prozeß der **RE•KONSTRUKTION** selbst nicht wahrnehmen können. Dieser läuft nämlich in einem „Affentempo" (**ca. 400 – 2000 mal so schnell wie unser normales Denken!**) ab.

**KONSTRUKTION und RE•KONSTRUKTION von Wissen**

Beim ersten Durchgang konnten Sie daher noch den Eindruck haben, Sie zögen geistig eine Schublade auf und „entnähmen" ihr (d.h. Ihrem Gedächtnis) die fertige Info. Aber schon bei der zweiten Aufgabe (rückwärts) wurden Sie wahrscheinlich langsamer und können den Prozeß der RE•KONSTRUKTION zu ahnen beginnen. Und der dritte Durchgang führt in den meisten Fällen dazu, daß eine KONSTRUKTION nötig ist, denn, was man nie (oder äußerst selten) zuvor gebraucht hatte, das kann eben nicht RE•KONSTRUIERT werden, also muß man es jetzt (neu) KONSTRUIEREN, wenn man es braucht!

Wenn wir über Gedächtnis nachdenken, sollten wir es nicht mehr mit einem Behältnis verwechseln. Eigentlich sollten wir auch nicht „das Gedächtnis" (= Hauptwort) sagen, sondern es als Tätigkeitswort (*gedächtnissen*) benutzen. Da dies jedoch sehr komisch klingen würde, sprechen wir ab jetzt von der RE•KONSTRUKTION von Informationen/ Wissen. Hier können wir jederzeit ein Tätigkeitswort bilden und KONSTRUIEREN oder RE•KONSTRUIEREN sagen.

Jede Gedächtnis-Leistung stellt also eine Leistung dar. Es handelt sich um einen **aktiven** (und kreativen) **Akt**, um ein Verhalten, das wir in diesen Briefen als KONSTRUKTION bezeichnen wollen. Und das Erinnern als **erneute** KONSTRUKTION stellt die (= RE•KONSTRUKTION) dar! Nun kann weder die bewußte KONSTRUKTION noch die bewußte RE•KONSTRUKTION passiv „geschehen", daher sprechen wir von einer bewußten Handlung, die Sie als Gehirn-Besitzer ausführen. Dabei gilt:

**Gedächtnis ist eine kreative Leistung!**

Je effizienter Sie den ersten Teil (KONSTRUKTION) ausführen, desto besser wird der zweite Teil (RE•KONSTRUKTION) gelingen.

**Gedächtnis bedeutet:**
**HAND•eln!**

Die Qualität der
KONSTRUKTION
bestimmt die Qualität der
RE•KONSTRUKTION
(d.h. Ihrer Gedächtnis-LEISTUNG).

Wir müssen keinesfalls **„mehr" tun, sondern weniger**, dies aber voll bewußt, unter Ausnutzung der Arbeitsweise des Gehirns (eben gehirn-gerecht!)

Erinnern sie sich an das **Assoziations-Experiment**, das wir eingangs durchgeführt haben? Es ist später egal, ob Ihnen zuerst Ihre eigenen Assoziationen einfallen (z.B. Afrika, Safari, gestreift) oder das ursprüngliche Schlüsselwort (z.B. Zebra), da diese Begriffe in Ihrem Wissens-Netz (d.h. in Ihrem Gedächtnis) „vernetzt" sind. Deshalb gilt folgende Spielregel:

**Einmal bewußt wahrgenommen** und **begriffen** bedeutet automatisch auch: **gut KONSTRUIERT**. Gut KONSTRUIERT aber heißt: diese Information kann (**ohne jedes Pauken, Büffeln etc.**) später **leicht RE•KONSTRUIERT** werden.

Jetzt denken Sie bitte noch einmal an die beiden Aufgaben von vorhin zurück: In der ersten galt es, zu 16 Begriffen Ihre ersten drei spontanen Einfälle (Assoziationen) zu notieren. Dies gelang Ihnen bei den meisten Begriffen recht gut. Allerdings gibt es für die meisten Menschen einige Probleme. Zum einen die letzten beiden Worte (Lux und Adipositas), zu welchen erfahrungsgemäß kaum jemand bereits gute Fäden im Wissens-Netz aufweisen kann. Aber auch unter den anderen 14 Begriffen gibt es welche, die Ihnen leichter oder schwerer fallen. Wenn Sie z.B. Fußball-Fan sind, dann ist der Begriff *Aus* (Nr. 11) für Sie leicht (massenhaft Fäden im Wissens-Netz) aber vielleicht haben Sie keine Beziehung zu Booten/Schiffen und deshalb wenig (keine) Fäden zu (Nr. 12) *Dock*? Oder vielleicht haben Sie mit dem Igel „absolut nichts am Hut" und konnten deshalb keine guten Assoziationen finden, mit deren Hilfe später die RE•KONSTRUKTION leicht gefallen wäre...? Und genau das ist der Sinn unseres Merksatzes:

**Die Qualität der KONSTRUKTION bestimmt die Qualität der RE•KONSTRUKTION.** Gleichermaßen gilt: Fehler bei der KONSTRUKTION führen **vollautomatisch zu späteren Fehlern** bei der RE•KONSTRUKTION (und beeinträchtigen demzufolge **Ihre sogenannte Gedächtnis-Leistung**).

Wenn wir also lernen, die Qualität der KONSTRUKTION zu verbessern, dann werden wir zwangsläufig bessere Ergebnisse haben, d.h., **dann verbessert sich automatisch auch unser Gedächtnis!** Und zwar mit weit weniger Aufwand als früher!

Indem Sie den Stil Ihres Info-Managements ändern, entsteht das gute Gedächtnis als „Nebeneffekt"!

## Stichwortverzeichnis

# Der Vera F. Birkenbihl-Brief

## Erfolg & Lebensqualität

+++ geistig ständig fitter +++ als Persönlichkeit immer erfolgreicher +++ in der Kommunikation Schritt für Schritt besser +++ denn: Erfolg ist ein Prozeß

**Monatlicher Beratungs- und Trainingsservice** **Dezember**

Liebe Leserin,
lieber Leser,

ich freue mich, daß Ihre Entscheidung für dieses Erfolgs-Programm positiv ausgefallen ist und ich verspreche Ihnen: Ich gehe mit demselben Engagement an diese Briefe heran wie an jedes Seminar! Ich wähle sorgfältig aus, welche Informationen ich Ihnen auf welche Weise präsentiere, damit Sie mit einem **Minimum an Zeit und Kraft den größtmöglichen Nutzen** erhalten werden. (vgl. **Kasten**)

Für mich ist der Dezember der Monat für ganz besondere Gedankengänge. Ich pflege diese Weihnachts-Tradition seit 1958, als ich 12 Jahre alt war. Damals erzählte mir mein Vater von seinem eigenen **Jahres-Rückblick**. Mich faszinierte die Idee, und ich begann mich zum ersten Mal an diese Aufgabe heranzutasten. Im Laufe der Jahre wurde sie auch für mich zu einer **wichtigen Gewohnheit, die maßgeblich zu meinem Erfolg (persönlich wie beruflich) beigetragen hat**. Deshalb möchte ich Sie im heutigen Brief einladen, eine Lebens-Inventur vorzunehmen, indem Sie Ihre weihnachtliche Inventur mit meiner vergleichen. Diese Dezember-Gedanken stellen den ersten Teil meiner großen Jahres-Inventur dar. (Der zweite Teil findet Anfang Januar statt, mehr darüber im nächsten Brief).
Anschließend folgt etwas Training für Ihren Kopf, denn Erfolg in allen Lebensbereichen setzt ein waches Hirn voraus!
Ich wünsche Ihnen frohe und be•SINN•liche Festtage, die Ihnen unter anderem auch helfen, Ihren persönlichen Sinn (wieder) zu finden oder zu bestätigen, sowie einen guten „Rutsch" ins nächste Jahr.

Mit liebem Gruß,
Ihre

Vera F. Birkenbihl

**Vera F. Birkenbihl**

gehört zu den erfolgreichsten Persönlichkeits-Entwicklern Europas, die seit 1970 abertausende von Seminarteilnehmer/innen, Leser/innen, Rundfunk-Hörer/innen, und Fernsehzuschauer/innen überzeugt und begeistert. In diesen Briefen will Sie Ihnen helfen, den **Adler** in Ihnen zu stärken. Sie errinnern sich (vgl. BasisWissen S.12f.).

Wir wissen inzwischen mit 100%iger Sicherheit: Für geistige Prozesse gilt dasselbe wie für Muskel-Leistungen (use it or lose it), sowie: Man kann mit **wenig Aufwand immens viel erreichen**. Und die Grundlagen all Ihrer Erfolge (egal auf welchem Gebiet) beginnen **nun mal in Ihrem Kopf!**
Ebenso wissen wir inzwischen, daß die Gehirnzellen **regenerierbar** sind, so daß jeder Mensch, der zu trainieren beginnt, Fortschritte machen muß. (sie können Ihren Erfolg also gar nicht verhindern...).
Deshalb werden Sie in den Briefen regelmäßig **einfache, aber wirksame Trainingsaufgaben fürs Gehirn** vorfinden.

# Meine Lebens-Inventur
## (Teil I: Weihnachtswoche)

Im Gegensatz zu unserer Regelung, Übungen immer sofort auszuführen (weil es nur ein einziges **erstes** Mal gibt!), dürfen Sie diese Inventur gerne vorab lesen, wenn zwischen dem ersten Lesen (heute) und der eigentlichen Inventur einige Tage liegen. Dies ist besonders wichtig, wenn Sie (noch) nicht daran gewöhnt sind, eine Lebens-Inventur durchzuführen! Bitte beantworten Sie alle Fragen schriftlich (vgl. **Kasten**).
Natürlich notieren Sie auch Ihre eigenen Fragen, die Sie vielleicht jedes Jahr durchdenken bzw. zusätzliche Fragen, die Ihnen beim Lesen einfallen. Meine Inventur soll ja nur einen grober Leitfaden für Ihre eigene darstellen…

**Erstens** denke ich über mein (derzeitiges) Leben nach. Dabei gehe ich wie folgt vor:

1. **Ich notiere (schnell und spontan!) meine derzeitigen Ziele und Prioritäten im Leben.** Bitte beachten Sie: Mit *schnell* und *spontan* meine ich so *schnell wie möglich*. Wenn Sie also nachdenken müssen, so ist das Teil der Aufgabe. Was Sie jedoch vermeiden sollen, ist das Verwerfen von „ersten Formulierungen" zugunsten von „besseren" (damit könnten Sie sich nämlich selbst in die Tasche lügen!)
2. **Ich vergleiche diese mit den Notizen vom Vorjahr:** Was ist identisch geblieben? Was hat sich geändert?
3. **Ich denke über die veränderten Aspekte nach.** Sie geben mir Aufschluß über neue Weichenstellungen in meinem Leben, die sich auch völlig unbewußt „eingeschlichen" haben können.

**Zweitens** erinnere ich mich bewußt, welche Geschenke ich für mein Leben erhalten habe. Konkret:

1. Wo liegen **meine Stärken**?
2. **Nutze** ich sie wirklich **optimal**?
3. Baue ich sie systematisch aus? (Das heißt: Arbeite ich bewußt an **meiner ständigen Ent•wicklung**?)
4. Inwieweit kann ich der Welt ein wenig „zurückgeben", indem ich meine Stärken dazu nutze, anderen zu helfen, Ihre eigenen Geschenke (ihr Potenz•ial) systematisch zu entdecken und auszubauen?

**Bitte notieren Sie** sowohl die Fragen als auch Ihre Antworten, denn das Aufschreiben der Fragen löst mehr Assoziationen aus als das Lesen derselben. Bei manchen „Fragen", die wichtige Erinnerungen auslösen sollen, gibt es keine „Antwort". Halten Sie hier Ihre Erinnerungen stichpunktartig fest. Wenn Sie diese Notizen später (z.B. nächstes Jahr im Dezember) wieder durchgehen, werden Ihre heutigen Stichpunkte Sie wieder an diese Geschehnisse erinnern.
**Wenn Sie ungerne schreiben, gilt:**
**Sie** können Ihre Ergebnisse auch auf Band sprechen. Allerdings **müssen sie hinterher geschrieben werden**, damit Sie sie später (ohne langes Hin- und Herspulen) zu Rate ziehen können.
**Mein Vorschlag**: Entweder später selber in den Computer tippen oder dies von einem Schreibbüro machen lassen.

Ent-DECKen:
den "Deckel"
heben ...

Es ist unglaublich, wie be•REICH•ernd die persönlichen Ent•deck•ungen dieser Inventur sein können...

Ich erinnere mich immer mit großen Vergnügen an unsere „dummen Sprüche" beim Backgammon. Wenn man dringend eine große Punktezahl brauchte, aber nur Einser und Zweier würfelte, sagte meine Oma: „Das ist nicht viel, aber wenig!", oder: „Das ist schon eher nix!"
Es geht nicht darum, ob ein Außenseiter diese Sprüche brillant findet. Es geht um die Atmosphäre damals, um „Albernheiten", **die speziell zu solchen Momenten gehörten**, um die Tatsache, daß solche **Augenblicke für eine Beziehung immens wichtig sind**. Man könnte sogar sagen, daß gerade solche „unwichtigen Kleinigkeiten" die Beziehung maßgeblich formen!
Deshalb gehören sie später mit zu den **unauslöschlichen Erinnerungen an diese Menschen!**

Drittens denke ich an Menschen, die ich kannte, die jedoch nicht mehr unter uns weilen.

1. Ich erinnere mich **dankbar** an Erlebnisse (inklusive der Weihnachts- und anderer Feste) mit ihnen.
2. Ich denke an spezielle Erlebnisse mit ihnen, die mir eine wichtige **Lehre** gewesen waren, und frage mich, ob ich den Lerneffekt aus diesen Lehren nach wie vor nutze.
3. Ich erinnere mich an **Ratschläge** dieser Personen und frage mich, inwiefern ich diese (noch) beherzige.
4. Und ich denke an **schöne Zeiten** mit ihnen und frage mich, ob es immer noch genügend ähnliche oder vergleichbare Aspekte in meinem Leben gibt.

Dieser letzte Punkt ist wichtig, denn die meisten Menschen merken gar nicht, wie viele der „schönen Zeiten" des Lebens sie Jahr für Jahr „abbauen", weil sie glauben, „dafür" keine Zeit mehr zu haben.

Vielleicht können Ihnen folgende Beispiele Anregungen für eigene Überlegungen geben:

1. **Zeiten**, in denen man „einfach nur so" (ohne konkrete Agenda) zusammenkommt.
2. **Zeiten** für Spiele. Dabei können gerade einfache Spiele Anlaß für „alberne" Gespräche sein und eben solche „dummen" Bemerkungen können die Beziehungen bereichern. Hier geht es nicht um irgendwelche großen Themen oder Probleme, man „quatscht" einfach miteinander (vgl. Kasten).
3. Zeiten für ausgedehnte Gespräche! Kann jedes Mitglied eines Familien- oder Freundeskreis alle zusammentrommeln mit der Bitte: „Ich habe ein Problem, ich brauche Euer Ohr, ich möchte mich mit Euch beraten."?

Viertens denke ich über die Menschen nach, mit denen ich **derzeit** intensive Beziehungen pflege (beruflich wie privat). Ich frage mich:

1. Gibt es im Augenblick irgendwelche **Spannungen**, die ich gerne vor dem Fest bereinigen möchte?
2. Respektiere ich diejenigen Aspekte in den Inseln dieser Personen genügend, die von meiner Insel **abweichen**?

3. Gewinnt das Leben dieser Menschen in irgendeiner Form **durch** ihre Beziehung zu mir? (Wenn ich mir nicht sicher bin, frage ich.)

Diese Gedanken stellen den ersten Teil meiner großen Jahres-Inventur dar. **Wenn ich meine Antworten/Assoziationen aufgeschrieben habe, packe ich alles weg bis zur ersten Januar-Woche (also knappe 2 Wochen später).** Es hat sich sehr bewährt, eine Pause zwischen Teil I und Teil II einzulegen, und zwar aus zwei Gründen (vgl. Kasten).
Wie es im Januar weitergeht, berichte ich Ihnen im nächsten Brief.

Lassen Sie uns nun zum zweiten Thema des heutigen Briefes kommen, nämlich zu einem weiteren Schritt auf Ihrem **Weg zum gehirngerechten Denken**.

Ich darf noch einmal betonen, daß es sich bei allen Aufgaben um **Übungen** handelt, **die sehr einfach auszuführen** sind und trotzdem **sehr komplexe Einsichten** vermitteln.

Falls Sie das BasisWissen (inkl. der Aufgaben) noch nicht durchgearbeitet haben sollten, bringen Sie sich um den eigentlichen Nutzen, wenn Sie jetzt weiterlesen. Wie im Brief zum BasisWissen erwähnt: Der große Vorteil der Briefe ist ja, daß zwischen einer Aufgabe und dem Folgebrief **Zeit** liegt – im Gegensatz zum Buch (hier ist die Gefahr des Umblätterns und Weiterlesens sehr groß). Deshalb möchte ich Ihnen jetzt die „Gretchenfrage" stellen: Haben Sie das BasisWissen aktiv durchgearbeitet? ❑ **ja** ❑ **noch nicht**

**Bei ☒ ja**: Sie wissen, Erfolg ist ein Prozeß und sind bereit, aktiv an sich zu arbeiten. Als Ihr Coach freue ich mich!

**Bei ☒ nein**: Als Ihr Coach ist es auch meine Aufgabe, Ihnen „ins Gewissen zu reden", wenn ich befürchten muß, daß Sie nicht Ihr Bestes geben. Das macht auch mein Coach mit mir (vgl. Kasten).

Bitte erinnern Sie sich an die **Dach-Liste**, mit der wir im BasisWissen gearbeitet haben: Ich hatte Sie gebeten, zu jedem Begriff drei eigene Assoziationen zu notieren. Später stellten Sie fest, daß Sie viele (aber wahrscheinlich nicht alle!) dieser Begriffe aufgrund Ihrer eigenen Assoziationen sehr leicht wieder **RE•KONSTRUIEREN** konnten, erinnern Sie sich?

Hier setzen wir heute wieder an.

1. In den Tagen, die dazwischen liegen, arbeitet mein Unbewußtes weiter „am Thema", so daß die Ergebnisse vom zweiten Teil dadurch **be•REICH•ert** werden! Diesen Umstand nutze ich natürlich gerne.
2. Es kann sein, daß ich über einige Punkte mit anderen Personen sprechen möchte, ehe ich zu Teil II übergehe; auch dazu habe ich Zeit.

**Die Informationen und Aufgaben im BasisWissen stellen die absolute Grundlage dar, auf die wir in den Briefen jederzeit zurückgreifen können.**

**Mein Coach** (in Bezug auf mein Walking-Training) hilft mir, wenn ich nachlässig werde. **Ohne ihn hätte ich schon oft ...**
Sie wissen, was ich meine. Es ist natürlich immer Ihre Entscheidung (**Frosch oder Adler?**), aber da ich das BasisWissen entwickelt habe, um später auf ihm aufzubauen, gehe ich ab jetzt davon aus, daß Sie es kennen...

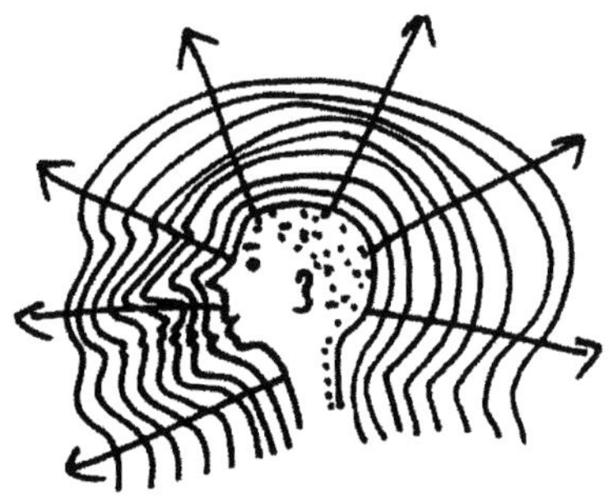

## KONSTRUKTION als Denk-Prozeß

Wann immer eine Info vorhandene Fäden zm Einhaken findet, klinkt sie sich selbständig ein.
So entsteht ein „gutes Gedächtnis" – ohne die bewußte Anstrengung des **Gehirn-BESITZERS**.

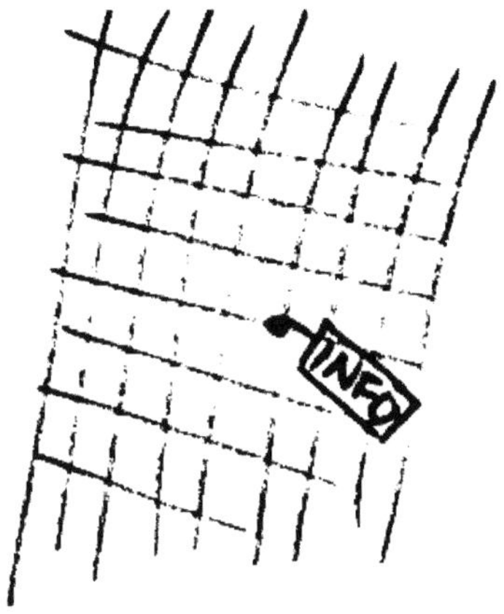


Alles, wofür Sie noch keinen Faden im Wissens-Netz haben, geht (wie der Volksmund sagt) *zum einen Ohr rein, zum anderen raus*. Wir schalten auf Durchzug und wir schwören hinterher, **daß uns diese Info** (z.B. das Wort „adipös") **noch nie zuvor begegnet war**. Aber: Allein im letzten Monat ist Ihnen der Begriff *adipös* oder (*Adipositas*) mindestens dreimal begegnet. Das werden Sie ab morgen merken. **Ab morgen** wird *adipös* nämlich „plötzlich" in Ihrem Bewußtsein „auftauchen". Davor haben Sie es überhört und überlesen, also nicht bewußt wahrgenommen.

Wir hatten im BasisWissen bereits angedeutet: Die Fähigkeit, eine Information später **aufgrund der eigenen Gedanken** zu RE•KONSTRUIEREN, hängt davon ab, ob Sie hierzu schon **Fäden im Wissens-Netz** haben. Gelingt es Ihnen, die neue Info in **vorhandene Fäden** „einzuhängen", dann halten Sie dies für eine Funktion eines guten Gedächtnisses. Dabei hat sich die neue Info eigentlich „vollautomatisch" und ohne eine bewußte Anstrengung Ihrerseits eingeklinkt. **Im Klartext:**

Findet eine neue Info jedoch **keinen Faden** im Netz (wie bei den meisten Seminarteilnehmer/innen der Begriff *adipös*), dann kann diese neue Info sich **nicht** vollautomatisch einklinken. Und da sie leider nicht im Nichts (d.h. außerhalb der Netz-Struktur) haften kann, saust sie an unserem Wissen-Netz vorbei, und wir denken wieder einmal, unser Gedächtnis sei nicht O.K.

Wenn Sie also etwas für Sie **Neues lernen wollen**, dann müssen Sie es beim Wahrnehmen sauber **KONSTRUIEREN**. Auf diese Weise „häkeln" Sie einen neuen Faden ins Netz. Das klingt für die meisten zunächst etwas mühselig. Aber bitte bedenken Sie: **Stures Pauken/Büffeln ist erstens weit mühseliger und zweitens weit weniger erfolgreich!**

Außerdem gilt:
Das bewußte **KONSTRUIEREN** von Fäden im Wissens-Netz ist eine Tätigkeit wie Rollschuhlaufen, häkeln oder Kreuzwort-Rätsel lösen: Jede Tätigkeit fällt leicht, wenn wir sie einmal beherrschen. (Vgl. **Kasten**)

Befassen wir uns heute zum letzten Mal mit dem 16. Wort in der Dach-Liste aus dem BasisWissen: **Adipositas**. Wenn ich Ihnen jetzt etwas über **adipöse Menschen** erzählen würde, dann würden Sie, wenn Sie dazu **keinen** Faden im Netz haben, nicht wissen, wo Sie diese Gedanken „anbinden" sollen. (Z.B.: *56% der Bevölkerung sind adipös*. Oder: *Ich war früher viel adipöser als heute.*) Je mehr ich sage, desto mehr Unlust empfinden Sie bald. Aber:

**Genau so war der Unterricht in Schule und Ausbildung gestaltet**. Man hat Ihnen jede Menge unbekannter Begriffe (darunter viele Fremdwörter) so „serviert", daß Sie mit ihnen zunächst so gut wie nichts damit anfangen konnten. Gleichzeitig hat man Ihnen bedeutet, daß Sie verantwortlich seien, z.B.:

- Man muß Texte so oft/lange lesen, bis man sie versteht.
- Man muß die Bedeutung unbekannter Begriffe irgendwie herausbekommen.
- Natürlich kann man die Lehrer/innen selten fragen, die müssen schließlich für viele Kinder da sein…

Was passiert in Ihrem Kopf, wenn ich Ihnen nun sage: Adipös bedeutet „querschlank"?

Sehen Sie, den Begriff „querschlank" gibt es gar nicht, und trotzdem verstehen Sie ihn, wenn Sie sowohl zu *quer* als auch zu *schlank* einen Faden im Wissens-Netz haben. Sie setzen die beiden **bekannten Elemente** zusammen und Ihnen wird klar, was *adipös* heißen muß. Diese Art zu denken nennen wir KONSTRUIEREN! Ich darf an die Regel aus dem BASISWISSEN erinnern: Die Qualität der KONSTRUKTION bestimmt die Qualität der späteren RE•KONSTRUKTION (also Ihres sogenannten Gedächtnisses).

Nun gibt es einige sehr einfache Wege, wie wir diesen Prozeß der Konstruktion bewußt vollziehen können. Einen haben Sie bereits kennengelernt:

## KONSTRUKTION-Prozesse

### Eigene Assoziationen finden

Deshalb war es so wichtig, daß Sie die **Übungen im BASISWISSEN** aktiv ausgeführt haben. Dadurch konnten Sie sich selbst davon überzeugen, daß Sie später die meisten Begriffe aus der Dach-Liste wieder RE•KONSTRUIEREN konnten. Den Zettel mit Ihren Ergebnissen haben Sie aufbewahrt. Sie werden später selbst herausfinden, warum manche Begriffe „schwierig" **für Sie** waren (bzw. warum wir manche Arten von Infos leicht „vergessen" andere hingegen nicht.

Gehirn-**Besitzer** neigen dazu, Tätigkeiten, die sie noch nicht meistern können, zu meiden.
Gehirn-**Benutzer** suchen den einfachsten Weg, diese Dinge zu lernen. Dann trainieren sie (mäßig, aber regelmäßig) und freuen sich über ihre Fortschritte!

DARUM erschien uns das LERNEN früher so "SCHWER"!


Wir werden in einem späteren Brief noch detailliert über Ihre Resultate sprechen. Aber zuerst müssen Sie noch einige weitere Inventur-Übungen durchführen. Später werden wir alle Ihre Ergebnisse vergleichen und Sie werden dadurch einiges über sich lernen. Deshalb heben Sie diese Blätter bitte immer gut (unter der Rubrik **Übungs-Journal**) in Ihrem Service-Ordner auf. Danke.

Deshalb möchte ich Sie auch heute zu einem kleinen Experiment einladen, deren Ergebnis wir ebenfalls später aufgreifen werden. Also heben Sie auch das Blatt mit der heutigen Aufgabe bitte wieder gut auf.

Heute möchte ich Sie bitten, mit der Dach-Liste eine andere Aufgabe zu lösen. Nehmen Sie ein separates Blatt und notieren Sie Ihr Ergebnis.

## PFLICHT-Aufgabe

**Aufgabe**: Bitte sortieren Sie die 15 Begriffe in logische Kategorien. Dabei gilt: Je weniger Kategorien Sie benutzen (müssen), desto besser ist die Aufgabe gelöst. Fünf Kategorien ist **Norm**, weniger wären besser…

**Beispiel**:
Angenommen Sie wollten eine Liste kategorisieren, die wie folgt beginnt:
*Blumenkohl, PKW, TV, Tee, Schlauchboot, Sonnenbrille, Computer…*

Dann könnten Sie z.B. den **Blumenkohl** und den **Tee** in die Kategorie **Nahrungsmittel** einsortieren und den **PKW**, die **Sonnenbrille** und das **Schlauchboot** in die Kategorie **Urlaub**… usw.

1. Dach
2. Gabe
3. Frankenwein
4. Igel
5. Elefant
6. Nadel
7. Garten Eden
8. Birne
9. Portal
10. Scheck
11. Aus [beim Fußball]
12. Dock
13. Fundbüro
14. Irrtum
15. Lux

Nun haben Sie zwei wichtige „Wort-Spiele" kennengelernt. Beide Aufgabenstellungen („Assoziationen suchen" und „Begriffe in logische Kategorien einsortieren") sind für Ihre Denk-Fähigkeit sehr wichtig. Das **Kategorisieren** stärkt Ihre Fähigkeit klar, rational, logisch und analytisch zu denken, während das Notieren **eigener Assoziationen** besonders wichtig für **Gedächtnis** und für Ihre **Kreativität** ist. Wir werden im März an beiden Schwerpunkten weiterarbeiten, in der Zwischenzeit schlage ich Ihnen eine Hausaufgabe vor.

**Vorbereitung: Begriffe suchen** (vgl. Kasten), damit Sie dann mit den Wort-Kärtchen arbeiten können. Jedesmal, wenn Sie üben wollen, mischen Sie Ihre Kärtchen und ziehen „blind" (Rücken nach oben) die Wörter für die heutige Aufgabe. Minimum pro Wort-Spiel: 6 Kärtchen, besser: 10 Kärtchen, optimum: eine Wort-Liste mit 15 Kärtchen!

## KÜR-Hausaufgabe

Optimal wäre eine Übung täglich. Minimum ist eine Übung pro Woche, und zwar wechseln Sie bitte die Aufgaben vom **Typ A** und **Typ B** ab:

**Typ A: Assoziationen auflisten** (vgl. Dach-Liste im BasisWissen, Seite 21).
**Typ B: Begriffe in Kategorien einsortieren** (vgl. oben).

Je mehr Aufgaben Sie ausführen (wobei Sie Ihre Resultate alle aufheben!), desto spannender wird es, wenn wir das Thema im März-Brief wieder aufgreifen. Denn diese beiden Denk-Techniken helfen Ihnen nicht nur in Bezug auf Logik, Gedächtnis und Kreativität, sondern Ihre eigenen Ergebnisse werden Ihnen auch erlauben, einige wichtige Selbst-Erkenntnisse zu gewinnen. Deshalb:

Je mehr „Material" Sie inzwischen sammeln, desto mehr lernen Sie später auch über sich selbst. Ist das ein Angebot? Übrigens, wenn Familienmitglieder oder Freude mitmachen wollen, dann können Sie Ihre Ergebnisse später auch benutzen, um sich **gegenseitig „in den Kopf"** zu sehen, also ist dies auch eine hervorragende Vorübung zur Kommunikation... Und gerade in den Feiertagen hat man mehr Zeit für solche Wort-Spiele, weshalb ich Ihnen diese Hausaufgabe ja jetzt im Dezember anbiete.

Mit liebem Gruß, Ihre

Vera F. Birkenbihl

**Begriffe suchen**
Schlagen Sie **irgendeinen Text** auf und deuten Sie, **ohne hinzusehen**, auf ein Wort. Dann schauen Sie und wählen das nächstgelegene Hauptwort (Substantiv) aus. **Notieren Sie es auf eine kleine Karte**.
Diesen Vorgang wiederholen Sie mindestens 20 Mal. **Merke**: Je mehr Kärtchen Sie anlegen, desto **REICH**-haltiger wird später Ihre Ausbeute sein...

**Vorschau**:
Januar-Brief: **2. Teil der Lebens-Inventur** plus Schwerpunkt: Ihre Fähigkeit, Ihre **ZIELE richtig zu FORM-ulieren** (ihnen die FORM zu geben, die zum Erfolg führt)
Februar-Brief: **Energie-Fragen** (damit Sie die letzten dunklen und kalten Wochen besonders **klug mit Ihrem Energie-Haushalt** umgehen können).
März-Brief: Fortsetzung **gehirn-gerechtes Vorgehen** mit den Schwerpunkten **Gedächtnis und Einstieg: Kreativität...**

# Der Vera F. Birkenbihl-Brief

# Erfolg & Lebensqualität

+++ geistig ständig fitter +++ als Persönlichkeit immer erfolgreicher +++
in der Kommunikation Schritt für Schritt besser +++ denn: Erfolg ist ein Prozeß

**Monatlicher Beratungs- und Trainingsservice** **Januar**


Liebe Leserin,
lieber Leser,

wenn ich Ihnen jetzt ein „gutes" Jahr wünsche, dann meine ich damit nicht „irgendwie gut", sondern „gut" im Sinne Ihrer Jahres-Inventur, deren zweiter Teil Ihnen Ihre Prioritäten für dieses Jahr zeigen wird. Und in bezug darauf möchte ich Ihnen viel positive Energie und Erfolgserlebnisse wünschen!
Im Dezember lernten Sie **die erste Hälfte meiner traditionellen Jahres-Inventur** kennen. Inzwischen haben zahlreiche Reaktionen von Ihnen gezeigt, wie **hilfreich viele von Ihnen sie fanden**. Es stellte sich heraus, daß die meisten der Briefschreiber/innen zwar schon lange das vage Gefühl hatten, man „sollte" eigentlich eine jährliche Bestandaufnahme des eigenen Lebens durchführen, aber sie wußten „irgendwie nie", wie das nun im einzelnen zu bewerkstelligen sei. Deshalb wollte ich Ihnen ja zeigen, wie „so etwas" aussehen kann, denn die meisten Menschen hatten leider nicht das große Glück gehabt, im Elternhaus so konkrete Anregungen wie ich zu erhalten. (In der Schule lernten wir Wurzelziehen, nicht etwa, wie wir unser Leben erfolg•REICH meistern können!). Deshalb haben mich Ihre Reaktionen besonders gefreut, da ich für diesen Januar-Brief die zweite Hälfte meiner Inventur geplant hatte.
Und da diese Inventur konkrete Schwerpunkte und Prioritäten für Sie ergeben wird, befaßt sich der zweite große Abschnitt dieses Briefes mit Ihren konkreten Ziel-FORM•ulierungen (d.h. die FORM Ihrer Zielstellungen). Diese Info ist für alle Ziele wichtig, sollte also auch später zu Rate gezogen werden, wenn Sie später weitere Ziele FORM•ulieren möchten.

Mit liebem Gruß,
Ihre

Vera F. Birkenbihl


**Vera F. Birkenbihl**

gehört zu den erfolgreichsten Persönlichkeits-Entwicklern Europas, die seit 1970 abertausende von Seminarteilnehmer/innen, Leser/innen, Rundfunk-Hörer/innen, und Fernsehzuschauer/innen überzeugt und begeistert.
In diesen Briefen will Sie Ihnen helfen, den Adler in Ihnen zu stärken. Sie errinnern sich (vgl. BasisWissen S.12f.).


Der metaphorische Adler sucht die Welt nach Potenz•ialitäten (= Möglichkeiten) ab. Er interessiert er sich für neue Wege, vertraute Aufgaben zu lösen (z.B. mit „schwierigen" Mitmenschen klarzukommen) oder für neue Möglichkeiten, seine Energien klüger einzusetzen. Außerdem ist der metaphorische Adler ein Meister darin, seine Ressourcen optimal (z.B. seine phänomenalen Flügel) zu nutzen! Wir haben uns von der Erziehung gewisse Einschränkungen einreden lassen und gehen oft mühsam „zu Fuß", wo wir fliegen könnten, was unsere Perspektive und Ergebnisse dramatisch verändern würde. Deshalb werden diese Briefe Sie immer wieder einladen, Ihre vertrauten Vorgehensweisen zu überprüfen, um die Grenzen Ihrer Insel (Ihrer Wahrnehmung und Ihres Könnens) systematisch weiter nach außen zu verschieben.

## Ziel-FORM•ulierungs-Schritt 1:

**Schreiben Sie Ihr Ziel auf!**
FORM•ulieren Sie Ihr Ziel so exakt/präzise wie nur irgend möglich und überprüfen Sie, ob Sie wischiwaschi Begriffe verwenden, wie zum Beispiel

„viel" *(Ich will VIEL Geld!)*
... oder
„mehr" *(Ich will MEHR Autorität in meiner Firma!)...*
oder
„weniger" *(Ich möchte WENIGER Probleme!)*

Achten Sie auf wischi-waschi Beschreibungen, wie:
*(Ich will meine Arbeit in Zukunft BESSER machen.)*
oder:
*(Ich will meine Geld-Probleme LÖSEN.)*
oder:
*(Ich will abnehmen.)*

Unterziehen Sie bitte jetzt sofort Ihre schriftliche Ziel-FORM•ulierung einer ersten Prüfung.

## Ziel-FORM•ulierungs-Schritt 2:

**Schaffen Sie eine Vision!**
Dazu müssen Sie sich in der Ziel-Situation sehen können! Falls Sie sich nicht vorstellen können, daß Sie Ihr Ziel

bereits erreicht haben, dann sind Ihre Chancen, dieses Ziel zu erreichen, extrem gering. Es reicht nicht, das Ziel vor Ihrem geistigen Auge zu sehen, sondern **Sie selbst müssen als Hauptperson in dieser Vorstellung sein.** Sie müssen sich nach Erreichung des Ziels in der Zielsituation sehen können!

Denken Sie an einen Marathonläufer: Er muß sich vorstellen, *wie er selbst das Band am Ende der Strecke mit seiner Brust zerreißt.* Ein Schwimmer muß sich sehen, *wie er in der letzten Bahn die Beckenwand vor allen anderen berührt.* Kennen Sie die goldene Regel von Napoleon Hill? Sie lautet:

***Whatever the mind of man can conceive it can achieve!*** (Was immer der menschliche Geist sich vorstellen kann, das kann er erreichen.) Aber diese Vor-Stellung muß **Sie als Hauptperson** im Bild beinhalten.

**Merke**: *Wischi-waschi Ziele werden zu wischi-waschi Aktionen führen!* Dies ist genau so wichtig, wenn wir uns selber motivieren wollen, wie wenn wir andere Menschen dazu bewegen wollen, uns zu helfen, unsere Ziele zu erreichen. Und: Wischi-waschi Ziele führen zu wischi-waschi Erklärungen oder Anweisungen, welche zwangsläufig wischi-waschi Aktivitäten Ihrer Leute auslösen müssen!

Wenn es Ihnen im Augenblick möglich ist, sollten Sie eine kleine Pause einlegen und **sich Ihr Ziel exakt vorstellen.** Bitte stellen Sie fest, ob Sie Probleme haben, **sich selbst am Ziel zu sehen**. Falls Sie irgendwelche Zweifel haben, dann werden Sie sich Ihr Ziel nicht sauber vorstellen können. Das sollte Sie **stutzig** machen, vielleicht sogar dazu bewegen, dieses Ziel vorläufig noch einmal zu hinterfragen. Ist es etwas, was Sie selbst wollen? Oder versuchen Sie möglicherweise die Erwartungen irgend einer anderen Person auszuleben? Gehen Sie von folgender Annahme aus: **Alles, was Sie selbst wirklich im tiefsten Grunde Ihres Wesens wollen — das können Sie sich auch vorher ausmalen!**

Wenn Sie die Visualisierungs-Übung tatsächlich durchgeführt haben, dann ist es möglich, daß Sie Ihre ursprüngliche Ziel-FORM•ulierung ändern mußten. Denn

das Visualisieren weist uns oft rechtzeitig auf gefährliche Beschreibungen unserer FORM•ulierungen hin.
Es gibt unheimlich viele Menschen, deren Ziel-FORM•ulierung lautet: *Ich will abnehmen.* Wenn diese Leute nach Schritt 1 (Ziel aufschreiben) den Schritt 2 (Vision schaffen) vollzogen hätten, dann hätten sie etwas Furchtbares bemerken können. Wenn eine Ziel-FORM-ulierung nämlich lautet „ich will abnehmen" und wenn ich mir plastisch ausmale, was ich in Schritt 1 notiert habe, dann sehe ich plötzlich, welch entsetzlichen Fehler ich beinahe gemacht hätte:

**Denn**: Um dieses so FORM•uliertes Ziel zu erreichen, muß ich nun abnehmen, abnehmen, abnehmen... immer weiter abnehmen, denn genau das war meine exakte FORM•ulierung: *Ich will abnehmen.* Wir alle kennen Leute, die das seit Jahrzenten durchführen. Und zwar mit großem Erfolg! Natürlich müssen sie zwischendurch wieder ZU-nehmen, damit sie danach wieder AB-nehmen können. Denn sie wollen ja AB-nehmen...

Wenn wir uns in Schritt Nr. 2 auf die Schliche kommen und einen Denkfehler aufspüren, dann **gehen wir jetzt natürlich zu Schritt 1 zurück** und redigieren unsere ursprüngliche Ziel-FORM•ulierung. Fragen wir uns immer: *Was wollen wir wirklich erreichen?*

In unserem Beispiel heißt das: Wir wollen so und so viele Kilo wiegen oder so und so viele Zentimeter Bauchumfang erreichen, nicht wahr? Also, FORM•ulieren wir neu. Angenommen, unsere Bekannte probiert dies. Sie schreibt jetzt: *Ich will 60 Kilo wiegen.* Machen wir also die nächste Probe aufs Exempel: erneutes Visualisieren! Versetzen Sie sich wiederum in die Zielsituation, wobei Sie diesmal die neue FORM•ulierung zur Grundlage Ihrer Vor-Stellung machen.
Was, glauben Sie, wird passieren, wenn Sie irgendeine Ziel-FORM•ulierung beginnen mit... ***Ich will...***

Diesmal wird sich unsere Bekannte auf eine **erfolgreiche Karriere des Hoffens, des Wollens** programmieren. Für den Rest ihres Lebens, wenn nötig. Denn das ist jetzt ihr Ziel: **Sie will!**

Und auch solche Menschen kennen wir: Leute, die genau diesen Wunsch exakt erfüllt bekamen. **Sie haben ihr ganzes Leben erfolgreich gehofft, gewünscht, gewollt** etc. Das können wir ihnen auf den Grabstein meißeln: Er/sie WOLLTE, bis er/sie in die Grube fuhr...

Sie sehen wieder: Das FORM•ulieren unserer Ziele ist gar nicht so leicht. Wer nicht das große Glück hatte, diese wichtige Fertigkeit in der Vergangenheit bereits zu erlernen, z.B. in der Schule, der tut sich **zunächst** schwer. Aber leider hat die Schule die FORM-ulierung einer erfolgreichen Ziel-Definition **nicht** auf dem Lehrplan.

Deshalb wissen die meisten Menschen nicht, **daß es gerade ihre unklaren (= wischi-waschi) Ziel-FORM-ulierungen sind, die ihrem Erfolg ständig im Wege stehen.**

Denn wir erhalten in der Regel genau das, was wir vorher FORM•uliert haben.

Schon in der Bibel steht: Bitte, und so wird dir gegeben. (Im Klartext: du bekommst genau das, worum du gebeten hast.) Wenn wir jedoch um die falschen Dinge bitten (z.B. *abnehmen* oder *wollen zu dürfen*), sind wir kreuzunglücklich, wenn wir genau das bekommen!

Also zurück zum Zeichenbrett, wieder zu Schritt 1: Wie werden wir unseren Wunsch diesmal FORM•ulieren? Eigentlich ganz einfach, wenn man es weiß: **Wir FORM-ulieren unser Ziel in der Gegenwart, so als hätten wir es bereits erreicht.**

Also schreiben wir: *Ich wiege 60 Kilo.* Oder: *Meine Taille mißt 75 Zentimeter.* Denn: **Wenn Sie in der Lage sind, sich am Ziel Ihrer Wünsche zu sehen, dann haben Sie dieses Ziel — in Ihrer Vorstellung — ja bereits erreicht.** Und wenn Sie sich (in Ihrer geistigen Vor-Stellung) noch nicht als am Ziel angekommen sehen können, dann

werden Sie auch später dort nicht ankommen können. Falls Sie Ihre Ziel-FORM•ulierung von vorhin noch einmal überprüfen wollen, dann tun Sie dies jetzt...

Mit den ersten zwei Schritten unserer Methode haben wir bereits eine Reihe möglicher Gefahren ausgeschaltet, aber es gibt noch eine Gefahr, der Sie bewußt begegnen müssen, um Ihren Erfolg zu garantieren.
Um Ihnen zu zeigen, worum es geht, lassen Sie uns ein **Gedanken-Experiment** durchführen. Bitte versuchen Sie, die folgende Anweisung exakt zu befolgen: Denken Sie 10 Sekunden lang keinesfalls an einen rosa Elefanten!
Natürlich haben Sie den rosa Elefanten vor Ihrem geistigen Auge gesehen. Aber warum? Antwort: Wann immer wir Worte hören (lesen), prüfen wir (in der Regel völlig unbewußt), ob wir die Bedeutung dieser Begriffe kennen. Wir versuchen quasi zu *sehen*, was wir hören (lesen). Wenn wir *nichts sehen*, dann sagen wir: *Ich kann mir kein Bild machen.* Probieren Sie es bitte mit der folgenden Denk-Anweisung: Visualisieren Sie jetzt 10 Sekunden lang Ihr Rhombencephalon.
Wenn Sie nicht gerade Neurologe sind, werden Sie höchstwahrscheinlich genau nichts *gesehen* haben, wiewohl ich Sie ausdrücklich darum bat, daß Sie sich einen bestimmten Teil Ihres Gehirns vorstellen. Aber es ging mir natürlich nur darum, Ihnen zu demonstrieren, daß wir unfähig sind, **negative Anweisungen** (denken Sie *NICHT* an einen rosa Elefanten) zu befolgen. Zwar können wir negative Aussagen begreifen (z.B. die Sonne scheint heute nicht), aber es ist fast unmöglich, eine **Negativ-Anweisung** auszuführen. Denn: Wenn wir eine negative Anweisung hören/lesen, dann müssen wir sofort überprüfen, **ob wir begreifen, d.h. ob wir uns ein Bild machen können**. Das geschieht mit enormer Geschwindigkeit und läuft normalerweise völlig unbewußt ab.
In anderen Worten: Indem wir eine negative Anweisung geben, **plazieren wir genau das Bild im Geist des anderen, das wir vermeiden wollen**. Wenn ich Sie bitte, keinesfalls an ein türkises Hochzeitskleid zu denken, dann **zwinge** ich Sie geradezu, dieses Kleid vor Ihr geistiges Auge zu stellen (d.h. diese **Vor-Stellung** aufzubauen). Die Verantwortung hierfür liegt bei mir (also beim Sender) und nicht bei Ihnen (als Empfänger der Botschaft)!

Es wäre schön, wenn Führungskräfte, Eltern, Lehrer/innen und Verkäufer dies endlich begreifen würden.
**Beispiel**: Ein Kunde fragt, wie sicher die Anlage laufen wird, weil er Ausfallzeiten (die viel Geld kosten) befürchtet.
Verkäufer: Lieber Kunde, *machen Sie sich darüber keine* ***Sorgen****!*

**Noch ein Beispiel:**
Bitte versuchen Sie sich jetzt auf keinen Fall daran zu erinnern, wie die Melodie der Nationalhymne klingt... Na? Es funktioniert doch vorzüglich, nicht wahr? (Vorausgesetzt, Sie haben akustische Fäden für diese Töne in Ihrem Wissens-Netz!)
So, damit haben Sie den dritten Schritt unserer Ziel-FORM•ulierungs-Methode bereits kennengelernt:

## Ziel-FORM•ulierungs-Schritt 3:

**FORM•ulieren Sie positiv!**
(Bei vorhandenen FORM-ulierungen heißt das natürlich: Testen Sie Ihre Ziel-FORM-ulierung auf etwaige negative Anweisungen. Gehen Sie auf Nummer sicher, daß Sie wirklich genau das FORM-ulieren, was Sie tatsächlich erreichen wollen.
Nachdem uns Negativ-FORM•ulierungen leider extrem leicht über die Lippen kommen, müssen wir unsere Ziel-FORM•ulierungen **sehr bewußt überprüfen**. Bitte beachten Sie auch, daß die negative Formulierung nicht unbedingt Wörter wie *nicht* (oder *kein*) enthalten muß (vgl. Nr. 7 in den folgenden Beispielen):

1. Wie oft muß ich dir noch sagen, du sollst die Türe nicht so zuknallen?!
2. Bitte nicht hinsetzen, die Farbe ist noch ...
   Ich sagte: **Nicht** hinsetzen!
3. Kümmere dich nicht um mich; arbeite nur weiter...
4. Jetzt hör aber auf zu lachen; es ist überhaupt nicht witzig!

5. Wenn du mir versprichst, es absolut niemandem weiter zu erzählen; dann verrate ich dir ein Geheimnis…
6. Sie dürfen diesen Knopf am Fotokopierer nie drükken, während diese Lampe brennt.
7. Es ist verboten, die Blumen zu pflücken.
8. Bitte Rasen nicht betreten.
9. Gehen Sie nicht hinein, er ist heute sehr beschäftigt. Hey! Ich sagte doch Sie dürfen **nicht** hineingehen!

Die meisten Negativ-Anweisungen können natürlich positiv ausgedrückt werden. Wollen wir einige der Beispiele von eben noch einmal durchgehen.

(1.) Würdest du die Türe bitte leise schließen?
(2.) Bleib bitte stehen — die Farbe ist noch naß.
(6.) Bitte drücken Sie diesen Knopf am Fotokopierer nur, wenn diese Lampe aus ist.
(8.) Bitte Gehwege benützen.

Falls sie Ihre eigene Ziel-FORM•ulierung noch einmal kritisch überprüfen wollen, tun Sie dies jetzt.

## Zusammenfassung:

### Schritt Nr. 1:

**Schreiben Sie Ihre Ziel-FORM-ulierung auf** und zwar so klar und präzise wie nur irgend möglich. Wenn nötig, redigieren Sie Ihre Ziel-Definition mehrmals. Es ist weit besser jetzt im Planungs-Stadium zu korrigieren als später (auf dem Weg zum Ziel) Korrekturen anbringen zu müssen.

### Schritt Nr. 2:

**Schaffen Sie Ihre Vision aktiv und bewußt!** Falls bewußte oder unbewußte Zweifel an Ihnen nagen, tauchen beim Visualisieren automatisch Probleme auf. Hören Sie unbedingt auf Ihre innere Stimme! Aber wenn sie Ihnen grünes Licht gibt, dann schreiten Sie mit Enthusiasmus voran! Vertrauen Sie sich!

### Schritt Nr. 3:

**FORM•ulieren Sie positiv!** Sorgen Sie dafür, daß Sie ganz genau das ausdrücken (FORM•ulieren), was Sie tatsächlich erreichen wollen! *Lernen Sie ein Ohr für negative FORM·ulierungen und Vorschläge (auch anderer Menschen)* zu entwickeln und lernen Sie, solche Aussagen in Ihrem Geist sofort **in eine positive Aussage** umzuwandeln.

## Kür-Hausaufgabe

### Trainings-Vorschlag:

Trainieren Sie das Um-FORM•ulieren (Negativ-zu-Positiv) regelmäßig, bis es Ihnen ohne langes Nachdenken gelingt.
Diese Art von Training sensibilisiert Sie für Augenblicke, in denen Sie selbst zu negativen FORM•ulierungen neigen. Bald merken Sie es, Sekunden *nachdem* Sie etwas negativ gesagt oder geschrieben haben, im Lauf der Zeit merken Sie es, ehe Sie sprechen (denken, schreiben) und ab dann können Sie es *gleich* positiv FORM•ulieren!

## Erinnerung

Bitte erinnern Sie sich an die Pflichtaufgabe (Dezember-Brief S. 7). Optimal: Aktivieren Sie diese Liste demnächst noch 2- bis 3mal, weil wir sie im nächsten Brief wieder aufgreifen werden. Je sicherer Sie diese Liste dann „draufhaben", desto mehr Spaß wird Ihnen der nächste Schritt bereiten.

Mit liebem Gruß, Ihre

Vera F. Birkenbihl

**Vorschau:**

Februar-Brief: **Energie-Fragen** (damit Sie die letzten dunklen und kalten Wochen besonders **klug mit Ihrem Energie-Haushalt umgehen können**).

März-Brief: Fortsetzung: **gehirn-gerechtes Vorgehen** mit den Schwerpunkten **Gedächtnis und Einstieg: Kreativität...**

# Der Vera F. Birkenbihl-Brief

## Erfolg & Lebensqualität

+++ geistig ständig fitter +++ als Persönlichkeit immer erfolgreicher +++
in der Kommunikation Schritt für Schritt besser +++ denn: Erfolg ist ein Prozeß

**Monatlicher Beratungs- und Trainingsservice** **Februar**

Liebe Leserin,
lieber Leser,

nun lesen Sie den dritten Brief! Ihr Feedback bestätigt ganz klar: Es macht Ihnen weit mehr Spaß, Adler zu sein, bzw. bestimmte Aspekte des metaphorischen Adlers sytematisch zu entwickeln und zu stärken (vgl. **Kasten**).
Einige von Ihnen haben zum Ausdruck gebracht, **daß** das Adler-Sein mehr Erfolg bringt, andere, wie **erstaunt** sie festgestellt haben, daß sie **jetzt**, wo sie bewußt an sich „arbeiten", **mehr Freude erleben**. Das gilt natürlich für alle: Es fühlt sich einfach gut an, den Adler in sich zu stärken!
Manche der Schreiber/innen sind eindeutig bereits „alte Adler". Natürlich freut es mich, daß auch diese Menschen meinen Briefen viel „entnehmen" können. Kein Wunder! Ich darf an unser Motto erinnern:

Ich bin
GERNE
intelligent(er)
und "genial"!

**Erfolg ist ein Prozeß!** Das gilt natürlich auch für „alte Adler"! Deshalb möchte ich Sie heute wieder einladen, einen weiteren Schritt auf dem Weg zu **Ihrem optimierten Gedächtnis** zu tun, denn: Wenn Sie Ihr Potenz-ial systematisch er•WEIT•ern, dann wird sich **Ihr Können** und damit **Ihr Repertoire** (vgl. BasisWissen: S. 4ff.) ebenso systematisch potenzieren! Auch das ist ein typischer Aspekt der **Adler-Einstellung** zum Leben. Jede Weiter-Entwicklung Ihres Repertoires geht mit **Erfolgsgefühlen** einher und stärkt den **B-Bereich** Ihres Energien-Haushaltes. Und das ist heute ein wichtiger Themenschwerpunkt! Ich wünsche Ihnen viel Entdeckerfreude!

Mit liebem Gruß,
Ihre

Vera F. Birkenbihl

**Vera F. Birkenbihl**

gehört zu den erfolgreichsten Persönlichkeits-Entwicklern Europas, die seit 1970 abertausende von Seminarteilnehmer/innen, Leser/innen, Rundfunk-Hörer/innen, und Fernsehzuschauer/innen überzeugt und begeistert.
In diesen Briefen will Sie Ihnen helfen, den **Adler** in Ihnen zu stärken. Sie errinnern sich (vgl. BasisWissen S.12f.).

**Erinnerung**: Der **metaphorische Adler** sucht die Welt nach **Potenz•ialitäten** (= Möglichkeiten) ab. Er interessiert sich für neue Wege, vertraute Aufgaben zu lösen (z.B. mit „schwierigen" Mitmenschen klarzukommen) oder für neue Möglichkeiten, seine Energien klüger einzusetzen. Außerdem ist der metaphorische Adler ein Meister darin, seine **Ressourcen optimal** (z.B. seine phänomenalen Flügel) **zu nutzen!** Wir haben uns von der Erziehung gewisse Einschränkungen einreden lassen und gehen oft mühsam „zu Fuß", wo wir fliegen könnten, was unsere Perspektive und Ergebnisse dramatisch verändern würde. Deshalb werden diese Briefe Sie immer wieder einladen, Ihre vertrauten Vorgehensweisen zu überprüfen, um die Grenzen Ihrer Insel (Ihrer Wahrnehmung und Ihres Könnens) systematisch weiter nach außen zu verschieben.

## Inventur-Übung: Denk-Techniken

Beginnen wir mit einer kleinen **Wiederholungsaufgabe**, auf die wir am **Ende des Briefes** wieder zurückkommen werden.

**Sie erinnern sich an die Dachlisten-Übung aus dem Dezember-Brief? Sehr gut! Sie haben zusätzlich die Kür-Hausaufgabe „Erinnerung" vom letzten Brief erledigt? Als Ihr Coach freue ich mich.**

Bitte **ordnen Sie** jetzt die 15 Begriffe aus dem Kasten in maximal 4 logische **Kategorien**. **Erfinden** Sie diese Kategorien und notieren Sie diese (mit den dazugehörigen Wörtern) auf ein **extra Blatt** (was Sie anschließend „verstecken" können). Sie wissen: So, daß Ihre Augen nicht mehr „darauffallen", bis wir die **„Eiffelturm-Liste"** wieder aufgreifen.

1. Eiffelturm
2. Flamenco-Tänzer
3. Elch
4. deutscher Tourist
5. Sauna
6. Spaghetti
7. Grab von Lady Di
8. Tempelsäule
9. Portwein
10. Mozart
11. Kleeblatt
12. kopflose Meerjungfrau
13. Mädchen im Tulpen-Kostüm
    (d.h. Mädchen stellt Tulpe dar)
14. Pralinen
15. Transistor-Radio

## Energie!

Jetzt wollen wir den Gedanken des Energie-Modells wieder aufgreifen. Wenn Sie die **Basis-Energie-Übung** durchgeführt haben (vgl. BasisWissen S. 19), dann haben Sie inzwischen ab und zu versucht, ein Energie-Diagramm zu zeichnen, um Ihren **derzeitigen Zustand** abzu•BILD•en. So lernen Sie, sich „ein Bild" von Ihrem **Energie-Haushalt** zu machen.

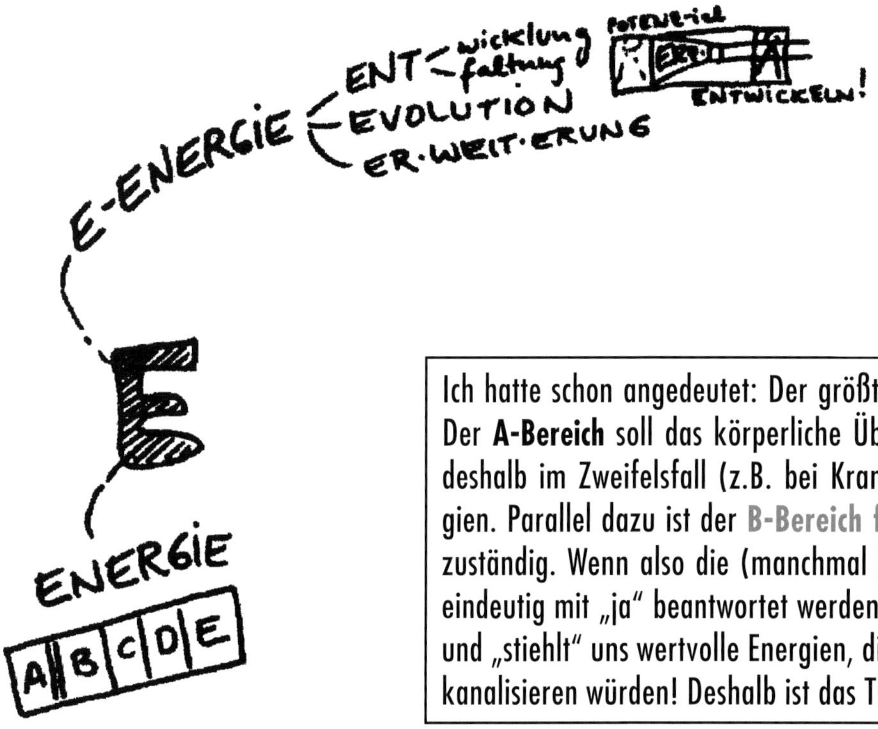


Ich hatte schon angedeutet: Der größte Energien-Dieb liegt im **B-Bereich**. Der **A-Bereich** soll das körperliche Überleben absichern und beansprucht deshalb im Zweifelsfall (z.B. bei Krankheit) den Löwenanteil Ihrer Energien. Parallel dazu ist der **B-Bereich für Ihr psychologisches Überleben** zuständig. Wenn also die (manchmal bange) Frage **„Bin ich OK?"** nicht eindeutig mit „ja" beantwortet werden kann, dann „wächst" der B-Bereich und „stiehlt" uns wertvolle Energien, die wir lieber in das eigentliche Leben kanalisieren würden! Deshalb ist das Thema so wichtig!

## Der B-Bereich: Das Selbst•WERT•Gefühl

Die meisten Menschen haben viel zu häufig gewisse Zweifel an Ihrem „Wert", was natürlich Auswirkungen auf das Selbst•WERT•Gefühl hat. Die Gründe dafür liegen fast ausschließlich in unseren Programmen (vgl. BasisWissen S. 9ff.), denn unsere Programme sind unser Maßstab, mit dem wir ständig „messen": Es findet eine permanente Bewertung und Be- (Ver-)Urteilung statt. Dabei gehen wir mit uns sehr hart ins Gericht.

Wenn wir eines unserer Programme übertreten haben (indem wir z.B. spontan etwas „Dummes" gesagt haben und dadurch unhöflich waren), dann ist uns das **peinlich**, das kommt von **PEIN** (und das heißt „Schmerz"), tut uns also „weh". Weil dies so wichtig ist, werden wir das Thema Selbst•WERT•Gefühl immer wieder aufgreifen, um Sie zu sensibilisieren: Zum einen für Ihr eigenes, zum anderen für das der Menschen, mit denen Sie zu tun haben. Denn mangelnde Sensibilität für Angriffe auf den Selbst•WERT anderer ist eines der größten Probleme zwischenmenschlicher Beziehungen.

## Ihr eigenes Selbst•WERT•Gefühl

**peinlich, peinlich!**

Vielleicht glauben Sie, das sei eigentlich „kein Thema", denn Sie hätten so gut wie nie Selbst•WERT•Probleme. Nun, wenn das tatsächlich stimmt, gehören Sie zu der Ausnahme (d.h. zu den ca. 3% der Bevölkerung, die wirklich nicht betroffen sind). Leider haben viele Menschen ein Programm: **Selbst•WERT•Probleme hat „man" nicht (zu haben)!** Diese Menschen haben schon vor Jahren gelernt, ihre Probleme mit dem OK-Gefühl **erfolgreich ins Unbewußte zu verdrängen**, so daß Sie die **PEIN•lichen** Gefühle nur noch als „negativ" (Frust, Ärger, Zorn – nicht aber als Schmerz) erleben. Das Resultat: Sie „müssen" in solchen Situationen immer furchtbar „zornig" werden; selten auf sich, meist auf die Welt.

### Beispiel:

Da haben wir z.B. vergessen, daß wir jemandem eine Zusage gemacht hatten und er erinnert uns daran. Wenn wir hierzu ein Programm haben (z.B. man *muß seine Versprechen halten* oder: *man muß zuverlässig sein*), dann kann es sein, daß wir die PEIN•lichkeit jetzt bewußt erleben. Wenn wir dies tun, dann wissen wir ganz genau, daß diese Situation auf unser Selbst•WERT•Gefühl drückt. Der Volksmund spricht bezeichnenderweise vom „schlechten Gewissen" als „unsanftes Ruhekissen", denn solche Situationen können dazu führen, daß man sich ruhelos wälzt, weil einem die Sache nicht aus dem Kopf gehen mag).

Wenn wir jedoch gelernt haben, Nicht-OK-Gefühle ins Unbewußte zu verschieben, dann ist es jetzt sehr wahrscheinlich, daß wir **unsere Unlust-Gefühle in Zorn verwandeln**. Und weil man ein Ziel des Zorns braucht, sind wir dann **jemandem** böse, z.B. unserer Assistentin, die uns nicht erinnert hat, oder der Putzfrau, die den Notizzettel (angeblich) verräumt hat...

Also besteht der **erste große innere Schritt** darin, zu begreifen, daß hinter Zorn-Situationen meistens ein verletztes Selbst•WERT•Gefühl steckt. Entweder, weil wir selbst einen Fehler gemacht haben (unser heutiges Thema) oder weil wir uns nicht genügend respektiert (ge- oder beachtet, ernst genommen usw.) fühlen (darauf gehen wir in späteren Briefen ein).

Wollen wir den Prozeß (und wie wir ihn am besten beenden können) anhand eines weiteren Beispiels besprechen:

## Fallbeispiel Unpünktlichkeit

Wir waren mit einer wichtigen Person verabredet, hingen jedoch völlig hilflos im Stau (ohne Handy!) und sind demzufolge zu spät eingetroffen. Deshalb haben wir jetzt das Bedürfnis, uns zu ent•SCHULD•igen, d.h. uns dieser unangenehmen Schuldgefühle zu entledigen, denn ein leidendes (ge•PEIN•igtes) Selbst•WERT•Gefühl bedeutet ja immer auch: Der B-Bereich wächst und „holt sich" mehr Energien als ihm normalerweise zustehen. Nun gibt es drei Möglichkeiten:

1. **Wir versuchen, uns zu entschuldigen**, erhalten aber keine „Vergebung" (z.B. weil der andere mürrisch sagt „ist schon gut", wir aber dem Tonfall entnehmen können, daß er noch immer sauer ist).
2. **Wir können uns gar nicht entschuldigen**, weil der andere nicht auf uns gewartet hat. Wir versuchen, ihn telefonisch zu erreichen, kommen aber nicht durch (z.B. weil der Typ von Meeting zu Meeting hetzt). Nun liegt uns die Sache „im Magen", oder aber:
3. **Wir entschuldigen uns** und der andere nimmt unsere Entschuldigung an, d.h. er entledigt uns der „Schuld" und unser Selbstwertgefühl ist wieder in Ordnung!

Sehen wir uns die drei Möglichkeiten noch einmal an:

1. **Sie haben versucht, sich zu entschuldigen, aber keine „Vergebung" erhalten:**
Sie sind nur für Ihre Entschuldigung verantwortlich (wobei wir davon ausgehen, daß Sie ehrlich gemeint war, weil es Ihnen leid tut). Damit haben Sie bewiesen, daß Sie seine wertvolle Zeit (und damit ihn als Person) respektieren. Sollte er Ihre Entschuldigung jedoch nicht (nicht ehrlich) annehmen, weil er nicht verzeihen kann, so ist dies eindeutig sein Problem. Geben Sie niemandem die Macht über Ihr Wohlbefinden! Weigern Sie sich entschieden, emotionaler „Spielball" anderer Menschen zu sein!
Aber denken Sie bitte auch an das Gegenteil: Wenn jemand sich bei Ihnen entschuldigt, dann möchte diese Person ihre Schuldgefühle „loswerden" und ihr Selbstwertgefühl „reparieren". Also verzeihen Sie großzügig (vgl. Punkt 3).

**Merke:**

Geben Sie niemandem die Macht über Ihr Wohlbefinden!
Weigern Sie sich entschieden, emotionaler „Spielball“ anderer Menschen zu sein!

2. **Sie können sich gar nicht entschuldigen**, weil der andere nicht erreichbar ist. Nun liegt Ihnen die Sache „im Magen“, woraus Sie sehen, daß es auch **körperliche Auswirkungen** gibt, was automatisch mehr Energien in den A-Bereich lenkt. **Negative Gefühle/Gedanken machen krank!** Sie gehen immer mit der Ausschüttung bestimmter Peptide im Gehirn einher; diese lösen **Streß-Hormone** aus und diese wiederum **schwächen unser Immunsystem**. Je mehr Schuld- oder Ärger-Situationen wir erleben, **desto anfälliger werden wir: körperlich wie geistig**. Deshalb ist es wichtig, den negativen Gefühlen so wenig Wirk-Kraft wie möglich zu geben. Je eher wir uns des unangenehmen Gefühls des schlechten Gewissens entledigen können, desto besser. Und wenn der andere nicht mitspielt (s. Punkt Nr. 1), dann dürfen wir unser Streß-Geschehen keinesfalls von ihm manipulieren lassen. **Es ist unser Leben, unsere Gesundheit und unser Energien-Haushalt und demzufolge auch unsere Verantwortung!** Es gilt, sich folgendes klarzumachen:

   Solange Sie den Menschen nicht erreichen können, können Sie leiden (also die Opferrolle akzeptieren) oder aber Sie unternehmen etwas (s. Kasten), woraufhin **Sie** die Sache ad acta legen können, denn jetzt ist **der andere** „am Ball“ (bis er sich meldet, ist er „dran“)!

**Was können wir konkret tun?**
**Antwort**: Wir können **schreiben** (faxen oder e-mailen) bzw. auf Band **sprechen**, wenn an seinem Telefon ein Anrufbeantworter aktiv wird. Damit sind wir „aus dem Schneider“; jetzt ist er „am Ball“.

3. **Sie entschuldigen sich und der andere nimmt Ihre Entschuldigung an, er verzeiht Ihnen.** Dies bewirkt in Ihnen zweierlei:

   **Erstens** können Sie sofort Ihr Selbstwertgefühl „reparieren“, was unmittelbare Energie-Auswirkungen hat, weil Ihr „geschwollener“ **B-Bereich merklich kleiner** wird, was mehr Energien für Wichtiges freistellt.

   **Zweitens** sind Sie dem anderen dankbar, weil er Sie von Ihren Schuldgefühlen befreit und damit Ihre WERT•igkeit in Ihren eigenen Augen erhöht hat. Damit ist die Beziehung zwischen Ihnen beiden positiv beeinflußt worden. Das heißt, daß wir in Zukunft auch dem anderen „mal etwas durchgehen“ lassen werden, denn: „wie man in den Wald hineinruft... Er hat heute freundlich in Ihren „Wald“ hineingerufen und damit in Ihnen ein positives „Echo“ ausgelöst.

**Zusatztip:**

Lassen Sie eine Entschuldigung **niemals ausrichten**, denn Ihr Tonfall und Ihre genau Wortwahl sind Teil Ihrer Botschaft! Eine Entschuldigung sollte eine sehr persönliche Botschaft sein.

**Ausnahme**: Wenn es absolut keine Möglichkeit gibt, die Person direkt zu erreichen (Brief, Fax, e-mail), dann ist eine ausgerichtete Entschuldigung besser als keine. Aber beim **nächsten** Kontakt **müssen** Sie Ihre Entschuldigung persönlich wiederholen, um sicherzugehen, daß Ihre Botschaft wirklich alles enthält, was Ihnen wichtig ist!

## Zwei Inventur-Aufgaben

1. **Bitte versuchen Sie sich selbst ein zuschätzen: Was für ein Mensch sind Sie?**

❑ Mir war immer klar, daß ein „schlechtes Gewissen" auf mein Selbst•WERT•Gefühl drückt.

❑ Ich gehöre zu den Menschen, denen es quasi verboten wurde, Selbst-WERT-Probleme zu haben und habe bis heute im Zweifelsfall eher mit Zorn reagiert.
❑ Dieser Zorn bezog sich meistens auf mich selbst.
❑ Dieser Zorn bezog sich eher auf Mitmenschen (Schicksal).

❑ Ich hatte bis jetzt über solche Dinge noch nicht nachgedacht, brauche also noch Zeit, um in den nächsten Tagen zu registrieren, was in mir abläuft…

2. **Bitte denken Sie jetzt an zwei Situationen. Es gilt, sich zurück zu erinnern und emotional nachzuvollziehen, was Sie damals gefühlt hatten:**

**Fall 1:**
**Sie** hatten einen Fehler gemacht und das Bedürfnis, sich zu entschuldigen. Wie benahm sich die andere Person **Ihnen gegenüber**?

Wie oben beschrieben:
Situation ❑ Nr. 1 ❑ Nr. 2 ❑ Nr. 3

**Fall 2:**
**Eine andere Person** hatte versucht, sich bei Ihnen zu entschuldigen. Welche Situation hat diese Person **mit Ihnen** erlebt?

Wie oben beschrieben:
Situation ❑ Nr. 1 ❑ Nr. 2 ❑ Nr. 3

**Merke:**

Dasselbe gilt natürlich auch umgekehrt, wenn Sie um Entschuldigung gebeten werden. Hier hat **Ihre** Reaktion unmittelbare Auswirkungen auf das Selbst•WERT•Gefühl dieser Person, unabhängig davon, ob dieser Mensch seine Nicht-OK-Gefühle bewußt oder unbewußt erlitten hat…

**Betreff Aufgaben:**
Je leichter sie Ihnen fallen, desto schneller haben Sie sie absolviert.
Fällt Ihnen hingegen eine Übung schwer, dann ist diese Übung besonders wichtig für Sie.

**Sie können also nur gewinnen!**

# Eine weitere (freiwillige) Inventur-Aufgabe

**Bitte denken Sie an Menschen, die Sie gut zu kennen glauben, und beantworten Sie die Fragen (von oben) in bezug auf diese Personen.**

Hinweis: Je öfter Sie diese Übungen durchführen, desto schneller werden Sie ein „Gespür" für diese wichtigen Aspekte im Umgang mit sich und anderen entwickeln. Stellen Sie später auch fest:

- **Wie gut** konnten Sie diese Menschen, die Sie gut zu kennen glauben, einschätzen?
- Hat der Alltag nach Ihrer Beurteilung Ihre Schätzung bestätigt?
- **Wieviele Menschen** in Ihrem Umfeld verschieben Ihre Nicht-OK-Probleme regelmäßig in Zorn (indem sie andere oft anklagen, häufig „herummeckern", ständig kritisieren und ähnlich)?

So, und jetzt kehren wir zu **unserer Eingangs-Übung** zurück: Sie hatten 15 Begriffe in maximal 4 Kategorien einsortiert. Bitte versuchen Sie jetzt (**aus dem Gedächtnis!**) folgende zwei Aufgaben zu lösen:

1. **Bitte ein extra Blatt nehmen** – QUER... Teilen Sie es in vier Spalten, und schreiben Sie oben (als Spalten-Überschrift) jeweils eine der Kategorien, die Sie sich vorhin ausgedacht hatten.

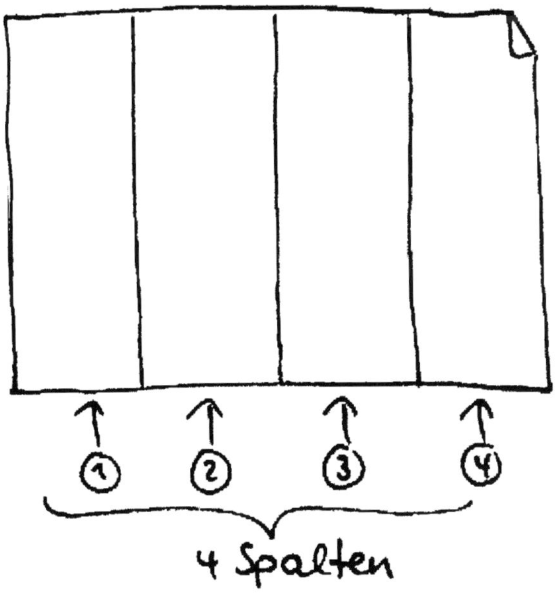


**Bitte erst weitermachen, wenn Sie den 1. Schritt beendet haben!**

2. Jetzt versuchen Sie, so viele der **Wörter** wie möglich in die einzelnen Spalten einzutragen. Arbeiten Sie ganz entspannt, lassen Sie sich Zeit, versuchen Sie sich an einige Ihrer Gedankengänge von vorhin zu erinnern, als Sie die Liste geordnet haben.

## Bitte erst weiterlesen, wenn Sie den 2. Schritt beendet haben!

Wenn Ihr Ergebnis mit dem meiner Seminar-Teilnehmer/innen vergleichen wollen… (**s. Kasten**)

Wieder einmal sehen Sie: Das eigentliche Problem ist **nicht** Ihr (angeblich schlechtes) Gedächtnis, sondern Ihr **Vorgehen**. Wieviel Aufwand hätten Sie wohl treiben müssen, wenn ich Sie gebeten hätte, die Begriffe stur zu „pauken" oder „büffeln"?

Inzwischen wissen Sie: **Kategorisieren** ist **eine** Möglichkeit, sich Dinge zu merken (wir werden den Gedanken in späteren Briefen fortführen). Im BasisWissen (S. 21) lernten Sie denselben Effekt bei der **Assoziations-Übung** kennen.

Ein **dritter** Weg ist die **Visualisierung** (Vorstellungen schaffen), darauf bezieht sich die **heutige Hausaufgabe**:

Bitte bilden Sie mit den 15 Begriffen eine **Story** (nach Art eines verrückten Traums) und **überzeugen Sie sich davon, wie leicht es ist, sich so eine MERK-würdige Bild-Geschichte zu merken**. Gehen Sie diese Story jeden Tag einmal kurz in Gedanken durch; sie muß nächsten Monat perfekt sitzen! Wir machen nämlich damit im nächsten Brief weiter.

Viel Spaß! Ihre

Vera F. Birkenbihl

Die meisten meiner Teilnehmer/innen sind ziemlich überrascht: Erstens, weil ihnen die Kategorien leicht wieder einfallen. Zweitens, weil Ihnen nach dem ersten Schritt die meisten Begriffe ebenfalls einfallen oder „in den Sinn" kommen. (Die Wörter fallen uns im Wort-Sinn: zu, welch ein Zu-Fall!)

**Im Klartext:**

Was Sie **bewußt** und **auf-MERK-sam** KONSTRUIERT hatten, das können Sie leicht RE•KONSTRUIEREN (vgl. BasisWissen S. 34ff.).

# Der Vera F. Birkenbihl-Brief

## Erfolg & Lebensqualität

+++ geistig ständig fitter +++ als Persönlichkeit immer erfolgreicher +++ in der Kommunikation Schritt für Schritt besser +++ denn: Erfolg ist ein Prozeß

**Monatlicher Beratungs- und Trainingsservice** **März**

Liebe Leserin,
lieber Leser,

vielen Dank für Ihr Feedback. Die Kommentare zeigen, daß die Mischung aus „Theorie" und Praxis (die Beispiele und Tips für den Alltag, sowie die konkreten Trainings-Aufgaben) bei Ihnen gut ankommt. Aber Ihre Rückmeldungen helfen uns auch, die Briefe zu verbessern. So möchte ich mich bei Ihnen entschuldigen, weil dem **BasisWissen** Inhalts- und Literatur-Verzeichnis fehlen. Wir mußten zu unserem Schreck feststellen, daß dies im Eifer des Gefechtes „passiert" war. **Deshalb möchte ich mich bei Ihnen entschuldigen** und Ihnen sagen: Wir reagieren auf Ihre Kritik: Beide Dokumente werden einem der nächsten Briefe beiliegen. Apropos Panne: Eine der Botschaften, die ich Ihnen u.a. vermitteln möchte, ist die:
**Das Problem ist nicht der Fehler als solcher, sondern, wie man damit umgeht, nachdem er passiert ist.**
Normal sind leider oft Schuld-**ab**-weisungen *(ich war es nicht! bzw. ich kann nichts dafür!)* und Schuld-**zu**-weisungen *(dieses Teammitglied ist schuld!)*. Aber das ist **Frosch-Verhalten** (vgl. BasisWissen, S.12) und demzufolge nicht unser **Stil!**

Übrigens möchte der heutige Brief Sie einladen, jetzt mit dem **geistigen Frühjahrsputz** zu beginnen (der im April fortgesetzt wird). Es lohnt sich, alte Programme bezüglich Ihres angeblich schlechten Gedächtnisses über Bord zu werfen, denn Gedächtnis ist die einzige Grundlage für Ihre Intelligenz und Ihre Kreativität (was Sie spätestens nach dem April-Brief 100%-ig nachvollziehen können). Schon deshalb lohnt es sich!

Mit liebem Gruß,
Ihre

Vera F. Birkenbihl

**Vera F. Birkenbihl**

gehört zu den erfolgreichsten Persönlichkeits-Entwicklern Europas, die seit 1970 abertausende von Seminarteilnehmer/innen, Leser/innen, Rundfunk-Hörer/innen, und Fernsehzuschauer/innen überzeugt und begeistert. In diesen Briefen will Sie Ihnen helfen, den Adler in Ihnen zu stärken. Sie errinnern sich (vgl. BasisWissen S.12f.).

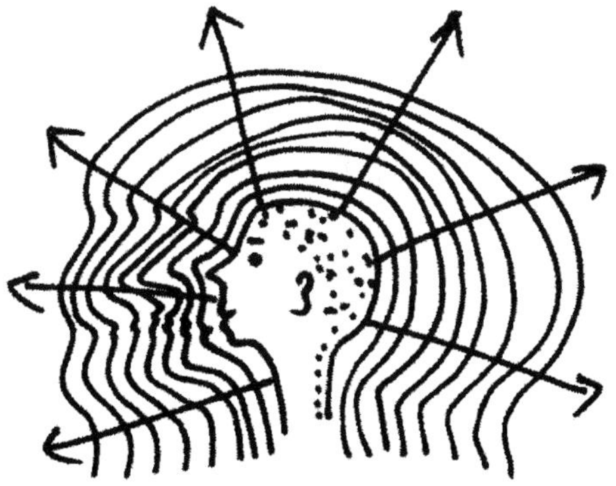

Schwerpunkt dieses und des nächsten Briefes: **Ihre Kopfarbeit**

# Die Schwerpunkte in den Briefen

Der Schwerpunkt der ersten drei Monate lag auf dem Thema ERFOLG, konkret auf Ihrer **Jahres-Inventur** (zur besseren Selbst-Einschätzung und Selbst-Erkenntnis). Wie bereits angekündigt, ist **unser heutiger Schwerpunkt die Art und Weise, wie Sie Ihren Kopf „benutzen".**
Dabei **gewinnen** Sie zunächst bezogen auf Ihr **Gedächtnis**, aber da **Intelligenz** und **Kreativität** unmittelbar **mit dem Gedächtnis verbunden sind** (über diese magische Verbindung werden wir noch öfter sprechen) wird **Ihr Gewinn** natürlich bald dramatisch sein. Allerdings nur, wenn Sie regelmäßig üben.
Sie wissen ja, als Ihr Coach muß ich Sie immer wieder an das **aktive Training** erinnern (das tut mein Coach auch!). Deshalb bedenken Sie: Sie werfen 75% des potentiellen (= möglichen) Nutzens dieser Briefe zum Fenster hinaus, wenn Sie nur lesen. Natürlich ist es Ihre Entscheidung, aber...
Wer aktiv mitmacht, wird sehen: Erstens macht es Spaß, zweitens bringt es Ihnen jede Menge, wie Sie sich bald beweisen werden!

## Achtung!

Falls Sie bisher noch keine (nicht alle) **Aufgaben** zum Thema **gehirn-gerechtes** Vorgehen angegangen sind, könnten Sie ab jetzt zu „schwimmen" beginnen, wenn Sie nur lesen. Deshalb rate ich Ihnen im Zweifelsfall: Bitte arbeiten Sie die folgenden **Aufgaben** (noch einmal?) durch, ehe Sie weiterlesen:

BasisWissen, S. 23 (**Assoziationen** zu Dach-Liste)
**Dezember-Brief***, S. 7 (**Kategorisieren** mit Dach-Liste)
**Februar-Brief***, S.2 und 8 (aus 15 Begriffen eine **Story**, im Sinne eines „verrückten Traumes" bilden).

Im Februar-Brief ging es um Ihren **Energie-Haushalt** (mit Blick auf Ihre B-Energien, also, auf Ihr **Selbstwertgefühl**).

Die Jahres-Inventur beinhaltete das Doppel-Thema **Ziele finden** und richtig **FORM•ulieren** (vgl. Januar-Brief), also die Grundlagen für Ihren späteren **ERFOLG**.

Nun beinhalten diese Briefe neben der Auseinandersetzung mit Ihrem (beruflichen und persönlichen) **ERFOLG** zwei weitere große Themen, nämlich das **gehirn-gerechte Arbeiten** (Ihr **Brain-Management**) und die **Kommunikation**. Mit ihr beginnen wir bald.

Wann haben Sie mit Ihrem aktiven Training begonnen?

* Hinweis: Neueinsteiger können diese Übungen nachbestellen.

## Eiffelturm-Liste

1. Eiffelturm
2. ____________
3. ____________
4. ____________
5. ____________
6. ____________
7. ____________
8. ____________
9. ____________
10. ____________
11. ____________
12. ____________
13. ____________
14. ____________
15. ____________

Im Februar-Brief bat ich Sie, zwei Übungs-Arten so oft wie möglich zu trainieren:

Übung, Typ A = das **Notieren eigener Assoziationen**, und
Übung, Typ B = das **Sortieren in logische Kategorien**.

# Brain-Management

## Zwischen-Bilanz

Wenn Sie Ihre „Hausaufgabe" gemacht haben, dann haben sie sich zu der Eiffelturm-Liste eine kleine Story (im Sinne eines verrückten Traumes) ausgedacht und zwischendurch geprüft, wie gut Sie sie inzwischen „draufhaben". Testen Sie sich: Können Sie die 15 Begriffe dieser Liste jetzt „einfach so" auflisten? (Bitte sofort in die Marginalie schreiben.)

**Sie sehen**: Bewußt und kreativ nachgedacht führt zu weit besserer Gedächtnis-Leistung als stures Pauken (Büffeln) im Sinne des alten Schul-Lernens!

Jetzt erinnern Sie sich bitte an eine andere Übung (Typ A), die Sie im BASISWISSEN durchlaufen hatten, als es darum ging, Ihre eigenen Assoziationen aufzuschreiben und anschließend die auslösenden Begriffe zu RE•KONSTRUIEREN. Auch hier sahen Sie den **Effekt**:

**Bewußt und kreativ nachgedacht führt zu weit besserer Gedächtnis-Leistung als stures Pauken (Büffeln) im Sinne des alten Schul-Lernens!**

Und Sie haben eine weitere Übungsart bisher zweimal durchlaufen, als Sie im Dezember die Dach-Listen-Wörter in logische Kategorien sortierten und als Sie das im Februar mit den Begriffen der Eiffelturm-Liste wiederholten. Erinnern Sie sich? Ich bat Sie sogar, möglichst oft solche Übungen durchzuführen.
Solche Experimente zeigen Ihnen, wie leicht bestimmte geistige Funktionen (z.B. Gedächtnis) fallen können, wenn wir uns daran gewöhnen, bewußt und sauber zu KONSTRUIEREN, damit wir später leicht RE•KONSTRUIEREN können! In der Zukunft werde ich Ihnen anhand kleiner Experimente noch ganz andere Sachen zeigen, von denen Sie früher garantiert auch dachten, Sie könnten sie nicht (nicht gut, nicht gut genug)!
Sie sehen langsam, wie wichtig es ist, daß Sie wirklich aktiv „mitspielen", weil wir später auf Ihren Ergebnissen aufbauen werden. Dies ist ja eine der wesentlichen Funktionen, die dieser Brief für Sie haben

soll: Sie erhalten regelmäßig und aufeinander aufbauende Infos, Tips und Trainings-Anweisungen. So können sie langsam und gemütlich neue Techniken für Ihren Alltag

- **erst testen**, dann
- **trainieren** und zuletzt
- **einsetzen**.

So wie man Radfahren (oder Reden) nur durch Radfahren (oder Reden) lernen kann, so auch bei Tricks, die das Gedächtnis (die Basis unseres Denk-Vermögens!) verbessern.

Da jedoch ein verbessertes Gedächtnis dramatische Einflüsse auf ALLES (vgl. Kasten) hat, werden wir uns in dieses wichtige Thema im Laufe der Zeit immer mehr vertiefen!

Wenn Sie bisher aktiv mitgespielt haben, dann haben Sie inzwischen enorm wichtige Vorarbeiten geleistet, um sich selbst zu erstaunen. Die meisten Menschen können nämlich weit mehr, als sie sich zutrauen. Das möchte ich Ihnen jetzt praktisch demonstrieren.

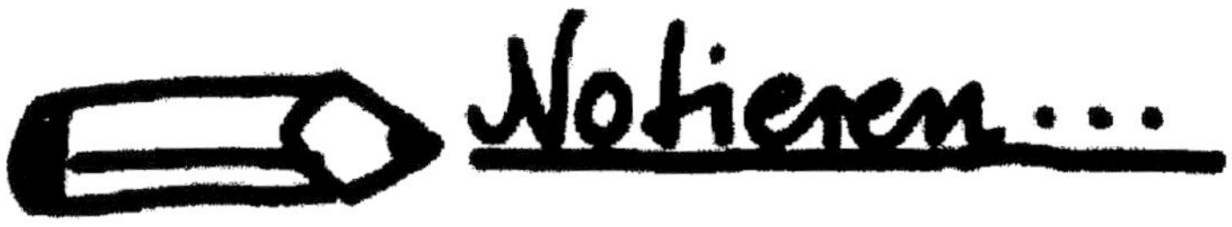


**Bitte notieren Sie jetzt:**

1. Haben Sie bisher bei den Übungen aktiv mitgespielt?

❑ JA ❑ Nein ❑ manchmal

2. Wenn JA: Haben Ihre Ergebnisse Sie (teilweise) überrascht?

❑ JA ❑ Nein ❑ manchmal

Bitte denken Sie ab jetzt bei Gedächtnis automatisch immer auch **Wissens-Netz** (vgl. BasisWissen S. 27f)!
**Wissens-Netz** aber bedeutet Ver•**NETZ**•ung und diese bedeutet Ver•**BIND**•ungen (**so binden wir neue Infos ins Netz ein**).
Diese Infos im Netz wiederum bilden die **Grundlage unseres Denkens** (intellektuell wie kreativ), deshalb: **Je mehr Fäden im Netz, desto besser können wir reagieren (rational** oder **kreativ**), woran Sie diese Abbildung erinnern soll.

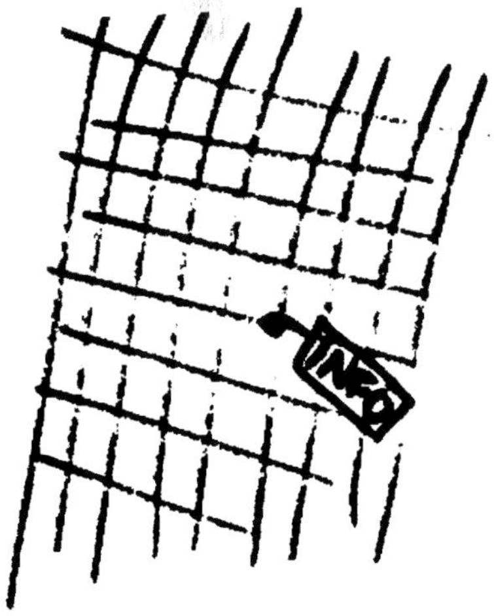

## Darum diese Übungen!

Alle Aufgaben zum Thema **gehirn-gerechtes Arbeiten** beinhalten **jeweils einen** wichtigen Aspekt einer Denk-Technik, mit deren Hilfe wir uns **den Alltag enorm erleichtern können**.

Diese Technik bietet Ihnen folgende Vorteile:

1. Sie können jede Art von Info **merken**, die Sie merken wollen (oder müssen).
2. Sie erhöhen das, was man landläufig unter **Intelligenz** versteht.
3. Es fällt Ihnen leichter, wichtige Ver•**BIND**•ungen und Zusammenhänge zu sehen.
4. Sie werden **kreativer**.

Die Listen mit Begriffen (wie die Dach- und Eiffelturm-Liste) **stehen für** **einzelne isolierte Fakten**, die wir in unser Gedächtnis einspeichern müssen. Vielleicht nur, weil später eine „mechanische Wiedergabe" erwartet wird (wie in Schule und zahlreichen Weiterbildungs-Kursen.). Vielleicht aber wollen Sie diese Daten auch in Ihr Wissens-Netz ein•BIND•en, damit sie Teil Ihres aktiven Wissens werden, so daß Sie sie im Alltag aktiv nutzen können!

Wir wissen, das typische **Schul-Lernen** ist erstens langweilig bis frustrierend und zweitens **nicht effizient**. **Deshalb stelle ich Ihnen in diesen Briefen andere Techniken vor**. Wir beginnen, indem Sie eine **Reihe von Ansätzen** spielerisch anhand von kleinen Aufgaben trainieren. Dabei gilt:

**Jede dieser Denk-Techniken für sich erleichtert geistige Tätigkeiten, aber in Ver•BIND•ungen (zwei oder drei) wirken Sie so stark, daß Sie einen geistigen TURBO-Lader erhalten.**

Das **Schul-Lernen** ist nicht nur wenig effizient, es erzeugt auch jede Menge falscher Programme, die später, per (sich) selbst erfüllender Prophezeiung dafür sorgen, daß viele Menschen sich regelrecht talentlos (unbegabt, unfähig, doof) fühlen.

**Turbo-Effekt**: Grundlage ist natürlich das Beherrschen jeder Technik. Deshalb machen Sie bitte bei allen derzeitigen „Kindergarten"-Übungen mit, damit wir bald in die „Hauptschule" gehen können…

## Mini-Inventur

Die ersten drei dieser Methoden sind hier noch einmal aufgelistet. Mit diesen Ansätzen haben Sie bereits erste Erfahrungen gesammelt. Bitte überlegen Sie, ob Sie sich vorstellen können, in Zukunft in Ihrem Kopf-Training **alle drei** Methoden (Tricks) aktiv einzuzsetzen (oder ob eine Ihnen noch besonders „schwierig" vorkommt).

**Trick 1:** Eigene Assoziationen notieren, wie zur **Dach-Liste** (BasisWissen S. 21)

**Trick 2:** Stichwörter zu Ideen (ebenfalls **Dach-Liste**) in wenige logische Kategorien einsortieren (Dezember-Brief S. 7)

**Trick 3:** Aus Stichwörtern eine kleine Story bilden (mit der Eiffelturm-Liste im Februar-Brief S. 8).

Die Aufforderung „im Sinne eines verrückten Traums" soll übrigens andeuten: Je absurder, abstruser, komischer, fremdartiger und MERK•WÜRDIGER Ihre Story wird, desto WÜRDIGER ist sie auch, ge•MERK•t zu werden.

**Jetzt überlegen Sie bitte**: Wenn ich Sie im letzten Brief gebeten hätte, die Eiffelturmliste stur auswendig zu lernen, dann hätte sie dies viel Mühe gekostet. Statt dessen bat ich Sie die Begriffe zu einer kleinen Story zu verbinden, was Ihnen sicherlich wesentlich leichter gefallen ist. Dieses bewußte kreative Nachdenken ist ein völlig anderer geistiger Prozeß, der KONSTRUKTION (vgl. BasisWissen), der eine spätere Gedächnisleistung (=RE•KONSTRUKTION) wesentlich erleichtert.

**Trick 4:** **Numerische Assoziationen** zur Reihen-(Rang-)folge schaffen

Sehen Sie sich die Dach-Liste an und versuchen Sie sich diesmal eine Erklärung auszudenken: Warum steht ein Begriff genau an dieser Stelle in der Rangfolge? Oder: Wie können Sie seine Nummer mit dem Begriff verbinden?

**Beispiel: Garten Eden ist Nr. 7**. Warum? Möglichkeiten:

- Weil 7 eine heilige Zahl ist.
- Weil Gott die Welt in 7 Tagen erschaffen hat.
- Weil…?

1. Dach
2. Gabe
3. Frankenwein
4. Igel
5. Elefant
6. Nadel
7. Garten Eden
8. Birne
9. Portal
10. Scheck
11. Aus [beim Fußball]
12. Dock
13. Fundbüro
14. Irrtum
15. Lux

Sie merken, was hier passiert. Sie denken „nur" nach und schon haben Sie eine Ver•BIND•ung geschaffen, bei diesem Trick ist es die Ver•BIND•ung zwischen Zahl und Wort. Jede Ver•BIND•ung aber (egal wie „blöd" sie sein mag) ist immer ein Hilfsfaden, mit dem Sie neue Infos ins Wissens-Netz „einbinden" können. Deshalb funktionieren diese Tricks weit besser als jede Art des „normalen" Schul-Lernens!

## PFLICHT- AUFGABE

Bitte denken Sie sich jetzt zu jedem der 15 Begriffe der Dach-Liste ein Erklärung zur Nummer aus. Dies ist die Art von Aufgabe, mit der man kleine Wartezeiten überbrücken kann. Auch während der Werbeblocks beim Fernsehen kann man gezielt über solche Ver•BIND•ungen nachdenken. Oder beim Gassigehen, in der Badewanne, unter der Dusche, beim Salatmischen... Sie sehen, Sie können diese „Hausaufgabe" ganz lässig über den Monat verteilen, so daß Sie die Liste im April dann wirklich gut „drauf" haben, denn dann werden wir sie erstmals aktiv benutzen. (Nach den Vorarbeiten können wir dann das „Werkzeug" Dach-Liste erstmals einsetzen!)

## Kür-AUFGABE

Vielleicht wollen Sie in diesem Monat prüfen, ob Sie bisher alle PFLICHT-AUFGABEN „erledigt" haben, denn inzwischen dürfte Ihnen klar geworden sein, daß wir SPÄTER absolut alles aufgreifen, womit Sie sich zwischenzeitlich befaßt haben. Einfache Vorübungen sind lediglich Grundlagen für Techniken, die Sie später kennenlernen werden.

Story

### Der Kaiser von China und das Bild vom Papagei

Kennen Sie die Story vom Kaiser von China, der sich ein Bild von einem Papagei wünscht? Er bittet einen bekannten Künstler eine Tuschezeichnung anzufertigen.

Der Kaiser wartet: zwei Tage, drei Tage, vier Tage, eine Woche, zwei Wochen, drei Wochen, vier Wochen, acht Wochen. Schließlich (nach 3 Monaten) sendet er seine Hofschranzen zum Künstler, die sollen mal nachsehen, was da los ist. Sie kommen an und fragen den Künstler nach dem Papagei für den Kaiser. „Moment" sagt der, nimmt ein neues Tuscheblatt – worauf er zack, zack, das Superbild eines Papageien zeichnet. Alle Anwesenden sind fassungslos. Sie tragen das Bild zum Kaiser und schildern ihm, wie es zustandekam. Daraufhin geht der Kaiser höchstpersönlich zu dem Künstler. Das will er jetzt genau wissen, warum er so lange warten mußte, wenn das eine Affäre von 30 Sekunden war?!

Da führte ihn der Künstler in ein Nebenzimmer. Dort waren abertausende von Skizzen: Papageien-Schnäbel, Papageien-Augen, Papageien-Köpfe, Papageien-Füße, ganze Papageien usw. „Ehrwürdiger Kaiser! Jetzt geht das in 30 Sekunden. Als Euer Auftrag kam, ging das noch nicht."

Welche „Papageien" wollen Sie zeichnen (lernen)?
In welchen Bereichen wollen Sie trainieren?
In welchen Bereichen wollen Sie den Weg zur Meisterschaft (weiter) gehen?

Viel Freude wünsche ich Ihnen dabei…
Ihre

P.S.: Übrigens haben Sie mit Ihrer kleinen Story (Eiffelturm, Flamenco-Tänzer usw.) nicht nur irgendwelche 15 Begriffe sondern die **Reihenfolge der 15 EU-Länder** gelernt. Sie sind **sortiert nach der Fläche der Länder**, somit ist das größte Land (Nr. 1) Frankreich, die Nr. 2 ist Spanien, Nr. 7 = Großbritannien, Nr. 15 = Luxemburg.

**Was sagen Sie jetzt?**

1. F **Eiffelturm** in Paris
2. E (spanischer) **Flamenco-Tänzer** (E = España)
3. S **Elch**
4. D **deutscher Tourist**
5. FIN **Sauna**
6. I **Spaghetti**
7. GB **Grab von Lady Di**
8. GR (griechische) **Tempelsäule**
9. P **Portwein** (aus Portugal!)
10. A **Mozart** (in Salzburg)
11. IR Irlands Wahrzeichen ist ein **Kleeblatt!**
12. DK Lied für die kopflose **Meerjungfrau** (Statue nach dem Märchen des Dänen Hans Christian Andersen)
13. NL **Mädchen im Tulpenkostüm**
14. B (belgische) **Pralinen**
15. LUX in dem **Transistor-Radio** hören wir **Radio Luxemburg!**

# Der Vera F. Birkenbihl-Brief

# Erfolg & Lebensqualität

+++ geistig ständig fitter +++ als Persönlichkeit immer erfolgreicher +++ in der Kommunikation Schritt für Schritt besser +++ denn: Erfolg ist ein Prozeß

**Monatlicher Beratungs- und Trainingsservice** **April**

Liebe Leserin,
lieber Leser,

heute werden wir versuchen den „Keller" für unsere Kopfarbeit zum Abschluß zu bringen, damit wir das (Wissens-)Gebäude zu **Brain-Management (d.h. Ihrer geistigen Fitneß!)** aufbauen können. Auf diesem Weg erreichen wir heute einen **wichtigen Zwischenstop** zum **Schwerpunkt** **gehirn-gerechtes Arbeiten**. Dieser Schwerpunkt ist deshalb so **grundlegend**, weil er die **Grundlage** für alles andere ist. Egal welche Ziele Sie erreichen wollen – Ihr Erfolg ist um so sicherer, je besser Sie in puncto **geistiger Fitneß** „drauf sind". Es geht um (teilweise sogar dramatische) Steigerungen in puncto Intelligenz und Kreativität. Diese fallen nämlich weit leichter, als man uns früher weisgemacht hat, allerdings nur, wenn Sie aktiv trainieren!

Apropos aktiv mitarbeiten: Heute möchte ich alle, die bei der **großen Jahres-Inventur** (Dezember/Januar) mitgemacht haben, daran erinnern, daß Sie **Ostern** noch einmal prüfen wollten, ob Sie sich nach wie vor auf dem von Ihnen im Winter definierten „richtigen" Weg für dieses Jahr befinden (vgl. Januar-Brief, Kasten auf Seite 3)!

Viel Spaß und frohe Ostertage!
Mit liebem Gruß,

Ihre

Vera F. Birkenbihl

**Vera F. Birkenbihl**

gehört zu den erfolgreichsten Persönlichkeits-Entwicklern Europas, die seit 1970 abertausende von Seminarteilnehmer/innen, Leser/innen, Rundfunk-Hörer/innen, und Fernsehzuschauer/innen überzeugt und begeistert. In diesen Briefen will Sie Ihnen helfen, den **Adler** in Ihnen zu stärken. Sie errinnern sich (vgl. BasisWissen S.12f.).

Ihre Feedbacks (Fragebogen-Aktion vom März) haben gezeigt: Sehr viele von Ihnen sind bereit, die Briefe aktiv durchzuarbeiten und haben auch schon so manche **angenehme** Überraschung erlebt.

Das zeigt, daß meine Methode, Sie **graduell** (und **spielerisch**) zu **neuen Techniken** hinzuführen, **auch im Brief** funktioniert, weil doch sehr viele von Ihnen tatsächlich experimentieren und trainieren.

Danke auch für Ihre zusätzlichen positiven Kommentare!

Übrigens wünschen sich manche noch mehr Übungsaufgaben. Die werden Sie auch bekommen, siehe Beilage S. 4

Wie ich Ihnen im Laufe dieser Briefe immer wieder zeigen werde, haben uns unsere Schul-Erfahrungen (wie wir unseren Kopf nutzen) so sehr **„behindert"**, daß wir uns vorsichtig und vor allem spielerisch an wesentlich besser geeignete Verhaltensweisen herantasten müssen. Deshalb sind alle **Pflicht-Aufgaben** (zum Schwerpunkt gehirn-gerechtes Arbeiten), unverzichtbar auch die heutigen. Sie baut übrigens auf der Hausaufgabe vom März-Brief auf. Und weil Training so wichtig ist, finden Sie die **Übungsanweisung hier in der Marginalie** noch einmal (vielleicht möchte jemand die Übung jetzt noch durchführen, ehe er weiterliest?). Sie ahnen es: Wir werden auf Ihre Ergebnisse zurückkommen und in einem späteren Brief damit **weiterarbeiten** wollen...

Jetzt wenden wir uns der Vorbereitung einer ebenfalls sehr wichtigen Trainings-Aufgabe zu. Sie haben diese Art von Übung erstmals im BasisWissen (Seite 21) kennengelernt. Wenn Sie damals aktiv mitgespielt haben, dann müßten Sie sich selber überzeugt oder überrascht haben, wieviele der Begriffe Sie **aufgrund Ihrer eigenen Assoziationen RE•KONSTRUIEREN** konnten!

Übrigens rate ich Ihnen, bei allen Übungen Notizen darüber zu machen, was Sie erlebt haben (einige Stichwörter genügen), sonst wissen Sie einige Wochen später nicht mehr, ob Sie damals besonders erstaunt gewesen waren (bzw. wie Ihr Ergebnis überhaupt ausgesehen hat).

Auch heute sollen Sie Ihre **eigenen Assoziationen** notieren. Den Erfolg dieser Technik beschrieb übrigens der finnische Psychologe **Timo Mäntylä**. Gut, daß Ingmar Svantesson in seinem hervorragenden Buch darüber berichtet hat.

Diese Art von **Training** (eigene Assoziationen notieren) ist, wie Sie noch sehen werden, **enorm wichtig**. Deshalb muß dieses Training so lange durchlaufen werden, bis Sie die Fähigkeit erworben haben, **jederzeit Zugriff auf Ihr Wissens-Netz** zu haben. Im KASTEN nehmen wir das Wort wörtlich! **Dieser aktive Zugriff** stellt nämlich die **wichtigste Grundlage** für **intelligentes** und **kreatives** Verhalten dar!

Es gibt angeborene Behinderungen, durch Unfall erworbene und solche, die durch das Schulsystem entstehen. Sie sorgen dafür, daß unzählige Menschen sich **behindert fühlen**.

*Carola Algernon*

Erinnerung an eine wichtige **Pflicht-Aufgabe** vom März-Brief (Seite 7)

**Übungsanweisung**:
Denken Sie sich zu jedem der 15 Begriffe der Dach-Liste eine **Erklärung zur Nummer** (Rangfolge) aus, z.B.: DACH = Nr. 1, weil...
Mit dieser Aufgabe kann man kleine Wartezeiten überbrücken. Auch während der Werbeblocks beim Fernsehen kann man gezielt über solche Ver•BIND•ungen nachdenken. Oder beim Gassigehen...
**(Eine mögliche Lösung liegt diesem Brief bei.)**

**Quelle**: Ingmar Svantesson in seinem hervorragenden Buch *Mind Mapping und Gedächtnistraining*, 5. Aufl., Offenbach, 1998

**Zu•Griff**: Sie haben die Inhalte Ihres Wissens-Netzes (d.h. Ihres Gedächtnisses) tatsächlich **im Griff!**

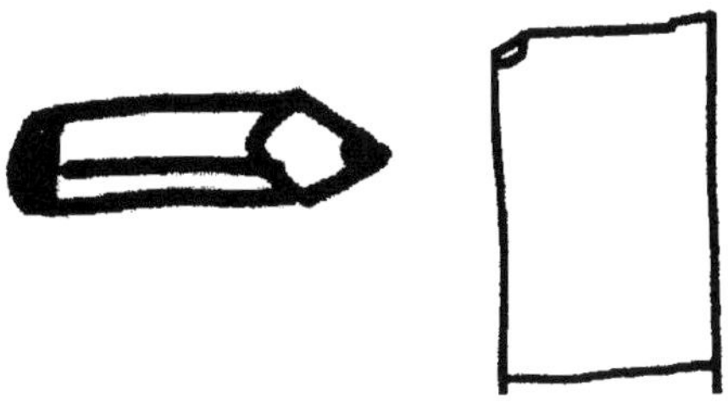

Übrigens erhalten Sie bei allen neuen Übungs-Blättern jeweils zwei Bogen, damit Sie sofort üben (d. h. ein Blatt beschreiben) können und trotzdem noch einen leeren Bogen zum (späteren) Fotokopieren behalten, damit Sie diese Art von Training auch in Zukunft möglichst oft durchlaufen (und damit andere Menschen in Ihrer Nähe ebenfalls experimentieren und trainieren können).

Der Begriff ***Attraktor*** (für Anziehungspunkt) wurde durch die Chaos-Theorie berühmt. Er beschreibt etwas, das etwas anzieht (vgl. *attraktiv, Attraktion*).
In meinem Denk-Modell vom Wissens-Netz bezeichne ich die „Stellen" im Netz, an denen sich bereits Fäden (zu einer neuen Info) befinden als **Attraktoren**, denn diese Stellen ziehen neue Infos wie magisch an (vgl. BASISWISSEN, S. 28)

Dies wiederum könnte Sie veranlassen, den Glauben an Ihr angeblich so schlechtes Gedächtnis zu verstärken...

**Sie benötigen das Übungsblatt Nr. 1**
**Wort-Assoziations-Experiment nach** *Timo Mäntylä*.

Beim ersten Mal (im BASISWISSEN) galt es, **irgendwelche** Ideen aufzulisten, die Ihnen spontan einfielen. Aber heute sind wir ein ganzes Stück weiter, deshalb wollen Sie heute möglichst **„gute" Assoziationen** finden. Später werden Sie wieder versuchen, die Ursprungswörter (der heutigen Liste) **anhand Ihrer eigenen Assoziationen** zu RE-KONSTRUIEREN. Je klarer und präziser Ihre Assoziationen sich **nur auf das jeweilige Stichwort beziehen**, desto ein-deutiger (= es gibt **nur eine Deutung!**) ist die Ver•BIND•ung zu „jener" Stelle in Ihrem Wissens-Netz, die später als **Attraktor** wirken wird!

Im BASISWISSEN besprachen wir ebenfalls, daß die **Qualität der KONSTRUKTION** die **Qualität Ihrer späteren RE-KONSTRUKTION** (Ihrer späteren Gedächtnisleistung) bestimmen wird (Seite 35)[1].

Bei der heutigen Pflicht-Aufgabe können Sie spielerisch **testen, wie gut Ihre bewußten Assoziationen** derzeit **funktionieren** (d.h. wie gut Sie jetzt schon KONSTRUIEREN können, wenn Sie dies bewußt versuchen. **Beispiel:**

Angenommen, Sie notieren als Ihre Assoziationen zu dem Begriff ***Stabhochspringen*** folgende drei Wörter:

*Olympiade, Muskelkraft, Doping,*

dann bezieht sich **jede** dieser Assoziationen auf **alle** in der Olympiade zugelassenen Sportarten (welche Muskelkraft benötigen und bei denen Doping möglich ist). Leider haben Sie die eigentliche Info (Stabhochspringen) nur ungefähr **in die Nähe** der Olympiade-Fäden in Ihrem Wissens-Netz plaziert (wo auch *Muskelkraft* und *Doping* „sitzen"). Also könnten Sie **später Probleme** haben, wenn es gilt, sich an diese **spezifische** Sportart zu erinnern.

[1] Physische Krankheiten oder physiologische Mängelerscheinungen ausgenommen.

## PFLICHT-AUFGABE (Schritt 1):

### Assoziationen in Übungsblatt Nr. 1 notieren

Am Rand sehen Sie eine 24-Wort-Liste. Gehen Sie bitte so wie bei Ihrer ersten derartigen Assoziations-Aufgabe im BasisWissen vor (S. 21), wobei Sie auch jetzt wieder **ausschließlich** Ihre **eigenen Assoziationen** in den Spalten 1 – 3 (von links) notieren und die vierte Spalte (ganz rechts) vorläufig freilassen. Allerdings wissen Sie diesmal mehr: Sie wollen gute (passende, treffende, konkrete) Assoziationen zu jedem Begriff in der Liste notieren, nicht irgendwelche (wie damals).

## PFLICHT-AUFGABE (Schritt 2):

### Begriffe RE-KONSTRUIEREN

Nun legen Sie Ihr Übungsblatt (und einen Stift) an eine Stelle, an der Sie es **heute abend** vor dem Zubettgehen (**oder morgen früh** gleich nach dem Aufstehen) sehen können. Versuchen Sie entweder heute (spät-)abends oder morgen früh (ganz nach Belieben: Morgen-Menschen absolvieren die Aufgabe nach dem Aufstehen, Nachteulen hingegen vor dem Schlafengehen) die Wörter aus der Liste (in der vierten Spalte auf dem Übungsblatt) zu RE-KONSTRUIEREN.

Sie werden vielleicht überrascht sein, aber fast alle Menschen können die meisten Wörter auch Stunden (oder Tage) später RE-KONSTRUIEREN. Die wenigen Wörter, bei denen es nicht geklappt hat, markieren Sie bitte farbig (Leuchtstift).

## PFLICHT-AUFGABE (Schritt 3):

### Lücken analysieren

Überlegen Sie, welche (wenigen?) Assoziationen unsauber waren, so daß sie zu „Lücken" führten – also zu Begriffen, die Sie nicht/nicht richtig RE-KONSTRUIEREN konnten.
Denken Sie bitte an das Beispiel Stabhochspringen (von oben) und überlegen Sie, warum bei Ihnen gerade diese Lücken aufgetaucht sind.

1. Auge
2. Bild
3. Dominostein
4. Vogel
5. Ehering
6. Planet
7. Gabel
8. Zahnbürste
9. Jesus
10. Igel
11. Koffer
12. Liebe
13. Mond
14. Nadel
15. Welt
16. Ohr
17. Fisch
18. C-Note
19. Sonne
20. Quadrat
21. Rad
22. Hand
23. Tenisschläger
24. Uhr

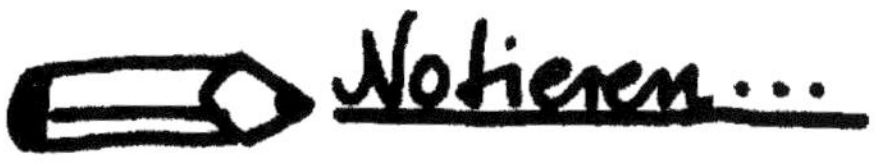


der Lücken-Begriffe

Notieren...

Notieren...

Zum Beispiel finden Sie Infos über Kochen oder über Nährwerte schwer (oder leicht) während Ihre Kollegin das „ganz anders" sieht! Dafür kann sie vielleicht hervorragend (oder gar nicht) mit neuen Infos über das Internet umgehen usw. Ähnlich mag ein Gärtner Infos über Quantenphysik „furchtbar schwierig" finden, während sein Nachbar, der Quantenphysiker keine Pflanze in seinem Garten benennen (oder gar anpflanzen) könnte.

Wir werden uns diesem Thema in einem späteren Brief ausführlich zuwenden (nämlich unter dem Stichwort: intelligentes Lücken-Management!).

Nun wollen wir uns **neuen Infos** zuwenden, die Sie in Ihr Gedächtnis „hineintransportieren", also **lernen** wollen, sollen oder müssen. Darauf beziehen sich die folgenden zwei kleinen Selbsterkennnis-Aufgaben:

## Mini-Quiz 1:

Wieviele Wörter aus der „Auge-Liste" fallen Ihnen ohne zu spicken jetzt ein?

**Bitte notieren Sie jetzt:**

Ich konnte __________ Begriffe (von 24) RE•KONSTRUIEREN

## Mini-Quiz 2:

Welche Arten von Informationen sind schwer (oder leicht)? Bitte versuchen Sie die Antwort (stichpunktartig) schnell und spontan hier zu notieren!

Die meisten meiner Seminar-Teilnehmer/innen beginnen spontan zu schreiben, bis sie merken, daß die Frage in dieser Form gar nicht beantwortet werden kann! Denn es gibt keine Informationen, die **an sich** „schwer" oder „leicht" sind, es gibt jedoch jede Menge an Infos, die **Ihnen „schwer" oder „leicht" fallen** (bzw. erscheinen).

Besonders interessant könnte für Sie (wenn Sie gerade auf die kleine Trickfrage „hereingefallen" sind) die Tatsache sein, daß wir bereits im BASISWISSEN (auf Seite 28f) angedeutet haben, daß Infos **immer in Bezug auf unser eigenes Wissens-Netz** „schwer" oder „leicht" auf uns **wirken**. Aber die **Gehirnwäsche** von **Schule** und Gesellschaft ist dermaßen wirkungsvoll, daß viele Menschen auf die Frage hereinfallen. Bitte versuchen Sie jetzt schnell und spontan festzuhalten, welche Arten von Infos für Sie persönlich eher schwer „sind" (weil Sie sich mit solchen Infos „schwertun").

**Merke**: Probleme haben wir ja niemals mit „leichten" Infos, nur mit solchen, die uns „schwer" **erscheinen**. Dies wiederum ist abhängig von drei Faktoren:

1. **Von den Inhalten Ihres Wissens-Netzes!**
2. **Vom Aufbau Ihres Wissens-Netzes!**
3. **Von Ihrer Fähigkeit, aktiv auf einzelne „Fäden" Ihres Wissens-Netzes zuzugreifen!**

Deshalb ist es so wichtig, regelmäßig zu trainieren, schnell und mühelos Zugriff auf Ihr Wissens-Netz zu erhalten. Dabei gilt auch hier der alte Lehrsatz im unteren Kasten!

Die nächste PFLICHT-Aufgabe gibt Ihnen die Möglichkeit zu experimentieren. Finden Sie heraus: Wie leicht fällt es Ihnen, neue Infos gehirn-gerecht aufzunehmen, weil Sie bereits schnell und mühelos auf die „richtigen" Fäden in Ihrem Wissens-Netz zugreifen können?

**Trainieren Sie, so oft wie möglich – Sie können nur (noch) besser werden! (vgl. Kasten)**

Achtung: Wenn Ihnen die ersten Pflicht-Aufgaben (oben) leicht gefallen sind, dann können Sie **direkt** zur folgenden Technik übergehen. Falls Ihnen der schnelle Zugriff auf Ihr Wissens-Netz jedoch **noch** schwer fällt, dann **warten** Sie noch mit der neuen Aufgabe, die Sie in eine wichtige Technik einführt! Trainieren Sie vorläufig noch gemäß der ersten Aufgaben weiter!

Notieren…

**Erinnerung**: Jede Info, die auf einem Faden im Netz „sitzt" wirkt wie ein **Magnet** oder **Attraktor** auf Infos, die irgendeine Ver-BIND-ung zu diesem Faden haben. Deshalb zieht der Attraktor die neue Info wie „magisch" an. Andernfalls fliegt die neue Info am Wissens-Netz vorbei. Dann denken wir, sie sei „schwer" oder wir seien „blöd" (und ähnlich).

Was wir regelmäßig tun, das können wir gut, also fällt es uns leicht.
Weil es uns aber leicht fällt, tun wir es regelmäßig.
Was wir aber regelmäßig tun, das fällt uns leicht, deshalb können wir es gut usw., usf.!

# Pflicht-Aufgabe:

## Eine Technik ausprobieren

Wenn Sie etwas Interessantes **lesen, hören** (oder eine „bildende" Sendung im Fernsehen) sehen, so daß Sie sich möglichst viel merken wollen/sollen/müssen, dann durchlaufen Sie diese **Trainings-Aufgabe**, indem Sie die Übung im nachfolgenden **5-Schritt-Verfahren** lösen.

Tip: Radio- und Fernsehsendungen rate ich Ihnen, mit einer Kassettenaufzeichnung zu trainieren. Erstens können Sie jederzeit stoppen und zweitens können Sie Ihre Erfolge später noch einmal kontrollieren, falls Sie das wünschen. (Einen Vorläufer dieser Übung finden Sie in meinem Buch *Stroh im Kopf?*)

## Sie benötigen das neue Übungsblatt (Notieren eigener Assoziationen)

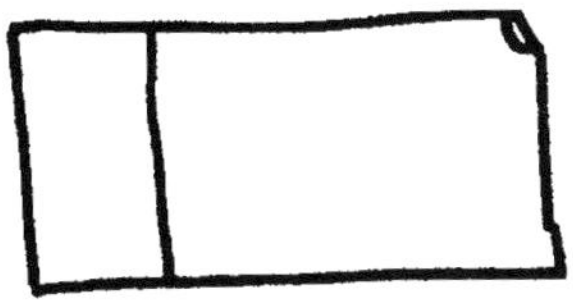

Später, wenn Sie kein Formblatt zur Hand haben, ziehen Sie einfach schnell einen Strich auf ein normales Blatt Papier und arbeiten weiter.

Lesen, hören oder sehen Sie fern und **warten** auf ein STICHWORT, einen Begriff zu einer Idee, die Sie sich merken wollen. Damit durchlaufen Sie die folgenden fünf Schritte:

Je „besser" Ihre Assoziationen sind, **desto** besser wird das Attraktor-Prinzip funktionieren und desto höher ist die Qualität dieser KONSTRUKTION (was ihre RE-KONTRUKTION später leicht macht).

**Schritt 1:** Notieren Sie das STICHWORT (in die linke Spalte) und schreiben sofort in die rechte **Ihre eigenen Assoziationen**: mindestens drei Begriffe, wie beim Trainings-Zyklus oben). Es darf natürlich auch mehr sein, oder ein Halbsatz, oder eine kleine Skizze… (Siehe KASTEN)

**Schritt 2:** Verfahren Sie mit weiteren STICHWÖRTERN aus dem Material in dieser Weise, bis das Blatt voll ist. Ich ziehe übrigens zwischen den einzelnen Stichwörtern (bzw. Themen) eine **waagerechte Trenn-Linie**.

**Schritt 3:** Nun knicken Sie das Blatt so, daß nur noch Ihre eigenen Assoziationen, Halbsätze, Bemerkungen, Skizzen etc. zu sehen sind (also die linke Spalte nach hinten wegfalten) und legen es vorläufig beiseite.

**Schritt 4:** Zu einem späteren Zeitpunkt (vgl.Kasten) gehen Sie wie im vorangegangenen Training vor:
Blicken Sie nur auf **Ihre eigenen Assoziationen** und stellen Sie (mit Erstaunen?) fest, **wie leicht** Sie in der Regel **den auslösenden (Ur-)Gedanken** zum jeweiligen STICHWORT RE•KONSTRUIEREN können.

**Schritt 5:** entspricht der dritten Pflicht-Aufgabe (Seite 4): Nun überlegen Sie, welche (wenigen?) Assoziationen **so unsauber waren**, daß sie zu den „Lücken" geführt haben (d.h. zu den Begriffen, die Sie **nicht** (oder nicht richtig) RE•KONSTRUIEREN konnten. Fragen Sie sich, warum **bei Ihnen** gerade **diese** Lücken aufgetaucht sind, üben Sie also bereits **intelligentes Lücken-Management**, das wir in einem späteren Brief ausführlich aufgreifen werden. Je mehr eigene Erfahrungen Sie bis dahin gesammelt haben, desto leichter werden Sie dann die Technik des intelligenten Lücken-Managements in den Griff bekommen.

Anfangs prüfen Sie Ihre Ergebnisse nach **Stunden**, dann nach **einem Tag, einigen Tagen** usw.

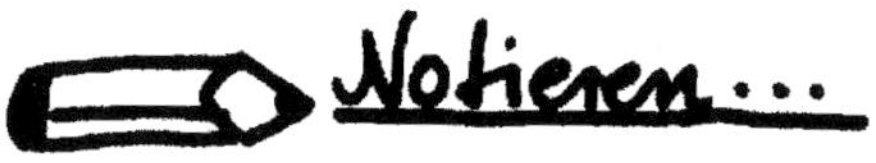


der Lücken-Begriffe

## PFLICHT-AUFGABE (Linien 1)

### Experiment: Geheimschrift

Jetzt möchte ich Sie zu einer **spannenden Übung** einladen. Dem heutigen Brief liegt ein Dokument mit einer (von mir entwickelten) Geheimschrift[2] bei. Schreiben Sie bitte in dieser Geheimschrift

- Ihren Namen und Ihre Adresse (auf diese Seite), und
- einen kurzen Text Ihrer Wahl.

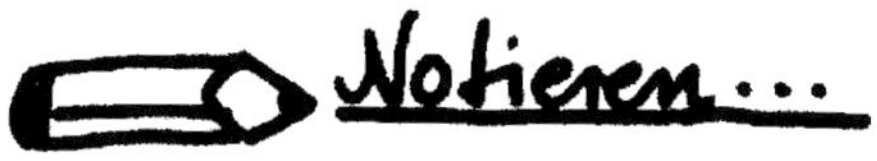


Es geht darum, daß Sie non-stop 3 Minuten lang in dieser Geheimschrift arbeiten. Ob Sie den Text Ihrer Wahl mehrmals schreiben oder es gaaaanz langsam angehen wollen, steht Ihnen völlig frei. Das einzige, woran Sie sich bitte halten wollen ist die Zeit: 3 Minuten. Wenn Sie von der „schnellen" Truppe sind, nehmen Sie bitte ein Stück „Schmierpapier" und schreiben dort weiter, bis die Zeit abgelaufen ist. Tun Sie dies bitte sofort.

2 *THINK*, *Gehirnpotential*, Ravensburger.

# PFLICHT-AUFGABE (Linien 2)

## Experiment: Geometrische Formen

Nun zeichnen Sie bitte auf einem extra Blatt folgende einfache geometrische Figuren:

- ein **Dreieck**
- zwei **gerade Linien**, die sich kreuzen
- ein **Viereck (=Quadrat)**
- ein **Viereck**, das **kein** Quadrat (sondern ein Rechteck) ist.

# PFLICHT-AUFGABE (Linien 3)

## Der Hund

Unabhängig davon, wie „gut" oder „schlecht" Sie Ihre Zeichen-Fähigkeit einschätzen, möchte ich Sie nun bitten, einen kleinen Versuch zu wagen. Bitte zeichnen Sie schnell und spontan in den linken „Bilderrahmen" einen Hund!

Geben Sie sich für Ihren Hund exakt **90 Sekunden** Zeit.

# PFLICHT-AUFGABE (Linien 4)

## Der Außenseiter

Diesmal zeichnen Sie **„abstrakt"**. Es geht darum, eine **Idee** auszudrücken. Diesmal dürfen Sie **nur gerade Linien verwenden: kurze, lange – viele** oder **wenige**. Zeichnen Sie das Konzept „Außenseiter", indem Sie diese **Idee ausschließlich mit geraden Linien** ausdrücken (rechter Rahmen).

Geben Sie sich wieder **90 Sekunden** Zeit.

Hund Außenseiter

Wenn es Ihnen ähnlich wie meinen Teilnehmer/innen ging, dann haben Sie im ersten Ansatz etwas gestutzt und überlegt, aber dann tauchte **plötzlich** eine Idee auf…

Nun lade ich Sie ein, zu testen, ob Sie vielleicht eine **zweite Variante** erfinden können? Manche Teilnehmer/innen entwickeln sogar eine Reihe weiterer Variationen (auf separatem Papier)! Das ist natürlich nur möglich, wenn Sie vorab probiert haben, ob Sie eine **erste** Zeichnung anfertigen konnten! Ich darf daran erinnern, daß Sie nur einen Bruchteil des Nutzens aus diesen Briefen „herausholen" können, wenn Sie nur (passiv) lesen, weil Sie die in jahrzehntelangen Seminar-Erfahrungen entwickelten Erfahrungen nicht für sich nutzen.

Das Interessante an dieser **Kreativitätsübung** ist, daß jede **weitere** Lösung den meisten Menschen relativ leicht fällt, nachdem sie erst einmal die erste erarbeitet hatten. Die erste ist für fast alle zunächst ein „Problem". Ging es Ihnen auch so? (vgl. Kasten).

❑ JA, genau

❑ Nein, **denn**…

______________________________

______________________________

Eine Hilfe beim Kennenlernen der eigenen Insel besteht darin, **regelmäßig** (und systematisch) **Notizen wie diese** zu machen. So geht jede/r Forscher/in vor. Wenn Sie also ernsthaft ein wenig Selbst-Erkenntnis betreiben wollen, dann gewöhnen Sie sich daran, **Ihre ganz persönlichen Erfahrungen aufzuschreiben**. Als Ihr Coach werde ich Sie von Zeit zu Zeit daran erinnern…

## PFLICHT-AUFGABE (Linien 5)

### Geheimschrift: Ergebnis

Probieren Sie nun bitte (ganz locker und spielerisch!) einige der neuen Buchstaben aufzulisten. Stellen Sie dabei fest, wie viele der neuen Buchstaben Ihnen innerhalb von 90 Sekunden wieder einfallen. Es geht uns im Augenblick primär um die Form der Buchstaben, unabhängig davon, ob Sie auch wissen, welcher Buchstabe es ist.

**BEISPIEL:** Wenn Ihnen die **Form Z** einfällt, nicht aber die Bedeutung „z", dann ist das völlig o.k., denn Sie haben die **Form** von **„z"** richtig in Erinnerung. Alles klar? Dann tragen Sie bitte Ihr Ergebnis in **90 Sekunden** unten ein.

| | | | |
|---|---|---|---|
| 1. ________ | 2. ________ | 3. ________ | 4. ________ |
| 5. ________ | 6. ________ | 7. ________ | 8. ________ |
| 9. ________ | 10. ________ | 11. ________ | 12. ________ |
| 13. ________ | 14. ________ | 15. ________ | 16. ________ |
| 17. ________ | 18. ________ | 19. ________ | 20. ________ |

**Ergebnis:** Mir sind _____ Buchstaben-Formen eingefallen.

Man kann die Geheimschrift in senkrechten Spalten (von rechts nach links) schreiben, wie chinesisch oder japanisch bzw. man kann „waagerecht", „rückwärts" (ebenso von rechts nach links) schreiben, wie Urdu, aramäisch, hebräisch, arabisch und andere Schriften geschrieben werden.

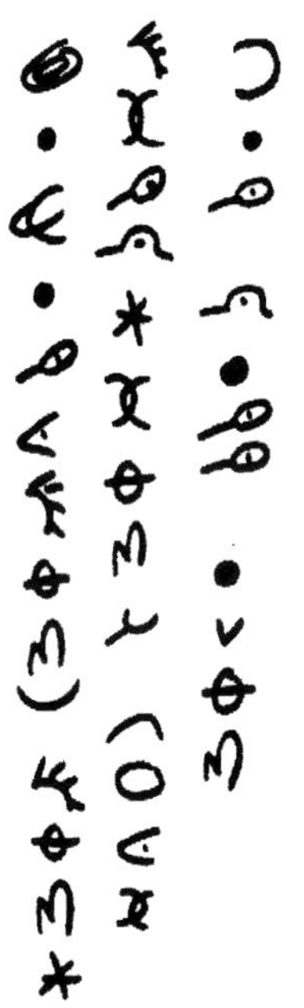

## Übrigens, ein wichtiger Praxis-Tip:

Die Erfahrungen zeigen, daß viele Seminar-Teilnehmer/innen bald großen Spaß daran haben, „ganz private" Notizen in Geheimschrift zu notieren bzw. im Familien- und Freundeskreises „geheimschriftlich" zu kommunizieren. Dabei ergab sich in der täglichen Praxis ein interessantes Problem: Wenn Sie eine „geheime" Botschaft an jemanden **faxen**, und wenn dort (z.B. in seinem Büro) mehrere Personen Faxe erhalten können, dann ist es sinnvoll, seinen Namen in Normalschrift zu schreiben, sonst lösen Sie mit diesem Fax eine Menge Frust aus, bis man am „anderen Ende" endlich herausbekommen hat, für wen dieses Fax sein soll…

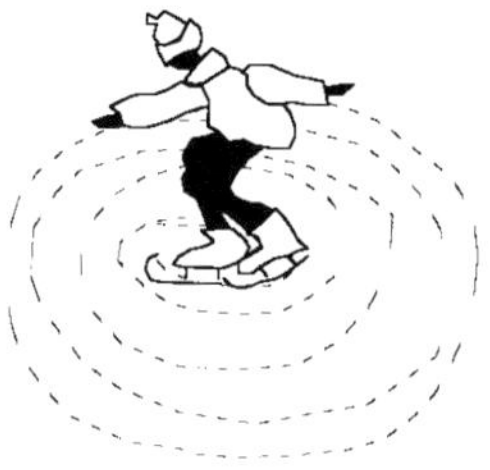

## Kür-AUFGABE

### Wenn Sie König/in wären …?

Jetzt stelle ich Ihnen eine Frage. Bitte notieren Sie Ihre Ideen in den nächsten Tagen stichpunktartig.

### Beispiel:

Wenn ich König wäre, dann müßte jeder kritische Bericht (Radio, TV, Artikel, Buch usw.) mindestens einen intelligenten und vorstellbaren Lösungsweg anbieten! Es ist furchtbar leicht, Menschen „runterzumachen"! Das ist m.E. keine journalistische „Leistung"! Da werden regelmäßig TV-, Artikelserien und ganze Bücher gefüllt, aber wenn diese Berichterstatter/innen es besser machen oder zumindest einen gangbaren Lösungsweg aufzeigen müßten…

**Die Frage lautet:** Wenn Sie die Welt verbessern könnten, was würden Sie ändern wollen?
Beginnen Sie bitte jede Idee mit dem Satz:
Wenn ich König/in wäre…

## Pflicht-AUFGABE

### Wohlfühl-Strategie ...?

Bitte lesen Sie das Zitat aus Dale Carnegies Weltbestseller „Wie man Freunde" gewinnt (im Kasten). Dann stellen Sie sich einen Monat lang jeden Tag folgende vier Fragen:

1. Von wem fühle ich mich zur Zeit zuwenig gewertschätzt (wer lobt mich nicht genug/nie)?

   ______________________________

   ______________________________

2. Wer könnte sich von mir derzeit nicht genügend gewertschätzt fühlen?

   ______________________________

   ______________________________

3. Bin ich bereit, anderen das zu geben, was ich selbst gerne hätte?
   ❑ JA ❑ Nein ❑ Vielleicht...

4. Mit wem will ich heute beginnen?

   ______________________________

   ______________________________

Ich wünsche Ihnen (und Ihren „Opfern") viel Freude,
Ihre

Vera F. Birkenbihl

P.S.: Sie können 2-3 mal pro Woche jeweils 3 Minuten etwas in der Geheimschrift üben.

In seiner Radioserie „Der Rest der Geschichte" erzählte (der berühmte amerikanische Prediger) Paul Harvey einmal, (daß) aufrichtige Anerkennung das ganze Leben eines Menschen ändern kann.

Er berichtete, wie vor Jahren eine Lehrerin ihren Schüler Stevie Morris bat, ihr dabei zu helfen, eine Maus zu finden, die sich ins Schulzimmer verirrt hatte. Damit zollte sie der Tatsache Anerkennung, daß Stevie eine Gabe hatte, die außer ihm sonst keiner in der Klasse besaß. Die Natur hatte den Jungen mit einem außerordentlich feinen Gehör für seine blinden Augen entschädigt. Und das war das erste Mal in seinem Leben, daß Stevie für seine Ohren Anerkennung erhielt. Wie er später selbst sagte, war dieser Ausdruck von Anerkennung für ihn der Beginn eines neuen Lebens. Von da an trainierte er sein Gehör und wurde unter dem Namen Stevie Wonder einer der größten Popsänger und Liedermacher der siebziger Jahre.

Monatlicher Beratungs- und Trainingsservice

## Die birkenbihl'sche GEHEIMSCHRIFT©

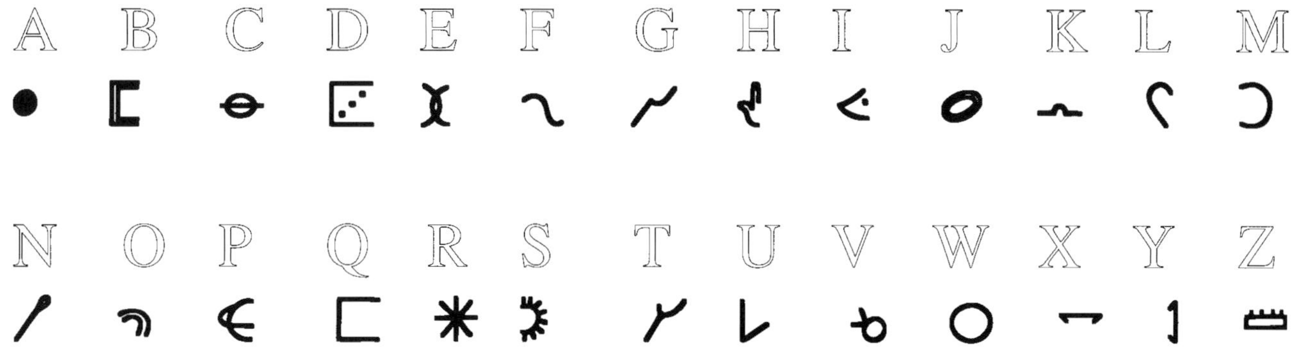
A B C D E F G H I J K L M
N O P Q R S T U V W X Y Z

**Bitte beachten Sie:**

1. **Kein Unterschied** zwischen Groß- und Kleinschreibung.
2. **Ziffern** bleiben normal.
3. **Umlaute** ebenfalls „normal" (d.h. Pünktchen über dem Buchstaben) Ä oder ä, Ö oder ö und Ü oder ü.
4. **Sonderzeichen** (Satzzeichen, mathematische Zeichen usw.) bleiben normal.

Als **Vor-Übung** für den **diesen Brief** können Sie schon einmal **mit dieser Geheimschrift** „spielen", indem Sie einfache Sätze „übersetzen" (vgl. MUSTER-Text, unten): Suchen Sie die gewünschten Buchstaben im Alphabet und schreiben Sie diese auf ein separates Blatt.

**MUSTER-Text (für Schreib- oder Lese-Übungen)**

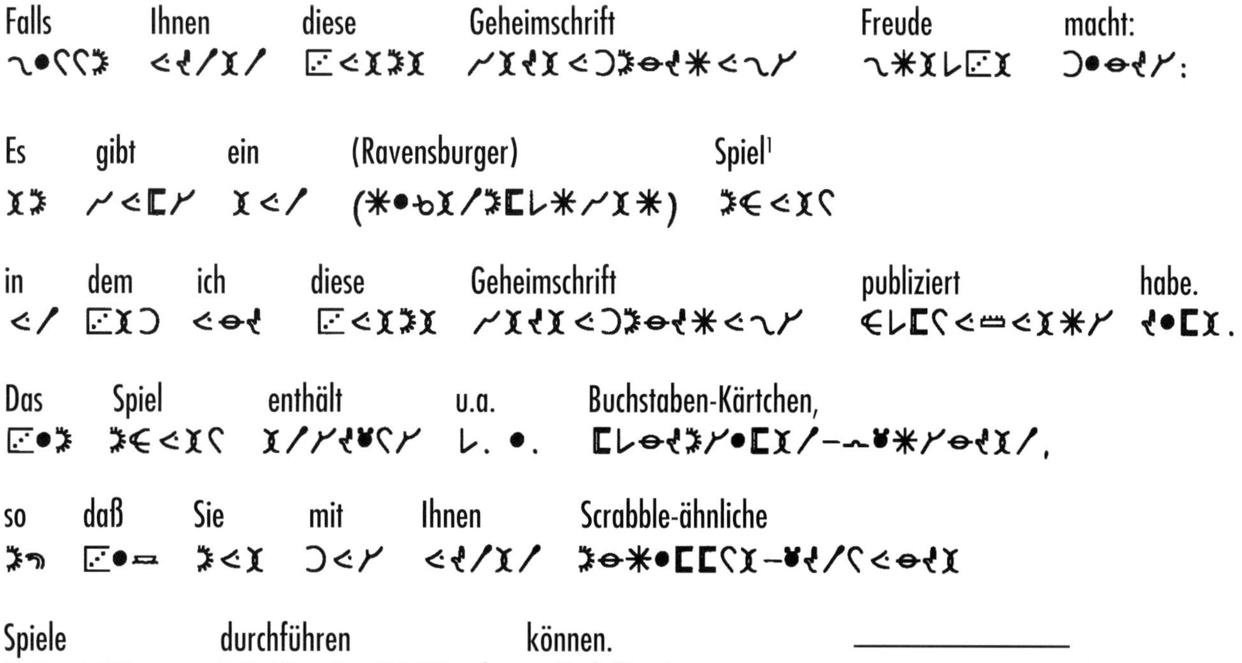
Falls Ihnen diese Geheimschrift Freude macht:
Es gibt ein (Ravensburger) Spiel[1]
in dem ich diese Geheimschrift publiziert habe.
Das Spiel enthält u.a. Buchstaben-Kärtchen,
so daß Sie mit Ihnen Scrabble-ähnliche
Spiele durchführen können.

[1] (namens *THINK*: *Gehirnpotential* )

## Mögliche Lösung

für die Aufgabe **Numerische Assoziationen zur Reihen-(Rang-)folge**. Falls Sie Ihre Version mit meiner vergleichen wollen: Dies ist meine persönliche Variante (Quelle: Der Birkenbihl Power-Tag, Landsberg, 2. Aufl. 1999).

## Meine Dach-Liste

Nr. 1 ist ein Dach. Warum? Weil ein Haus in der Regel nur **ein Dach** hat.

Nr. 2 ist Gabe. Jemand gibt Ihnen etwas. Warum? Weil **zwei** beteiligt sind.

Nr. 3 ist Frankenwein. Ich sehe drei Elemente: 1 Flasche + 2 Gläser; 1 + 2 = 3!

Nr. 4 ist ein Igel. Der hat **vier Beine**.

Nr. 5 ist ein Elefant. Der hat nämlich zu den vier Beinen noch den Rüssel als wichtiges Element, also 4 + 1 = **5**.

Nr. 6 ist eine Nadel. Und um eine Nadel „sechsartig" zu machen, denke ich an eine Hand, in welcher eine Akupunktur-Nadel steckt. Somit ist nach den fünf Fingern an der Hand **das sechste Element die Nadel**!

Nr. 7 ist der Garten Eden. Das wissen Sie schon.

Nr. 8 ist eine Birne, deren **Form** an eine **Acht** erinnert.

Nr. 9 ist ein Portal. Stellen wir uns vor: Rechts und links haben wir je drei große gerade Steine, darauf wird der Bogen (aus drei gerundeten Steinen) gesetzt. Also haben wir: Rechts (3) + links (3) + oben (3) Steine = **9 Steine**, aus denen das Portal besteht.

Nr. 10 ist ein Scheck über **10 Euro**.

Nr. 11 Das Schlüsselwort, das wir suchen ist Aus. Vorstellung: Ein **Fußball**-Feld, der Ball ist im Aus. Und da ja **11 Menschen** zum Team gehören, paßt das gut zur 11.

Nr. 12 ist Dock. Die englische Bezeichnung für eine **Hafenanlage**. Hier liegen gerade **12 Boote** im Dock (sie tragen die 12 Monatsnamen als Bootsnamen).

Nr. 13 ist ein Fundbüro. 13 ist für viele Leute eine **Unglückszahl**. Es ist natürlich schlecht, **wenn man etwas verliert...**

Nr. 14 ist ein Irrtum. Zum Beispiel: 3 mal 5 ist **nicht 14**!

Nr. 15 ist Lux. Ein **Autoscheinwerfer** hat ca. 15 Lux. Zum Vergleich: An einem wolkenverhangenen Tag haben wir ungefähr 10.000 Lux. Bei hellem Sonnenschein ohne Schatten haben Sie etwa 100.000 Lux. Jetzt wissen Sie, warum nächtliche Autofahrten (an Nächten ohne Mondlicht) mit nur 15 Lux pro Autoscheinwerfer so anstrengend sind

## Übungsblatt Nr. 1 **Wort-Assoziations-Experiment© nach Timo Mäntylä**

Es geht um Ihre Fähigkeit jederzeit Zugriff **auf Ihr Wissens-Netz** nehmen zu können. Denn dieser Zugriff stellt die **einzige Grundlage** für „intelligentes“ und „kreatives“ Verhalten dar!

Kopiervorlage

| | | | | |
|---|---|---|---|---|
| 1... | | | | Bitte diese Spalte zunächst freilassen |
| 2... | | | | |
| 3... | | | | |
| 4... | | | | |
| 5... | | | | |
| 6... | | | | |
| 7... | | | | |
| 8... | | | | |
| 9... | | | | |
| 10... | | | | |
| 11... | | | | |
| 12... | | | | |
| 13... | | | | |
| 14... | | | | |
| 15... | | | | |
| 16... | | | | |
| 17... | | | | |
| 18... | | | | |
| 19... | | | | |
| 20... | | | | |
| 21... | | | | |
| 22... | | | | |
| 23... | | | | |
| 24... | | | | |

## Übungsblatt Nr. 2 Eigene Assoziationen notieren nach VERA F. BIRKENBIHL©

Sie wollen sich etwas merken, d.h. es in Ihr **Wissens-Netz** ein•BIND•en. Dazu müssen Sie eine Ver•BIND•ung zu vorhandenem Wissen (im Netz) schaffen. Deshalb: Notieren Sie nur ein Stichwort des neuen, aber registrieren Sie sehr genau Ihre eigenen Assoziationen (Erinnerungen, Ideen, Möglichkeiten), die jetzt in Ihnen „auftauchen".

| Stichwort | Eigene Assoziationen |
|---|---|
| | |
| | |
| | |
| | |
| | |
| | |
| | |
| | |
| | |
| | |
| | |
| | |

## Mögliche Lösung

für die Aufgabe, aus einer Wörterliste **eine Story (einen „verrückten Traum") zu erfinden**, d.h. eine Bilderkette aufzubauen oder: die einzelnen Vor-Stellungen so miteinander zu ver•BIND•en, so daß sie sich bequem mit unseren Wissens-Netz-Fäden ver•BIND•en...

## Meine EIFFELTURM-Story

1. Wir stehen vor dem EIFFELTURM, von welchem
2. ein FLAMENCO-TÄNZER herunterfällt. Dabei trifft er einen unten stehenden
3. ELCH, der vor Schreck einen Riesensatz nach vorne macht, wodurch er wiederum
4. einen (deutschen) TouRISTEN, der ihn gerade fotografieren wollte, zu Tode erschrickt. Daraufhin rast dieser ins nächstbeste Gebäude, nämlich eine
5. SAUNA. Dort sieht er einen Teller
6. SPAGHETTI stehen, den er leert. Während er ißt, fällt ihm ein, daß er einst im Fernsehen Lady Di Spaghetti essen sah. Dieser Gedanke erzeugt einen absurden Szenenwechsel (wie sie z.B. in Träumen oft auftauchen) und wir befinden uns am Fußende vom
7. GRAB VON LADY DI. Daneben sehen wir eine
8. TEMPELSÄULE (griechischen Stils), auf welche irgend jemand ein Plakat geklebt hat, nämlich eine Werbung für
9. PORTWEIN. Plötzlich sehen wir rechts einen Mann auf etwas sitzen. Der Mann ist von hinten zu sehen, aber ein Text-mit-Pfeil verrät uns seinen Namen, nämlich
10. MOZART. Dann sehen wir eine Nah-Aufnahme von dem komischen Etwas, auf dem Mozart sitzt, es handelt sich um eine Skulptur in Form von einem
11. KLEEBLATT. Eine weitere Nah-Aufnahme zeigt uns, woran er gerade schreibt: Natürlich komponiert er, und zwar
12. ein Lied für eine KOPFLOSE MEERJUNGFRAU! von dieser Frau „springt" unser verrückter Traum plötzlich zu einem Mädchen. Es steht im Vorraum einer Bühne und trägt ein
13. TULPENKOSTÜM. Außerdem nascht sie, nämlich
14. PRALINEN.
15. Und wir hören ein TRANSISTOR-RADIO spielen (Radio Luxemburg).

## Ihr Feedback vom letzten Brief

Unsere **März-Befragung** hat bislang folgendes Resultat ergeben: Über 90% aller Bemerkungen zeigen eindeutig, daß Sie **sehr** zufrieden sind, einige wenige Kritikpunkte heben sich gegenseitig auf (A: die Briefe sind *zu leicht / anspruchslos*, B: sie sind *zu schwer*) und auf vier **kritische Gedanken** möchte ich hier kurz eingehen:

1. Warum die **Dach-Liste** (die schon im Buch Der Birkenbihl Power-Tag benutzt wird)?!
2. Warum die **Dach-Liste** („ich kenne schon die Baum-Liste vom Mega-Memory-Kurs").

**Antworten**: Erstens erschien das Buch *Der Birkenbihl Power-Tag* **zeitgleich** mit dem ersten Brief, so daß es noch extrem wenige Leser/innen des Briefes besitzen. Zweitens richten sich diese Briefe auch an Menschen, die **keine Bücher** von über 300 Seiten durcharbeiten wollen. Drittens bedeutet das Kennen **einer einzigen** Wort-Liste doch wohl kaum, daß wir in unserem ganzen Leben **nie mehr** eine andere Wort-Liste lernen werden, insbesondere, wenn der eigentliche Lern-Prozeß wichtige „Theorie" gehirn-gerecht nahebringen soll. Bitte denken Sie an alle Aspekte, die wir mit dieser Liste durchgespielt haben (z.B. Stichworte wie *Konstruktion* und *Re-Konstruktion*). Viertens beinhaltet die Dach-Liste noch ein **Geheimnis**, das erst in der Zukunft gelüftet wird und fünftens habe ich mit dieser Liste auch eine **Metapher** geschaffen, die viele Gedächtnis-Aspekte beinhaltet. Diese wichtige Metapher soll für alle „Konsumenten" meiner Veröffentlichungen (inklusive Seminare) ab 1998 dieselbe sein, unabhängig auf welcher „Schiene" Sie sie kennengelernt haben.

3. Ein Leser war erbost, weil er als Kenner aller meiner Bücher **in den Briefen absolut nichts Neues** fände.

Antwort: Erstens ist dies sachlich falsch, da ich die Jahres-Inventur (Dezember- & Januar-Brief) noch nirgendwo publiziert und sie noch nie in einem Seminar erzählt habe. Zweitens liegt der **Charakter eines Coaching-Briefes** ja auch darin, **immer wieder** an wichtige Aspekte erinnert zu werden (mein Coach erzählt mir jede Woche gewisse Dinge, die zwar nicht neu aber **jede Woche gleich wichtig sind**).

4. Manche von Ihnen baten um (weit) mehr Training. Da jedoch **nicht alle** Leser/innen mehr Training **im Brieftext** wollten, biete ich Ihnen im **Juni-Brief** eine Lösung für dieses „Problem", das beide „Fraktionen" zufrieden stellen wird! Einverstanden?

Herzlichst Ihre Vera F. Birkenbihl

### Auszüge aus Ihren positiven Kommentaren

„Ihren monatlichen Beratungs- und Trainingsservice-Brief finde ich einfach genial. Noch nie haben mir Lernübungen soviel Spaß gemacht!"

*E.B., Goslar*

„Kurz und einprägsam, übersichtlich und überschaubar, inhaltlich beeindruckend, im Leben nachvollziehbar und nicht ohne Spannung, mit dem Wunsch nach mehr".

*G.R., Schwabach*

„Interessant; klar und konkret; motivierend; kurzweilig." *B.T. Erfurt*

„Hervorragendes Ent-Wicklungs-Instrument. Angenehmes Layout. Sehr gute Texte."

*A.K., Häuslingen*

„Weiter so! Schon einiges gelernt!"

*M.C., Bregenz*

„Ich freue mich auf jeden Brief und bin schon ganz stolz auf meine ersten Erfolge"

*B.H., München*

„Ich habe die beste Trainerin zum Coach! Vielen Dank für diese Chance."

*D.M., Neckarsgmünd*

„Es macht einfach Spaß damit aktiv zu arbeiten und zu trainieren. Danke, daß Sie diese gute Idee in dieser Form umgesetzt haben."

*K. Sch., Ottobrunn*

„Ich bin begeistert von den Briefen. Ich hätte nicht gedacht, daß ich alle Übungen so durchhalte, aber ich wollte es mir selbst beweisen, daß ich es kann."

*T. B., Bebra*

# Der Vera F. Birkenbihl-Brief

## Erfolg & Lebensqualität

+++ geistig ständig fitter +++ als Persönlichkeit immer erfolgreicher +++ in der Kommunikation Schritt für Schritt besser +++ denn: Erfolg ist ein Prozeß

**Monatlicher Beratungs- und Trainingsservice** **Mai**

Liebe Leserin,
lieber Leser,

mit dem heutigen Brief **beenden** wir die Grundlagen zum Thema **Brain-Management**, auf die wir später zurückgreifen können.* Bitte denken Sie immer daran, daß nur Gehirn-**Benutzer** in den Bereichen **Persönlichkeits-Entwicklung** und zwischenmenschlichen Beziehungen (Kommunikation) erfolgreich sind! Sie wissen: **Erfolg ist ein Prozeß**, den Sie durch **Ihre Handlungen** (z.B. Durchführung der Trainings-Aufgaben) schaffen. So kreieren Sie die Folgen, die das Wort Erfolg ja auch impliziert: **Er-FOLG** beschreibt immer die **Folgen Ihres heutigen Tuns...** Dieses Tun hält sich bei normalen Menschen in normalen **Grenzen**. **Durchschnitt** aber kann **nicht** exzellent sein, wenn die meisten Menschen noch daran gehindert werden, ihr POTENZ-ial voll zu entfalten. Deshalb müssen Erfolgsmenschen dieses Defizit später ausgleichen. Wenn Sie aktiv üben, werden Sie sich in zunehmendem Maße beweisen, wozu Sie in kürzester Zeit fähig sein werden.

Im April bat ich Sie über eine Frage nachzudenken und **Ihre Ideen zu notieren**. Wenn Sie normal reagiert haben, dann haben Sie (vielleicht) über die **Frage** nachgedacht aber keine Notizen gemacht. Zwar sind Sie als Leser/in „der Boss", aber ich als Ihr Coach muß Sie daran erinnern, daß diese Aufgaben Teil eines Weges sind, den Sie doch eigentlich gehen wollen, oder?

Mit liebem Gruß,
Ihre

Vera F. Birkenbihl

**Vera F. Birkenbihl**

gehört zu den erfolgreichsten Persönlichkeits-Entwicklern Europas, die seit 1970 abertausende von Seminarteilnehmer/innen, Leser/innen, Rundfunk-Hörer/innen, und Fernsehzuschauer/innen überzeugt und begeistert. In diesen Briefen will Sie Ihnen helfen, den **Adler** in Ihnen zu stärken. Sie errinnern sich (vgl. BasisWissen S. 12f.).

Erinnerung an die April-Frage: **Wenn Sie die Welt verbessern könnten, was würden** Sie ändern wollen? Beginnen Sie jede Idee mit dem Satzanfang: Wenn ich König/in wäre, dann... Gretchenfrage: Haben Sie a) nachgedacht und b) irgendwelche Notizen gemacht?

* Ihre Rückmeldungen zeigen, daß die meisten von Ihnen dies akzeptiert haben und deshalb auch bereit sind, die „Kindergarten-Übungen" zu durchlaufen, damit wir später jederzeit auf ihnen aufbauen können!

Lassen Sie uns die wichtigsten Gedanken zu den **vier Brain-Tricks** hier kurz wiederholen und ergänzen. Bitte testen Sie, ob Ihnen jetzt alles „einleuchtet" (was durch das Lösen der Brain-Aufgaben leicht fällt):

**Brain-Management** ist die wichtigste Grundlage für Ihren Er•FOLG, es bestimmt die **Folgen**, die Sie später „ernten" werden.

## Trick 1: Eigene Assoziationen notieren

Der „Witz" dieses **Tricks** besteht darin, die **eigenen** Gedanken und Ideen zu notieren, die durch unser **persönliches Gedächtnis** zustande kommen. Also sind **diese Assoziationen** „ein Teil von uns" (= Fäden in unserem **Wissens-Netz**). Demzufolge dürfte es uns auch nicht erstaunen, wenn wir lernen, daß wir neue (zu lernende, merkende) Infos an unsere **eigenen Assoziationen** **anhängen können, wie einen Fisch an die Angel...**

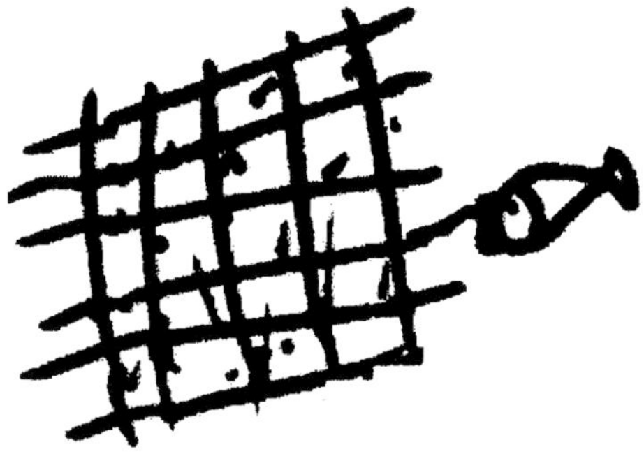

Gelingt uns dies, dann ist es zu einer neuen Ver-BIND-ung gekommen. Dieser „Fisch" kann genausowenig vom Faden im Wissens-Netz springen, wie sich die neue Information jetzt von **unseren eigenen Assoziationen** trennen könnte!

Wenn Sie an die **Schule** zurückdenken, dann merken Sie, daß man Sie hier zu einem **völlig unsinnigen Verhalten** verführt (vergewaltigt) hat, denn dort hat man Ihnen weisgemacht, man müßte *die zu lernende Infos notieren* – also die „Fische", die man sich merken will (= die neuen Daten, Fakten, Informationen)! Leider haben wir in der Schule nicht gelernt, diese „Fische" **am richtigen Faden im Wissens-Netz festzu-BIND-en**, weil man so selten nach Ver-BIND-ungen zu vorhandenem eigenen Wissen suchen durfte (vgl. Kasten). Das brillante Experiment von Timo Mäntylä (vgl. BasisWissen und Übungsblatt im April-Brief) zeigt, mit welcher **Leichtigkeit** wir uns **an den „Fisch" erinnern können**, **wenn** wir die Fäden in unserem Wissens-Netz **bewußt auswählen durften**!

Kinder tun das automatisch, wenn sie sagen: „Da fällt mir das-und-das dazu ein" oder wenn sie fragen: „Ist das so, wie wenn....?". Diese Art wird an der Schule bekämpft („Hör auf zu schwatzen!"). Kinder dürfen in der Schule selten „laut denken", d.h. den neuen „Fisch" in ihr vorhandenes Wissens-Netz ein-BIND-en.

Deshalb betonen auch andere Lernfachleute die Notwendigkeit, jeweils die **eigenen Gedanken** zu notieren, wenn wir uns etwas merken wollen.

**Win Wenger** stellt in seinem hervorragenden Buch *Der Einstein-Faktor* eine von ihm entwickelte Methode vor, die diesen Vorteil auf brillante Weise aktiv nutzt (ich werde Sie Ihnen **in einem späteren Brief** verraten).

## Trick 2: Stichwörter zu Ideen in (möglichst wenige) logische Kategorien einsortieren

**Wir sollten uns täglich einmal daran erinnern:**
Gedächtnis ist nicht nur ein „Merken von Infos" sondern die Grundlage für intelligente & kreative **(Re-)Aktionen.** Beide „leben von" der Fähigkeit, unser Wissens-Netz jederzeit schnell und zuverlässig „anzapfen" zu können!
Deshalb erhöht jede **Übung der vier Tricks** unsere Erfolgs-Fähigkeit!

Die ersten zwei Übungen hierzu fanden Sie im Dezember- und Februar-Brief. Wir werden auf diesen Trick in Zukunft noch ausführlich eingehen, weil er den Schlüssel zu Ihrem „inneren Archiv" darstellt, heute nur so viel:

1. **Je mehr solcher Übungen** Sie durchlaufen, desto mehr werden Sie später von diesem zweiten Brain-Trick profitieren (Sie haben noch Zeit zu trainieren!).
2. **Die Fähigkeit (bewußt in Kategorien zu denken)** wird Ihnen selbst helfen, **sich beim Denken zuzusehen**, sowie
3. Die Fähigkeit (bewußt in Kategorien zu denken) wird Ihnen auch helfen**, die Denkprozesse** anderer **Menschen besser nachzuvollziehen** („anderen in den Kopf sehen"!). Dies hat auch **direkte Auswirkungen** auf das wichtige Thema **Insel & Kommunikation**, welches in der Zukunft eines unserer Haupt-Themen sein wird.

## Trick 3: Aus Stichwörtern eine kleine Story bilden

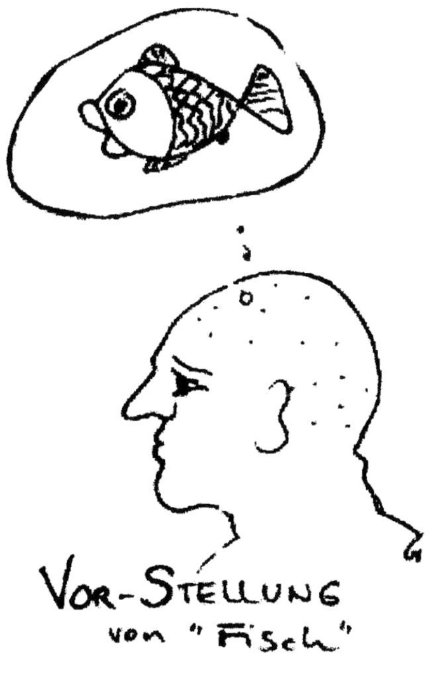


Sie erinnern sich, mit „Story" meinen wir eine kleine zusammenhängende Geschichte (im Sinne eines „verrückten" Traums), wie mit der **Eiffelturm-Liste** (*Februar*-Hausaufgabe). **Eine** mögliche Lösung (Beilage/April) sollte all jenen dienen, die den Brief alleine lesen und ihre Lösung gerne mit einer anderen vergleichen wollten. **Auch zu diesem Trick werden wir in der Zukunft noch eine Menge hinzulernen**, denn er ist enorm wichtig. Deshalb wiederhole ich: Sie können noch trainieren (sich bewußt „Bilder zu machen"), ehe wir in späteren Briefen ins Detail gehen werden. Diese Übung ist eine wichtige Vorbereitung für jede Art von Gedächtnisleistungen im Alltag, z.B. **bei einem wichtigen Gespräch, bei dem sie keine Notizen machen können, aber sichergehen wollen, daß Sie sich alles Wesentliche merken werden!**

## Trick 4: Numerische Assoziationen

zur Reihen- oder Rangfolge schaffen (ebenfalls Dach-Liste/März, mit einem Fallbeispiel für eine solche Liste im April).

Wir werden in **Zukunft** auch auf diesen Trick systematisch aufbauen, deshalb auch hier die frohe Botschaft: **Noch haben Sie Zeit, zu trainieren**, damit Sie später mit numerierten Listen (z.B. der Dach-Liste) spontan arbeiten können...

## Übrigens: Tricks Nr. 5, 6, 7, 8 usw. ...

Im Laufe der Zeit werden wir natürlich **weitere Tricks** vorstellen. Aber vorher sollten wir die **hinführenden** Fähigkeiten gründlich trainieren, denn spätere Tricks sind Kombinationen der ersten vier Tricks. Es sind eben jene Kombinationen, die den **Effizienz-Grad** um ein Vielfaches erhöhen, das können **Sie sich** in späteren Briefen selbst beweisen, wenn Sie Ihr Basis-Training absolviert haben und dann mit Kombinationen spielen können.

Zu den Grundlagen gehörten auch die „Hausaufgaben" zum Thema **Geheimschrift** (vgl. letzter Brief). Im Optimalfall hätten Sie im letzten Monat 2 – 3 x jede Woche trainiert:

**Haben Sie es getan?** ❑ Klar! ❑ teilweise ❑ nein

**Wenn nicht:** Dann „übersetzen" Sie bitte JETZT SOFORT so viel Text im Kasten in die Geheimschrift, wie Sie (bequem!) in drei Minuten schaffen.

Deshalb haben wir **langsam** mit einfachen Übungen begonnen und deshalb betone ich so oft: **Noch haben Sie Zeit, zu trainieren!** Ich möchte, daß Sie **später** wirklich **profitieren**, wenn wir beginnen, **diese Techniken in den Alltag zu integrieren!**

## Besprechung der Geheimschrift-Übungen

Wenn Sie an die Schule und an „Examen" aller Art zurückdenken, welche Frage wurde dann in der Regel gestellt?

Frage: ________________________________________

Lautet diese Frage? **Wieviele Fehler haben Sie gemacht?**

Wir wollen jedoch **anders** verfahren und Ihnen drei Fragen stellen:

1. **Welche** der Buchstaben fallen Ihnen jetzt (aus dem Gedächtnis) ein?

____________________________________________

____________________________________________

2. **Wieviele** Buchstaben waren es? ___________Buchstaben.

Nun machen wir eine kleine Inventur der LÜCKEN, also der vorläufigen Schwierigkeit/en, die wir noch haben, denn wir wissen: **Nur ein identifiziertes Problem ist lösbar!**

3. Welche Buchstaben fallen Ihnen jetzt (noch) besonders schwer?

____________________________________________

Bitte prüfen Sie jetzt sehr sorgfältig…

1. … ob die Buchstaben, an die Sie sich bereits ziemlich gut erinnern können in den **bisherigen** Geheimschrift-Texten (angefangen bei Ihrem Namen und Ihrer Adresse) häufig aufgetaucht waren. Beziehungsweise:
2. … ob die „schwierigen" Buchstaben in diesen Texten vielleicht **gar nicht** (oft) vorgekommen waren. Wenn z.B. bisher (fast) kein „Z" aufgetaucht war, **dann konnten Sie demzufolge auch noch keinen Z-Faden in Ihr Wissens-Netz** einhängen, also noch keinen Z-Faden **KONSTRUIEREN**. Deshalb können Sie das „Z" derzeit auch noch nicht RE•KONSTRUIEREN. Statt also auf die übliche Fehlersuche zu gehen, damit die Fehler schlecht benotet werden können, beginnen wir mit unserem **intelligenten Lücken-Management**, indem wir uns fragen:

- Welche der Buchstaben des Alphabets konnten Sie bisher aktiv **KONSTRUIEREN**? Diese (und **nur** diese!) können Sie jetzt bereits gut RE•KONSTRUIEREN!
- Wie wollen Sie sich den Lücken so nähern, daß Sie das Fehlende mit einem **Minimum an Zeit und Energie-Aufwand** in Ihr **Wissens-Netz** einbinden können? Oder:
- Was müssen Sie tun, damit Sie die noch fehlenden Buchstaben ebenfalls bald ([fast] ohne Nachschlagen.) RE-KONSTRUIEREN können?

Angenommen, Sie hätten bisher **17 Buchstaben** ziemlich häufig benutzt, dann dürfen Sie Ihre Leistung **nur bezogen auf diese 17 Buchstaben bewerten!** Wir werden das Thema des **intelligenten Lücken-Managements** später regelmäßig aufgreifen, und zwar bezogen auf verschiedenste „Probleme" des Alltags.

## Zwei Fragen zu Ihren Zeichen-Übungen aus dem April-Brief:

1. **Haben Sie damit angefangen?**
   ❑ Klar doch ❑ Leider (noch) nicht
2. **Wären Sie bereit, diese Übungen noch mehrmals zu durchlaufen?**
   ❑ Klar doch ❑ NEIN, ich kann (oder will) nicht zeichnen!

Bei NEIN: Wären Sie vielleicht doch bereit, wenn ich Ihnen **fest verspreche**, daß diese Aufgaben Ihnen später wesentliche Einsichten erlauben?

Wenn Sie also etwas Vertrauen zu mir haben, dann tun Sie bitte zweierlei:

Aufgabe Nr. 1: **Zeichnen** Sie ab und zu einfache GEOMETRISCHE FIGUREN (z.B. Rechteck, Dreieck, gerade Linien...)

Aufgabe Nr. 2: **Bitten Sie** einige weitere Personen, die Aufgaben HUND und AUSSENSEITER (vgl. April-Brief) ebenfalls durchzuführen und sammeln Sie deren Ergebnisse in Ihrem Ordner. Im Seminar vergleichen die Teilnehmer in Kleingruppen à 6 – 8 Personen ihre Ergebnisse miteinander. So haben auch Sie später die Möglichkeit zu vergleichen.

Wenn auch Sie (Fotokopien von) **Skizzen anderer zum Vergleich ablegen**, dann können Sie später weit mehr profitieren, wenn wir dieses Thema wieder aufgreifen.

## Drei Brain-Hausaufgaben für den Mai:

### PFLICHT-AUFGABE 1: Geheimschrift

Schreiben Sie bitte kurze Texte und **beweisen Sie sich,** wie schnell Sie die Geheimschrift ziemlich gut schreiben können!

Wenn Sie bis jetzt aktiv mitgespielt haben, dann haben Sie bisher minimal 2 x pro Woche (also ca. 8 x) jeweils 3 Minuten lang geübt = ca. 24 Minuten, trotzdem können Sie diese neue Schrift bereits ziemlich gut! Im Unterricht an Schulen (und Universitäten) rechnet man für das Erlernen einer neuen Schrift (z.B. Steno, Arabisch) viele Monate... Zwar ist die Geheimschrift leichter als beide, trotzdem: Meine Seminarteilnehmer/innen schaffen es, innerhalb von **ca. 1 Stunde Training**, diese Schrift ganz gut zu schreiben (sie müssen nur noch selten in der Liste nachgucken). Optimal wäre es, wenn **auch Sie** diesen Status erreichen würden, denn mit dieser Geheimschrift haben wir noch einiges vor...

Wenn Ihnen gerade kein Text einfällt, können Sie jederzeit **mit Namen üben**: Ihrem Namen oder dem von Familienmitgliedern, Freunden, bekannten Persönlichkeiten, usw.

Bitte **trainieren** Sie das Zeichnen dieser beiden Vorlagen in diesem Monat **so lange, bis Sie sie auswendig zeichnen können.**

1. **Auge**
2. **Bild**
3. **Domino-stein**
4. **Vogel**
5. **Ehering**
6. **Planet**
7. **Gabel**
8. **Zahnbürste**
9. **Jesus**
10. **Igel**
11. **Koffer**
12. **Liebe**
13. **Mond**
14. **Nadel**
15. **Welt**
16. **Ohr**
17. **Fisch**
18. **C-Note**
19. **Sonne**
20. **Quadrat**
21. **Rad**
22. **Hand**
23. **Tennisschläger**
24. **Uhr**

## PFLICHT-AUFGABE 2: Einfache Formen zeichnen

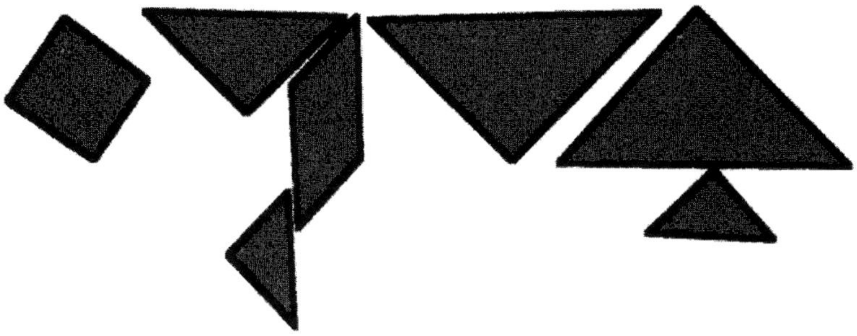

**Dabei trainieren Sie**

1. Ihre Fähigkeit **wahrzunehmen**,
2. Ihre Fähigkeit, **Linien zu ziehen**: gemäß Ihren Wünschen und
3. Ihr **Formen-Gedächtnis!**

## PFLICHT-AUFGABE 3: Die Auge-Liste

Mit der Auge-Liste (April) hatten Sie geübt, eigene Assoziationen zu notieren? Diese Liste greifen wir heute wieder auf. Die April-Übung entsprach einem Training für Trick Nr. 1 (eigene Ideen registrieren und festhalten). Heute:

1. **Sortieren Sie die Liste alphabetisch** (wobei Sie folgende zwei Begriffe (aus dem technischen Zeichnen) an der richtigen Stelle einfügen:
   a) Nr. 24: X-Achse (= waagerecht)*
   b) Nr. 25: Y-Achse (= senkrecht)*.

*Es geht um das sogenannte **Koordinatenkreuz**: Wenn Sie jemanden mitteilen wollen, wo sich ein Heissluftballon befindet, dann müssen sie ihm sowohl die Daten der (waagerechten) Ebene geben (z. B. 17 km südlich von Dort-und-dort) als auch die senkrechten wie die Tiefe oder Höhe (z.B. 350 m hoch). Meist wählt man für waagerechte Infos die X-Achse, für senkrechte hingegen die Y-Achse.

2. **Bilden Sie numerische Assoziationen zu den alphabetisch sortierten Begriffen** (wie bei der Dach-Liste, vgl. März-Brief Seite 6; April-Beilage Seite II). Suchen Sie Erklärungen dafür, warum jeder Begriff der **alphabetisierten (numerierten) Liste** genau den Platz in der Rangliste hat. Beispiel:

**M = 13 = Mond**: Da die Zahl 13 eine geheimnisvolle Zahl mit bestimmten Kräften sein soll und da man dem Mond ebenfalls geheimnisvolle Kräfte nachsagt „liegt" der Mond auf Nummer 13.

Bitte gehen Sie es spielerisch an: Knobeln Sie bei jeder Zahl ein wenig, wenn Ihnen (noch) nichts einfällt, gehen Sie zur nächsten weiter. Wenn Sie die Liste mehrmals in diesem Monat in die Hand nehmen, werden Sie zu den meisten Zahlen numerische Assoziationen bilden können. Es dürfen ruhig einige Begriffe übrig bleiben, bei denen es Ihnen **nicht** gelingt – das macht nichts.

Wichtig ist im Augenblick nicht die 100%-ige Lösung, sondern Ihr Training **der numerischen Assoziationen** als Denk-Weise!

Eine andere Denk-Weise soll Ihnen helfen…

- Konzepte zu erkunden.
- Ideen auf den Grund zu gehen.
- Gedanken (die „innen" oder „dahinter" liegen) zu entdecken.

*Selbst-Erfahrung & Kreativität*

Erstens können Sie so herausfinden, was Sie (über eine Sache) denken, zweitens können Sie Ihr Denken positiv beeinflussen – falls Sie das wollen (darüber in späteren Briefen mehr). Beginnen wir mit dem ersten Aspekt und zwar bezogen auf einen Namen…

## Experiment

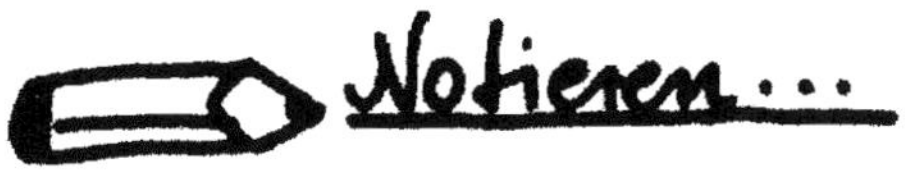


Wählen Sie den **Namen** einer Person, die Sie (noch) **nicht** besonders gut kennen (z.B. eine neue Nachbarin, ein Kollege aus einer anderen Abteilung, ein Mitglied des Sportvereins usw.) und schreiben Sie diesen Namen in die Mitte eines Blattes. (Bei langen Namen ist es günstig, das Blatt quer zu nehmen).

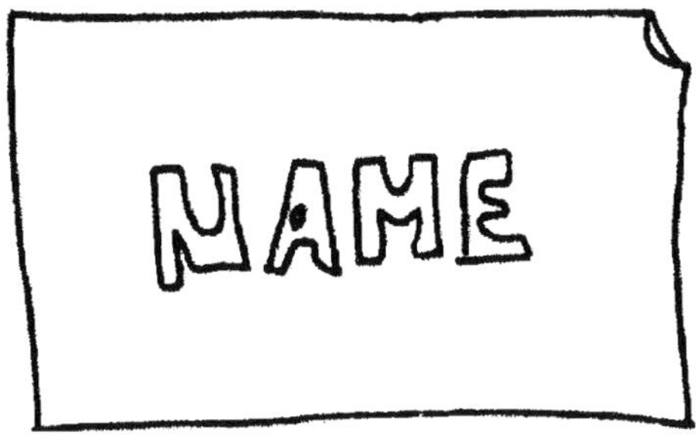


Nun lauschen Sie in sich hinein, was Ihnen – bezogen auf diese Person – zu **jedem** Buchstaben im Namen einfällt! Dabei wandert Ihr Auge über das Blatt; so könnte Ihnen als erstes etwas zum dritten Buchstaben einfallen, dann zum letzten, dann zum ersten usw.

**Schritt 1:** Notieren Sie Ihre **ersten (spontanen) Assoziationen** (in „Blasen" – mit Linie zum Buchstaben).

**Schritt 2:** Denken Sie länger nach. Fügen Sie bei manchen Buchstaben spätere Assoziationen hinzu (oder legen Sie weitere Blätter mit diesem Namen an).

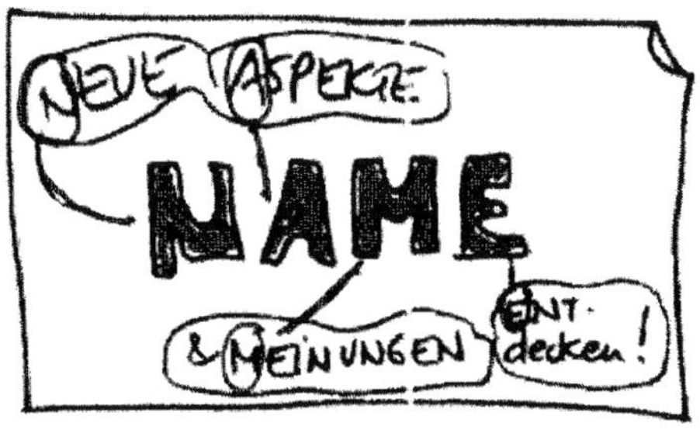

Da wir solche Denk-Vorgänge mit Papier und Stift festhalten (zeichnen, skribbeln, notieren) spreche ich vom „**analografischen**"© Denken oder von einer Analografie©. **Analografie© = analog + graphein.**

(Griechisch)
***graphein***
steht für
*Schreiben*
**oder**
*Zeichnen*
vgl.
Grapho-logie
**und**
*Foto-**graphie***
(*oder* ***Grafik***)

Im BASISWISSEN (S. 20) sehen Sie das Wort ERFOLG mit Wort-Assoziationen zu jedem Buchstaben — das ist ein KaWa© (= **K**reative **A**nalografie: WORT-**A**ssoziationen). Die Aufgabe, (mit geraden Linien) das Konzept Außenseiter zu zeichnen (letzter und heutiger Brief) stellt ein KaGa© dar (= **K**reative **A**nalografie: GRAFISCHE **A**ssoziationen). (Details folgen später).

KaWa© und KaGa© habe ich entwickelt, um Ihnen zu helfen schwierige „Probleme" durchzudenken und kreativere Ideen zu entwickeln. Die Anwendungs-Gebiete von KaGa© und KaWa© sind schier unendlich: Von der klassischen **Ideensuche** bis hin zur Vorbereitung einer **Rede**…

Mit den Briefen wird Ihnen **das** analografische© **Denken** bald zur zweiten Natur werden. Die Erfahrungen (seit 1996) haben gezeigt, daß Teilnehmer/innen, die begonnen haben, die **Analografie**© praktisch anzuwenden, nach kürzester Zeit **faszinierende Ergebnisse** erzielen. Eine Teilnehmerin gewann z.B. völlig neue **Einsichten in ihre eigene Firma** (nachdem Sie ein KaWa© mit dem **Firmennamen** durchgeführt hatte). Ein Teilnehmer testete einen geplanten **Produkt-Namen** per KaWa© und plötzlich ging ihm „eine Lichterkette auf", wieviel wertvolle Aspekte dieses Produkt beinhaltete, die ihm und seinen Partnern **vollkommen „verborgen" gewesen** waren. „Unser Produkt war weitaus großartiger als wir selbst geahnt hatten; **wir gewannen sieben wichtige ganz neue Verkaufs-Argumente durch KaWa©!**"

Das **BASISWISSEN** und die bisherigen **Briefe** haben Sie bereits ein wenig auf diese Denk-Techniken vorbereitet, insbesondere, wenn wir kreativ (ANALOG) denken wollen.

Liebe Leserinnen und Leser,
damit haben wir die **notwendigsten** Grundlagen zum Thema Brain-Management beendet, um sie später systematisch in kleinen Schritten ausbauen.

Jetzt wenden wir uns zwei wichtigen Erfolgs-Aspekten zu. Es folgen **ein strategischer Ansatz** und **eine Trainings-Aufgabe**, die Sie ab heute so oft wie nur irgend möglich durchführen sollten…

Deshalb erhielten Sie mit dem April-Brief und diesem Mai-Brief jeweils 12 (statt 8) Seiten, damit wir die Grundlagen im ersten halben Jahr „legen" und ab jetzt darauf aufbauen können.

## Insel & Kommunikation

Wenn Sie an unsere **Insel-Metapher** (vgl. BasisWissen, S. 8ff.) zurückdenken: Wie kann man positiv damit umgehen, wenn ein anderer Mensch anders denkt, fühlt oder handelt, als **unsere** Programme in **unserem** Kopf es **uns** vorschreiben?

Wenn wir den Zusammenhang immer wieder in Ruhe durchdenken, dann dürfte der folgende **strategische Ansatz** nicht mehr schwerfallen.

**Bedenken Sie immer, wenn Sie im Begriff sind, sich über eine Person zu ärgern oder sie zu kritisieren, folgendes: Er/sie findet seine (ihre) Insel genau so gut/richtig, wie wir die unsere.**

Theoretisch leuchtet uns dies zwar in der Regel „wunderbar" ein, aber in der täglichen Praxis fällt es vielen von uns doch immer wieder sehr schwer, diese Einsicht auch „zu leben". Warum? Was hält uns davon ab, die Insel des Mitmenschen zu respektieren? Dafür gibt es zwei **Antworten**:

1. Wir hatten zu wenige Modelle, die uns **vorgelebt** haben, wie man mit anders „gelagerten" Inseln umgeht.
2. Unser Selbstwertgefühl ist entscheidend. Je weniger o.k. wir uns **derzeit** fühlen, desto stärker gefährdet uns eine abweichende (andere) **Meinung** oder ein von unserer **Vorstellung** abweichendes Verhalten, wenn wir derzeit die dazu nötigen E-Energien (vgl. BasisWissen, S. 18f.) **nicht** frei haben! Und umgekehrt:

Je wohler wir uns derzeit fühlen, desto **toleranter** können wir sein. Da jedoch eine lebendige Wechselwirkung zwischen unserem Selbstwertgefühl und unserer Fähigkeit, mit Distanz umzugehen besteht, können wir den Spieß auch umdrehen und sagen:

**Wenn es uns gelingt, jemanden „anders" sein denken, fühlen oder handeln zu lassen ohne uns aufzuregen, dann verbessert sich unser Selbstwertgefühl sofort (manchmal sogar dramatisch)!**

**Überschneidung** der Inseln (ver-)führt uns dazu, den Gesprächspartner toll (sympathisch, intelligent, motiviert usw.) zu finden.

**Distanz** zwischen den Inseln wird jedoch oft zum „Problem", denn die meisten von uns haben zu wenige gute Kommunikations-Modelle gehabt, die uns **vorgelebt** hätten, wie man mit dieser Distanz umgeht, ohne jemanden zu verletzen und ohne selbst zu leiden.

So schlagen wir zwei Fliegen mit einer Klappe: **Einerseits fühlen wir uns besser** und gewinnen **B-Energie, andererseits** lernen wir es, mit Distanz umzugehen, ohne unsere Mitmenschen unter Druck zu setzen. Das wünschen wir uns auch von anderen, wenn **wir ihnen** nicht zustimmen, oder?

Falls Sie glauben, es fiele Ihnen momentan nichts ein: Befragen Sie Menschen, die Sie gut kennen und lernen Sie Ihre gesprochenen Worte wie auch Ihren inneren Monolog gut zu hören! Wie oft sagen/denken Sie im täglichen Leben:

- *Jetzt **muß** ich dieses tun…*
- *Das **muß ich** auch noch machen!*
- *Nun **muß ich**… usw.*

In der Regel ereignet sich das innere **„Ich muß"** **weit häufiger, als Sie im ersten Ansatz geglaubt hätten…**

**Jede/r von uns meint manchmal, gewisse Zwänge würden uns einengen („Ich muß…").**
**Es lohnt sich, über den Tellerrand zu sehen und sich klar zu machen, welche Möglichkeiten man trotz allem besitzt!**

## Mini-Quiz:

Bitte listen Sie die **ersten sieben** Tätigkeiten, **die Ihnen einfallen** auf, die Sie **regelmäßig** ausführen **müssen**:

1. ____________________

2. ____________________

3. ____________________

4. ____________________

5. ____________________

6. ____________________

7. ____________________

Bei welchen dieser Tätigkeiten könnten Sie denken/sagen: **„ich kann"**, wenn Sie sie **regelmäßig** ausführen:

1. ____________________

2. ____________________

3. ____________________

4. ____________________

5. ____________________

6. ____________________

7. ____________________

Sie ahnen es; diese beiden Fragen zielen auf den Themenkomplex, inwiefern und wie häufig wir uns als **Frosch** (= **Opfer**) fühlen und ob wir im Zweifelsfall dazu neigen, **die Welt** für unser „Leiden" **verantwortlich zu machen**, sprich: zu **quaaken**…

Die **folgende Pflicht-Aufgabe** wird Ihnen helfen, diese Tendenz a) wahrzunehmen und b) zu verringern…

## What's in a name? Was Namens-KaWa©s uns sagen können

Erinnern Sie sich an das KaWa©vom Mai-Brief? (Seite 8)

Falls Sie noch keine Chance hatten, es zu probieren, tun Sie es bitte jetzt, indem Sie zu jedem Buchstaben eines Namens Ihre ersten spontanen Assoziationen mit den **Buchstaben dieses Namens** notieren. Die **Reihenfolge** kann „durcheinander" sein, wie das Beispiel EVA (in der Marginalie) zeigt. Legen Sie also im Zweifelsfall Ihr erstes eigenes Namens-KaWa an, ehe Sie weiterlesen!

**EVA (Reihenfolge der Assoziationen):**

1. „A": attraktiv
2. „E": enthusiastisch
3. „V": Verantwortungsvoll

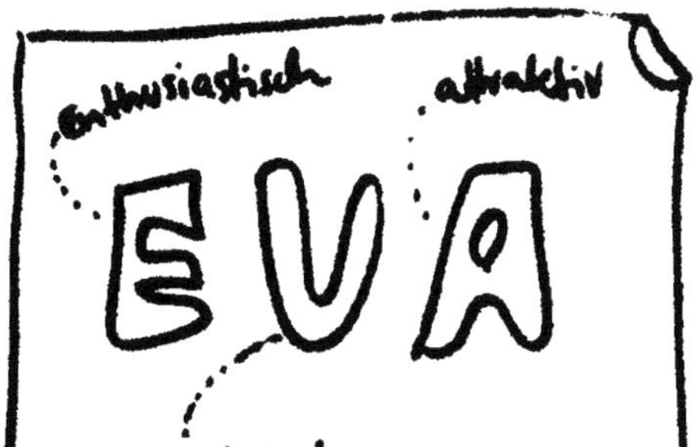


Wollen wir nun kurzfristig das Thema wechseln und uns fragen: **Wofür „stehen" gewisse Symbole?** So „steht" z.B. der **Fuchs** für *Klugheit*, während der Vogel **Strauß** (fälschlicherweise) als *feige* gilt. Außerhalb der Tierwelt könnte der **Regenwald** *kurzfristigen Gewinn bei langfristigem Verlust* symbolisieren, ein **Handwerksgeselle** „auf der Walz" für *verantwortliche Lernbereitschaft* „stehen", eine deutsche **Eiche** für Standfestigkeit usw.

Ebenso können wir über Charaktere in **Geschichten** (eines Textes oder (TV-)Films) **nachdenken**. Dies kann uns eine Menge **verraten**, sogar **über uns selbst**. Beginnen wir jedoch langsam, damit sie jeden einzelnen Schritt in Ruhe mitgehen können:

Fragen wir uns, **welche Assoziationen in uns ausgelöst werden, wenn wir an gewisse Personen oder Figuren** denken.

Wir können **alle** Figuren von Geschichten, Romanen, Filmen bis hin zum Comic Strip **allegorisch** oder **metaphorisch** sehen, indem wir uns fragen:

- Was sagt uns die Figur?
- Wofür kann sie „stehen"?
- Was könnte sie für uns bedeuten (symbolisieren)?

Mit Star Trek meine ich *das nächste Jahrhundert* oder Deep Space NINE, denn auch der Schöpfer des Star-Trek-Universums Gene Roddenbury brauchte eine Weile, bis er die Star Trek-Symbolik entwickelte...

Dabei können wir jede Figur als „Person" oder als Stellvertreter/in für etwas (z.B. für ihr Land, ihr Geschlecht, ihren Berufsstand usw.) wahrnehmen. Wollen wir diese Art der **kreativen Analyse** kurzfristig auf Star Trek beziehen.

Die Figur **Quark** kann sowohl das **Individuum Quark** darstellen (der an seinem „dummen" Bruder immer das bekämpft, was er an sich selbst nicht wahrhaben will). Oder wir können ihn **stellvertretend** für sein **Volk** (hier: das Volk der Ferengi) sehen und uns fragen: Wofür steht **ein FERENGI?** Antwort: Ein Ferengi ist *der Inbegriff des „bösen Kapitalisten", der wiederum für viele marktwirtschaftliches Erfolgsstreben symbolisiert, sowie alles, was uns an der freien Marktwirtschaft mißfallen* **könnte**.

**KaWa© ist ein DENK-WERKZEUG par excellence!**

Um in wenigen Momenten herauszufinden, was ein Charakter, eine Figur oder ein „Typ" für uns „bedeuten" kann, können wir ein **KaWa©** anlegen. Zum Beispiel waren meine ersten spontanen Assoziationen zu jenem **Quark** (als Individuum) folgende:

Ob Sie **diesen Ferengi namens Quark** kennen und meine spontanen ersten Eindrücke sofort nachvollziehen können oder nicht ist momentan gleichgültig. Das einzige, was jetzt zählt ist:

**Solche Stichworte stehen immer für einen Denkvorgang „dahinter" und eben dieser Denkvorgang ist der Grund, warum ich Sie einlade, möglichst häufig Ihre eigenen Denk-Vorgänge transparent zu machen, indem Sie „schnell mal" ein KaWa© anfertigen!**

Nun zeigen Ihnen meine Erläuterungen, wofür die Begriffe in der Abbildung (zu QUARK) stehen, womit ich **meine Denk-Prozesse transparent** mache. Bitte lesen Sie diese Bemerkungen **gaaaanz langsam, es geht weder um mich noch um jenen Quark, es geht um Sie** – ja, Sie sind gemeint!

**Qualität** gemäß Ferengi-Standard versucht er immer höchste Qualität zu liefern, denn er respektiert und schätzt seine Kunden. Seine Qualität ist also immer so gut, daß **er selbst** damit zufrieden ist! Er kann natürlich nicht verstehen, daß ein/e andere/r das anders sehen mag, wie auch wir es kaum verstehen können, wenn andere Menschen andere Qualitäts-Standards anlegen als wir…

**Unehrlich?** mit Ferengi-Maßstab gemessen ist Quark ehrlich, wiewohl wir ihn **nach unserem Maßstab** für einen Betrüger halten **könnten**. Aber das ist **in unserer Insel**, nicht in seiner. **Es fällt extrem schwer, Menschen nach ihrem eigenen Maßstab zu beurteilen**, nicht wahr? Warum aber sollte unser „menschlicher" Maßstab für den Ferengi Quark gelten? Oder unser privater für den Mitmenschen, mit dem wir gerade kommunizieren?

**aufmerksam** Quark ist ein aufmerksamer Beobachter, weshalb er sein Gegenüber oft sehr gut einschätzen (und die Brücke zu ihm bauen) kann! (vgl. **K**.)

**Repertoire** Quark ist immer bereit, sein Wissen zu erweitern und sein Können zu optimieren, also sein Repertoire ständig zu verbessern. Wie bereit sind wir? Sie, liebe Leser/innen sind weit bereiter als die meisten Menschen, die Sie kennen (das beweist die Tatsache, daß Sie diese Zeilen lesen). Aber: Wieviel Verständnis haben Sie für Menschen, deren Insel weit weniger Lernbereitschaft als Ihre enthält? (Im Zweifelsfall lesen Sie bitte noch einmal die letzten drei Sätze bei **U**!)

**Kommunikation** je **ähnlicher** andere ihm sind, desto **besser kann** er mit ihnen **kommunizieren**, weil er das, was er so aufmerksam (vgl. A) beobachtet, „richtig" einordnen kann. (Bitte erinnern Sie sich an unsere Gedanken zur Wahrnehmung (BasisWissen) und unser Hinweis auf FILTER zwischen uns und dem Wahrgenommenen. Einer unserer Filter sind unsere Programme und die sind bei einem „Ferengi" anders als bei uns, weshalb jeder anders programmierte Mensch ein Außerirdischer sein **könnte! Deshalb** liegt Quark in seiner Einschätzung anderer Menschen oft genau so „daneben" wie jede/r von uns, wenn wir uns nicht wirklich auf unsere jeweiligen (Gesprächs-) Partner/innen eingestellt haben…

Diese Art analytisch **und** kreativ, über Begriffe und Namen (und wofür sie stehen) nachzudenken geht weit über das hier Gezeigte hinaus. Wichtig ist zunächst nur, daß wir den **Einstieg** in diese Denk-Technik finden, insbesondere falls unsere bisherige Erziehung und Ausbildung uns nicht gelehrt haben, wie man **eine Sache selbständig durchdenkt** oder wie man sich einer Sache mit Neugierde und Faszination, denkerisch nähert, wie ein Forscher oder eine Forscherin …

Es reicht, wenn Sie nur einige Begriffe notieren, weil an Ihren jeweiligen Stichworten automatisch Ihre weiteren Assoziationen „hängen" (vgl. BasisWissen, Wissens-Netz, Seite 27ff.).

**Auch Denken will gelernt und vor allem TRAINIERT sein! Auch Denken ist ein „Papagei"** (vgl. März-Brief, Seite 8).

**Erst wenn wir wissen, was wir über eine Sache denken, können wir darüber reflektieren...**

Wenn wir beginnen, Lesestoff, Theaterstücke oder (TV-)Filme in dieser Weise zu sehen und einzelne Elemente oder Charaktere per KaWa© zu erforschen, dann könnte sich uns bald die Frage aufdrängen, inwiefern die **Welt** dieser Story, dieses Films, dieser Serie usw. uns **als Spiegel** dienen könnte...?

Egal, ob wir das *Star Trek* Universum auf diese Weise durchleuchten oder die Welt von *Dallas, Denver* und Co — immer können uns einfachste **KaWa©s** zu Gedankengängen führen, die plötzlich gar nicht mehr „einfach" sind. Meine Seminar-Teilnehmer/innen sind regelmäßig **äußerst überrascht**, welche **neuen Gedanken und Ideen sich ihnen innerhalb weniger Minuten regelrecht „aufdrängen"**.

Im Mai-Brief erwähnte ich ja bereits, wie eine Teilnehmerin völlig neue Ein•**Sicht**•en **in ihre eigene Firma** gewann (nachdem Sie ein KaWa© mit dem **Firmennamen** durchgeführt hatte). Oder wie ein Teilnehmer einen **geplanten Produkt-Namen** per KaWa© testete und plötzlich begriff, wieviel wertvolle Aspekte dieses Produkt beinhaltete, die ihm und seinen Partnern vor dem KaWa© **vollkommen „verborgen" gewesen** waren.

Aber wir lernen mit Hilfe solcher KaWa©s nicht nur jede Menge über die Welt, wir können unsere Gedanken auch auf unsere eigene Insel beziehen und wertvolle **Ein•Sicht•en über uns** gewinnen.

Beispiel: Hätte ich jenen **Quark** ca. 1975 „kennengelernt", dann hätte ich dermaßen viel an ihm negativ bewertet, daß ich **Quark** ziemlich „unmöglich" gefunden hätte, und die FERENGI sowieso! Aber ich habe Quark erst Ende 1997 „kennengelernt" und kann heute weit besser mit Aspekten anderer umgehen, die in meiner Insel „nicht so" geregelt werden. Also habe ich in der Zwischenzeit anscheinend doch einiges gelernt. Trotzdem beobachte ich immer wieder, wie schwer es mir fallen kann, so manches „andere" an meinen Mitmenschen zumindest **zu respektieren**, wenn ich es schon nicht akzeptieren kann.

Genau daran möchte das Insel-Modell erinnern: **Andere Menschen werden immer wieder völlig andere Insel-Inhalte haben** und: wir stoßen **nur bei Glück** auf die (einfache und „sympathische") Überschneidung. Dann aber gefällt uns so ziemlich alles, was der andere sagt, denkt, fühlt oder tut...

Wenn Sie Ihre ersten KaWa© im Lichte dieser Gedankengänge noch einmal ansehen und reflektieren, dann können Sie möglicherweise zwei wichtige „Lektionen" lernen:

**Erstens** sind die Assoziationen, die Ihnen „einfallen", absolut nicht „zu•fällig", sondern sie zeigen Ihnen, was in Ihrem Wissens-Netz miteinander verbunden ist. So habe ich z.B. gestern zwei verschiedene Wolfgangs per KaWa© miteinander verglichen und, wie Sie sehen können, bei denselben Buchstaben recht unterschiedliche Assoziationen gehabt.

Bei dem **einen Wolfgang** denke ich bei „W" automatisch an seinen unglaublichen **Willen, Herausforderungen anzunehmen** und zu **siegen**, **beim anderen** fällt mir bei „W" genau so spontan und „automatisch" sein **großes Wissen** ein! Das „O" löst einmal **Opposition** besiegen aus, beim anderen Wolfgang jedoch die lebenslange intensive suche nach **Orientierung**, das „N" führt einmal zu **Nutzen** (bieten und erhalten), im anderen Fall hingegen zu **Neugierde**...

**Zweitens** werden Sie wahrscheinlich feststellen, daß Sie zunächst nur an **die Person** dachten, deren Namen Sie „bearbeitet" haben. Wenn Sie sich nun, im **zweiten** Denk-Durchgang, damit beschäftigen wollen, ob Ihre Ideen irgendeinen **Bezug zu Ihnen selbst haben** könnten, dann könnte dabei so manche wertvolle Einsicht „abfallen" (rein zu-fällig!). Im Zweifelsfall lesen Sie bitte noch einmal meine Bemerkungen zu meinen Erst-Assoziationen bei Quark (Seite 3). Achten Sie bitte darauf, daß **auch wir** dem Ferengi Quark soooooo unähnlich *nicht* sind, wenn es darum geht, wie (vor-)schnell wir andere ablehnen (können). Inwieweit könnte dies auch für Aspekte gelten, die Sie **an anderen**

festgestellt (und in Ihr KaWa©eingetragen) haben? Darum geht es in der Pflicht-Aufgabe.

## PFLICHT-AUFGABE: Nachträglicher Check

Je mehr wir **beim Erstellen des KaWa©** an das Thema (die Person/Figur) gedacht hatten, **desto spannender** ist ein nachträglicher Bezug zu uns selbst...

Überprüfen Sie früher angelegten KaWa©s systematisch auf folgende Punkte:

a) **Bewerten** Sie die Aspekte, die Ihnen zu den jeweiligen Namen eingefallen sind, **eher positiv oder negativ?**
b) Sagt das etwas über **Ihre Lust zu kritisieren (loben)** aus?
c) Gibt es Verbindungen zwischen **Aspekten, die Sie an anderen ablehnen** und solchen, die Sie an sich nicht mögen?

**Heute** prüfen wir **bisher** angelegte KaWa©s. Aber auch später können wir **immer wieder ältere** KaWa©s **bewußt** auf diese Fragen hin abklopfen.

## KÜR-AUFGABE: Eine Super-Erfolgs-Strategie

### Die FREUND•lichkeiten•Kette (the Kindness-Chain)

**Oprah Winfrey**, eine unglaublich erfolgreiche US-Talkshow-Meisterin, ist auch bei uns im Original (manchmal mit, manchmal ohne Untertitel) zu sehen, und zwar auf tm3: Die Sonntags-Sendung konzentriert sich vorwiegend auf Chats mit großen Stars während die Wochentags-Sendungen zum Teil **erheblichen Tiefgang** haben! Empfehlenswert!

Kennen Sie die **Oprah-Show?** Neulich stellte Oprah in einer Sendung die sogenannte **KINDNESS-CHAIN** vor, die ich **vorläufig** mit „Freundlichkeiten-Kette" übersetze. (Ich bin für Vorschläge offen, falls Sie bessere Ideen haben.) Aber **ehe** ich Ihnen dieses Konzept erkläre, möchte ich Ihnen zuerst erzählen, wie mir vor einigen Jahrzehnten ein Mensch in Amerika unglaublich half, weil er sich Zeit nahm und mir phänomenale Dinge sagte, nachdem ich ihm mein Problem schildern durfte. Dies erwies sich als **so hilfreich** für die Entwicklung meines Selbstwertgefühls, daß ich ihm, als ich ihm einige Wochen später begegnete, **irgendwie danken wollte**, weil er mir so eine riesige Erleichterung geschenkt hatte, aber da sagte er:

„Schau, Vera, was ich dir gegeben habe, das kannst du mir nicht zurückgeben, weil ich **davon** schon genug habe. Vielen Dank. Aber wenn du meinst, eine **Schuld** begleichen zu wollen, dann wisse: Es werden dir in deinem Leben Menschen begegnen und sie werden um Rat oder Hilfe bitten. Welcome to the club!"

Dies war ein **Schlüsselerlebnis** für mich. Ich habe seither gemäß dieser Spielregel gelebt und ich habe die Begebenheit inzwischen Abertausenden meiner Seminarteilnehmer/innen erzählt, von denen mir viele später signalisierten, wie toll sie die Idee dieses Herzens-Clubs (wie einer es nannte) fanden.

Aber die Idee aus der Oprah-Show geht einen großen Schritt weiter, weil wir **nicht warten müssen**, bis jemand sich als Rat oder Hilfe **suchend** „offenbart". Nein, wir gehen **aktiv** auf die Suche, indem wir uns fragen:

> Wem könnte ich einen Gefallen erweisen, der diese Person **so sehr freuen wird**, daß auch sie einem anderen Mitmenschen gerne eine **Freude** machen möchte?

Denn es ist genau dieser Wunsch unseres „Spielpartners", der die **Ketten-Reaktion** auslösen wird. So wird der „Stab" in diesem seelischen Staffellauf weitergegeben. So werden alle Mitspieler Mitglieder des Clubs...

Wichtig ist, daß jede/r einzelne sich an die Spielregeln (rechts am Rand) hält. In der Oprah-Show berichten Menschen regelmäßig begeistert davon, was sie anderen Positives „angetan" hatten und umgekehrt.

**Mein Vorschlag**: Wenn einige von Ihnen aktiv mitspielen **und** bereit sind, uns eine kurze Schilderung im Telegrammstil (als Postkarte, Fax oder email) zukommen lassen möchten, dann werden wir in späteren Briefen einige dieser Erfahrungen mitteilen. Einverstanden?

Bis zum nächsten Brief verbleibe ich
mit ganz liebem Gruß, Ihre

Vera F. Birkenbihl

**Insel-Überschneidungs-Aufgabe:**
**FREUDE MACHEN...**

**Die SPIELREGEL:**

Das **Grundprinzip**: Sie erweisen anderen Menschen einen Gefallen, über den diese Menschen sich soooo freuen, daß sie sich bedanken möchten. Daher sind sie gerne bereit einem weiteren Mitmenschen einen Gefallen zu erweisen, wobei **auch jene** Person ihrem „Wohltäter" dadurch dankt, daß **sie wiederum** der nächsten Person in dieser „Kette" eine kleine Freude macht usw.

# Der Vera F. Birkenbihl-Brief

# Erfolg & Lebensqualität

+++ geistig ständig fitter +++ als Persönlichkeit immer erfolgreicher +++
in der Kommunikation Schritt für Schritt besser +++ denn: Erfolg ist ein Prozeß

**Monatlicher Beratungs- und Trainingsservice** **Juli**


Liebe Leserin, lieber Leser,

es ist wunderbar, wie manche von Ihnen spontan „mal schnell ein paar Zeilen" senden, faxen oder e-mailen. Die meisten zeigen mit Kommentaren (wie: „direkte Antwort nicht nötig" o.ä.), daß ihnen klar ist, wie voll meine e-mail-box ist (insbesondere seit den Alpha-Sendungen im Fernsehen). Danke für Ihre Feedbacks & Ideen – so manches wird natürlich in die Briefe einfließen!
Ihre ersten Reaktionen auf die Kür-Aufgabe (Freundlichkeits-Kette) im Juni-Brief fallen in zwei Kategorien:

1. Einige von Ihnen waren etwas verwirrt, welche Art von Gefallen man anderen Menschen erweisen könnte und baten um konkrete **Fallbeispiele**,
2. andere schilderten begeistert ihre ersten Erlebnisse.

**Mit dem heutigen Brief erhalten Sie eine kleine Urlaubs-Spiele-Sammlung, die Sie separat mitnehmen können, um in den Ferien „am Ball" zu bleiben. Ob Sie dieses Dokument „nur" nach Balkonien oder ins Schwimmbad mitnehmen – ich wünsche viel Spaß!**
Außerdem möchte ich Ihnen ganz herzlich für Ihren Dank danken! Das **KaWa©-Prinzip** hat bei vielen von Ihnen wie eine Bombe eingeschlagen (wie ein Leser schrieb).
Eine Leserin: *Ich dachte immer, Denken sei schwer und ich sei zu blöd dazu. Und jetzt stelle ich fest, welch großartige Gedankengänge ich durch ein einfaches KaWa© entwickeln kann. Sie haben mich aus einem Gefängnis befreit. Danke!*
Sehen Sie, liebe Brief-Freunde, genau deshalb schreibe ich ja!

Mit liebem Gruß,
Ihre

Vera F. Birkenbihl

**Vera F. Birkenbihl**

gehört zu den erfolgreichsten Persönlichkeits-Entwicklern Europas, die seit 1970 abertausende von Seminarteilnehmer/innen, Leser/innen, Rundfunk-Hörer/innen und Fernsehzuschauer/innen überzeugt und begeistert. In diesen Briefen will Sie Ihnen helfen, den Adler in Ihnen zu stärken.

**Leser/innen bestätigen:**
**KaWa© ist wirklich ein tolles**
**DENK-WERKZEUG**

## KaWa©: Vertiefung

Im Juni-Brief (S. 3) haben wir uns den Namen einer Figur des Star-Trek-Universums angesehen und unsere Assoziationen etwas näher untersucht Ein Leser meinte, da ihm jener Charakter unbekannt sei, sei seine erste Assoziation **beim Durchblättern des Briefes** natürlich der alltägliche Quark zum Essen gewesen und ob man daraus auch „etwas machen" könne, z.B. in Bezug auf das eigene Leben. Nun, man kann alles und jedes als Symbol sehen, so auch den normalen Quark. Meine ersten beiden Spontan-Assoziationen:

1. **Quark** ist ein **Nahrungsmittel**: im Gegensatz zu **fast food** (für den Geist und die Seele) bietet Quark uns Proteine (= Bausteine des Lebens!).
2. **Quark muß frisch sein**, sonst wird er unverdaulich: **Die wichtigsten Erfahrungen** unseres Lebens müssen wir **„live"** machen! Konserven, bei denen man vorher weiß, was drin ist sind **nicht** möglich. Außerdem hätten Konserven kaum noch Nährwert (vgl. Punkt 1, oben).

Achtung! Falls auch Sie dazu neigen, die Briefe erst einmal durchzublättern, dann bedenken Sie bitte: Manchmal bauen die einzelnen Briefseiten aufeinander auf, wie Gedanken im Seminar. **Wenn Sie vorab herumblättern**, dann verlieren Sie so manchen **möglichen Aha-Effekt** einige Seiten nach einer **Übung mit dem Stop-Schild** (wie auf dieser Brief-Seite)!
Außerdem liest man **Briefe** ja sowieso eher chronologisch, oder? Sie entscheiden natürlich selbst…

Sie sehen, wenn wir beginnen, unsere gedanklichen Fühler in diese Richtung auszustrecken, dann öffnet sich uns ein neues Denk-Terrain, das uns faszinierende geistige Abenteuer bietet, unsere Insel (und unseren geistigen Horizont) erweitert, andere, ungewohnte **Blick**-Winkel und neue Ein-**Sicht**-en ermöglicht usw.

## Experiment: Ihr Quark-KaWa©:

Um Ihnen zu zeigen, daß man **über jeden Begriff (Namen)** mittels **KaWa**© nachdenken kann, lade ich Sie ein, jetzt auch noch ein **KaWa**© zu dem Begriff (Speise-)**Quark** zu machen, wiederum (wie unser Leser fordert), **auf Ihr Leben bezogen**.
Spielen Sie Forscher/in (ehe Sie weiterlesen) und fragen Sie sich:

Was fällt Ihnen zu **„Q"**, **„U"**, **„A"**, **„R"** und **„K"** ein, wenn Sie an Ihr **eigenes persönliches** Leben denken?

Wenn Sie gerade mitgemacht haben, dann können Sie Ihr Ergebnis mit meinem Vorschlag vergleichen. Und wenn Sie **möglichst viele Mitmenschen** einladen auch mitzumachen, dann haben Sie (wie im Seminar) weitere Vergleichs-Möglichkeiten. Das macht die Sache noch spannender, deshalb finden Sie in der Marginalie (S. 4) zwei weitere Beispiele für dieses KaWa©:

## Die Qualität (des Lebens)

leitet sich maßgeblich aus unseren Einstellungen her, diese wiederum sind von unserer Erziehung geprägt worden. Deshalb ist der Rat der alten Griechen (Gnoti s'auton = erkenne dich selbst!) immer noch der beste, wenn es gilt, die Lebens-Qualität zu erhöhen.

## Umgang (mit sich und anderen)

bezieht sich zum einen auf unsere eigene Insel, die oft total unbekannte „Areale" enthält. Wie wir mit uns selbst umgehen, können wir feststellen, wenn wir es lernen, unsere Denk-Prozesse bewußter und transparenter zu machen, wobei gerade das KaWa© hier eine große Hilfe ist. Aber es geht auch um den Umgang mit anderen, mit „Bewohnern" anderer Inseln. (sprich um unsere Kommunikation mit anderen, so daß wir bei „K" noch Kommunikation nachtragen können.

Nun ergeben meine Assoziationen zu „A" (AUF-MERK-sam), „R" (RE-KONSTRUKTION) und „K" (KONSTRUKTION)AUF-MERK-same Konstruktion eine denkerische Einheit:

## AUF-MERK-same Konstruktion

(= Infos ins Wissens-Netz „einhängen") führt zu exzellenter Re-Konstruktion (= **Gedächtnis**) später! Wir wissen ja inzwischen: **das Gedächtnis ist die wichtigste Grundlage für intelligentes und kreatives Verhalten** (Mai-Brief), weshalb wir regelmäßig an unserem geistigen Repertoire arbeiten sollten (eine weitere Möglichkeit für das „R" in diesem KaWa©).

Sie sehen, es gibt keinen Begriff oder Namen, der nicht KaWa-mäßig aufgegriffen werden könnte, wenn wir auf ganz „andere Gedanken" kommen wollen.

## PFLICHT-AUFGABE:

Suchen Sie sich (schnell und spontan) **mindestens einen** der folgenden Begriffe heraus und erstellen Sie ein **KaWa**© damit. Beziehen sie den Begriff auf **Ihr persönliches Leben**, wie wir das mit dem Begriff (Speise-) ***Quark*** eben gemacht hatten...

**Musikkassette**
**Rasenmäher**
**Schreibmaschine**
**Zelt**

Wenn Sie möchten, senden Sie uns doch ein (Fax-) Blatt mit Ihrem KaWa© zu einem dieser Begriffe. Dann könnten wir einmal vergleichen (was Ihnen, liebe Brief-Fans, zu diesen Begriffen einfällt. Es würde mich freuen. Danke.

*(Fax-Nr.: 089-71 04 66 61, Stichwort Kawa© Juli-Brief)*

**Alternative Nr. 1**

Q + U: (Lebens-) Qualität (im Seminar immer die häufigste Nennung für „Q" oder „Qu"; es gibt nur wenige Wörter mit „Q")
A = Annahmen über die sog. Wirklichkeit verändern die Art von Leben, die wir leben.
R = Repertoire: Unser Können bestimmt maßgeblich unsere Lebens-Qualität
K = Kraft hat ebenfalls viel mit Lebens-Qualität zu tun (vgl. Energie-Modell, BasisWissen). Über je mehr D- und E-Energien wir verfügen, desto spannender wird „das Leben" (für uns!!)

**Alternative Nr. 2**

**Q + U: Quantenfeld:**
Die Q-Physik postuliert ein **Feld aller Potentialitäten** (= Möglichkeiten), aus dem heraus sich alles entwickelt. Ich sehe hier eine Parallele zum POTENZ-ial jedes einzelne, aus dem heraus sich **alles Mögliche** entwickeln kann...
A = Anti-Programme: Wenn wir einige unserer Ablehnungs-Programme aus der Erziehung (wie Anti-Freude! (vgl. BasisWissen) abschwächen, dann geht es uns weit besser!
R = Regel: Wenn wir die Regeln des Erfolgs kennen und anerkennen, müssen wir zwangsläufig erfolg-REICH werden!
K = Kontrolle: Übernehme ich Verantwortung (Adler), dann bin ich im Fahrersitz (in Kontrolle), nicht die Welt (böse Wettbewerber, fiese Kunden, ekelhafte Chefs und Lebenspartner...).

Übrigens haben einige von Ihnen angerufen (gefaxt oder ein e-mail geschickt), um zu fragen, warum manche Briefe mehr als eine Pflicht-Aufgabe enthalten. Nun, die **Pflicht-Aufgaben** werden natürlich **themenbezogen** vergeben. So **kann** ein Brief auch einmal einmal **zwei** Pflicht-Aufgaben (oder nur eine Kür-Aufgabe) enthalten. Außerdem: Wer eine „Hausaufgabe" sucht, wird **immer** (in einem „alten" Brief) **eine wichtige Aufgabe finden**, die anzugehen sich definitiv **mehr als einmal** lohnt! Die meisten unserer Pflicht-Aufgaben sind Lebens- und keine „Schul"-Aufgaben. Auch heute gibt es wieder eine „Lebens-Hausaufgabe"…

## PFLICHT-AUFGABE: Ihre derzeitigen Haupt-Probleme

**Teil 1:** Bitte erstellen Sie eine Liste Ihrer derzeit drängendsten Probleme. Nehmen Sie sich Zeit. Beginnen Sie z.B. heute oder morgen und befassen Sie sich jeden zweiten oder dritten Tag einige Minuten mit Ihrer Liste. Streichen Sie aus, schreiben Sie unter oder über die Streichungen, fügen Sie unten hinzu etc. Lassen Sie die Liste wachsen.

**Teil 2:** Nach zwei oder drei Wochen versuchen Sie zu formulieren, WARUM diese Probleme so „schlimm" sind. Welche Begründung können Sie geben? Angenommen, Sie hätten als ein schwieriges Problem einen Kollegen notiert, dann fragen Sie sich jetzt: **Warum empfinde ich ihn als Problem?** Dann notieren Sie z.B. „weil er mich immer angreift", oder „weil er seine Versprechen nie hält" oder ähnlich.

**Die Idee ist bei Ihnen, meine lieben Leser und Leserinnen, auf großes Interesse gestoßen.**

## Zum letzten Brief: Freundlichkeits-Kette: Vertiefung

Erinnerung aus dem Juni-Brief:

> Die **Spielregel**: Das **Grundprinzip**:
>
> Sie erweisen anderen Menschen **einen Gefallen**, **über den diese Menschen sich soooo freuen, daß sie sich bedanken möchten. Daher** sind sie gerne bereit einem weiteren Mitmenschen einen Gefallen zu erweisen, wobei auch **jene Person** ihrem „Wohltäter" dadurch dankt, daß sie **wiederum** der nächsten Person in dieser „Kette" **eine kleine Freude** macht usw.

Von einem Abonnenten erhielten wir den folgenden **Vorschlag**: →

## KÜR-AUFGABE:

Bitte notieren Sie die Antworten zu folgenden Fragen (welche sich auch vortrefflich mit anderen Menschen besprechen lassen, wenn Sie wollen):

1. Fallen Ihnen auch Menschen ein, die regelmäßig „an Sie hinreden“, weil sie ihre eigenen Gedanken klären, also nicht „echt“ mit Ihnen kommunizieren wollen?
2. Gibt es Konsequenzen, die Sie für Ihre persönliche Kommunikation im Alltag ziehen könnten?

**Zum guten Schluß:** Da im Sommer viele Menschen umziehen, möchte ich Ihnen heute einen Tip für das Gewöhnen an eine neue Umgebung geben:

Normalerweise dauert es 6 – 8 Wochen, bis Sie sich soweit akklimatisiert haben, daß Sie nachts um halb drei, auf dem Weg zur Toilette, **nicht mehr** (wie in der früheren Wohnung) **in Richtung Küche** gehen. Wenn Sie diesen Zeitraum verkürzen und **Ihrem Körper die Möglichkeit geben wollen, sich schneller an die neuen Räumlichkeiten zu gewöhnen** und sich in ihnen heimisch zu fühlen, dann spielen Sie *Blinde Kuh*. Eine Person trägt die Augenbinde, eine andere paßt auf und warnt notfalls (Achtung, spitze Sideboard-Kante!"). Falls Sie alleine leben, können Sie entweder **in Zeitlupe alleine** üben oder Sie laden eine/n Helfer/in ein. Als „Spielregel“ empfehle ich: Schreiben Sie kleine Zettelchen mit Räumen (Wohnzimmer, Bad, Küche) bzw. mit Teilen von Räumen (Musikecke, Kaffeetisch, Terassentüre). Dann werden jeweils 3 – 5 dieser Zettelchen blind "gezogen" und nun begibt man sich mit Augenbinde von Ort 1 (Zettel 1) über Ort 2 und Ort 3 zu Ort Nr. 4. Dieses Spiel macht Spaß, es trainiert Ihre Sinne (neben dem Gehörsinn sowie das Ahnen von Dingen/Personen, ehe man sie erreicht hat und es schult natürlich auch den Gleichgewichtssinn.

Bis zum nächsten Brief verbleibe ich
mit ganz liebem Gruß, Ihre

Vera F. Birkenbihl

P.S. **Natürlich müssen Sie nicht warten, bis Sie umgezogen sind, um dieses Spiel zu spielen!**

## Urlaubs-Spiele-Sammlung

Liebe Leser, liebe Leserinnen,

einige von Ihnen haben ja bereits herausgefunden, daß die Geheimschrift zwei Geheimnisse birgt und haben sich per Brief und Fax bei uns gemeldet. Die allererste Person war eine Leserin ( !)

Auf den folgenden Seiten finden Sie (zum Vergleich) ein **Gedicht von Eugen Roth**, und zwar einmal in der Ihnen jetzt schon recht vertrauten **GEHEIMSCHRIFT**, und einmal in der neuen **BILDERSCHRIFT**.

Wenn Sie **genau** hinsehen, dann erkennen Sie die **beiden Geheimnisse der Bilderschrift** (falls Sie es bisher noch nicht gemerkt haben. Vielleicht haben Sie ja vor, die Übungen der **vergangenen** Briefe erst in der Zukunft durchzuführen?). Die beiden Geheimnisse sind:

*Erstens* besteht **jeder Buchstabe der Geheimschrift aus Teilen der Bilderschrift** – genaugenommen habe ich zuerst die Bilderschrift entwickelt und dann Teile davon zur Geheimschrift „gemacht"!

*Zweitens* ver-**BILD**-licht die Bilderschrift die Wörter der **Auge-Liste**. Deshalb sollten Sie ja im Mai-Brief die Begriffe für „x" und „y" hinzufügen, damit Ihre **alphabetisch sortierte Auge-Liste** das komplette Alphabet enthielt.

Ab jetzt können Sie beide üben: Geheim- **und/oder** die Bilderschrift, ganz nach Lust und Laune. Bitte beachten Sie jedoch: Es gibt eine interessante Wechselwirkung, denn **jede dieser Schriften** verstärkt jeweils auch Ihre Kenntnisse der anderen!

In diesem Urlaubs-Brief möchte ich ein **kleines Rätsel zu den Übungen im Mai-Brief** auflösen. Haben Sie übrigens die Skizzen mit den einfachen geometrischen Figuren (Dreiecken und Rauten) trainiert? Dann

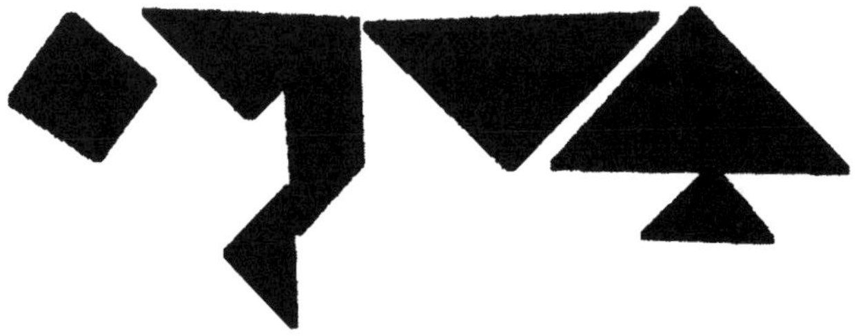

**können Sie jetzt beide nachzeichnen…?**

Wenn Sie die Auflösung auf Seite VII ansehen, dann merken Sie es: mit diesen einfachen Übungen konnten Sie sich höchstwahrscheinlich beweisen, daß Sie besser zeichnen können, als Sie gedacht hatten, denn jetzt können Sie die Figuren auch in der „richtigen" Anordnung zeichnen und bald können Sie sich auf die Umrisse alleine konzentrieren und dann hat Ihre Zeichnung mit einfachen geometrischen Formen nichts mehr zu tun…

Viel Spaß und Entdeckerfreude wünsche ich Ihnen,

Ihre

# Für ALLE Urlaubs-Trainings-Spiele gilt:

**Es gibt jeweils zwei Spiel-Modi:**

a) solo (auch gedanklich!) toll für **Wartezeiten** und um z.B. Werbeblocks im Fernsehen intelligent zu nutzen (Gehirn-**Besitzer**, die dann auf ihrem Hintern **sitzen** bleiben und sich langweilen oder mit Chips vollstopfen contra Gehirn-**Benutzer**, die z.B. derartige Leer-Zeiten **nutzen**...)

b) **in der Gruppe/Gesellschaftsspiel** (auch mündlich, z.B. lange Autofahrten, Spaziergänge)

## 1. Zugriff auf vorhandene Fäden im Wissens-Netz

### (STADT – LAND – FLUSS-Varianten)

Eine hervorragende Möglichkeit schnellen Zugriff auf das Wissens-Netz zu trainieren! Das Basis-Spiel dürfte allgemein bekannt sein.

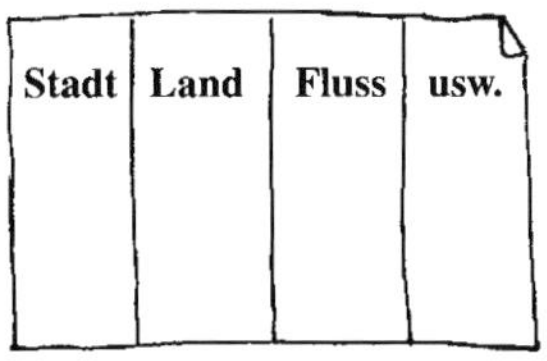


**Spielregeln**: Auf einem Blatt werden quer folgende Begriffe notiert:
Stadt • Land • Fluss • Pflanze • Tier • Vorname • Punkte
Ein Spieler beginnt leise das Alphabet aufzusagen bis der zweite Spieler stopp sagt. Der erste nennt den Buchstaben mit dem nun jeder Begriff in der einzelnen Kategorie beginnen muß. (Z.B.: D – Dortmund, Dänemark, Donau, Dahlie usw.) Ziel ist es, so schnell wie möglich fertig zu werden. Wer zuerst alle Kategorien gefüllt hat sagt stopp.
Für jeden richtigen Begriff (im Zweifelsfall ein Lexikon zu Rate ziehen) gibt es 10 Punkte, für gleiche Begriffe je 5 Punkte. Hat ein Spieler keinen Begriff gefunden, jedoch sein Mitspieler, so erhält dieser 20 Punkte.

Variante 1: Flüsse (Städte, Länder, Pflanzen, Tiere etc., etc.) mit dem Buchstaben, mit dem der vorangegangene Begriff endet KONSTRUIEREN; der erste Fluß ist „frei". Beispiel/Flüsse: River Kwai – Isar – Rhein – Neckar – Rio Grande – Ems – Saar – Rhône – E... ?

Variante 2: (im Freien, auf der Landstraße/Autobahn: Flüsse (Städte, Länder, Pflanzen, Tiere etc., etc.) mit den Buchstaben der Autokennzeichen KONSTRUIEREN.

Wünscht man einen gewissen **Wettkampf-Charakter** (mit Punkte-Siegen), dann könnte man folgende (oder ähnliche) Spielregeln aushandeln:

1. Wird die Stadt durch einen einzigen Buchstaben angegeben, so gibt es nur einen Punkt pro Wort. Angenommen, wir suchen gerade Tiere, könnte z.B. das Autokennzeichen von München (M) zu Marder führen, das von Augsburg (A) zu Amsel usw.
2. Zeigt das Autokennzeichen die Stadt mit zwei Buchstaben an, so gibt es
   a) **einen Punkt**, wenn man den ersten ODER den zweiten Buchstaben verwendet, aber

**Möchten Sie uns weitere Varianten mailen?**
coachingbriefe@olzog.de

b) **zwei Punkte**, wenn man beide Buchstaben benützt, zum Beispiel: KU (Kulmbach) bringt als KU-h zwei Punkte, als K-atze oder als U-hu jedoch jeweils nur einen Punkt,

c) bei drei Buchstaben verfahren wir genau so: HOR (für Horb) bringt als HOR-nisse (oder HOR-nochse) **drei Punkte**, werden nur zwei Buchstaben gebraucht (2 Punkte), ist es nur einer (1 Punkt). Somit können auch Menschen mitspielen, deren Wissens-Netz zum aktuellen Thema (im Beispiel Tiere) wenige Fäden haben…

## 2. Gehirn-Training durch Geheim-Schrift

Nun möchte ich Sie zu einem Experiment einladen:

**Experiment: Versuch, Text (halb-)laut vorzulesen**

Wenn Sie gerade in der Öffentlichkeit sind (z.B. in einem Flughafen, Zug oder Café), dann spielen Sie den Vorleseprozeß, indem sie sich konkret vorstellen, Sie würden laut sprechen. Dabei produzieren Sie eine sogenannte subvokale Sprache, so daß Sie dieselben Ergebnisse erhalten, wie jemand, der tatsächlich laut spricht.
Ich hoffe, daß die kleinen **Textstücke in Normalschrift** Sie dazu verführen, den Text lesen zu wollen; er enthält **eine wichtige Botschaft** für Sie!

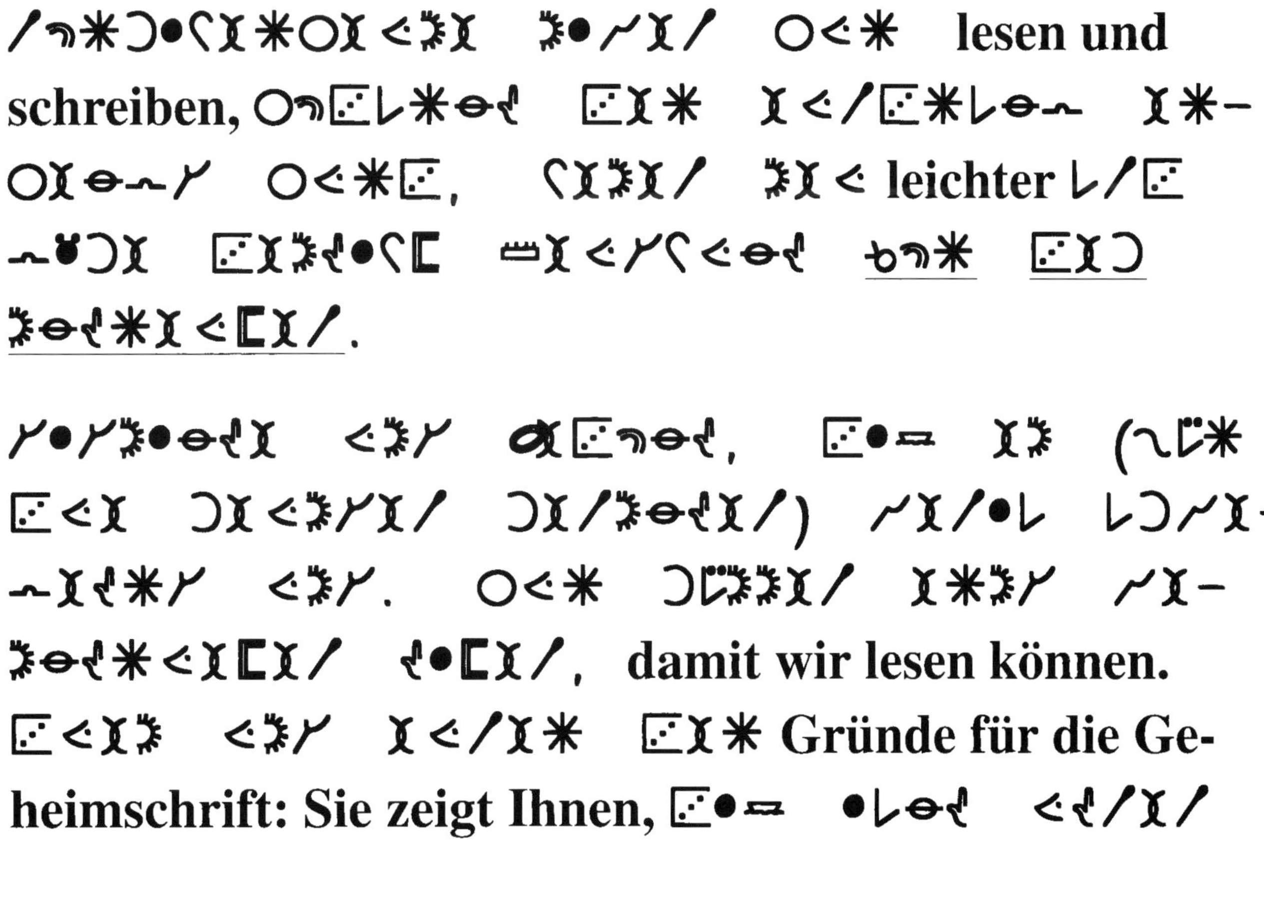

[illegible] das Prinzip: [illegible] Nur bei der normalen Schrift sagen wir Kindern und Erwachsenen mit Lese-Problemen fälschlicherweise, [illegible] Und die Geheimschrift erlaubt es Ihnen, [illegible]

**Variante:** Das Experiment mit Bilderschrift

[illegible] lesen und schreiben, [illegible]

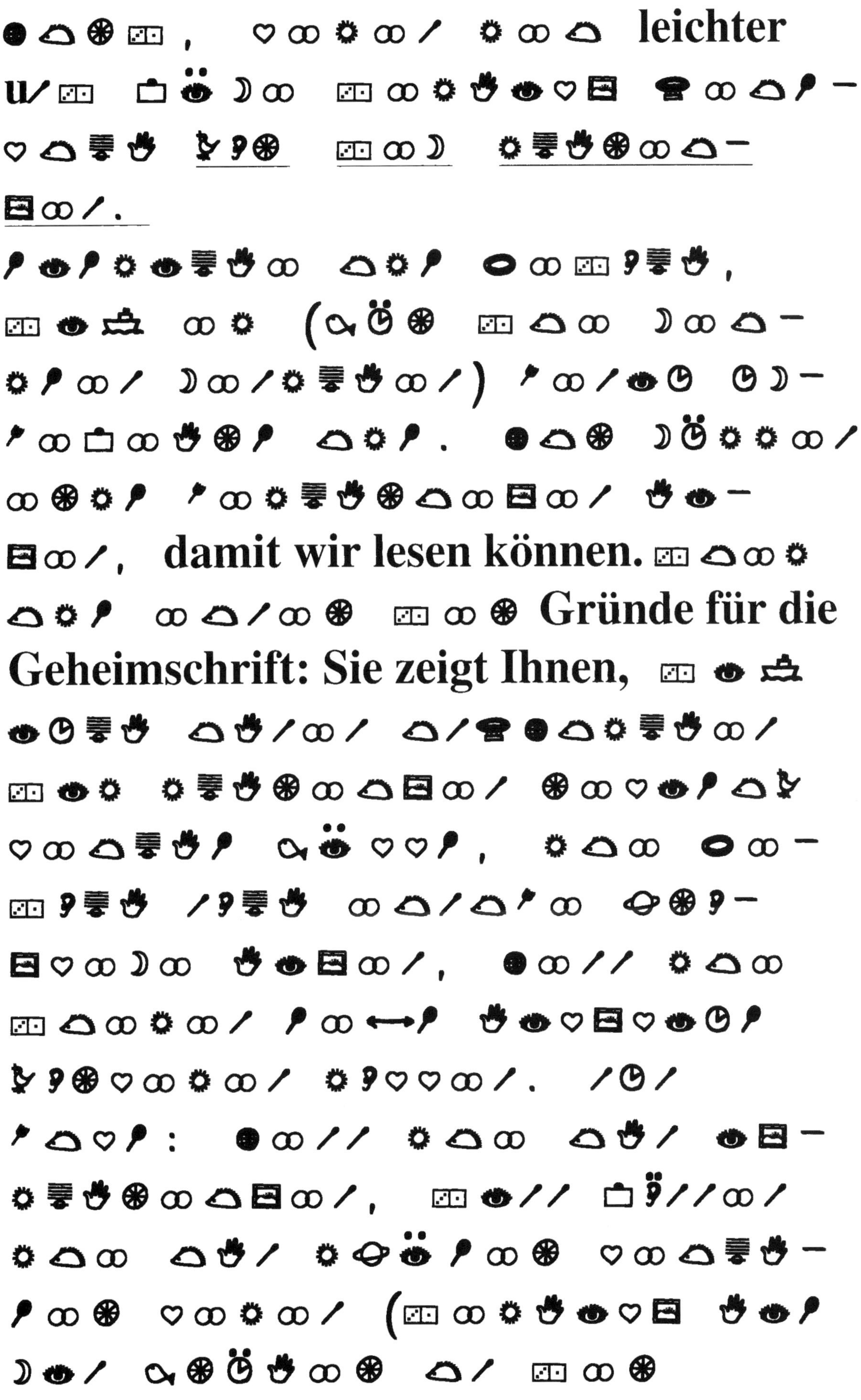
leichter
damit wir lesen können.
Gründe für die
Geheimschrift: Sie zeigt Ihnen,

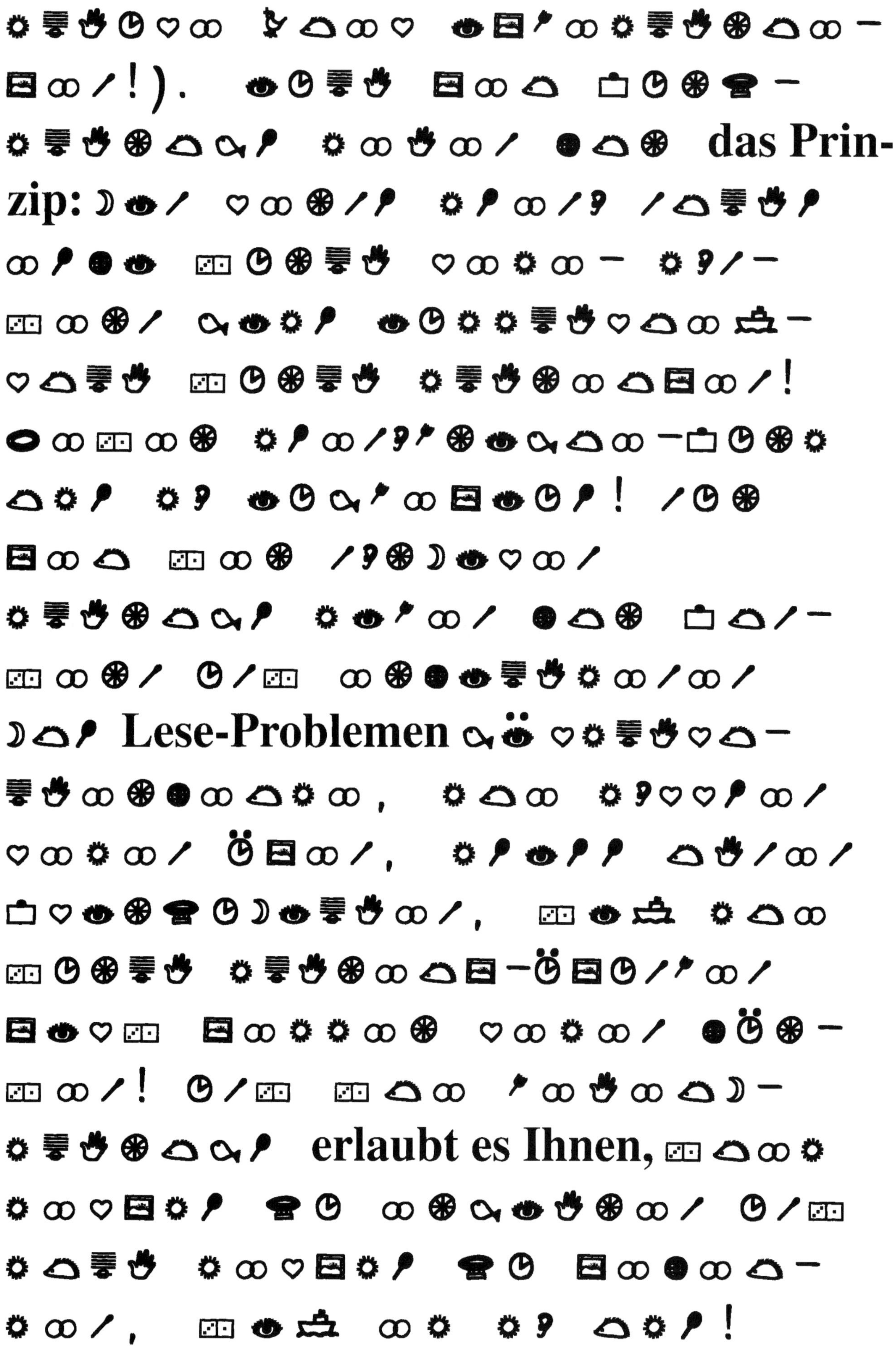
das Prin-
zip:
Lese-Problemen
erlaubt es Ihnen,

## 3. Zeichnen

Erinnern Sie sich an die **Übungen im Mai-Brief?** Haben Sie trainiert?

**Und können Sie jetzt beide Abbildungen zeichnen...?**

Nun, auch diese Übung soll hier und heute aufgelöst werden, denn Sie haben sich bewiesen, daß Sie besser zeichnen können, als Sie dachten. Denn Sie haben mit jeder Skizze jeweils Teile einer Zeichnung geübt, die einen Menschen darstellen, nämlich – einen sitzenden Tangram-Mann:

**So sieht er aus:**

**Damit sie noch einmal richtig vergleichen können:**

Sie sehen: etwaige Vor-Urteile über Ihr mangelndes Zeichentalent wurden umgangen, denn Sie zeichneten ja nur ein paar einfache Dreiecke und Rauten, nichts Gegenständliches (was Sie ja angeblich nicht können, gell?

Nun leuchtet Ihnen vielleicht eine ganz einfache Zeichenaufgabe ein: Sie legen Tangram-Figuren und zeichnen diese. Da es sich ja immer „nur" um einfachste geometrische Formen handelt, merken Sie, daß jede Form (Vogel, Baum, Mensch) letztlich aus einfachsten Formen besteht. Dies ist eine wunderbare Vorübung. Eine weitere ist natürlich jede Übung in unseren Schriften (Geheim- und Bilderschrift). Denn, wer schreiben kann, kann zeichnen. Wer meint, NICHT zeichnen zu können, meint, er/sie habe Probleme, die Linien so zu setzen, wie sie ihm/ihr „vorschwebt". Aber wenn Sie schreiben, dann setzen Sie die Linien, genau so, wie sie Ihnen vorschweben: Senkrecht, waagerecht, eckig, rund... Sie haben Null Probleme im Setzen der Linien. Mit einfachsten geraden Linien (Mai-Übung) haben Sie sich bereits bewiesen, daß Sie die Vorlage zeichnen konnten, mit jeder „Schreib"-Übung in einer der beiden Schriften üben Sie wiederum das Ziehen der richtigen Linien, somit trainieren Sie wieder das zeichnen. Falls Sie jetzt noch immer skeptisch sein sollten, daß schreiben = zeichnen ist, dann frage ich Sie:

**Wenn Sie Ihre Unterschrift leisten,** 

**oder**  **Sie dann? Eben!**

**Also bedeutet: Schreiben = Zeichnen = GEHEIM- oder BILDERSCHRIFT SCHREIBEN**

**Deshalb ist dies eine einfache Zeichen-AUFGABE:**

Täglich eine Seite (**oder** eine **vorgegebene Minutenzahl** lang) in einer der beiden Schriften schreiben.

Viel Sommer-Spaß wünsche ich Ihnen!

Ihre

Vera F. Birkenbihl

# Der Vera F. Birkenbihl-Brief

## Erfolg & Lebensqualität

+++ geistig ständig fitter +++ als Persönlichkeit immer erfolgreicher +++
in der Kommunikation Schritt für Schritt besser +++ denn: Erfolg ist ein Prozeß

**Monatlicher Beratungs- und Trainingsservice** **August**

Liebe Leserin,
lieber Leser,

in diesem Brief möchte ich Ihnen unter anderem ein wichtiges Konzept nahebringen, das manche von Ihnen bereits kennen. Dies möchte ich zum Anlaß nehmen, Ihnen eine wichtige Botschaft bezüglich des **Kenn-ich-schon-Effektes** anzubieten. Nun kann dieser Effekt uns daran hindern, wichtige Informationen oder Einsichten zu gewinnen. Deshalb werden wir heute sowohl über den Effekt sprechen als ihn auch mit einem Gedanken testen, den viele von Ihnen kennen. Denn ich halte diese Idee für dermaßen wichtig, daß ich sie öfter aufgreife (z.B. in meinen Kolumnen oder im Vortrag).

Im letzten Teil des Briefes greifen wir den Gedanken an die Kläranlage des Geistes wieder auf. Erstens helfe ich Ihnen bei der Beantwortung der zweiten Frage in der Aufgabe vom Juli und zweitens möchte ich Ihnen heute eine Kläranlagen-Technik vorstellen, mittels derer Sie selbst andere weit seltener als „Kläranlage des Geistes" mißbrauchen werden als normale Menschen. Außerdem greifen wir diese Technik im nächsten Monat wieder auf, weil ich Ihnen dann zeige, was Goethe bereits mit dem Problem des Klärens eigener Gedanken unternommen hat. Und was gut genug war für den Geheimrat Goethe, kann uns eine große Hilfe sein, gell?

Mit liebem Gruß,
Ihre

Vera F. Birkenbihl

**Vera F. Birkenbihl**

gehört zu den erfolgreichsten Persönlichkeits-Entwicklern Europas, die seit 1970 abertausende von Seminarteilnehmer/innen, Leser/innen, Rundfunk-Hörer/innen und Fernsehzuschauer/innen überzeugt und begeistert. In diesen Briefen will Sie Ihnen helfen, den **Adler** in Ihnen zu stärken.

---

Heraklit: **PANTA REI**

Von Heraklit stammt der Ausspruch PANTA REI (= „alles fließt") und der dazugehörige Gedanke: **Du kannst nicht zweimal in denselben Fluß steigen.** Diesen „Fluß" gibt es eine Sekunde später nicht mehr, denn in jedem Augenblick ändert sich **erstens** **im Fluß** die Zusammensetzung des Wassers, sowie **zweitens** vieles in Dir und **drittens** vieles in den möglichen Kombinationen und Wechselbeziehungen zwischen Dir und dem Wasser...
All dies leugnen wir, wenn wir sagen **„Kenn ich schon"**, weil wir dann nicht mehr schauen, hören, riechen etc., sondern nur noch unser Gedächtnis (nach dem damaligen Erlebnis) befragen. Somit verschließen wir uns allen Aspekten, die die Sache heute in uns auslösen könnte...

In diesem Brief möchte ich Ihnen unter anderem ein wichtiges Konzept nahebringen. Es handelt sich um das **Relativitäts-Prinzip der Psyche**, das manche von Ihnen bereits kennen. Dies möchte ich zum Anlaß nehmen, Ihnen eine wichtige Botschaft bezüglich des Kenn-ich-schon-Effektes anzubieten. Bitte bedenken Sie:

**Kennen Sie den Kenn-ich-schon-Effekt?**

**Einer der gefährlichsten FILTER** unserer Wahr-NEHMUNG lautet: „Kenn-ich-schon!", weil wir **diese** Infos jetzt nicht mehr richtig wahr•NEHMEN können (wir „lassen sie im Wortsinn „links liegen"). **Dieser Filter macht uns blind und taub, und genau darin liegt seine Gefahr!**

einer dieser Filter ist der
**Kenn-ich-schon-Effekt?**

Oft bringt der/dieselbe Sprecher/in oder Autor/in „dieselbe" Idee „anders", weil sich dieser Gedanke im Kopf der Person inzwischen weiterentwickelt hat, oder weil ihr heute andere Aspekte wichtiger erscheinen als damals. Wer jedoch mit dem Bekannt-Filter „auf Durchzug geschaltet" hat, kann solche Unterschiede überhaupt nicht erkennen. Schade!

Manchmal kann eine bestimmte Info sogar 100-prozentig identisch sein (z.B. ein Textabschnitt oder ein Vortrags-Mitschnitt auf Tonkassette). **Aber wir können selbst eine vollkommen identische Info** immer nur in Bezug auf unserer heutige Situation, Probleme, Ziele usw. wahrnehmen, also muß selbst eine identische Info heute **„anders" auf uns WIRKEN** als beim ersten Hören (oder neulich). Sie sehen, wie recht der alte Heraklit hatte, als er bereits vor zweieinhalbtausend Jahren sagte: PANTA REI (vgl. Kasten, Seite 1).

Deshalb möchte ich Ihnen für den Kenn-ich-schon-Effekt folgende Tips anbieten:

1. Vergleichen Sie die heutige Darstellung mit Ihrer Erinnerung. Stellen Sie fest, ob Sie überhaupt „identisch" ist.
2. Beobachten Sie, welche Aspekte Sie heute besonders wichtig finden; es sind **meist andere als damals** (weil unser Verstand automatisch sucht, was heute im Hinblick auf unsere heutigen Probleme für uns wichtig ist).

Wenn Sie so vorgehen, können Sie z.B. bei Kassetten-Wiederholungen (im Auto, beim Spazierengehen usw.) am meisten profitieren.

So, nach dieser Vorwarnung können wir uns diesem wichtigen Prinzip nähern...

**„Sie haben recht!"**
**bedeutet lediglich**
**Inselüberschneidung...**

**Achtung:**

Bitte vergleichen Sie auch, was wir im Brief vom Januar über Ziele und Ziel-Definitionen gesagt haben...

## Das Relativitäts-Prinzip der Psyche©

Wir neigen immer wieder dazu anzunehmen, wir könnten die Welt objektiv wahrnehmen. Diesen Eindruck haben unsere Eltern, Lehrer, Erzieher, Wissenschaftler und Chefs früher vermittelt. Die Wissenschaftler haben bereits vor Jahrzehnten damit aufgehört, aber viele Eltern, Lehrer/innen, Verkäufer/innen, Berater/innen, Trainer/innen und Führungskräfte gehen immer noch von dieser irrigen Annahme aus. Dies zeigen uns Äußerungen wie „Sie haben recht!" sehr klar. Man meint damit eigentlich: Ja, das entspricht genau dem Inhalt meiner persönlichen Insel! Solche Redewendungen zeigen, wie sehr wir die Inhalte unserer Insel mit der „Welt da draußen" verwechseln.

Wir können Probleme, die uns **ängstigen**, wie auch Situationen, die uns **ärgern**, immer nur **in Bezug auf unsere** derzeitigen Ziele sehen. Zum Beispiel:

1. Wenn wir an einem Wettbewerb teilnehmen, und unser Ziel lautet, in die **Top-Ten** zu kommen, dann ist es uns relativ egal, ob wir den 7. oder 8. Platz einnehmen. (Dies ist die Position all derer, die aus den unteren Rängen „kommen" und überhaupt erst einmal an der Spitze mitspielen möchten.) Wollten wir jedoch **unbedingt** in die **Top-Drei** (d.h. in die Medaillenränge), dann ist es plötzlich **sehr wichtig**, ob wir Platz 3 oder 4 schaffen. Wer seine Ziele (z.B. wegen eines großen Werbevertrags) gar an eine **einzige** Medaille gebunden hat, kann sich nach monatelangen (oder jahrelangen) Vorbereitungen jetzt **nicht einmal über Silber** freuen, welches die **meisten** Mitbewerber **wunderbar** gefunden hätten.
2. Wenn wir an einem Aspekt unserer Persönlichkeits-Entwicklung arbeiten und unser **Ziel** lautet, „es" in Zukunft besser zu machen, dann hängt von der exakten **Ziel-Definition** ab, wie erfolgreich (und zufrieden) wir sein werden. Wollen wir nämlich (womöglich noch innerhalb weniger Tage!) **Perfektion** erreichen, dann werden wir jede kleine Ver•FEHL•ung dieses **Ziels** als FEHL•er einstufen und uns schämen oder ärgern (also nicht gerade glücklich sein). Nehmen wir uns hingegen vor, das neue Verhalten (wie es in einem Slogan so schön heißt) „nicht immer, aber immer öfter" zu schaffen, **dann können wir uns jedesmal freuen, wenn es uns gelungen ist**. **Wenn nicht**, dann **registrieren** wir, was geschehen ist und führen **intelligentes Lücken-Management** durch (indem wir uns ganz ruhig fragen, was die Panne begünstigt haben könnte). Aber wir **müssen keine unan-**

genehmen Gefühle erleiden, denn wir wissen, wir sind auf dem richtigen Weg.

3. Wenn wir ein dringendes Zweistunden **Ziel** verfolgen und ein **„Zeitdieb"** (vgl. Kasten) „stiehlt" uns 15 Minuten (das ist ein Achtel der zur Verfügung stehenden Zeit), dann ist das relativ viel Zeit, nicht wahr? Aber angesichts eines Zehnjahres-Plans (oder eines Menschenlebens) sind 15 Minuten natürlich „gar nichts". Im Klartext: Je größer unsere Ziele, desto kleiner erscheinen die Probleme oder Ärgernisse. Und umgekehrt.

Das Relativitäts-Prinzip der Psyche© besagt: **Alle Aspekte unseres Lebens werden immer relativ zu etwas gesehen und gewertet.** Dieses „etwas" sind unsere derzeitigen Ziele. Sie sind einer der Filter unserer Wahrnehmung...

Hastet ein Mensch von **Miniziel zu Miniziel**, so wird er alles Negative als schlimm erfahren. Gleichzeitig hat er aufgrund seines ständigen Energieverschleißes keine Kraft mehr, den Humor einer widrigen Situation erkennen zu können. Er ist immer bemüht, die nächsten zwei, drei kleinen Etappenziele auf seiner **großen Reise nach Nirgendwo** zu erreichen. Jedes Steinchen auf dem Weg wirkt auf ihn wie ein gigantischer Felsbrocken. Jedes amüsierte Lächeln eines Mitmenschen wie Hohngelächter. Jede kleinste Kritik wird zum Frontalangriff (weswegen er auch öfter mit Kanonen auf Spatzen schießt bzw. sich immer häufiger/länger beleidigt zurückziehen „muß").

Wir können uns über jede Kleinigkeit aufregen; dann haben wir zumindest eine Beschäftigung... Oder aber wir können uns für ein **großes Ziel** entscheiden, für ein übergeordnetes **Leitmotiv** oder einen Fixstern unseres Lebens.

In dem Moment, da wir dies tun, **wirkt die Welt sofort anders** auf uns: Wir gewinnen nämlich **augenblicklich** (d.h. in **diesem** Augenblick!) Distanz! Und wir gewinnen einen anderen Blickwinkel, aus welchen die Sache anders aussieht. Plötzlich können wir auch in negativen Situationen noch Positives entdecken. Ein wesentlicher Vorteil fast jeder Streß-Situation ist ja bekanntlich der eingebaute Lern-Effekt, aber nur für diejenigen, die ihn wahrnehmen können, nach dem Motto: Lieber **heute** ein **wenig** Lehrgeld zahlen als **später viel mehr** – wenn es mir gelingt, aus dem Heute eine Lehre zu ziehen...

**Achtung: Zeitdiebe?!**

Bitte beachten Sie: Ich kann Ihnen Ihr Auto stehlen – ohne Ihre Hilfe, nicht aber Ihre Zeit. Wenn man uns also Zeit stehlen kann, dann nur, weil wir als Komplizen kräftig mithelfen. Wenn Ihnen also jemand regelmäßig Zeit zu stehlen scheint, dann untersuchen Sie, inwieweit Sie ihm dabei helfen! Wir werden dieses wichtige Thema wieder aufgreifen...

Einer dieser Filter ist der:
**Filter unserer eigenen Ziele.**

Nun lautet **eine der grundlegenden Botschaften** der Birkenbihl-Briefe:
**Es liegt an uns, wie wir die Welt erleben wollen.**

**Achtung:**

**Weder verniedlichen noch leugnen wir:** Wir behaupten keinesfalls, das Negative verlöre seine Negativität; wie behaupten jedoch: „das Negative verliert seine Schärfe"!

Somit wird selbst das Negative relativiert und **verliert** seine (zunächst wahrgenommene) **Schärfe**.

Viele meiner Seminarteilnehmer/innen arbeiten gerne mit dem folgenden **Credo**. Es kann als eine Art von **Vertrag** gesehen werden, den Sie **mit sich selbst** schließen. Es ist sehr hilfreich, sich dieses Credo öfter laut vorzulesen. Oder Sie sprechen es auf eine Kassette, gefolgt von (oder unterlegt mit) Musik, die Sie mögen. Diese Kassette legen Sie immer wieder mal ein (z.B. im Auto). Sie können ihr bewußt zuhören oder sie ab und zu im Hintergrund „laufen lassen", damit sowohl Ihr bewußtes als auch Ihr unbewußtes Denken immer wieder daran erinnert werden können.

**Credo:**

**Ich weiß, daß es keine objektive Wahrnehmung geben kann; weder auf dem subatomaren Niveau noch in der normalen Größenordnung meiner Welt.**

**Daher gilt:**

**Wahrnehmen heißt auch, die für wahr (an-)genommene Welt zu erschaffen. Je kleiner allerdings meine Ziele sind, desto mehr Elefanten werden mir begegnen.**

**Daher wähle ich bewußt durch die Größe meiner Ziele, ob mir mehr Elefanten oder Mücken begegnen werden.**

P.S. Das Credo ist natürlich nur sinnvoll, wenn man mindestens ein großes Ziel im Leben hat, gell?

## Zum letzten Brief: Ihre Haupt-Probleme

Wenn Sie dies jetzt in Beziehung setzen zum Relativitäts-Prinzip der Psyche: Wie groß sind Ihre wichtigsten Ziele und wie groß oder klein werden die sogenannten schlimmsten Probleme im Licht dieser Ziele?

## Bezug letzter Brief: Die Freundlichkeiten-Kette

**Vorschlag**: Man **fotokopiere** erstens die Seite mit der Aufgaben-Schilderung aus dem Juni-Brief, zweitens das eine oder andere Fallbeispiel für so eine Kette (natürlich immer brav mit Quellenangabe!) und übergebe den für eine Freundlichkeit ausgewählten Personen **dieses kleine Dokument**. Dann versteht jede/r, warum auch er/sie jemandem einen Gefallen erweisen soll und daß er/sie Teil einer Freundlichkeiten-Kette ist. Somit ist auch er/sie interessierter, nicht nur seinen/ihren Teil beizutragen, sondern von der nächstfolgenden Person zu erfahren, wie sie die Kette weitergeführt hat...

**Birkenbihl-Kommentar**: Ich fand die Idee so gut, daß ich sie in eine Besprechung mit dem Verlag einbrachte und wir waren uns schnell einig: Wir möchten allen, die ein solches kleines Dokument hilfreich fänden, die Arbeit abnehmen, sie jedoch dann bitten, uns später einige der Ideen, die Ihre Ketten ergeben, mitzuteilen. Denn nichts motiviert uns Menschen mehr als gute Beispiele!

Sie finden **das Dokument** erstens auf den **Seiten 9-11 dieses Briefes** und zweitens für alle Ihre Feunde im Internet unter **www.coaching-briefe.de**

## Freundlichkeiten-Kette (Schilderung Nr. 1)

(von einem Abonnenten, der anonym bleiben möchte)

**Teil 1 der Kette: Das Telefon des Schreibtischnachbarn...** Ich habe einen Schreibtischnachbarn, der regelmäßig den Apparat eines Kollegen (aus dem Büro über uns) übernehmen muß, weil jener Herr ständig außer Haus ist. Dadurch kann mein Schreibtischnachbar an manchen Tagen mit seiner eigenen Arbeit überhaupt nicht weiterkommen und schimpft dann den ganzen Nachmittag vor sich hin. Nun bot ich ihm im Rahmen der F-Ketten-Übung folgenden Handel an: Ich würde einen Monat lang jeweils für eine Stunde jenes Telefon des Herrn über uns für ihn abnehmen, wenn er dafür einer Person seiner Wahl irgendeinen Gefallen erweisen würde. Er war erstens überrascht, zweitens hocherfreut und drittens natürlich einverstanden.

Sie erinnern sich an die Pflicht-Aufgabe vom Juli? Sie notierten 1. Ihre derzeit dringendsten Probleme und 2., WARUM diese Probleme für Sie so „schlimm" sind. Beispiel/Kollege:
**(Warum empfinde ich ihn als Problem?)** vielleicht, *„weil er mich immer angreift"* oder *„weil er seine Versprechen nie hält"*.

**Teil 2 der Kette: Der Hund der Nachbarin...** Nun sind 3 Wochen vergangen, er freut sich jedesmal riesig und heute hat er mir mitgeteilt, worin sein Anteil unserer F-Kette bestehen wird: Er hat eine Nachbarin, eine ältere Dame, der er öfter begegnet, wenn er abends joggen geht (eigentlich mehr Walken als Rennen). Diese Nachbarin klagte ihm neulich, daß Sie wegen ihrer Arthritis so langsam gehen muß, daß es für den Hund kein richtiger Spaziergang mehr ist. Daraufhin bot er ihr an, zweimal pro Woche den Hund (den er kennt und mag) mitzunehmen. Erstens geht er sowieso, zweitens hilft es ihm, bei der Stange zu bleiben und drittens hat er damit seinen Teil zur F-Kette beigetragen. Er erklärte der Dame das Konzept der F-Kette und nun sind wir beide gespannt, wie es weitergehen wird.

**Teil 3 der Kette: Die Tochter der jungen Mutter...** Dann hat auch die Seniorin sich überlegt, was sie tun könnte und nun weiß sie es: Im Haus schräg gegenüber wohnt eine junge Mutter mit einem 5-jährigen Töchterchen (man kennt sich vom Sehen und weil man sich im Supermarkt öfter begegnet ist). Nun hat die alte Dame der jungen Mutter angeboten, ihr die Kleine einmal pro Woche drei Stunden lang "abzunehmen", was diese junge Frau ungemein gefreut hat.

**Teil 4 der Kette: Pralinen-Kochkurs**: Inzwischen weiß ich, womit die junge Frau ihren Teil der F-Kette beisteuern wird: sie kann nämlich Pralinen herstellen und wird dies demnächst einigen Damen aus der Nachbarschaft beibringen, die es gerne lernen möchten. Die beiden wollten nämlich an einem VHS-Kurs teilnehmen, der jedoch schon ausgebucht war, und hätten ca. 3 Monate lang warten müssen. Bin ja gespannt, was ihr F-Ketten-Beitrag sein wird.

Inzwischen habe ich eine weitere F-Kette gestartet, indem auch ich einem älteren Ehepaar in meiner Nachbarschaft angeboten habe, ihren Hund ab und zu so richtig spazieren zu führen (damit er ab und zu so richtigen Auslauf – mit Betonung auf LAUFEN) hat!
Es macht echt Spaß! Danke für die Idee.

**Birkenbihl-Kommentar**: Unser Dank geht an Oprah Winfrey, die diese Idee in Ihrer Show vorstellte!



Letzten Monat wiesen wir darauf hin, daß viele Menschen ihre Gedanken (unbewußt) in Gesprächen klären, indem sie an eine Person „hinreden". Heute zeige ich Ihnen eine weit bessere Technik (s.u.); außerdem will ich Ihnen helfen, die zweite Frage (Kür-Aufgabe, S. 8 im Juli-Brief) zu beantworten.

## Betreff: Gedanken klären (vom Juli-Brief)

**Mögliche Konsequenzen**: Fragen Sie sich ab und zu *Welchen Vorteil hat mein derzeitiger Gesprächspartner von diesem Gespräch?*

Weitere mögliche Fragestellungen lauten:
*Inwieweit hilft dieses Gespräch ihm? Inwieweit stellt es eine wertvolle Investition seiner Ressource Zeit für ihn dar? Möchte er ein Problem lösen? Erhofft er sich Impulse von mir? Sucht er Informationen, die ich ihm geben kann? Will er nur seine Gedanken klären? Wenn ja, bin ich bereit, ihm diese Möglichkeit zu gewähren (z.B. weil er mein Kunde ist, oder weil ich diese Person als Mensch schätze)?*

## PFLICHT-AUFGABE: Kläranlage für den Geist

**Schreiben Sie täglich zehn Minuten lang alles, was Ihnen gerade in den Sinn kommt auf** (notfalls *jetzt fällt mir nichts ein*)! Wenn Ihnen im Augenblick gerade gar **nichts** einfällt, dann schreiben Sie (wörtlich): Jetzt fällt mir nichts ein! Schlimmstenfalls würden Sie die ganzen zehn Minuten lang schreiben: Jetzt fällt mir nichts ein! (was fast nie passiert), denn bei dieser Übung gilt die **eiserne Spielregel**: **Ihr Stift muß sich die ganze Zeit bewegen**. **Denk-Pausen sind** (bei dieser Übung) **total verboten**. Machen Sie **den inneren Monolog sichtbar**, der so oft in Gesprächen auftaucht (vgl. Juli-Brief, S. 7), weil wir vor dem Sprechen genausowenig wußten, welche Gedanken wir gerade klären wollten. Darum wissen viele Leute ja erst, was sie gedacht haben, nachdem sie sich reden gehört haben! Das meinte **Kleist** in seinem vortrefflichen Essay mit dem Titel: **„Über das allmähliche Verfertigen der Gedanken beim Reden."**

Wenn Sie es einmal einen Monat lang ausprobieren, können Sie feststellen, **wieviel „Schutt"** auf diese Weise im Bewußtsein „auftaucht" und **durch dieses Schreiben weggeräumt werden kann**. Immer wieder werden Sie die be-FREI-ende Wirkung dieses Klärprozesses erleben. Es lohnt sich – wirklich! **Testen Sie** diese Technik **einen Monat lang**. Danach erst entscheiden Sie, ob Sie fortfahren wollen. **Merke**: Wer sich bereits im Vorfeld entscheidet, es gar nicht erst zu versuchen (nach dem Motto: Was der Bauer nicht kennt, frißt er nicht.), verliert viel...

Ihre **tägliche** (nonstop) **Niederschrift** stellt einen **Spiegel** dessen dar, was **während der 10 Minuten in Ihnen vorgeht**. Dieses Dokumentieren Ihrer „erstbesten" Ideen bietet Ihnen einen **Gedankenmonitor**, der Ihnen (wie ein Fernsehmonitor), ein **Kontrollbild** anbietet. Wir sprechen im nächsten Brief darüber, was Sie mit solchen Texten anfangen können, wobei Sie sie (vorläufig) nicht einmal lesen müssen...

Achtung: **Im September** werden wir diese Technik einen Schritt weiterführen. Das geht jedoch nur, wenn Sie seit einem Monat mitgemacht haben werden. Alles klar?

Mit liebem Gruß, Ihre

Übrigens: Da die Aufgabe darin besteht, 10 Minuten lang zu schreiben (wobei Sie hinterher **nicht** lesen müssen, was Sie geschrieben habe), gilt: Wenn Sie wollen, können Sie hier die Geheimschrift üben. Es hat erstens den Vorteil, daß kaum jemand Ihre Texte lesen könnte (anfangs inklusive Sie!). Zweitens bedeutet die Verwendung einer „anderen" Schrift auch, daß teilweise weit originellere Gedankengänge entstehen, weil man in andere Denk-Bahnen gelangt. Probieren Sie es vielleicht einmal aus...?

# Die Freundlichkeiten-Kette

## Das Dokument

Liebe Leserin, lieber Leser,

die Idee der Freundlichkeiten-Kette **ist bei Ihnen auf großes Interesse gestoßen**. Wie versprochen haben wir Ihren **Vorschlag** (Seite 6) aufgegriffen und dieses Dokument erstellt, das Ihnen bei der Weiterführung Ihrer Freundlichkeitenketten behilflich sein könnte.
**Bitte nicht vergessen: Wir freuen uns, wenn sie uns Ihre F-Ketten-Ideen mitteilen (mailen, faxen oder schicken).**

Viel Freude wünsche ich Ihnen!
Ihre

Vera F. Birkenbihl

**P.S.** Die folgenden beiden Seiten können Sie so oft Sie wollen fotokopieren bzw. können sich Ihre Freunde direkt aus dem Internet (**www.coaching-briefe.de**) ausdrucken.

Vorschlag: ... und übergebe den für eine Freundlichkeit ausgewählten Personen dieses kleine Dokument. Dann versteht jede/r, warum auch er/sie jemandem einen Gefallen erweisen soll und daß er/sie Teil einer Freundlichkeiten-Kette ist. Somit ist auch er/sie interessierter, nicht nur seinen/ihren Teil beizutragen, sondern von der nächstfolgenden Person zu erfahren, wie sie die Kette weitergeführt hat...

## Die FREUND•lichkeiten•Kette (the Kindness-Chain)

Kennen Sie die **Oprah-Show**? Neulich stellte Oprah in einer Sendung die sogenannte **KINDNESS-CHAIN** vor, die ich **vorläufig** mit „Freundlichkeiten-Kette" übersetze. (Ich bin für Vorschläge offen, falls Sie bessere Ideen haben.) Aber ehe ich Ihnen dieses Konzept erkläre, möchte ich Ihnen zuerst schildern, wie mir vor einigen Jahrzehnten ein Mensch in Amerika unglaublich half, weil er sich Zeit nahm und mir phänomenale Dinge sagte, nachdem ich ihm mein Problem schildern durfte. Dies erwies sich als so hilfreich für die Entwicklung meines Selbstwertgefühls, daß ich ihm, als ich ihm einige Wochen später begegnete, **irgendwie danken wollte**, weil er mir so eine riesige Erleichterung geschenkt hatte, aber da sagte er:

„Schau, Vera, was ich dir gegeben habe, das kannst du mir nicht zurückgeben, weil ich **davon** schon genug habe. Vielen Dank. Aber wenn du meinst, eine **Schuld** begleichen zu wollen, dann wisse: Es werden dir in deinem Leben Menschen begegnen und sie werden um Rat oder Hilfe bitten. Welcome to the club!" ➔

**Oprah Winfrey**, eine unglaublich erfolgreiche US-Talkshow-Meisterin, ist auch bei uns im Original (manchmal mit, manchmal ohne Untertitel) zu sehen, und zwar auf tm3: Die Sonntags-Sendung konzentriert sich vorwiegend auf Chats mit großen Stars, während die Wochentags-Sendungen zum Teil **erheblichen Tiefgang** haben!
Empfehlenswert!

Dies war ein **Schlüsselerlebnis** für mich. Ich habe seither gemäß dieser Spielregel gelebt und ich habe die Begebenheit inzwischen Abertausenden meiner Seminarteilnehmer/innen erzählt, von denen mir viele später signalisierten, wie toll sie die Idee dieses Herzens-Clubs (wie einer es nannte) fanden.

**Aber die Idee aus der Oprah-Show geht einen großen Schritt weiter**, weil wir **nicht warten müssen**, bis jemand sich als Rat oder Hilfe **suchend** „offenbart". Nein, wir gehen **aktiv** auf die Suche, indem wir uns fragen:

Denn es ist genau dieser Wunsch unseres „Spielpartners", der die Ketten-Reaktion auslösen wird. So wird der „Stab" in diesem seelischen Staffellauf weitergegeben. So werden alle Mitspieler Mitglieder des Clubs...

Wichtig ist, daß jede/r einzelne sich an die Spielregeln (s. unten) hält. In der Oprah-Show berichten Menschen regelmäßig begeistert davon, was sie anderen Positives „angetan" hatten und umgekehrt.

**Wem könnte ich einen Gefallen erweisen, der diese Person so sehr freuen wird, daß auch sie einem anderen Mitmenschen gerne eine Freude machen möchten?**

Insel-Überschneidungs-Aufgabe:
**FREUDE MACHEN...**

**Die SPIELREGEL: Das Grundprinzip:**

Sie erweisen anderen Menschen **einen Gefallen**, über den diese Menschen sich soooo freuen, daß sie sich bedanken möchten. Daher sind sie gerne bereit, einem weiteren Mitmenschen einen Gefallen zu erweisen, wobei **auch jene** Person ihrem „Wohltäter" dadurch dankt, daß **sie wiederum** der nächsten Person in dieser „Kette" **eine kleine Freude** macht usw.

**Das nachfolgende Beispiel für eine besonders liebenswerte FREUND•lichkeiten•Kette schilderte eine Seminarteilnehmerin (1. Kettenglied)**

**1. Kettenglied: liegengeblieben:**
Der Wagen einer jungen Frau bleibt abends auf einer einsamen Landstraße stehen und kann nicht mehr gestartet werden. „Gott sei Dank" hat sie ihr Handy dabei; damit erreicht sie einen Bekannten, der sich aus 50 km Entfernung auf den Weg macht um ihr zu helfen. Sie schleppen das bockige Gefährt quer durch die Eifel zum Haus der jungen Frau. Eine Bezahlung/Anerkennung möchte der Helfer nicht, stattdessen bittet er sie, einer Person ihrer Wahl ebenfalls irgendeinen Gefallen zu erweisen.

**2. Kettenglied: mit zur Schule:**
Etwa 2 Wochen später ruft ihn die junge Frau an und erzählt ihm von ihrem Anteil an der Freundlichkeiten-Kette. Mittwochs nimmt sie ab sofort, auf dem Weg zum Büro, den 12jährigen Sohn der Nachbarin mit zur Schule. Er hat an diesem Tag erst um 9 Uhr Unterricht, da aber um diese Zeit kein öffentliches Verkehrsmittel fährt, müßte der Junge immer den frühen Bus nehmen.

**3. Kettenglied: Wertstoffe:**
Der Gymnasiast freut sich jetzt ausschlafen zu können. Er schlägt einer gehbehinderten Nachbarin vor, alle 14 Tage ihr Altpapier zur Wertstoff-Sammelstelle zu bringen. Sie solle dafür einer anderen Person eine Freundlichkeit erweisen.

**4. Kettenglied: ein Plätzchen fürs Rad:**
Diese ältere Dame steuert (als ihren Teil zur Weiterführung der Freundlichkeiten-Kette) einen Abstellplatz in ihrer Garage für das Rad der Studentin im Dachgeschoß über ihr bei; damit die junge Frau nicht mehr täglich ihr Stahlroß vier Stockwerke hoch und runter schleppen muß. Denn ein Fahrrad war ihr trotz Anketten geklaut worden.

**5. Kettenglied:**
**Noch wissen wir nicht wie es weitergeht..!**

Möchten Sie es auch einmal versuchen? Viel Freude dabei, Ihre

Vera F. Birkenbihl

**P.S. zum August-Brief:** Betreff Geheimschrift

Wenn Sie wollen, können Sie jeden Buchstaben der Geheimschrift einzeln „übersetzen" (hinschreiben)…

Liebe Leserinnen, lieber Leser,
inzwischen sind viele begeisterte Reaktionen zur Geheimschrift eingegangen,

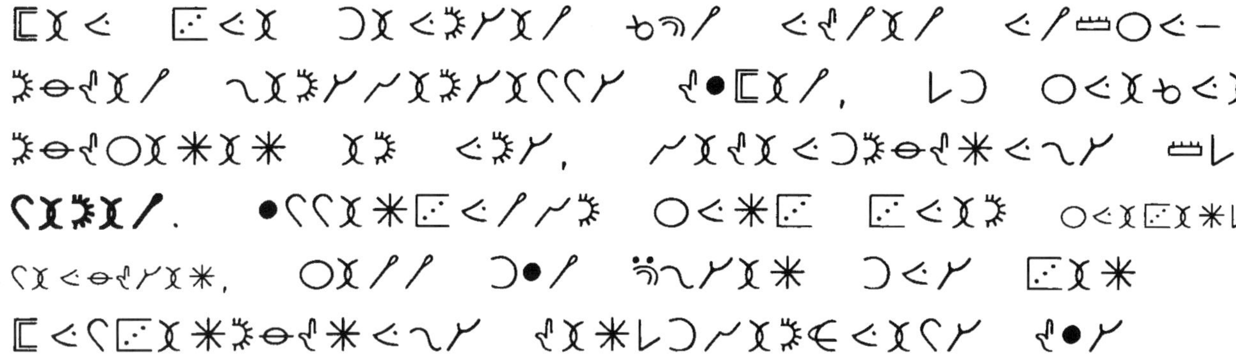

(vgl. Juli-Brief und Urlaubs-Spiele-Sammlung, Seite IIIff.).

Es gibt nur einige wenige Briefe/Faxe nach dem Motto: 

 Nun, für alle Aufgaben in den Briefen 

 Sie haben festgestellt, 

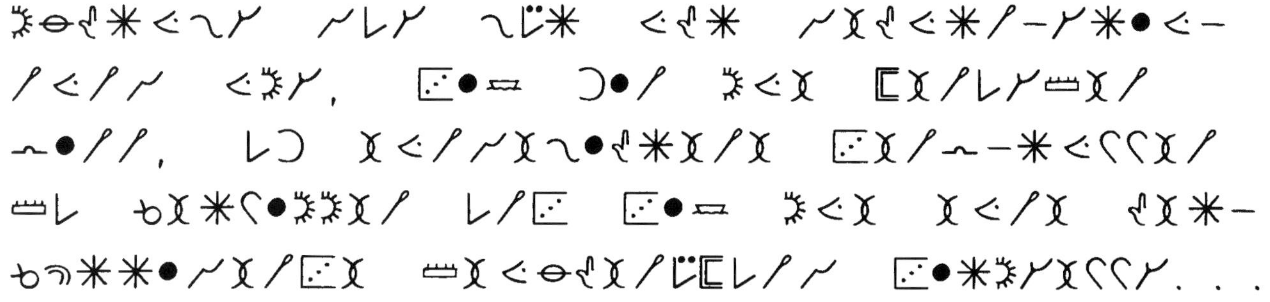

Ich wünsche Ihnen einen wundervollen Sommer,
Ihre

Vera F. Birkenbihl

# Der Vera F. Birkenbihl-Brief

# Erfolg & Lebensqualität

+++ geistig ständig fitter +++ als Persönlichkeit immer erfolgreicher +++ in der Kommunikation Schritt für Schritt besser +++ denn: Erfolg ist ein Prozeß

**Monatlicher Beratungs- und Trainingsservice** **September**

Liebe Leserin,
lieber Leser,

inzwischen sind **viele Reaktionen zu der Kläranlagen-Technik (vgl. Juli-Brief**, S. 6ff. und **August-Brief**, S. 7f.) **eingegangen**. Viele von Ihnen haben inzwischen hervorragende erste Erfahrungen gemacht, z.B. schrieb ein Leser: *Ich war zwar skeptisch, aber nachdem ich Vertrauen in Sie habe, wollte ich es einmal versuchen. So begann ich (wenn auch erst beim zweiten Aufruf) letzten Monat! Nun kann ich bereits sagen: Es ist wie ein Anti-Streß-Programm. Ich bin den ganzen Tag über viel ruhiger, wenn ich früh schreibe. Lasse ich die Kläranlagen-Übung aus, dann bin ich viel aufbrausender. Kann das denn wahr sein?*
Antwort: **Ja**. Eine andere Leserin meinte: *Plötzlich fing ich an,* ***Sütterlin*** *zu schreiben, was ich seit der 4. Klasse – als wir in der Schule auf die lateinische Schrift umstellten – nie mehr getan habe. Ist es o.k.?* (Antwort im Kasten!)
Sie sehen, welch dramatische Auswirkungen eine „einfache Technik" haben kann. 10 Minuten pro Tag ist wenig Zeit, wenn Sie bedenken, daß Sie durch die größere innere Ruhe **weit mehr als 10 Minuten im Verlauf des (Arbeits-)Tages einsparen** (weniger hektische Aktionen und Denk-Blockaden).
Falls Sie also **noch nicht** damit angefangen haben: Es ist nie zu spät! Ebenfalls **immer** beginnen können Sie mit einer **Freundlichkeiten-Kette** (auch hier ist Ihr Echo sehr positiv ausgefallen!) Eine Leserin schrieb: *Es macht so viel Spaß, sich etwas auszudenken und eine neue Kette in Gang zu setzen. Man bekommt so viel Positives zurück.* Haben **Sie** schon einmal aktiv mitgemacht? (Denken Sie auch daran, uns Ihre Erfahrungen mitzuteilen? Ich freue mich jedesmal! Danke.)

Mit liebem Gruß,
Ihre

Vera F. Birkenbihl

**Vera F. Birkenbihl**

gehört zu den erfolgreichsten Persönlichkeits-Entwicklern Europas, die seit 1970 abertausende von Seminarteilnehmer/innen, Leser/innen, Rundfunk-Hörer/innen und Fernsehzuschauer/innen überzeugt und begeistert. In diesen Briefen will Sie Ihnen helfen, den **Adler** in Ihnen zu stärken.

**Antwort**: Da Sie ja hinterher **NICHT** lesen müssen, was Sie geschrieben haben, gilt: Wenn Sie wollen, können Sie hier eine „alte" Schrift (wie Sütterlin) schreiben oder Geheimschrift üben, wiewohl sie beide wahrscheinlich (derzeit) besser schreiben als lesen können. **Eine „andere" Schrift** hat erstens den **Vorteil**, daß kaum ein/e Unbefugte/r Ihre Texte lesen kann. Zweitens bedeutet die Verwendung einer „anderen" Schrift auch, daß teilweise weit originellere Gedankengänge entstehen, weil man in völlig **andere Denk-Bahnen** gelangen kann. Probieren Sie es vielleicht aus…?

## Zum letzten Brief: Goethes Variante der Kläranlage-für-den-Geist-Übung

Wenn Sie ernsthaft **Selbsterforschung** betreiben wollen, ohne einen Psychiater zu bemühen, dann können Sie eine Variante dieser Technik einsetzen, die Goethe genutzt hat. Das sieht so aus: **An einem Tag** schreiben Sie irgend etwas und **an einem späteren Tag** nehmen Sie das neulich (oder damals) Geschriebene und schreiben zu jedem Absatz, zu jedem Gedanken spontan auf, was Ihnen jetzt dazu einfällt.

Das Beispiel (im Kasten) befindet sich in meinem Kläranlagen-Journal (von 1995). Als ich später auf diesen Vorsatz stieß, schrieb ich:

*Wieso habe ich das aufgeschrieben, wo ich doch offensichtlich nicht wirklich vorhatte zu gehen? Nun, wenn ich es überhaupt nicht vorgehabt hätte, dann hätte ich es ja wohl kaum notieren können. Also muß doch ein gewisser Vorsatz existiert haben, zumindest unbewußt. Könnte es sein, daß mein Körper mir hier etwas sagen möchte? Hat die „Intelligenz des Körpers" diese Zeilen ausgelöst? Spannend finde ich das.*

Natürlich können Sie zu einem späteren Zeitpunkt weitermachen, indem Sie wiederum frei assoziieren zu dem, was jetzt da steht. Dies tat ich in jenem spezifischen Falle auch:

*Also das ist wieder typisch. Da frage ich mich, ob mein Körper mich quasi anfleht, mich endlich von meinem fetten A... zu erheben und endlich regelmäßig zu WALKen und schon wieder habe ich mich gedrückt. Einerseits sehr interessant, andererseits macht es mich doch sehr nachdenklich...*

Wenn ich einen spannenden „Faden" entdecke, verfolge ich ihn über eine gewisse Zeit. Manchmal führt er in eine geistige Sackgasse, manchmal aber entpuppt er sich als regelrechter Ariadne-Faden, mit dem ich aus einer tiefen „Höhle" ans „Licht" finde (weil ich neue EinSICHT-en gewinne oder gar – in diesem Punkt – eine gewisse „ErLEUCHT-ung" erlebe). So auch hier. Denn einige Tage später sichtete ich die hier zitierten Textstellen und schrieb:

**Beispiel:**
Mitten in meinem Text stand: *Ich sollte eigentlich regelmäßig WALKEN.* Wenn Sie so eine Bemerkung zu einem späteren Zeitpunkt lesen und wie ich damals, über Ihren eigenen Vorsatz vollständig erstaunt sind, dann beginnen Sie diese Methode zu begreifen. Bewußt wissen wir oft nichts davon und natürlich war auch ich nicht ge-WALKT (nicht einmal spazierengegangen war ich damals!). Deshalb lohnt es sich, über solche Bemerkungen sofort im Kläranlagen-Stil zu schreiben.

**Also doch kein Wunder, daß ich nicht gegangen war?**

*Anscheinend reicht nachdenken nicht, denn dabei ist es geblieben. Jetzt möchte ich zu gern wissen, was mich akut vom WALKen abhält? Ich werde mir eine Notiz schreiben und dem bewußt nachgehen...* Zwei Tage später: *Habe ein KaWa gemacht und bin dabei wahrscheinlich auf den Grund meines Nicht-Gehens gestoßen: Nach W (Wille) und L (Luft, frische) ergab das A: „Angst", und das K führte zu „Kampfhormone"!*

**KaWa© zu WALK-ing**

Durch das KaWa© wurde mir klar, daß meine Angst sich auf **Hunde** bezog. Des weiteren ist es so, daß in unserem Ort einige ziemlich große Hunde frei herumlaufen, die mir aufgrund meines Traumas und meiner Körpergröße von 1.53 natürlich besonders groß und gefährlich erscheinen. Nun, beim nächstenmal schrieb ich: *Also, jetzt werde ich testen, ob es wirklich die Hunde sind. Wenn ich ein WALK-inggerät auf der Terrasse installiere, dann müßte ich schnell herausfinden, ob ich regulär WALK-en werde.* Das Gerät habe ich besorgt und bald habe ich tatsächlich angefangen, regelmäßig zu trainieren.

In meinen **alten Journalen** aus Amerika fand ich folgenden Passus, der ebenfalls in dieser Goethe-Technik entstanden war: **Ich war damals (ca. 1968) dem Gedanken das erste Mal bewußt begegnet, daß die Welt unser Spiegel sein könnte**, ... daß wir in die Welt **hineinschauen** und quasi uns sehen, ... daß die Welt uns spiegelt, ... und daß, wer beispielsweise von negativ gestimmten Menschen umgeben zu sein scheint, möglicherweise selbst die Quelle dieser Negativität ist.

Ich fand diesen Gedanken im ersten Ansatz ziemlich blöde. Ich war nämlich damals umgeben von „aggressiven" Menschen (die mir immer an den Kragen wollten). Ich war ständig verletzt und dabei, mich zu verteidigen und zu re-agieren. Ich konnte selbstverständlich absolut nichts dafür, daß es so viele Leute gab, die mich angriffen... (Quaaaaak).

Das war meine **damalige** Geisteshaltung, und dann begegnete ich diesem Gedanken (Welt als Spiegel), den ich natürlich zunächst brutal ablehnen „mußte", wollte ich mein Selbstwertgefühl, das zu der Zeit sowieso arg strapaziert war, nicht noch weiter gefährden. Bald tauchte der Gedanke im Kläranlagen-Journal (das ich damals noch *Thought-Monitor* nannte) auf. An einem Tag schrieb ich:

*Wenn die Welt ein Spiegel ist, dann müßten die vielen aggressiven Menschen, denen ich laufend begegne, meine eigene Aggressivität widerspiegeln. Quatsch!*

Dies las ich etwas später und fügte hinzu:

*Angenommen ich wäre wirklich viel aggressiver als ich glaube..., na ja, ich bin schon manchmal ziemlich heftig in meiner Abwehr, aber ich wehre mich ja nur!*

Am nächsten Tag:

*Kann man aggressiv abwehren, wenn man eigentlich ganz und gar nicht aggressiv ist? Interessante Frage!!! Anscheinend ist ja doch eine Menge Aggressivität in mir. Ich werde die Gruppe fragen.*

Dieses Fallbeispiel soll sie erstens informieren (wie diese Technik funktioniert) und soll Sie zweitens motivieren, eigene Entdeckungen machen zu wollen; denn diese sind letztlich immer wichtiger als das beste Fallbeispiel einer anderen Person.

Wir hatten damals ein wöchentliches Meeting mit Menschen, mit denen wir gemeinsam über solche Dinge reden konnten (eine sogenannte T-Group). Nachdem ich die Gruppe gefragt hatte:

*Die Gruppe ist sich einig. Ich scheine ziemlich aggressiv zu sein. Schon, wie ich im Cafe einen Imbiß bestelle oder wie ich herummeckere, wenn kein Eiswasser da ist, wie ich anderen mit meinen Zwischenfragen in die Parade fahre usw. Einige fühlen sich regelmäßig durch meine Art oder inhaltlich, durch meine Fragen angegriffen.*

**Achtung**: Wiewohl andere Menschen schon lange begriffen hatten, wie aggressiv ich war, ermöglichte es mir erst die **Übung zur Kläranlage des Geistes**, dies zu begreifen. Welche Einsichten warten wohl auf Sie, wenn Sie den Mut haben, die Kläranlagen-Übung zumindest an zehn aufeinanderfolgenden Tagen durchzuführen, bevor sie entscheiden, ob Sie weitermachen

So hatte ich mich noch nie wahrgenommen. Ein paar Tage später:

*... Da fällt mir ein, daß meine ganze Familie so ist. Deshalb dachten Ausländer immer, wir würden streiten, was uns alle immer total überrascht hat. Kann es sein, daß diese Aggressivität keine Aggressivität gegen andere ist? Dem Gedanken könnte man einmal nachgehen... Nur, warum fühlen sich die anderen dann doch von mir angegriffen ...?*

Einige Tage später:

*Wahrscheinlich ist jede Aggressivität aggressiv, wenn verschiedene Menschen sich regelmäßig angegriffen oder verletzt fühlen. Dies müßte dann auch für mich und meine Aggressivität gelten! Darüber sollte ich mit mehr Menschen sprechen, insbesondere mit A. und M. Und ich sollte lernen, bewußter zu beobachten, wie Menschen auf meine Art re-agieren, wenn ich mich vorher nicht angegriffen gefühlt hatte...*

Schlußfolgerung einige Wochen später:

*Die Welt war mir in diesem Aspekt eben doch ein Spiegel.*

Sie sehen, zu welchen echten Einsichten diese Technik verhelfen kann. Dieses Beispiel (Welt als Spiegel) war das erste, bei dem mir meine **Kläranlagen-Schreibübungen** im Sinne des **Erforschens der eigenen Insel** immens weitergeholfen hatten! Ich setze die Technik seit nunmehr ca. drei Jahrzehnten ein uns stoße immer wieder auf Entdeckungen, die ich auf normalem Wege nie hätte machen können.

Einige von Ihnen baten mich um Tips, um mit Entspannungs-Übungen beginnen zu können, ohne ein langes Training (wie A.T. u.ä.) durchlaufen zu müssen.

Wie oft sind wir verkrampft? Wie schwer fällt es loszulassen...?

Hier ist eine tolle Methode von Jonathan Robinson, einem Persönlichkeitstrainer in Amerika. Ich finde die Übung so brillant, daß ich Sie Ihnen als PFLICHT-AUFGABE ans Herz legen möchte. Denn sie kann auch jenen helfen, die meinen, sie seien „nie" verspannt...

Quelle: Jonathan Robinson, *shortcuts to Bliss*

## PFLICHT-AUFGABE: 4 leichte Schritte zur sofortigen Entspannung

**Robinsons Technik dauert nur 3 Minuten**, kann aber alles verändern, was wir derzeit **glauben, erleiden zu müssen**. Nach der Übung fühlt man sich weit besser (oft sogar ausgesprochen gut!). Negative Gefühle sind in der Regel verschwunden; der Körper ist entspannt und wir fühlen uns wohl...

Schritt 1: **Setzen (oder legen) Sie sich bequem hin** und schließen Sie Ihre Augen.

Schritt 2: **„Durchkämmen" Sie Ihren Körper systematisch** und identifizieren Sie **das unangenehmste Gefühl**, das Sie (in diesem Augenblick) finden können.

Schritt 3: Konzentrieren Sie sich auf diese Stelle Ihres Körpers und fühlen Sie, was immer dort „sitzt".

Indem Sie sich auf **die vorhandenen Gefühle einstimmen** und Ihren **Widerstand gegen sie loslassen**, werden Sie feststellen, wie eine Änderung eintritt. **Ironischerweise** ist es vor allem **unser Widerstand** gegenüber negativen Gefühlen, welcher zu dem **„stuck"-Zustand** in unserem Körper führt! Indem Sie diesen **Widerstand loslassen** und sich tatsächlich darauf fokussieren, was Sie (wirklich) fühlen, öffnet sich der Damm der „stuck"-Gefühle, und aus der Flut wird wieder ein Fluß, dann ein Flüßchen, ein Bach und ein Rinnsal, welches sanft endet...

**stuck-state:**
Stellen Sie sich vor, jemand ist in einer engen Röhre stekkengeblieben, er kann weder vor noch zurück. Er ist „stuck", und die Gefühle von Angst, Frust, Hilflosigkeit und ähnlichem beschreibt der Begriff „stuck-state". Diese Gefühle wirken wie ein Damm, wie eine Blockade, und zwar pysiologisch und psychologisch.

**Grundbedeutung von stuck:**

klemmen, feststecken
nicht weiter, nicht
zum Ziel kommen

Schritt 4: Stellen Sie sich der Reihe nach die folgenden **6 Fragen**:

**Frage Nr. 1**: An welcher Stelle in meinem Körper sind die unangenehmsten Gefühle (Empfindungen)?

**Frage Nr. 2**: Wie groß ist das Areal im Körper, welches das Zentrum dieser unangenehmen Empfindungen bedeckt?

**Frage Nr. 3**: Ist diese Stelle wärmer oder kühler als der Rest meines Körpers? Wie genau fühlt sich ihr Anderssein an?

**Frage Nr. 4**: Welchem Aspekt dieser Empfindungen gilt mein Widerstand genau (was finde ich ganz besonders schlimm)?

**Frage Nr. 5**: Kann ich den Widerstand loslassen und diesen Empfindungen erlauben durchzufließen?

**Frage Nr. 6**: Gibt es etwas, woran ich jetzt denken kann, was in mir Gefühle von Dankbarkeit oder Vorfreude auslöst?

**Beantworten Sie die Fragen so exakt wie möglich!** Zum Beispiel, bei Frage Nr. 2 (Wie groß ist das Areal im Körper...?): Vergleichen Sie die Größe der Stelle **mit konkreten Dingen**, deren Größe Ihnen vertraut ist; antworten Sie ganz konkret (z.B. so groß wie *ein Fünf-Mark-Stück* oder: *wie ein Fußball*).

**Diese Übung** kann sowohl eingesetzt werden, um unangenehme Gefühle aufzulösen, als auch, um kleine bis mittelgroße „Probleme" (und/oder Ärger-Situationen) schnell zu überwinden. Die Übung kann auch in Zeiten von Trauerarbeit als flankierende Maßnahme häufig eingesetzt werden und diese Lebensphase maßgeblich erträglicher machen...

Im Alltag: Wenn Sie merken, daß Sie verspannt sind - schenken Sie sich diese Minuten! Mit Übung brauchen Sie bald keine Minute mehr: Sie holen einfach Luft, registrieren die unangenehmste Stelle und definieren Sie, dann entspannen sie sich und lassen alles wie einen Fluß durch Sie hindurchströmen. **Geübte Fortgeschrittene schaffen die Übung jederzeit (auch stehend oder gehend) in ca. 45 Sekunden.**

Sicher haben Sie gemerkt, daß **die ersten fünf Fragen** Ihnen helfen, ins **HIER & JETZT** zu kommen und das zu fühlen, was Sie derzeit zu unterdrücken geneigt sein könnten. Stellen Sie sich vor, Sie seien ein/e **Wissenschaftler/in**: Registrieren Sie die Empfindungen in Ihrem Körper so objektiv wie nur möglich. Bis Sie zu Frage Nr. 6 kommen, sind Sie schon entspannt. Nun stellen Sie sich die letzte Frage und konzentrieren sich auf etwas, wofür Sie Dank empfinden oder etwas, worauf Sie sich schon freuen. **Dann erst öffnen Sie die Augen und beenden die Übung.**

Bis zum nächsten Brief verbleibe ich
mit ganz liebem Gruß, Ihre

Vera F. Birkenbihl

# Der Vera F. Birkenbihl-Brief

## Erfolg & Lebensqualität

**Monatlicher Beratungs- und Trainingsservice**
**Denn: Erfolg ist ein Prozeß**

**Oktober**

eine der erfolgreichsten Persönlichkeits-Entwickler

Vera F. Birkenbihl

Liebe Leserin,
lieber Leser,

ein Aspekt erfolgreicher Lebensführung ist die Fähigkeit, gegen Anti-Programme zu handeln, wenn diese unser Leben einschränken (z.B. Anti-Fehler-Programme). Deshalb gebe ich erkannte Schwächen (oft) zu. Zwar ist das Echo auf die Briefe **sehr positiv** (das freut mich natürlich) aber es gibt doch auch (kleinere) Kritikpunkte. Da Ihre Meinung uns sehr wichtig ist, sehen Sie heute drei Änderungen:

1. Wir haben die Produktion des Briefes softwaremäßig umgestellt, was kleine Layout-Anpassungen bewirkt. Dies nutzen wir, um den Leser/innen entgegenzukommen, die meinten, es sei günstiger, wenn die Marginalie immer rechts sei, weil man leichter in leere Randstellen am rechten Rand hineinschreiben könne. Natürlich kam die Anregung von Rechtshändern (die jedoch ca. 85% unserer Leser/innen repräsentieren).

2. Einige von Ihnen baten uns, das Piktogramm für Pflicht und Kür gegeneinander auszutauschen, denn die schlittschuhlaufende Figur erinnere eher an Pflicht-Programme im Sport, während die andere Figur die Rollschuhe (keine olympische Disziplin) anlegt, als Kür einleuchtender wäre. Nun, rückblickend hat man ja immer ein absolut perfektes Sehvermögen! Also ändern wir auch dies jetzt. Da *Pflicht* oder *Kür* immer dabeisteht, werden Sie sich bald umgewöhnen.

3. Sie baten um eine kleine Inhalts-Übersicht auf der Titelseite jedes Briefes, damit Sie sich schneller orientieren können, wenn Sie später eine bestimmte Textstelle **wieder** finden wollen.
Einverstanden!
Wie immer danke ich Ihnen für Ihr konstruktives Feedback!

Mit liebem Gruß,
Ihre

Vera F. Birkenbihl

# Haben Sie öfter Motivierungs-„Probleme"?

In Seminarpausen kommen oft Väter, Mütter, Chefs und Chefinnen von (jungen) Menschen und fragen: **„Wie kann** ich meine/n Sohn/Tochter (Azubi, Mitarbeiter/in usw.) **motivieren**, (dies und das) **zu tun**?" Der Hauptsatz lautet also „Wie kann ich ... motivieren?" und fragt: **„Wie kann ich (ihn/sie) motivieren, sich genau so zu verhalten, wie ich mich laut meinen Programmen** (vgl. Kasten) **verhalten muß?"**

Programme:
**Es geht um Erziehungs-Programme,** vgl. BasisWissen, S. 9ff, 36

Solange man vor allem will, daß das eigene **kleine EGO** (das sich verzweifelt an seine Programme klammert) **zufriedengestellt** wird, solange **fordert** man (ohne Rücksicht auf Verluste), daß sich **alle** Menschen **exakt so** verhalten, wie man sich (laut eigenem Programm) verhalten darf (kann oder muß). Tun unsere Mitmenschen dies einmal **nicht**, dann sprechen wir gerne von einem **Motivationsproblem**. Geradezu spannend wird es, wenn ich diesen Teilnehmer/innen eine **Gegenfrage** stelle nämlich: „Mit welchem Recht wollen Sie eigentlich, daß dieser (junge) Mensch sich genau so verhält?"

Das am häufigsten auftauchende Argument lautet jetzt nämlich: „Ich will ihm/ihr ja nur helfen!", während die zweithäufigst genannte Begründung darauf hinweist, daß „man" sich nun einmal so verhalten **müsse** (z.B.daß man den Bart halt **sauber** rasieren müsse). Das Wörtchen „man" verweist in der Regel auf Programm-Charakter. Erinnerung: Im August-Brief sprachen wir (beim Relativitätsprinzip der Psyche, Seite 3ff.) davon, inwieweit ein großes **Ziel** (**ein Fixstern**) uns **helfen kann**, auftauchende Probleme als *Mücken* oder *Elefanten* wahrzunehmen. Dabei stellten wir fest: **Je größer unser Fixstern, desto kleiner werden unsere Probleme**. An diesen Gedankengang wollen wir heute anschließen: Je wichtiger Sie es finden, daß ein Mitmensch genau das von Ihnen geforderte Verhalten an den Tag legt, desto „elefanten-artiger" ist das „Problem", wenn er sich weigert, so daß Sie ein „Motivations"-Problem zu haben scheinen...

Das merkt man spätestens, wenn man hinzufügt: „Möchten Sie Ihr Recht, von diesem jungen Menschen (dieses Verhalten) zu fordern nicht wenigstens rein theoretisch in Frage stellen?". Hier reagieren manche verdutzt (was oft einen neuen Denk-Vorgang einleitet), andere wehren jetzt (teilweise regelrecht böse) ab: Die Tatsache, daß wir ihr „Recht" infrage stellen, von anderen ein bestimmtes Verhalten zu fordern, **erbost** sie!

Das heißt: Wenn wir anderen überhaupt **nicht zugestehen können**, in einem bestimmten Punkt **anders zu denken, fühlen oder handeln als wir**, dann könnte **diese Tatsache** uns extrem nachdenklich machen. Denn sie weist darauf hin, daß wir alle Mitmenschen „genau so" (bezogen auf **unser** Programm) haben wollen. Oder, auf mein **Insel-Modell** bezogen, bedeutet es: **Wir wollen jede Person „motivieren"** (oder wir „müssen" sie sogar bekämpfen, wenn sie sich anders verhält), **wenn ihr Insel-Inhalt in (diesem Punkt) von unserem abweicht...**

Seine INSEL
ist (in diesem
Punkt)
gaaaaanz
anders als
meine ...

?
?
?
was will
der Mensch
eigentlich?

**Das könnte ein Fixstern sein**, an dem wir uns ausrichten, indem wir uns öfter einmal fragen:

**Kann ich anderen Menschen erlauben** (zugestehen) **so zu sein, wie sie sind, ohne meinen persönlichen Maßstab** (der in meiner Insel gilt), **anzulegen und sie nach meinem Maßstab zu be- oder verurteilen**?

Kann ich anderen Menschen erlauben so zu **denken (fühlen, handeln)**, wie sie denken (fühlen, handeln), ohne meinen persönlichen Maßstab anzulegen und sie nach meinem Maßstab zu be- oder verurteilen?

Natürlich können wir diesen Satz auch auf das Denken, Fühlen und/ oder Handeln einer Person beziehen, wie der Text im Kasten zeigt. Wollen wir dies an **drei kleinen Beispielen** „aufhängen". Bitte denken Sie mit und beantworten Sie jeweils die Frage:

1. Angenommen Sie haben ein Anti-Nasebohren-Programm (vgl. BASISWISSEN, S. 11f.): **Frage**: Können Sie einem Mitmenschen, der gerade genüßlich in der Nase bohrt, zusehen, ohne ihn „unmöglich!!" zu finden?
2. Angenommen, Sie „haben etwas" gegen Männer mit langen Haaren, die sie auch noch in einem Pferdeschwanz zusammenhalten. **Frage**: Wie schwer fällt es Ihnen, diesen Menschen positiv (z.B. als sympathisch, intelligent, fähig usw.) wahrzunehmen?

3. Angenommen Sie haben ein Anti-Reichtums-Programm: **Frage**: Wie sehr neigen Sie dazu, alle Wohlhabenden (und Reichen) vollautomatisch „schief" anzusehen (oder gar offen zu verurteilen)?

Nehmen wir weiter an, Sie erfahren, daß ein Bekannter schon mehrmals Zeit und Geld **in eine wohltätige Sache investiert** hat, **die Ihnen am Herzen liegt**. Dann ist die Wahrscheinlichkeit groß, daß Sie dies positiv einschätzen, nicht wahr? Nun erfahren Sie jedoch, daß dieser Mensch drei Häuser besitzt und einen teuren Bentley fährt. Damit aber verstößt er gegen **Ihre Anti-Reichtums-Programme**. Beispiele für **Anti-Reichtums-Programme**:

- *reiche Leute sind alle Charakterschweine*, oder:
- *was immer einer besitzt, mußte er jemand anderem erst wegnehmen*, oder:
- *alle Reichen sind Ausbeuter* u.ä..

Natürlich kann man im bequemen Bentley zur gleichen Kirche wie Sie fahren. Natürlich schließt viel Geld Wohltätigkeit keinesfalls aus, im Gegenteil (vgl. Kasten: **Andrew Carnegie**). Als reicher Mensch kann man sogar weit mehr für diejenigen tun, denen man helfen will, oder?

Je öfter Sie die beiden folgenden Übungen durchlaufen, desto mehr Ihrer Programme werden Sie dadurch „finden". Dies ist insbesondere wichtig bei Programmen, die Sie sehr früh, oder per Imitation (also ohne Worte) gelernt haben, so daß Sie sich an den Lernprozeß gar nicht bewußt erinnern können. Je mehr ihrer eigenen Programme Sie kennen, desto mehr hilft Ihnen dies bei vielen „Motivations-Problemen", weil Sie begreifen, daß wir andere Menschen oft nur zu einem bestimmten Verhalten „motivieren" wollen, das uns aufgrund unserer persönlichen Programme GUT oder RICHTIG erscheint; (was jedoch mit den Insel-Inhalten oder Zielen dieses Mitmenschen überhaupt nichts zu tun haben muß). Des Weiteren ist die Kenntnis eigener Programme extrem hilfreich, wenn Sie bessere Entscheidungen darüber treffen wollen, ob Sie sich in Zukunft tatsächlich jedesmal ärgern „müssen" (also Opfer sind) oder ob es einen eleganteren Weg gibt, wenn jemand eines Ihrer Programme „angegriffen" hat.

**Andrew Carnegie**, der berühmte amerikanische Stahl-magnat war als extrem armer Junge aus Europa gekommen und verwirklichte den **amerikanischen Traum** (vom Tellerwäscher zum Millionär).
Später verdiente er solche immensen Summen Geldes, daß er **365 Millionen Dollar** für **wohltätige** Zwecke spenden konnte. So richtete er z.B. viele **Stadtbüchereien** ein, finanzierte einige **Colleges** und ermöglichte **Stipendien**, denn eines seiner großen Ziele hieß **Bildung**, insbesondere für jene, die sie sich nicht **leisten** konnten. Sie sehen also: **Reichtum als solcher muß nicht „schlecht" sein, solange wir keine persönlichen Programme dagegen haben...**

**Einen** solchen Alternativ-Weg zeige ich Ihnen in der Kübler-Ross-Strategie auf Seite 8.

## 2 Pflicht-Aufgaben: Eigene Programme aufspüren

### Aufgabe Nr. 1: Programm-Inventur

finden Sie die wichtigsten Programme, die Ihr Leben bisher (weitgehend unbewußt) gesteuert haben!

#### Schritt 1: Was gefällt Ihnen GUT bzw. NICHT GUT?

**Sehen Sie fern** oder **lesen Sie** (z.B. einen Roman) und stellen Sie sich einen kleinen Timer so ein, daß er alle 3 Minuten piepst. Dann fragen Sie sich, was Ihnen in den letzten 3 Minuten ge- oder mißfallen hat. Was Ihnen nicht gefallen hat, hat gegen eines Ihrer unzähligen Programme verstoßen, da haben Sie also ein Programm „gegen" (ein Anti-Programm). Was Ihnen jedoch gefallen hat, da haben Sie ein Programm „für" (ein Pro-Programm also).

Vorbereitung: **Sie benötigen Zettelchen** (oder Miniatur-Kartei-Kärtchen) **in zwei Farben.** Die eine Farbe reservieren Sie für Dinge, die Sie GUT (richtig, OK u.ä.) finden, die andere für die Kategorie NICHT GUT (falsch", nicht-OK u.ä.).

Wenn der kleine Timer piepst, dann drücken Sie den Knopf zweimal (1. um ihn abzustellen, 2. um ihn sofort wieder zu starten) und **notieren** Sie (Stichpunkte genügen) auf Kärtchen der **einen** Farbe (vgl. Kasten), **was Ihnen in den letzten Minuten positiv oder negativ aufgefallen war.** Das kann man leicht „nebenher" machen. Wichtig ist, daß Sie pro Kärtchen nur **eine** Handlung festhalten, sowie, daß Sie sich bald an die Farben gewöhnen. (Tip: Wenn Sie die ersten 30 Kärtchen jeder Farbe oben am Rand mit einem Plus- oder Minus-Zeichen versehen, dann haben Sie sich bald daran gewöhnt, welche Farbe Sie für Pro-Programme (mag ich gerne...) und welche für Anti-Programme (kann ich nicht ausstehen!) ausgesucht haben.

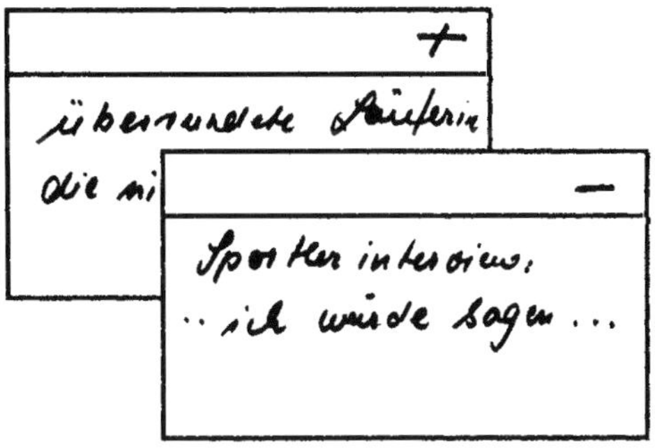

**Schritt 2: Analyse der Zettelchen/Kärtchen**

Nun werden die **Kärtchen sortiert**, zum Beispiel nach logischen Kategorien (vgl. Kasten) oder Sie sortieren die Schlüsselwörter **alphabetisch**, z.B.

- Arroganz
- Egoismus
- Geiz
- Rücksichtslosigkeit
- Unzuverlässigkeit (etc.)

Bitte bedenken Sie, daß dieser Sortiervorgang ein **äußerst wichtiger Vorgang** ist, der Ihnen **hilft**, Ihre eigenen Programme (insbesondere die unbewußten) zu finden bzw. besser kennenzulernen.

Deshalb sollten Sie dieses Sortieren langsam und bewußt durchführen und immer nur einen Teil Ihrer Kärtchen-(Zettel-) Sammlung durchgehen. Verteilen Sie dieses Sortieren auf mehrere Tage (oder Wochen)! Dabei lernen Sie eine Menge über sich z.B: **Ärgern Sie sich...**

- ❑ **eher über sich oder über andere Menschen?**
- ❑ **besonders häufig über die gleiche Ärger- und Programm-Kategorie** (z.B. Arroganz, Anti-Reichtum, Unzuverlässigkeit, Egoismus)?
- ❑ häufiger **als Ihnen Dinge positiv auffallen** (im Klartext: haben Sie weit mehr Ärger-Kärtchen als solche über Dinge, die Sie GUT FINDEN)?

Wir werden im **Dezember-Brief** mehr über die Ergebnisse Ihrer Analyse sprechen. **Erstens**, weil der Jahreswechsel sowieso zu einer Inventur einlädt und **zweitens**, weil eine weitere Diskussion erst **nach** dem Sammeln günstiger ist, damit Sie vorläufig völlig frei und **unbeeinflußt** Ihre **Inventur** vornehmen können.

Nachdem wir nun geklärt haben, daß viele Motivierungs-Versuche lediglich Beharren und Erzwingen unserer eigenen Programme darstellen, ist uns jedoch ebenfalls klar, daß der Rest aller Motivations-Probleme legitim ist. (Zum Beispiel wollen wir, daß jemand zuhört.) Über diese Art von Motivations-Situationen sprechen wir im nächsten Brief.

Beim Sortieren finden Sie auch besonders häufige Ärger-Anlässe...

**Beispiele für Programm-Kategorien:**

- Straßenverkehr
- Zuhause/Familie
- Freundeskreis
- Schule/Ausbildung
- Arbeitsplatz
- Nachbarschaft

## **Aufgabe Nr. 2:** Worüber regen Sie sich auf?

Bitte notieren Sie spontan, was Ihnen zunächst einfällt. Tun Sie dies, ehe Sie weiterlesen.

a) **Was kritisieren Sie an anderen direkt?** (Z. B. *Nie hörst du mir zu? Man kann sich nicht auf dich verlassen!*)

____________________________________________

____________________________________________

____________________________________________

____________________________________________

b) **Was stört Sie besonders, wenn Sie abschätzig/kritisch (negativ) über andere denken**, z.B. über Menschen, die Sie im Büro, auf der Straße, im Laden oder **im Fernsehen** gesehen haben (vgl. Aufgabe Nr. 1, Seite 5).

Als neue/r Leser/in können Sie sich vornehmen, diese Übung in einigen Wochen zu wiederholen und **dann** mit dem **heutigen** Ergebnis zu vergleichen.

____________________________________________

____________________________________________

____________________________________________

____________________________________________

Wenn Sie vor einigen Monaten bereits „dabei" waren, dann könnten Sie **nach** dem heutigen Aufschreiben zurückblättern und nachlesen, was Sie anläßlich der Übung im August-Brief (Seite 8) festgehalten hatten. Vergleichen Sie, was Sie **damals** als derzeitige **Haupt-Probleme** gelistet hatten, mit Ihren jetzigen spontanen Einfällen… (Und jetzt lesen Sie bitte den kopfstehenden letzten Absatz auf dieser Seite.)

Solche Notizen über längere Zeiträume, zeigen oft, daß Ihre **heutigen Riesen-Probleme** (Elefanten) Ihnen bald (als Mücken) vielleicht nur ein müdes Lächeln entlocken, während Sie **dann** ganz andere „echt große" Probleme (neue Elefanten) zu haben **scheinen**, über die Sie wiederum einige Wochen später anders denken mögen (weil es eben doch wieder Mücken waren). **Testen** Sie es, die Ergebnisse könnten Ihnen faszinierende **Ein-Blicke in Ihr Leben** ermöglichen…

## Kür: Die Kübler-Ross-Strategie

In einem Vortrag berichtete die berühmte Sterbe-Forscherin, Frau Dr. Elisabeth Kübler-Ross, von einem Seminarteilnehmer, der sie maßlos genervt hat. Während sie diesen Mann schildert, unterbricht sie sich plötzlich selber und sagt, „Na ja, Sie wissen ja, **wenn man sich länger als 15 Sekunden ärgert**, dann sind es **immer** die eigenen unerledigten Geschäfte". Damit meint sie natürlich **die eigenen nicht (bewußt) registrierten** Programme, die unseren Zorn auslösen.

Im Seminar erzähle ich gerne das Beispiel von dem **alleine sitzenden Herrn** am Nebentisch im **Café**, der plötzlich laut und herzlich lacht. Können Sie sich vorstellen, wie pikiert die meisten Menschen schauen, „so etwas tut man nicht", dafür sorgen normalerweise unsere Anti-Freude-Programme, nicht wahr?

Wenn beispielsweise ein Mensch an Ihrem Tisch im Restaurant überdeutlich aufstößt und Sie reagieren sauer, dann hat das mit **Ihrem** Anti-Aufstoß-Programm (in-der-Öffentlichkeit) etwas zu tun, **nicht aber mit dieser Person**. Das ist es, was Frau Kübler-Ross unsere unerledigten Geschäfte nennt. Solche Verhaltensweisen empfinden wir (unbewußt) als Angriff auf unser Programm (vgl. auch den Kasten), und solche Angriffe verunsichern und/oder ärgern uns. Wenn wir anderen davon erzählen, um uns die Bestätigung für unseren berechtigten Zorn zu holen, dann begründen wir unsere hilflose Opfer-Reaktion gerne mit Erklärungen, (die letzlich nur sagen: *weil man das nicht darf*). Es ist eben oft unser eigenes Programm und **nicht** das **Verhalten** anderer, das unseren Zorn auslöst.

Falls Sie befürchten müssen, 15 Sekunden seien zu kurz, dann beginnen Sie zunächst mit 2 – 3 Minuten und verkürzen Sie langsam: **trainieren Sie solange**, bis Sie Ihre Reaktion auf 15 Schreck-Sekunden reduzieren konnten...

Laut Kübler-Ross könnte man sich 15 Sekunden zugestehen bis man sich bewußt machen kann, daß es unsere eigenen Einstellungen, Erwartungshaltungen/Programme sind, die den „berechtigten" Zorn auslösen, nicht der andere Mensch (= nicht die objektive Realität). Was meinen Sie?

Mit liebem Gruß,
Ihre

Vera F. Birkenbihl

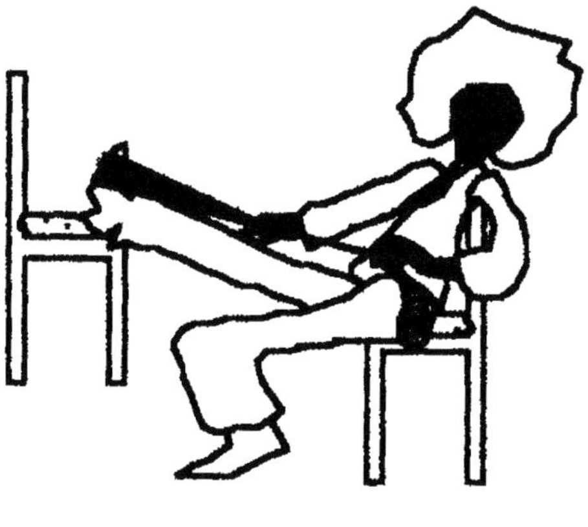

# Der Vera F. Birkenbihl-Brief

## Erfolg & Lebensqualität

**Monatlicher Beratungs- und Trainingsservice**
**Denn:** Erfolg ist ein Prozeß

**November**

Der Birkenbihl-Brief hat

eine der erfolgreichsten Persönlichkeits-Entwickler

Vera F. Birkenbihl

Liebe Leserin,
lieber Leser,

**„wir sind" jetzt genau** ein Jahr alt**,**
denn der heutige Brief ist der zwölfte. Für mich sind **Geburtstage** immer **Zeitpunkte**, an denen ich das letzte/kommende Jahr Revue passieren lasse. Bezogen auf den **„Bi-Brief"**, wie manche von Ihnen ihn inzwischen nennen, können wir nun, nach einem Jahr, eine erste Bilanz ziehen: Es ist ja bekannt, daß sich Abo-Briefe im deutschen Sprachraum „schwer tun". Anscheinend neigen wir weit weniger als Amerikaner dazu, **ein Thema monatlich zu verfolgen** und, wie im Falle dieses Briefes, systematisch an uns und unserer Persönlichkeits-Entwicklung zu arbeiten. Eben deshalb sagten uns gutmeinende Fachleute bei Beginn **das baldige Ende voraus**. Tatsache ist jedoch: Der Brief geht inzwischen an mehrere tausend Abonnent/innen und ihre lebendigen Echos zeigen klar, „was Sache ist". Dafür danke ich Ihnen. Und weil Ihre Anzahl inzwischen so gewachsen ist, daß eine Kommunikation untereinander interessant wird, bieten wir Ihnen ab Dezember einen neuen (kostenlosen) Service an (s. S. 2).

Mit liebem Gruß,
Ihre

Vera F. Birkenbihl

Für alle Geheimschrift-Fans:

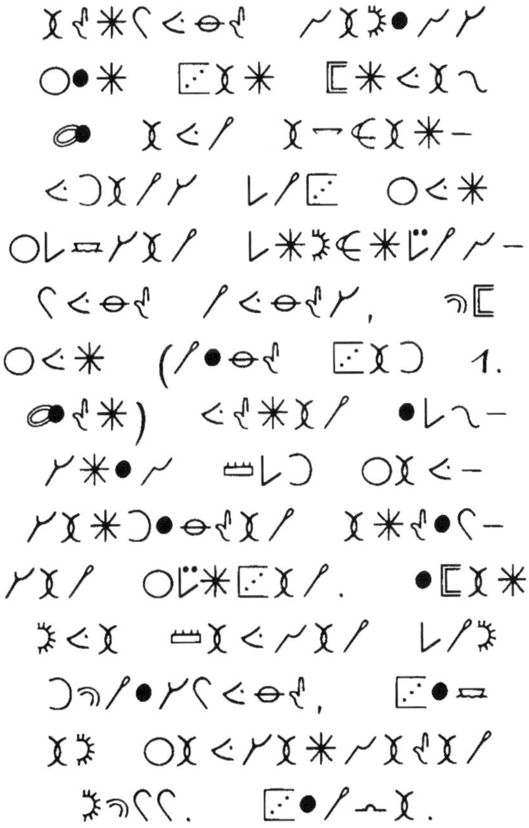

## Erste Geburtstags-Zwischenbilanz:

Ihre Feedbacks zeigen uns, daß Sie den Brief regelmäßig und intensiv lesen, sowie, daß viele von Ihnen die Aufgaben aktiv „anpacken" und echte Fortschritte erleben. Daher ist der **Mund-Werbe-Faktor extrem hoch**, denn „wes Herz voll ist, dem geht der Mund über", wie der Volksmund schon weiß. Jeder „Neuzugang" der durch eine Empfehlung kam, freut mich persönlich ganz besonders, denn ich halte dies für die ehrlichste Form der „Werbung", die es gibt. Ich danke Ihnen!

Ihre Feedbacks haben noch etwas gezeigt: Viele von Ihnen arbeiten in kleinen Gruppen im Familien-, Freundes- oder Kollegenkreis und tauschen sich regelmäßig aus, deshalb möchten wir es Ihnen leichter machen, als Leser/innen miteinander ins Gespräch zu kommen (vgl. **Netzwerk-Idee** im Kasten). Manche trainieren sogar zusammen, manche auch telefonisch! Andere schreiben sich (und uns) Briefe/Faxe in Geheim- oder Bilderschrift. Es macht Freude (vgl. Seite 8). Danke!

**Neuer Service: Netzwerk Wenn auch Sie sich mit anderen Lesern und Leserinnen austauschen** möchten (z.B. um einen Gesprächs- oder Trainings-Kreis in Ihrer Nähe zu gründen oder weil Sie ein vergriffenes Buch oder eine verlorengegangene CD suchen usw.), dann können Sie das ab Dezember in unserem **niegelnagelneuen Bi-Brief-NETZ-WERK** im **Internet** (unter www.birkenbihlbrief.de) kostenlos tun (Spielregeln dort). Vielleicht kennen Sie jemanden mit Internet-Zugang...? Es gibt auch **Internet-Cafés**, ideal für Menschen, die nur ab und zu surfen wollen...

## Vorbereitung: Mini-Inventur

Bitte **notieren Sie jetzt gleich** und spontan Ihre Antworten, **damit** Sie einige Seiten weiter sofort **nachvollziehen** können, was **dort** steht.

1. **Welche Gefühle** erleben Sie jetzt im Augenblick?

2. **Erinnern Sie sich** an die letzte Frust-Situation?
   a) Was war der **Anlaß**?
   b) Welche **Gefühle** empfanden Sie:

3. **Denken Sie** an eine/n Partner/in (beruflich oder privat; derzeitig oder aus der Vergangenheit) und beschreiben Sie Ihre wichtigsten **Gefühle** ihm/ihr gegenüber:

# Noch einmal Motivation - aber anders...

Im letztem Monat sprachen wir über die große Gefahr, andere gemäß unserer eigenen Programme „umpolen" zu wollen (Okt., Seite 2f.), weil wir wünschen, daß andere so sein (sich verhalten, denken, fühlen) **sollten wie wir**, denn wir finden unsere eigenen Insel-Inhalte automatisch gut und neigen deshalb zu Ablehnung von „andersartigem".

Aber natürlich gibt es auch Motivations-Situationen, in denen unser Wunsch legitim ist (z.B. es möge uns jemand wirklich zuhören). Damit aber erheben sich **zwei Fragen**, von deren Antwort unser **Motivierungs-Erfolg abhängen** wird.

1. **unsere Gefühle**: Lassen wir uns von unserem Frust oder Zorn „dramatisch beeinflussen"?, sowie
2. **unsere Kommunikation**: Sind wir fähig, unserem Partner unsere Gefühle in einer Weise mitzuteilen, daß er sie (in Zukunft) berücksichtigen kann? Angenommen eine Ehefrau möchte ihrem Mann seit Jahren klarmachen, **seine überkritische Art verunsichere sie völlig**. Beginnt sie (wie üblich) mit **weinerlich-verletztem Tonfall** und Formulierungen wie: „**Immer** haust **du** mich in die Pfanne!" oder ähnlich, dann löst sie bei ihm eine ähnliche Reaktion aus wie er bei ihr.

Jetzt wird ihre Unterhaltung zu einem **Ritter-Turnier**, in dem **beide mit gezückter Lanze aufeinander zureiten** (mal sehen, wer zuerst vom Pferd fällt). Diese Kampf-Mentalität wird jedoch kaum dazu führen, daß sie einander in Zukunft besser verstehen oder daß er Lust bekommt, sein **Verhalten zu verändern** und anders als bisher mit ihr zu sprechen.

Also fragen wir uns: Gibt es eine Möglichkeit, aus eigenen ungünstigen alten Denk- oder Verhaltens-Rillen herauszufinden, damit wir auch **den anderen motivieren können**, **seine** eingefahrenen Denk- oder Verhaltens-Rillen zu verlassen?

Antwort: Ja. Allerdings muß mindestens eine/r der beiden Partner/innen (vgl. **Kasten**) die **neue Strategie** erlernen im Zweifelsfall also **Sie**, der/die Sie diese Zeilen lesen).

Fortsetzung ➔ Seite 6

Wenn Sie die Pflicht-Aufgaben vom Oktober aufgegriffen haben, dann haben Sie mit der Suche nach den wichtigsten Programmen Ihres Lebens begonnen.

*Mindestens eine/r der beiden Partner/innen* bedeutet: Wenn Sie die neue Strategie erlernen, dann werden Sie (beruflich/privat) schwierige Gesprächs-Sitiuationen in Zukunft besser meistern können. Wenn betroffene Mitmenschen **positive Strategien dieser Art ebenfalls kennenlernen**, so ist dies hilfreich, da es sich ja um Strategien **FÜR** die bessere Kommunikation handelt).

Auf der **folgenden Doppelseite** sehen Sie ein **„Spielfeld"**, das Sie vielleicht fotokopieren möchten, um es **leicht mitnehmen** zu können. Dann können Sie die **Übung überall** durchführen (ohne den Brief andauernd mitnehmen zu müssen).

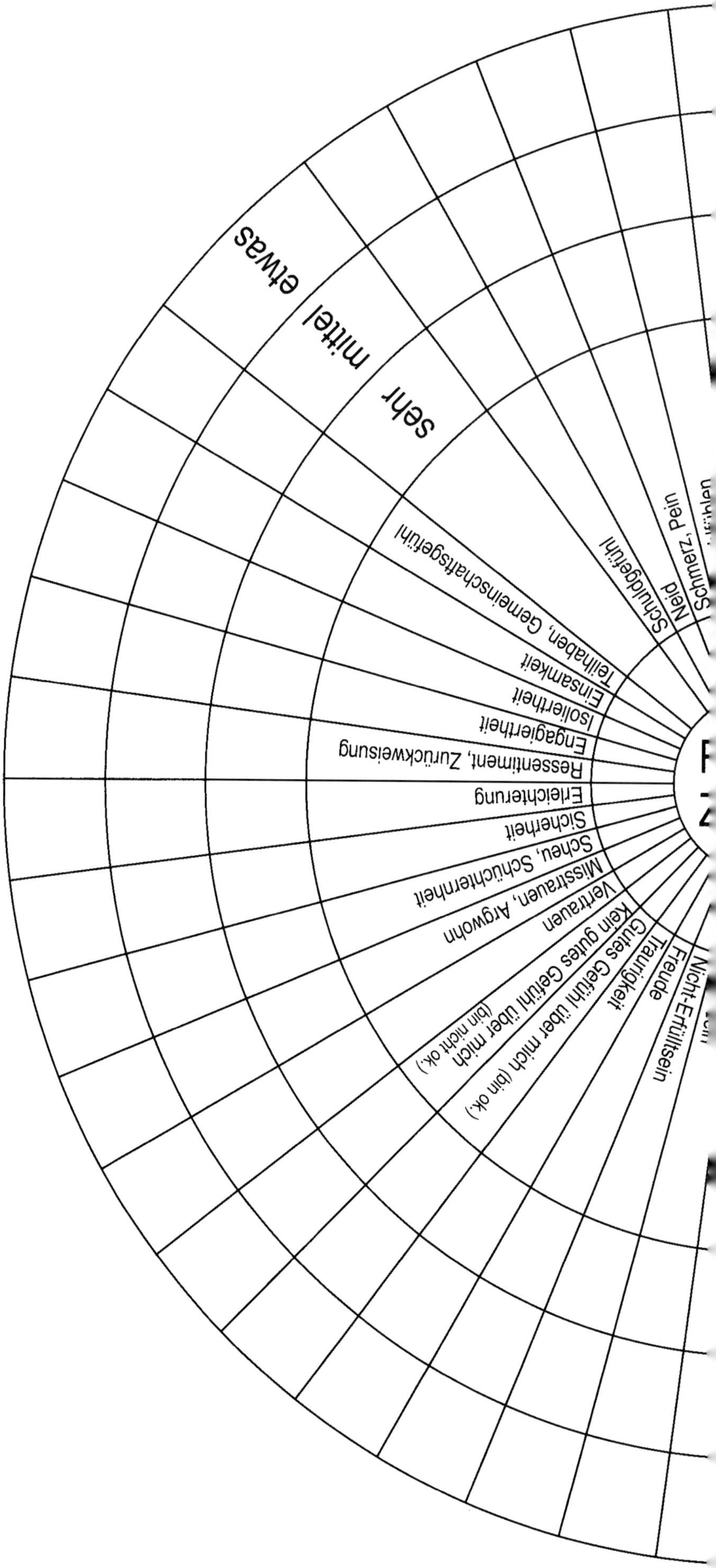
etwas
mittel
sehr
Schuldgefühl
Neid
Schmerz, Pein
Teilhaben, Gemeinschaftsgefühl
Einsamkeit
Isoliertheit
Engagiertheit
Ressentiment, Zurückweisung
Erleichterung
Sicherheit
Scheu, Schüchternheit
Misstrauen, Argwohn
Vertrauen
Kein gutes Gefühl über mich (bin nicht ok.)
Gutes Gefühl über mich (bin ok.)
Traurigkeit
Freude
Nicht-Erfülltsein

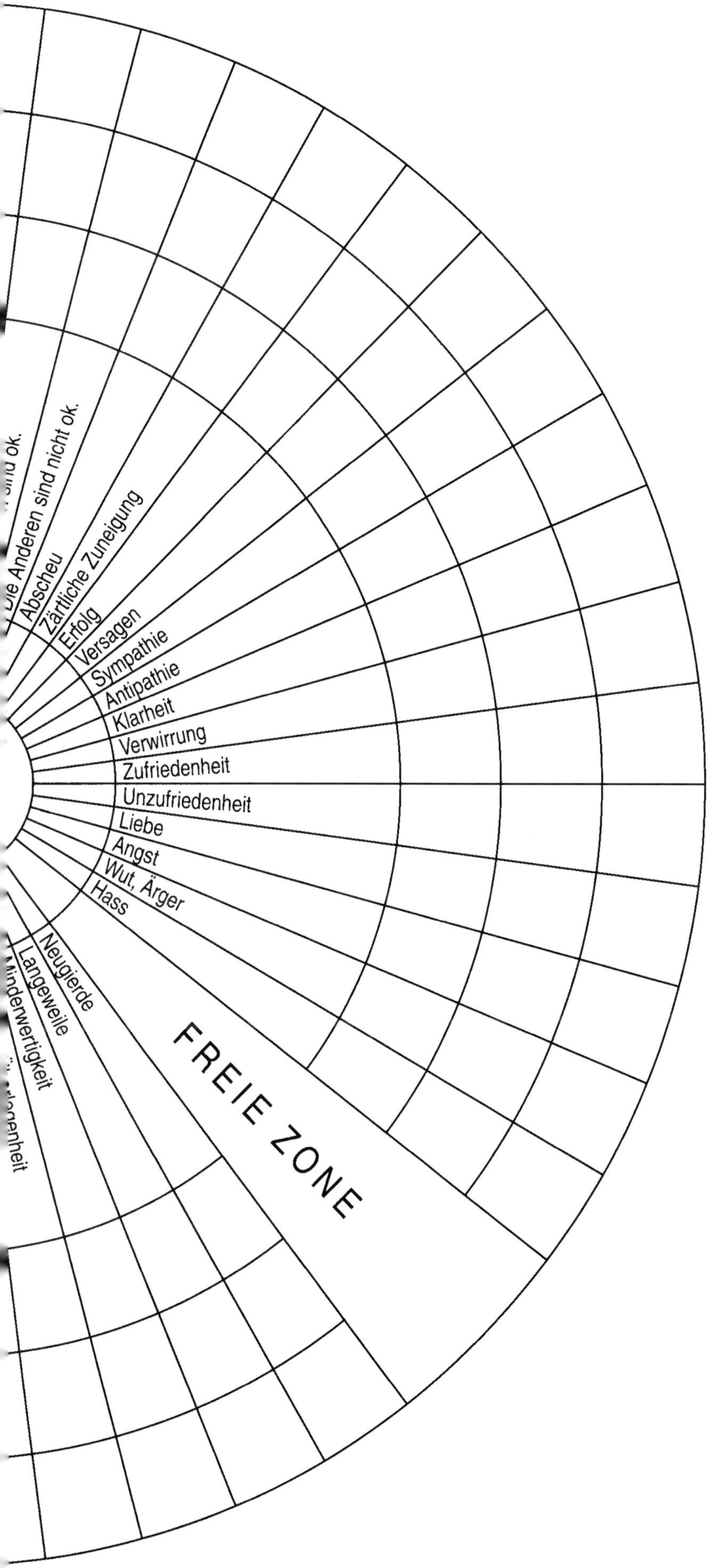
Die Anderen sind nicht ok.
Abscheu
Zärtliche Zuneigung
Erfolg
Versagen
Sympathie
Antipathie
Klarheit
Verwirrung
Zufriedenheit
Unzufriedenheit
Liebe
Angst
Wut, Ärger
Hass
Neugierde
Langeweile
Minderwertigkeit
FREIE ZONE

Auf Seite 4-5 sehen Sie das Gefühls-Rad©. **Dieses phänomenale Instrument für das Aufspüren von Gefühlen wurde von einer Gruppe amerikanischer Psychologen entwickelt.** Mein Vater und ich haben es 1972 ins Deutsche übertragen und (leicht adaptiert) in unseren Seminaren eingesetzt (vgl. Kasten). Ich berichtete 1975 in meinem Taschenbuch *Kommunikationstraining* darüber.

> Wir hatten gesagt, zwei Aspekte seien wichtig:
>
> 1. **Gefühle**
> 2. **Kommunikation**

Warum hilft uns das Gefühls-Rad? Um das zu verstehen, müssen wir uns an unser Brain-Management erinnern: Wenn wir unser Wissen betrachten, wollen wir zwischen aktivem und passivem Wissen unterscheiden. **Aktives Wissen** entspricht Fäden im Wissens-Netz, die **regelmäßig** aktiviert werden Hierbei handelt es sich um Wissen, das wir **sofort und leicht** REKONSTRUIEREN können. Passives Wissen können wir nicht leicht (aktiv) RE-KONSTRUIEREN, aber sehr leicht erkennen, wenn es uns begegnet. Deshalb ist ein Multiple Choice Test mit Formulierungen (kreuzen Sie die richtige an!) weit leichter, als das Wissen in Form eines Aufsatzes aktiv zu formulieren.

## Gefühle entsprechen fast immer **passivem** Wissen!

Die meisten Menschen sind nicht (gut) fähig, Ihre Gefühle aktiv zu benennen, weil sie dies zu selten tun und **diese Fäden im Netz** demnach **nicht häufig** aktiviert werden. Deshalb können sie die Namen von Gefühlsregungen nicht jederzeit RE-KONSTRUIEREN. Dies gilt in stärkerem Maß für Männer weil Frauen ihre Gefühle häufiger zu begreifen/beschreiben versuchen (was manche Männer „nervt"!). Inwieweit **Sie selbst** diese Fertigkeit, „drauf" haben, konnte Ihnen die kleine Vorbereitungs-Übung (S. 2) andeutungsweise zeigen.

Das **Geniale am Gefühls-Rad**: Es ist weit leichter, passives Wissen zu erkennen als es aktiv selbst zu KONSTRUIEREN! Deshalb sollten Sie in diesem Monat die Basis-Inventur-Übung (s.u.) möglichst häufig durchführen, indem Sie **CHIPS** (vgl. Kasten) auf die betreffenden Gefühle legen.

> **Hinweis für alle Trainer-Kolleg/innen:**
> Gemäß des US Copyrights für das Feel-Wheel© darf jede/r Trainer/in es einsetzen und im Seminar verteilen, **solange für das Gefühls-Rad selbst kein Geld** genommen wird (z.B. als kostenlose Seminar-Unterlage).

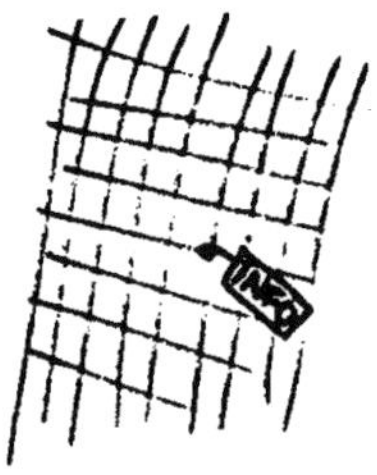


**Erinnerung:**

1. Mit dem Begriff **„REKONSTRUKTION"** bezeichnen wir die **Leistung** unseres Gedächtnisses.
2. Als **„Gedächtnis"** (Hauptwort) bezeichnen wir eine **Tätigkeit** (vgl. das dazugehörende Tätigkeitswort: **REKONSTRUIEREN**)!
3. Alle **Tätigkeiten** hängen von unserem Repertoire (Können) ab.
4. Unser **Repertoire** aber hängt jederzeit von unserem Training ab…

(Vgl. BasisWissen, S. 32ff sowie im Basis-Training, Dezember, S. 5ff., April, S. 4ff.)

> Als CHIPS eignen sich neben Pfennigen oder „Flohhupferln") ungekochte Nudeln (Sternchen oder Buchstaben für Suppen). Diese kurz in Lack getaucht und schon haben Sie verschiedenfarbige CHIPS für das Gefühls-Rad…

# **Pflicht-Aufgabe**: Gefühle: Basis-Inventur

Setzen Sie sich **einmal pro Tag** kurz an das Gefühls-Rad und „legen" Sie Ihre Gefühle, indem Sie **schnell und spontan** Ihre CHIPS auf die Gefühle legen, die sie derzeit erleben. Diese Gefühle erkennen Sie sofort, wenn Sie deren Namen auf dem Gefühls-Rad lesen. Ist das Gefühl eher schwach ausgeprägt, dann legen Sie den CHIP weiter nach außen, je intensiver, desto näher kommt Ihr CHIP dem Zentrum (die Funktion der **RUHEZONE** wird **später** erklärt, wenn Sie zu mehreren am Rad kommunizieren wollen). Ihre heutige Aufgabe besteht nur darin, Ihre Gefühle schnell und spontan „zu legen" und diese Gefühle aufzuschreiben. Bitte beachten Sie dabei:

**Gefühls-Mischung: Beispiel:**

| Stark | mittel | schwach |
|---|---|---|
| *Schmerz* | *kein gutes Gefühl über mich* | *andere sind nicht-OK* |
| *Pein* | | |
| *Gefühl der Minderwertigkeit* | | *Neid* *Schuldgefühle* |

(Aus dem Protokoll einer Seminar-Teilnehmerin).

1. Entgegen dem Eindruck, den uns unsere Erziehung (und so manche Erfahrung) bisher vermittelt hat, erleben wir niemals nur ein einziges Gefühl, sondern immer eine **Mischung** aus mehreren Gefühlen, vgl. oberer Kasten).
2. Es ist weit leichter, vorhandene Gefühle als passives Wissen zu erkennen, wenn wir den **Namen** des Gefühles **auf dem Gefühls-Rad lesen**, als wir uns vorstellen können, wenn wir mit dem Unterschied zwischen aktivem und passivem Wissen nicht besonders vertraut sind. (Also unbedingt ausprobieren, falls Sie Angst haben sollten, die Übung könnte schwierig werden!)

So eine Basis-Übung dauert jeweils nur einige wenige Minuten. **Je öfter Sie sie durchlaufen und darüber Buch führen, desto mehr werden Sie im Dezember profitieren**, wenn wir erstens mit dem Gefühls-Rad fort fahren und uns zweitens wieder den gesammelten Programmen (vgl. Oktober-Brief, S. 5f.) zuwenden. Deshalb gilt auch hier: **Weitersammeln** (nebenbei, z.B. beim Fernsehen). Merke: **Es ist Ihr Leben. Je mehr Daten Sie jetzt sammeln, desto besser, wenn Sie sie aktiv nutzen wollen!**

**Stichwort: AUFSCHREIBEN**

Der Birkenbihl-Brief kann (wie jedes Buch, jeder Vortrag, jedes Seminar) als „Coaching-Laden" betrachtet werden. Kaufen Sie nur, **was Sie weiterbringt** Wenn Ihnen etwas nicht zusagt, lassen Sie es auf dem Regal liegen. Wenn Sie insgesamt **genug** finden, das Sie weiterbringt, dann ist mein „Shop" für Sie „richtig".
**Beispiel**: Eine Leserin kann der Kläranlagen-Übung (Aug.Brief) nichts abgewinnen. Es hieß damals: ***Testen Sie** diese Technik **einen Monat lang**. Dann entscheiden Sie, **ob** Sie fortfahren wollen.* Es kann immer sein, daß **eine** Übung **Ihnen** nichts bringt, aber erstens zeigt der Brief dieser Dame klar, daß sie **andere** Möglichkeiten entwickelt hat, seelischen „Schutt wegzuräumen" und zweitens stellen alle Aufgaben immer nur Angebote dar. Testen Sie und entscheiden Sie dann. Ich meine: Sie werden uns nur treu bleiben (und uns weiterempfehlen), solange genügend der Aufgaben, Techniken und Tips den meisten von Ihnen etwas geben. Einverstanden?

# Nachlese

Wie eingangs erwähnt, freut sich unser Team über Ihre Post, denn diese ist sehr viel **sagend** (wie die Beispiele am Rand zeigen). Außerdem gehen **wunderbare Lösungen** für die Aufgaben (ZELT, RASENMÄHER, SCHREIBMASCHINE und MUSIKKASSETTE) ein. Es ist immer wieder erstaunlich, wie viele unterschiedliche Assoziationen zum selben Begriff möglich sind! Übrigens fallen Ihre KaWa©'s in zwei Kategorien: Einerseits kann man ein KaWa© auf den Wort-Inhalt bezogen erstellen, z.B. (aus Musikkassette von **U. Schmidt**) steht „U" für *Unterhaltung*, „A" für *Aufnahme*, „T" für *Ton* etc. Andererseits kann man jedoch jeden Begriff auf eine bestimmte Fragestellung hin untersuchen, so bezogen sich unsere Beispiele zu *QUARK* in den Briefen (Juni/Juli 99) sich auf uns selbst. So löste auch **E. Nutz** die Aufgabe. Hier steht „U" für *Umsicht*, das „A" für *Aktiv* sein, ein „T" für *Temperament*, das andere „T" für *Tatendrang* usw. **Wenn Sie Ihre eigenen KaWa©'s noch einmal betrachten**, welche Variante überwiegt bei Ihnen? (Bei den eingesendeten überwiegt die zweite Variante).

Ihre

*Vera F. Birkenbihl*

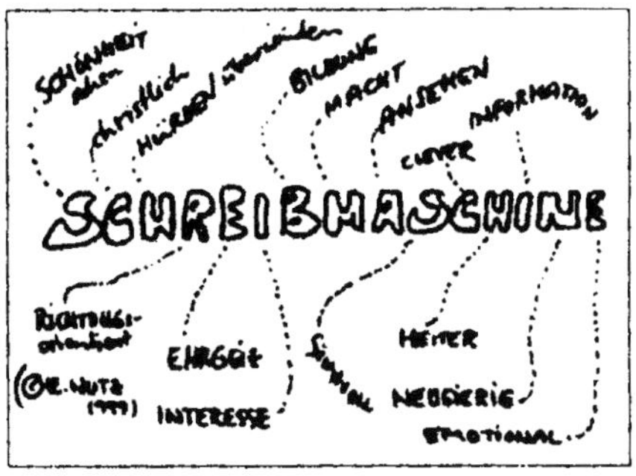


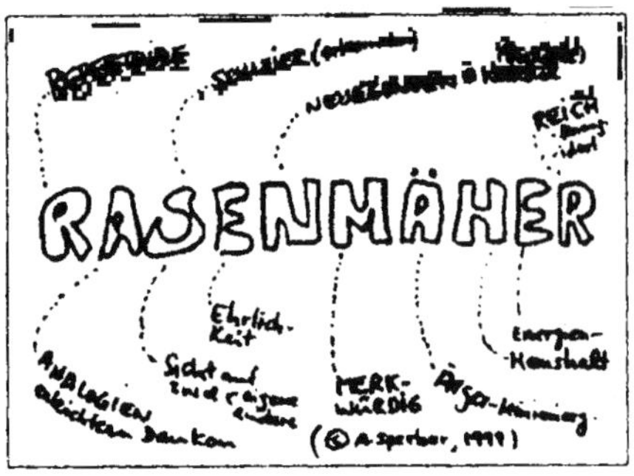


Mir ist eine weitere Variante zum Spiel *Autokennzeichen* eingefallen: Man bilde aus allen **Buchstaben** des Kennzeichens einen sinnvollen Satz, z.B.: **F – SF** wird zu: Frauke schläft fest oder Frauen sind famos. **KLE – SP** wird zu: Kommunikation, Lebensqualität & Erfolg sind populär. (S. Peters)

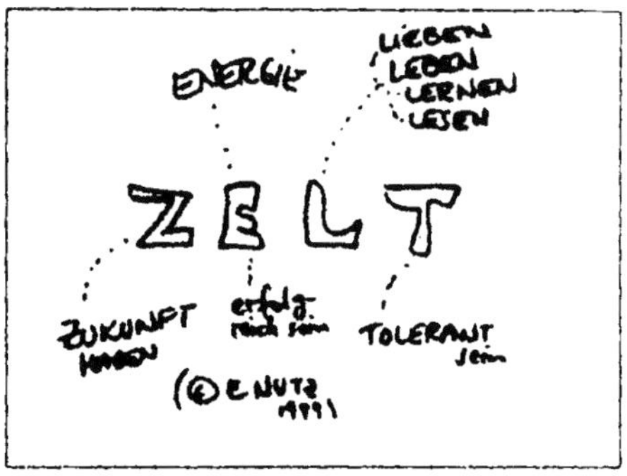


Nachfolgend … (ein) Beispiel für Ka Wa im Beruf. Ich werde (es) als Einleitung für einen Vortrag benutzen. Ich möchte mich ganz herzlich bei Ihnen bedanken für die wertvollen Anregungen in den Briefen. Ich finde es toll, daß alles, was Sie bringen, so lebensnah und direkt umsetzbar ist… (E. Ott)

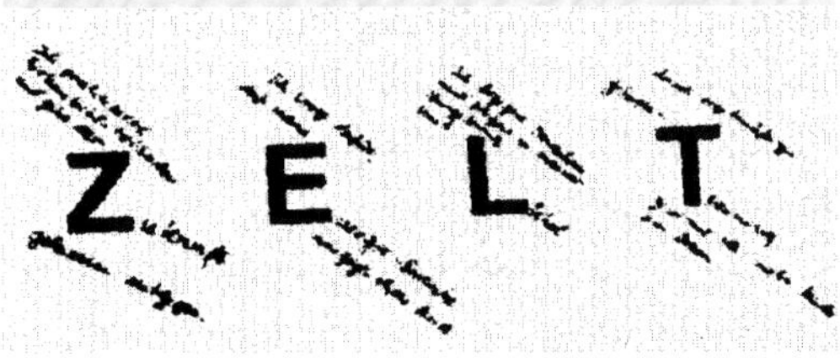

# Der Vera F. Birkenbihl-Brief

## Erfolg & Lebensqualität

**Monatlicher Beratungs- und Trainingsservice**
**Denn: Erfolg ist ein Prozeß**


**Dezember**

eine der erfolgreichsten Persönlichkeits-Entwickler

Vera F. Birkenbihl

Liebe Leserin,
lieber Leser,

Im April bat ich Sie (auf Seite 11) über eine Frage nachzudenken und Ihre Ideen zu notieren. Wenn Sie normal reagiert haben, dann haben Sie (vielleicht) über die Frage nachgedacht aber **keine Notizen** gemacht. Zwar sind Sie als Leser/in „der Boss", aber ich als Ihr Coach **muß** Sie daran erinnern, daß die Aufgaben Teil eines Weges sind, den Sie doch eigentlich gehen **wollen**, oder? Sie wissen: **Erfolg ist ein Prozeß**, den Sie durch **Ihre Handlungen** schaffen. So kreieren Sie selbst die **Folgen**, die das Wort *Erfolg* impliziert: Er-FOLG beschreibt die Folgen Ihres eigenen Tuns... Dieses Tun hält sich bei normalen Menschen in normalen Grenzen. Der **Durchschnitt** ist *per definionem* **nicht** exzellent, solange die meisten Menschen durch ihre normale Erziehung daran gehindert werden, ihr POTENZ-ial voll zu entfalten. **Deshalb müssen Erfolgsmenschen dieses Defizit später ausgleichen.** Wenn Sie aktiv üben, werden Sie sich in zunehmendem Maße beweisen, wozu Sie bald fähig sind. Und als Ihr Coach besteht meine Doppelaufgabe darin, Ihnen erstens Aufgaben anzubieten, an denen Sie **wachsen** können, und Sie zweitens immer wieder daran zu erinnern, wie wichtig es ist, auch aktiv mitzuarbeiten.

Ich wünsche Ihnen wunderbare und be-SINN-liche Feiertage, in denen Sie u.a. auch den SINN Ihres Lebens wieder befestigen oder aktualisieren können,

Mit liebem Gruß,
Ihre

Vera F. Birkenbihl

Ist Ihnen schon aufgefallen: Wir reden NICHT vom Wechsel des Milleniums, denn:

1. haben Sie es sicher inzwischen satt, weil alle es tun.
2. findet der Millenium-Wechsel eigentlich erst in einem Jahr statt, denn **es gab kein Jahr „0"**. Man springt von *Jahr 1 VOR Christi Geburt zu Jahr 1 NACH Christi Geburt*

Sorgen Sie vor allem dafür, daß Ihnen zu diesem Jahreswechsel weder ein Stromausfall noch ein anderer Mangel etwas anhaben kann, falls das sog. Millenium-Computer-Problem in Ihrer Gegend Probleme auslösen sollte! (So braucht z.B. Ihre **Öl-Heizung ebenfalls Strom**, also wäre nur ein Camping Gas-Heizer ein **100%-iger Garant** für Wärme, falls Sie Strom-Probleme haben sollten.
Guten Rutsch!

Betreff: Aufgaben in diesem Brief: Zum Jahreswechsel möchten Sie vielleicht (zum 2. Mal?) Ihre Jahres-Inventur durchführen. Da diese Zeit kostet, sollten Sie sie momentan als Ihre Haupt-Aufgabe ansehen (vgl. Briefe: **Dezember & Januar**).

Deshalb enthalten der heutige und der folgende Brief **keine Pflicht**- (nur Kür-) Aufgaben.

## Zum Thema: **Motivation/Kommunikation**

Da dieser Themenkomplex für viele von Ihnen besonders wichtig ist, werden wir ihn im Laufe der Zeit immer wieder aufgreifen und aus diversen Blickwinkeln beleuchten. Im Oktober-Brief (vgl. Kasten) stellten wir fest: Viele „Motivations"-Situationen spiegeln den krampfhaften Versuch wieder, andere zu zwingen, sich den Inhalten unserer Insel gemäß zu verhalten. Manche dieser Versuche entsprechen einer (seelischen) Vergewaltigung, insbesondere von Personen, die dem Opfer gegenüber Macht ausüben können. So zwingen manche Mütter (Lehrer/innen, Chefs/Chefinnen usw.) Söhne (Schüler/innen, Azubis) z.B. zu Kleidung (oder Frisuren), **welche die jungen Leute zum Gespött ihrer Freunde machen**, und das in einem Alter, in dem Meinung Gleichaltriger weit wichtiger ist als die von Erwachsenen!

So manches „Motivations-Gespräch" unter Partnern ist ähnlich „zwingend", nur daß leider nicht die Argumente überzeugen sondern der Stärkere das von ihm gewünschte Verhalten erzwingt. (z.B. durch Lautstärke. Da die meisten unserer Wünsche bezüglich des Verhaltens unserer Mitmenschen (meist unbewußt) aus dem Fundus unserer Programme (vgl. BasisWissen, S. 9ff.) ziehen, lautete die **Pflicht-Aufgabe im Oktober-Brief**: Beginnen Sie eine Inventur Ihrer wichtigsten Programme und legen Sie **Kärtchen (Zettelchen)** an, die Sie später (z.B. nach Häufigkeit) sortieren können. Eine verkürzte Erinnerung an die Vorgehensweise finden Sie im Kasten). Inzwischen haben alle, die aktiv mitgemacht haben, einige Ihrer wichtigsten Programme gefunden. Heben Sie die Kärtchen gut auf, denn wir werden auch in Zukunft wieder auf sie zurückgreifen. Heute tun wir dies zum ersten Mal in den beiden folgenden Kür-Aufgaben.

Darüber hinaus hatte ich angedeutet, es gäbe selbstverständlich auch legitime Motivations-Probleme. **Strategische Ansätze** hierzu werden unser Januar-Schwerpunkt sein.

**Falls Sie den Oktober-Brief nicht besitzen** (z.B. weil Sie neu eingestiegen sind): Sie finden **diesen Brief** im **Internet** (**www.birkenbihlbrief.de**) oder Sie können ihn als Einzelbrief abrufen:
Tel.: **089-71046665**
Fax: **089-71046661**
e-mail: **coachingbriefe@olzog.de**

**Programme finden Erinnerung:**
Beim Fernsehen/Lesen mit Hilfe eines Timers unterbrechen Sie kurz & fragen sich, was Ihnen in den letzten Minuten ge-/mißfallen hat. Was **nicht** gefällt, verstößt gegen ein Progamm. **Notieren** Sie pro Kärtchen (Zettelchen) nur jeweils einen Gedanken, und zwar **etwas, was Ihnen positiv oder negativ aufgefallen war.** Das geht leicht „nebenher"! Gewöhnen Sie sich daran, mit Farben zu arbeiten. (die Farben identifizieren Programm-Kategorien, z.B. im *Straßenverkehr*, *Familie*, in der *Firma*, etc.)

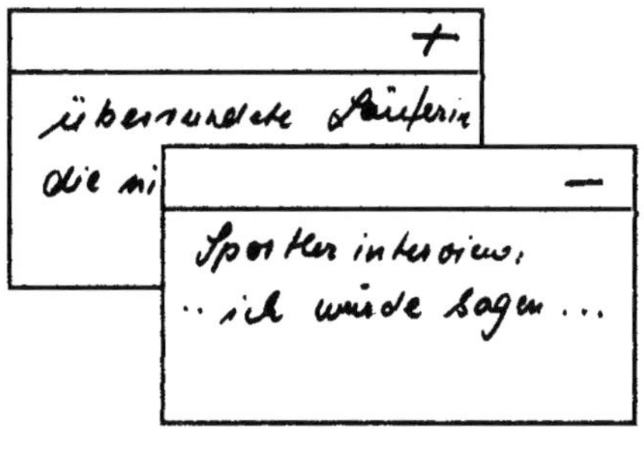

## Zwei Kür-Aufgaben

1. **Analysieren Sie diese wichtigsten Programme**, um festzustellen, wie „penetrant“ Sie möglicherweise versuchen, Ihre Umwelt in Ihr Programm-Schema zu zwingen.
2. **Führen sie ein Gespräch** mit Menschen Ihres Vertrauens, indem Sie dieselbe Frage mit ihnen diskutieren. Dies hilft Ihnen zu erfahren, wie andere die Frage beantworten; das kann spannend werden, erfordert jedoch Mut (**Zivilcourage**).

## Das Gefühls-Rad (Fortsetzung)

Im November-Brief bat ich Sie, die Solo-Übung am Gefühls-Rad einen Monat lang täglich durchzuführen, damit Sie zunächst einmal feststellen können:

1. Wie leicht/schwer fällt es Ihnen, Zugang zu Ihren Gefühlen zu finden? ❑ **eher leicht** ❑ **mittel** ❑ **eher schwer**
2. Wie leicht/schwer fällt es Ihnen, Ihr passives Wissen durch Lesen der Begriffe auf dem Gefühls-Rad zu aktivieren? ❑ **eher leicht** ❑ **mittel** ❑ **eher schwer**
3. Welche Einsichten haben Sie durch das Notieren Ihrer Gefühle gewonnen? Diese sollten Sie in Ihr Arbeits-Journal notieren. Dieses Festhalten (vgl. Kasten) ist sehr wichtig.

Vielleicht haben Sie bisher noch kein Arbeits-Journal angelegt und demzufolge noch nicht damit begonnen, Ihre **Notizen einzutragen** (Das Journal kann gebunden, Spiralheft oder Loseblatt sein, wählen Sie eine Form, die Ihnen zusagt, damit Sie gerne hineinschreiben, vgl. Kasten).

Wer das **Thema Motivation** für wichtig hält, erlebt häufig, daß irgendwelche Menschen anders reagieren, als man will. Wenn wir die Gefahr ausschließen können, daß wir anderen lediglich unsere Programmen aufzwingen wollen, dann stellt sich sowohl die Frage nach den Insel-Inhalten der Betroffenen und als auch die Frage, wie wichtig jedem seine Inhalte sind. Oft stellt sich nämlich heraus, daß Menschen vehement „für ihre Sache kämpfen“, ohne Rücksicht auf die Gefühle ihrer „Opfer“ zu nehmen. Dabei kann ein Mann, der laut Programmen

**Erinnerung** (November-Brief):
**Gefühls-Rad: Solo**

Setzen Sie sich kurz ans Gefühls-Rad und „legen“ Sie Ihre Gefühle, indem Sie **schnell und spontan** Ihre CHIPS auf die Gefühle legen. Schreiben Sie anschließend die gelegten Gefühle auf...

**Betreff:** Festhalten

**Wissenschaftler/innen** notieren Fragen, Assoziationen, Ideen, Gedanken, Ergebnisse und Einsichten, auch Sie sollten so an Ihr bewußt gelebtes Leben herangehen! Ich werde die Notwendigkeit für Notizen von Zeit zu Zeit erwähnen, um Sie daran zu erinnern. Jede Aufgabe, die Sie angehen, jedes Ergebnis einer Gefühls-Rad-Übung, jede wichtige Assoziation, könnte eine Notiz ins Journal wert sein...

wenig Gefühle zu „haben" hat, die Emotionen einer Gesprächspartnerin negieren, aber auch umgekehrt. So manche Frau kann sich nicht vorstellen, daß das Herz des Mannes an etwas hängen könnte, was sie (laut ihren Insel-Inhalten) unwesentlich findet. Deshalb kann es z.B. passieren, daß eine Frau ein Kleidungsstück oder Armee-Erinnerungsstück vom Freund (Ehemann) wegwirft oder in eine wohltätige Sammlung gibt und nicht begreift, warum er ihr das jahrelang übelnimmt.

Desweiteren ist es möglich, daß zwei Menschen völlig unterschiedlich auf Alltags-Reize reagieren. So kann es sein, daß einer der beiden die berühmt-berüchtigte Zahnpastatube (den Toilettendeckel) anders behandelt sehen möchte als andere Famlienmitglieder. Wer die Situation kennt, weiß, wie vehement solche „Motivations-Gespräche" werden können oder wie schnell der Streit zu Bemerkungen eskaliert, die einige „immer" oder „nie" enthalten (vgl. Kasten).

Solange wir jedoch GEGENEINANDER reden, solange können wir die DISTANZ nie überbrücken, also nie MITEINANDER eine gemeinsame Lösung finden. Ohne Brücke können wir niemals DENSELBEN STANDPUNKT einnehmen, den anderen, (uns so fremden!) Standpunkt **intellektuell** und **emotional** nachvollziehen können. Natürlich gelingt uns dies nicht immer, aber wir sollten den Versuch wagen: **Besser eine wackelige Seilbrücke** als gar keine! So können wir GEMEINSAM auf dieser Brücke stehen und die Sache von unserer gemeinsamen Basis (der Brücke) aus betrachten...

Das Gefühls-Rad ist eine wunderbare Möglichkeit, gemeinsam zu vergleichen, was wir in Bezug auf bestimmte „ewige" Reizwörter (z.B. Zahnpastatube, Toilettendeckel) empfinden, z.B. indem alle Betroffenen eine Solo-Übung am Gefühls-Rad machen, ihre Gefühle notieren und zum Schluß diese Notizen vergleichen.

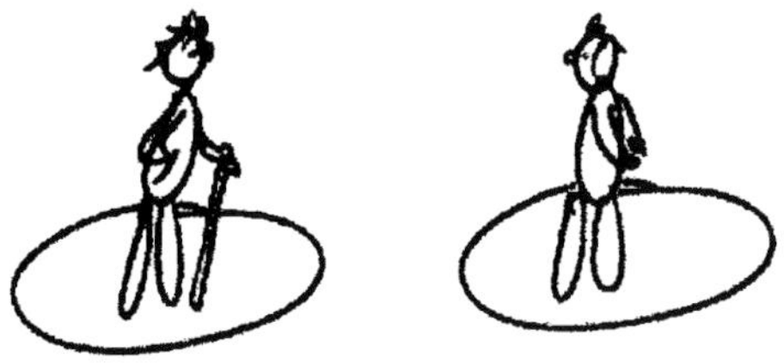

**Distanz?**
Jede/r sieht nur seinen Standpunkt (denn er/sie blickt quasi nur in die eigene Insel und projiziert eigene Gedanken, Gefühle auf die Welt!)

Beispiele

- Nie hörst du mir zu!
- Immer mußt du deinen Kopf durchsetzen!
- Nie geht es um meine Gefühle, nur deine zählen wohl, wie immer!
  Manchmal entsteht eine Formulierung, die zunächst ganz anders klingt, aber auch sie gehört zu unseren Beispielen:
- Einmal, **einmal nur**, möchte ich es erleben, daß du...

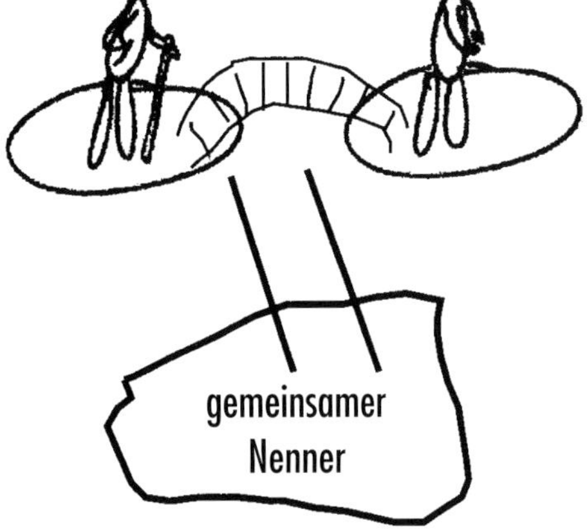


**Die Brücken als Position von welcher aus man gemeinsam** Gemeinsamkeiten suchen kann.

## Kür-Aufgaben mit Gefühls-Rad

1. **Wählen** Sie ein für Sie „schwieriges" Thema und spielen Sie mindestens eine der beiden Varianten durch:
   1.1 **Vergleich an verschiedenen Tagen**: „Legen Sie Ihre Gefühle am Gefühls-Rad" (= plazieren Sie die CHIPS dementsprechend) und **notieren** Sie Ihre Ergebnisse. Wiederholen Sie dies an mehreren Tagen (!!), um zu sehen, wie wenig oder viel Ihre Ergebnisse **abweichen** (vgl. Kasten).
   1.2 **Gespräch**: Bitten Sie andere Personen, dieselbe Aufgabe zu durchlaufen und sprechen Sie über Ihre Ergebnisse.
2. **Reizwörter-Vergleich** (Zahnpastatube, Toilettendeckel). Alle Betroffenen machen eine Solo-Übung am Gefühls-Rad, notieren ihre Gefühle und vergleichen diese Notizen.
3. **Gefühls-Rad-Gespräch** (ein einfaches Thema).
   **Schritt 1**: Jede/r legt zuerst alle Gefühle.
   **Schritt 2**: Erst wenn beide **alle** CHIPS gelegt haben, beginnen Sie das Gespräch. Jetzt wird die Bedeutung der Ruhezone wichtig (vgl. Kasten).

**Merke:**
Je größer die Abweichungen, desto mehr spielt Ihre **jeweilige Tagesform** in die Gefühls-Inventur hinein und beeinflußt Ihre innere Haltung heute.

**SPIELREGEL für die**
**RUHEZONE im Gefühlsrad**
Wenn Sie über einen CHIP nicht reden wollen, legen Sie diesen CHIP in die Ruhezone. So wollten Sie vielleicht ein etwas für Sie peinliches besprechen und fanden die Reaktion des anderen so ablehnend, daß Sie über dieses Thema im Augenblick nicht weiter sprechen wollen. Nun gilt die Spielregel: Auf das Thema, das dieser CHIP repräsentiert bezogen, haben Sie **das Zimmer verlassen**, also ist das Thema solange tabu, bis Sie selbst diesen CHIP aus der Ruhezone herausnehmen (das **müssen** Sie **nicht** tun!).

Wenn Sie mehr über das Gefühls-Rad wissen möchten, wollen Sie vielleicht in mein Taschenbuch *Kommunikationstraining* (S. 235 – 247) hineinsehen...

## Das Fixstern-Paradox

Sie wissen, daß ich große, übergeordnete Ziele gerne als *Fixstern* bezeichne. **Einer meiner Fixsterne** ist **mein „kategorischer" Imperativ**, mein **POTENZ-ial nicht wegen, sondern trotz Erziehung zu entwickeln** und entfalten:

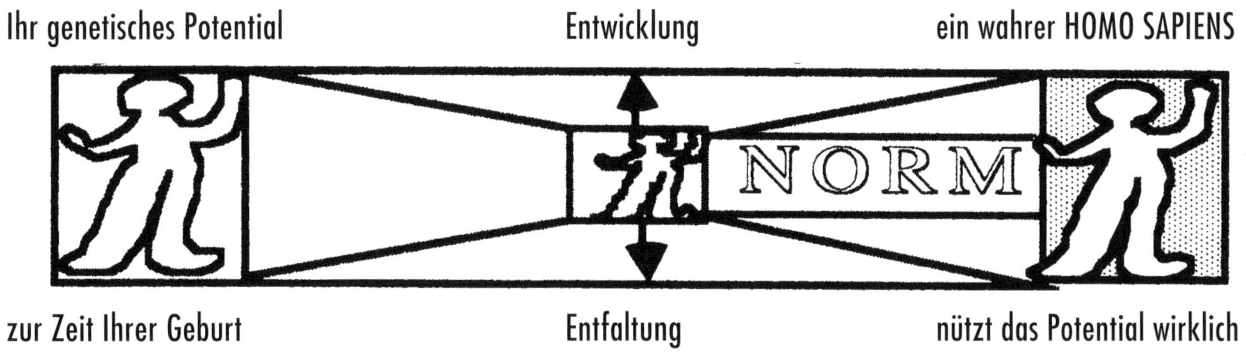

Wir können uns alle lang-, mittel- und kurzfristige **Ziele** (Z) als auf unserem Lebensweg liegend vorstellen, während unsere **Fixsterne** **(vgl. Aug-Brief Seite 4f., Okt-Brief Seite 2f.)** am „Himmel" stehen. Ich bin der festen Überzeugung, daß jeder Mensch **mindestens einen** Fixstern haben **sollte**. (Im Zweifelsfall ist mein Vorschlag, unser POTENZ-ial zu entfalten besser als gar kein Fixstern).

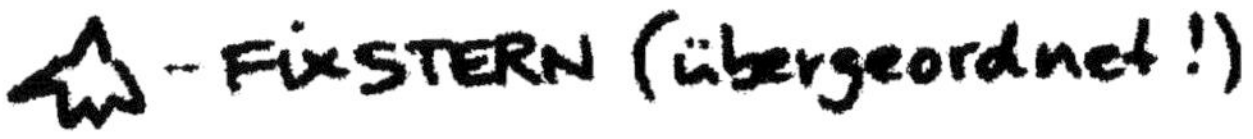

Wollen wir nun unsere/n eigene/n Fixstern/e **in Relation zu einer Frage** betrachten, die sich gerade um die Weihnachszeit gut stellen läßt, nämlich: Wie „leichtfertig"/„seicht" ist unser Leben eigentlich? Es ist natürlich legitim, ein Leben an der Oberfläche leben zu **wollen**, aber in diesem Zusammenhang stieß ich auf ein interessantes **Paradox**, das ich Ihnen jetzt im Weihnachtsmonat als Denk-Anstoß anbieten möchte, nämlich:

**Je höher Ihr Fixstern hängt, desto mehr Tiefe hat Ihr Leben!**

Falls **Tiefe** ein wesentlicher **Wert** Ihres Lebens ist:

**Hängen Sie Ihren Fixstern möglichst hoch.**

Das erzeugt das **Relativitäts-Prinzip der Psyche**© (vgl. Aug-Brief Seite 3f.), denn die **Höhe des Fixsterns** macht aus den „Elefanten" unseres Lebens schnell wieder „Mücken". Aber nur, wenn Sie regelmäßig Ihren Blick „nach oben" richten und sich an Ihrem Fixstern orientieren.

Beim (**kleinen**) Relativitäts-Prinzip **vergleichen** wir Dinge, die uns aufregen, mit dem Fixstern. Wenn mich ein Mitmensch nervt und ich frage mich, ob es mir helfen wird, mein POTENZ-ial optimal zu entfalten, wenn ich ihn auch ärgere, dann **relativiert** dies! Beim (**großen**) Relativitäts-Prinzip „frage ich meinen Tod um Rat" (nach C. Castaneda). Der relativiert ungemein, denn angesichts des eigenen Todes wirken die meisten Kränkungen und Probleme des Alltags ziemlich klein, oder? (Eine interessante Variante zu diesem Gedanken finden Sie im Kasten.)

Ich wünsche Ihnen ein frohes Fest!

**Wenn** eine **Person** Sie regelmäßig „nervt" und **wenn** Sie diese Handlungen **nicht** in Bezug zu Ihrem **eigenen** Tod setzen wollen, dann könnten Sie sich fragen:

Wie würde ich dieser Person begegnen, wenn ich mit Sicherheit wüßte, daß sie nur noch 4 Wochen zu leben hat? Wären Sie um einiges geduldiger? Wenn Sie bejahen, dann stellen Sie sich **die große Zusatzfrage**: Warum könnte ich diese Toleranz aufbringen, wenn die Person bald sterben würde? Was behindert meine Geduld „nur so"? Bitte denken Sie ab und zu daran: Leute, die (z.B. bei einem Autounfall) völlig unerwartet sterben hinterlassen in der Regel Menschen, die es **jetzt bereuen**, nicht **rechtzeitig** nett/er gewesen zu sein!
Deshalb heißt es im **Talmud**: *Einen Tag vor deinem Tod, kehr um!* (Wir können auch sagen: *Einen Tag vor dem Tod* ***jener*** *Person, kehr um!*) Nun erzählt man sich, daß die Schüler den Rabbi fragten, wie man wissen könne, wann es einen Tag „davor" sei. Darauf der Rabbi: „Natürlich kann man es nicht wissen, deshalb soll man sicherheitshalber heute schon umkehren."
Bezüglich unserer Geduld mit Menschen *die noch leben*, kein schlechter Rat, besonders **im Weihnachts-Monat**, was meinen Sie?

## Ihr Feedback: Post von Ihnen

# heute zu: Wenn Sie König/in wären...?

Erinnern Sie sich an die Frage vom April-Brief, an welche ich Sie im Mai (Titelseite) noch einmal erinnert hatte (vgl. Kasten)

**Ich gab Ihnen damals folgendes Beispiel:** *Wenn ich König/in wäre, dann müßte jeder kritische Bericht (Radio, TV, Artikel, Buch usw.) mindestens einen intelligenten & vorstellbaren Lösungsweg anbieten! Es ist furchtbar leicht, Menschen „runterzumachen"! Das ist m.E. keine journalistische Leistung! Da werden regelmäßig TV-, Artikelserien und ganze Bücher gefüllt, aber wenn diese Berichterstatter/innen es besser machen oder zumindest einen gangbaren Lösungsweg aufzeigen müßten...*

**Hierzu schrieb jetzt ein Leser:** *Diese Idee hat in unserem Produktions-Team viele fruchtbare Diskussionen ausgelöst. Sowohl, was phantastische neue Ideen zur Frage (Wenn ich König wäre...) angeht als auch in bezug auf **Ihr Fallbeispiel**: Früher hatten wir nämlich intuitiv so kritisiert (niemals meckern ohne konkrete Verbesserungs-Vorschläge anzubieten), aber im Lauf der Zeit scheinen wir es ein wenig vergessen zu haben. **Erst Ihr Beispiel machte uns dies klar**. Nun haben wir Ihr „Gesetz" neu installiert: wir zwingen uns gegenseitig, nicht nur zu sagen, was uns **nicht** gefällt, sondern immer gleich einen Gegenvorschlag anzubieten **oder** zu sagen: „Ich weiß noch keine Lösung, hat jemand eine Idee, wie wir es können?" Alle Volontäre, Hospitanten etc. machen jetzt mit. Es dauerte ca. vier Wochen, denn es ist, wie Sie festgestellt haben, wahnsinnig leicht etwas (in unserem Fall z.B. ein Drehbuch) zu zerpflücken. **Es ist weit schwieriger und führt zu weit differenzierterer Kritik, wenn man Ihr „Gesetz" in die Praxis umsetzt (es funktioniert übrigens auch in der Familie hervorragend). Merci vielmals!***

Andere Leser/innen steuerten folgende Kommentar bei:

1. Das war eine tolle Aufgabe, die **wunderbare Gespräche** im Kreis meiner Familie und Freunde ausgelöst hat. Danke!
2. Man lernt in den Gesprächen mit anderen eine Menge über deren Inseln, eigentlich ist dies eine großartige Kommunikationshilfe, um neue Bekannte besser „erfassen" zu können, sozusagen als **schnelle Insel-Inventur**. Super!
3. Ich habe eigene Ideen gesammelt und war erstaunt, wieviele Dinge es gibt, die verbesserungswürdig sind. Aber die Aufgabe reizt zu **konstruktiver Kreativität** (statt zum Herummotzen) und gerade das finde ich so toll...

**Wenn Sie die Welt verbessern könnten, was würden Sie ändern wollen?**

Beginnen Sie bitte jede Idee mit: **Wenn ich König/in wäre, dann...**

Bitte senden/faxen Sie uns Ideen, die sich aus Diskussionen in Ihrem Familien-, Freundes- & Kollegenkreis ergeben. Ich möchte später weitere Varianten aufgreifen und hoffe deshalb auf möglichst viele Ihrer Beispiele...
Danke

**Zum guten Schluß eine NEUE TECHNIK:**

## Das Los-Glas

Sie benötigen ein **Glas** (vgl. Kasten). Und Sie benötigen **Papierstreifen**. Auf diese werden Sie **schreiben** (s.u.). Dann rollen Sie sie (wie ein Los) zu einer kleinen Röhre (es gibt übrigens **Miniatur-Gummibänder**, mit denen man diese Papierröllchen gut zusammenhalten kann). Später werden Sie jeweils ein „Los" ziehen und sich an diesem Tag von diesem Los beeinflussen lassen. Heute biete ich Ihnen **vier** Möglichkeiten, bald werden Ihnen selbst weitere einfallen.

**Variante 1 – Personen-Namen**: Wem wollen Sie heute eine Freude machen? Denken Sie bitte daran, daß schon eine kleine unerwartete positive „Streicheleinheit" (ein netter Blick, ein warmes Kompliment, usw.) den meisten Menschen große Freude macht!

**Variante 2 – Wohlfühl-Strategien**: Sammeln Sie Ideen (z.B. in diesen Briefen) und machen Sie dann jeweils eine per Los zur jeweiligen Tages-LOS-ung...

**Variante 3 – Gedächtnis-Trainings-Aufgaben**: Jedes Los beinhaltet eine 15-Wort-Liste, die Sie heute bearbeiten wollen, z.B., indem Sie sie an die Dach-Liste (vgl. Kasten) „anhängen" oder indem Sie eine neue Liste aufbauen (mit Assoziation zur Reihenfolge in der Liste etc.)

**Variante 4 – Konkrete Aufgaben**: Dinge, bei denen es auf den Tag nicht ankommt (Fenster putzen). Sie können diese Variante ausbauen, (z.B. Rezept-Ideen für „gesunde" Gerichte, die ab und zu auf den Tisch kommen sollten). Wichtig ist **erstens**: Sie ziehen Ihr Los und damit **Ihr „Los"**, diese Aufgabe heute durchzuführen. **Zweitens**: Es gibt Sonder-Lose mit Joker-Funktion. So haben Sie bei unangenehmeren Aufgaben immer auch die **Chance, heute** einen **Joker** zu ziehen, das macht mehr Spaß.

Den wünsche ich Ihnen von Herzen,
Ihre

Vera F. Birkenbihl

Das GLAS kann z.B. eine **Vase** sein oder ein klassisches **Einweckglas**, wichtig ist lediglich erstens, daß es einen **Deckel** hat (damit der Inhalt nicht verstaubt) und zweitens, daß Sie bequem **mit der Hand hineinfassen** und etwas greifen können, um es dann herauszuziehen. Mein Tip: Falls Sie mehr als eine Variante im selben Glas aufbewahren wollen, nehmen Sie Lose von unterschiedlichen Farben.

Die Dach-Liste stellt die Einführung in wichtige Bereiche **(Gedächtnis, Wissens-Netz, Assoziationen, Auf-MERK-samkeit usw.)** dar.

Falls Sie **Neu-Einsteiger/in** sind, dann können Sie diese einzelnen Gedanken im Wort-Sinn NACH-lesen:

- BasisWissen, Seite 21f.,
- BasisTraining (= die ersten Briefe) Dez. Seiten 4,7; Febr. Seite 2; März Seite 6f.; April-Beilage S. II; Mai Seite 4

# Der Vera F. Birkenbihl-Brief

## Erfolg & Lebensqualität

**Monatlicher Beratungs- und Trainingsservice**

**Denn:** Erfolg ist ein Prozeß

**Januar**

Liebe Leserin,
lieber Leser,

Die Idee, im Dez./Jan. (wegen der Jahres-Inventur, die viele von Ihnen durchlaufen) **nur Kür-Aufgaben** anzubieten, kam gut an. Ebenfalls stieß die neue Strategie des Los-Glases auf begeisterte Resonanz. Eine Leserin beschrieb eine wunderbare Variante (vgl. Seite 8). Bei solchen Feedbacks weiß ich immer ganz genau, warum ich diesen Brief „mache". Vielen Dank!

Nun hoffe ich auf **viele weitere Ideen** von Ihnen, sowohl zum Los-Glas als auch zu der Frage, was Sie alles ändern würden, wenn Sie **König/in** wären (vgl. **Kasten**). Ich hoffe auch auf weitere Schilderungen zur Freundlichkeiten-Kette. Auch hier zeigen Ihre (oft beiläufigen) Kommentare erstens, daß die Idee schon so manche Freude in Ihrer Umgebung ausgelöst hat und zweitens, daß manche von Ihnen die Fallbeispiele anderer gut brauchen können, weil sie Anregungen bieten, welche Art von Freundschaftsdiensten und Gefallen man Mitmenschen überhaupt anbieten kann. Deshalb finden Sie heute wieder eine solche „Starthilfe". Jede Freundlichkeit ist seelischer Sonnenschein, den wir in der kalten Jahreszeit wohl gut brauchen können.
Mit liebem Gruß und besten Wünschen für das neue Jahr,

Ihre

Vera F. Birkenbihl

eine der erfolgreichsten Persönlichkeits-Entwickler

Vera F. Birkenbihl

Zwei Leser-Beispiele zur Frage „Wenn ich König/in wäre":

1. Alle Bürger/innen müßten sich verpflichten, jeden Tag mit einer positiven Bemerkung an jemanden zu beginnen.
2. An roten Ampeln muß man lächeln (zumindest innerlich), weil das das Immun-System stärkt und so dem Königreich Geld spart…

Erinnern Sie sich noch an den tollen Leser-Brief hierzu im Dezember (S. 7)?

*Keep them coming!* Danke!

## Betreff: Aufgaben in diesem Brief

Auch im Januar besteht die Haupt-Aufgabe jener, die in diesem Monat Teil II ihrer Jahres-Inventur durchführen eben darin.

Apropos *letzter Brief*: Im Okt. und Nov.-Brief hatten wir festgestellt, es **könne** bei Motivations-Problemen darum gehen, dem Gesprächspartner eigene Insel-Inhalte (z.B. Programme) aufzuzwingen. Deshalb lud ich Sie im Okt.-Brief (S. 5f.: Pflicht-Aufgabe) ein, **sich mit Ihren wichtigsten Programmen zu beschäftigen** (und im Dez. erinnerte ich Sie daran!). Neue Brief-Leser/innen finden die **Kurz-Anweisung** zu dieser wichtigen Übung noch einmal im Kasten, ausführliche Beschreibung im Okt.-Brief, S. 5 ff). Heute werden wir uns zuerst mit dem ersten Einstieg in das „heiße" Thema der Viren des Geistes befassen (s. unten). Dann denken wir, wie versprochen, über **legitime Motivations-Versuche** nach (Seite 4 – 5). Dies aber macht umso mehr Sinn, je mehr Ihrer Haupt-Meme und -Programme Sie **kennen. Nur so** können Sie eine legitime Motivations-Situation überhaupt **erkennen**.

Deshalb enthielt der letzte und enthält der heutige Brief **ebenfalls** nur Kür-Aufgaben.

**Programme finden**
nochmalige Erinnerung:

Beim Fernsehen/Lesen mithilfe eines Timers unterbrechen Sie kurz und fragen sich, was Ihnen in den letzten Minuten ge-/mißfallen hat. Was **nicht** gefällt, verstößt gegen ein Programm. **Notieren** Sie pro Kärtchen (Zettelchen) nur jeweils einen Gedanken, und zwar **etwas, was Ihnen** positiv **oder** negativ **aufgefallen war**. Das geht leicht „nebenher"!) Gewöhnen Sie sich daran, mit Farben zu arbeiten. (die Farben identifizieren Programm-Kategorien, z.B. im *Straßenverkehr, Familie,* in der *Firma,* etc.)

## Viren des Geistes

Heute möchte ich auch damit beginnen, Sie in das enorm wichtige Thema (einer neuen Wissenschaft) der Memetik einzuführen (vgl. P.S. auf Seite 1, Betreff: Video-Vortrag). Die Grund-Einheit der Memetik ist das **MEM** (vgl. **Kasten**). Genaugenommen ist ein Mem ein Replikator, das heißt eine Idee (Information), die kopiert (= repliziert) werden kann.

**Ein Mem ist eine Einheit kultureller Transmission.** Sie erlaubt, (nach Richard Dawkins) analog dem Gen die **Weitergabe von Infos**. Allerdings gibt es einen Unterschied: **Meme** verbreiten Ideen/Infos sowohl vertikal (von Generation zu Generation) als auch horizontal (von Mensch zu Mensch).

Angenommen Sie hören einen **guten Witz**, den Sie möglichst vielen Menschen weitererzählen möchten. Geht es diesen Menschen anschließend ähnlich, dann nimmt die Verbreitung schnell Epidemie-ähnliche Züge an (vgl. Virus). Das beschreibt der Volksmund: eine Idee (ein Mem) verbreitet sich **wie ein Lauffeuer**. Bei einem Witz ist dies kein Problem, bei manchen Verhaltensweisen, die plötzlich IN sind (vgl. In-**Line**-Skating) könnte es eins werden (z.B. wenn die **In-Liner** es tatsächlich schaffen, gesetzlich durchzusetzen, daß sie auf **Straßen** fahren dürfen, bzw. wenn sie in Rudeln mit hohem Tempo über die Gehsteige rasen und Fußgänger/innen (junge Mütter und Kleinkinder oder Senioren) behindern. Oder denken Sie an so manche **MEIN**-ung, die jedoch genaugenommen eine **ÄNDER**-ung ist, mit der **ANDERE** Menschen Sie „infiziert" haben. Jede Meinung ist genaugenommen immer ein Mem.

Oder denken Sie an Ihre via Erziehung „erworbenen" **Programme**! Beginnen Sie bei einfachst-Memen wie „Rülpsen verboten", welche dazu führen, daß Sie jeden Menschen verurteilen, der die Regel bricht (sei es, daß der das Verhalten zeigt oder daß er den Begriff *rülpsen* verwendet). Wenn ich Sie jetzt bitten würde, alle Begriffe **laut** auszusprechen, die **man** gemäß Ihrer Meme nicht sagen darf, dann ...? So leicht läßt Ihr Mem gegenteilige Gedanken oder Verhaltensmuster nicht zu!

Besonders gefährlich sind **Meme**, die ich als ***unsichtbar*** bezeichne: Verhaltensweisen, die wir vor langer Zeit **unbewußt** (durch Imitation) übernommen haben, von denen wir meist gar nichts wissen, weil wir in frühester Kindheit oder Jugend bereits mit diesen Verhaltens-**Memen** „infiziert" wurden. Diese Meme werden (wie Gene) von Generation zu Genera-tion weitergegeben und alle Personen, die ohne ihr Wissen infiziert wurden, können solange keinen Heilungsprozeß anstreben, **wie sie von ihrer Infektion nichts wissen**!

Dies fügt nicht nur ihnen selbst eine Menge Leid zu, z.B. weil sie sich oft über **mem-fremdes Verhalten** ärgern („müssen"), sondern **sie infizieren laufend weitere Menschen**, weil sie ja zunächst ihr Mem gut (richtig, gesund, korrekt usw.) finden. Nun statten Meme uns mit einem **Missions-Trieb** aus, so daß wir „Gott und die Welt" überzeugen (missionieren) möchten. **Jeder Abweichler wird dann natürlich zu einem ernsten Motivations-Problem!**

**Nur erkannte Meme können überprüft/hinterfragt werden**. Bisher waren die Meme bei Ihnen erfolgreich, die in Ihnen aktiv sind! In Zukunft können Sie bewußt entscheiden, welche Sie „behalten" wollen und von welchen Sie lieber genesen möchten. Es ist Ihre Wahl!

So, jetzt können wir zu unserer Frage, wann ein Motivations-Problem *legitim* ist, zurückkehren.

Natürlich können wir unsere Programme inzwischen alle als **Meme** identifizieren. Im Klartext: Wiewohl **jedes Programm immer** auch ein **Mem** ist, muß NICHT jedes Mem ein Programm sein. Jedes Mem ist *eine Einheit kultureller Übermittlung* – von einem Witz über Modetrends bis hin zu einer wissenschaftlichen Theorie. Aber: Alle Meme, von denen wir „infiziert" wurden, werden **ein Teil unserer persönlichen Insel und unseres Wissens-Netzes**.

Aus dieser Falle kann nur entkommen, wer sie als solche erkannt hat! Das ist das *Medikament* gegen den „Viral-Infekt". Deshalb kann ich nur wiederholen, wie **wichtig** die (von mir entwickelte) **Technik** ist, mit der Sie (nebenbei, z.B. beim Lesen oder Fernsehen) Ihre **wichtigsten Meme**, inklusive der gefährlichsten **unsichtbaren finden** können!

Sie erinnern sich: Wenn Sie sich über etwas **ärgern „müssen"**, dann besitzen Sie in der Regel „dafür" ein **Anti-Mem**, und wenn Ihnen etwas gefällt, dann haben Sie „dafür" ein **Pro-Mem**!

# Fortsetzung: Kommunikation & Motivation

Verschiedene Personen können sehr unterschiedliche Standpunkte bezüglich der **Legitimität einer Motivations-Situation** haben, denn das hat sehr viel mit den Memen zu tun, mit denen jede/r „infiziert" ist. Merke:

**Wer jemanden motivieren will, hält das eigene Anliegen für legitim und das zu verändernde Verhalten für falsch!**

Das ergibt eine Situation, in der beide zu „Sturheit" neigen, denn der Partner/Gegner sieht es natürlich genau so:

**Also halten beide/alle Betroffenen ihre eigene/n Insel/n für den einzig denkbaren** (richtigen, korrekten, fairen usw.) **Standpunkt!**

**Das müssen wir wissen**, wenn wir über **strategische Ansätze** nachdenken wollen. Meine Seminar-Teilnehmer/innen verknüpfen mit ihren Bitten um strategischer Ansätze immer dieselbe Grund-Idee: Wie kann ich den anderen dazu bekommen, das zu tun, was ich will? Das klingt dann z.B. so:

**Wie kann ich ihn/sie dazu bekommen zu tun, was ich will?**

- **Mein Sohn weigert sich** (das von mir gewünschte zu tun). **Wie bekomme ich ihn dazu, daß er Vernuft annimmt?** Oder:
- **Meine Mitarbeiterin begreift nicht**, daß (diese Angelegenheit so und so) **gehandhabt werden muß**...
- **Dieser Kunde versteht nicht**, daß wir auf Sonderwünsche nicht eingehen können; **schließlich fügen sich die anderen ja auch!**

Wollen wir uns **eine konkrete Situation aus einem Seminar** ansehen, die ich vor vielen Jahren genauer analysierte (vgl. mein Taschenbuch *Erfolgstraining*), als ein Teilnehmer eine „private" Frage stellte: **„Ich habe ein tolles Beispiel für ein legitimes Motivations-Problem: Mein Sohn weigert sich, Abitur zu machen. Wie bekomme ich ihn dazu, daß er Vernuft annimmt?"**

Natürlich klingen die vorgebrachten „Motivations-Probleme" so gut, daß die Zuhörer/innen sofort anteilsvoll mit den Köpfen nikken. Auch sie möchten gerne wissen, welche Strategie ich jetzt vorschlagen werde.

Auf meine Fragen ergab sich, daß der junge Mann **keine** schlechten Noten hatte, er weigerte sich einfach, **den vom Vater vorgesehenen**

**Weg zu gehen**. Dieser bezeichnete seinen Sohn als *stur, rechthaberisch, unvernünftig* usw. Er berichtete, er habe sich **seit vielen Wochen** „den Mund fusselig geredet“. Nun forderte er die ultimative **Mein-Sohn-muß-Abitur-machen-Strategie.** „Nun“, fragte ich ihn, „was **will** Ihr Sohn denn **statt Abitur**? Welche Pläne hat er denn?“ Der Vater starrte mich an, schwieg lange und gab dann zu, er wisse es nicht. Denken Sie mit! Da redet er sich seit Monaten „den Mund fusselig“, **monologisierte** also endlos an den jungen Mann hin (der laut Gesetz bereits volljährig ist) und hat es nie für nötig gehalten, **auch nur einmal zu fragen**, ob der Sohn bereits irgendwelche eigenen Pläne hat (und wenn ja, welche). Bitte beachten Sie:

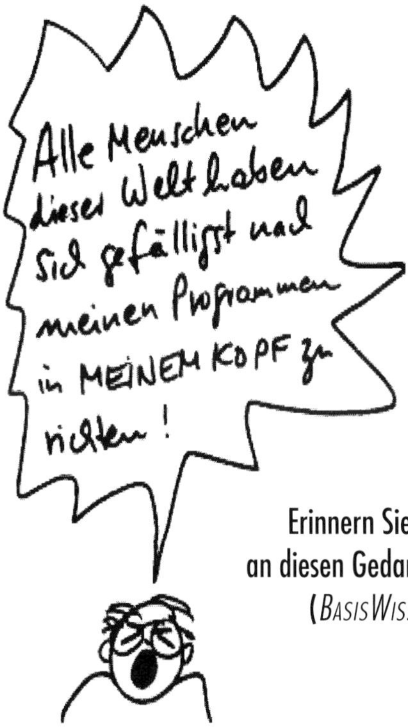

Alle Menschen dieser Welt haben sich gefälligst nach meinen Programmen in MEINEM KOPF zu richten!


Erinnern Sie sich an diesen Gedanken (*BasisWissen*)?

1. Dieser Teilnehmer verhielt sich **als Vater wie als Manager immer so** (wie mir seine Mitarbeiter bestätigten).
2. Dieses Verhalten (als Vater wie als Führungskraft) ist leider noch **weitverbreitet** und demzufolge **normal**.
3. Den Begriff **normal** definieren wir aber nicht als *gesund* (*richtig*), sondern als *der Norm entsprechend*, mit anderen Worten: **Mittelmaß**.
4. Dieser **mittelmäßige Kommunikations-Stil** entspricht leider der Norm, wenn wir Mitmenschen motivieren wollen, weil fast jede/r (un-)bewußt ständig von der **eigenen Insel** ausgeht und diese als **absolut bindend für die ganze Welt** hält!
5. Diese **Angewohnheit** aber haben wir von unseren Eltern, Lehrer/innen, Ausbildern und anderen Menschen übernommen. **Es sind Verhaltens-Meme, mit denen wir infiziert wurden**. Wir imitieren sie (unbewußt).
6. Jedes **Mem** ist mit **Gefühlen** verbunden; diese können sehr stark sein und zu aggressiver Verteidigung oder zu Abwehr führen („Jetzt sei doch vernünftig!!“).
   Deshalb wollte ich, daß Sie Ihre wichtigsten **Programme** (d.h. **Meme**) finden und lernen, Ihre **Gefühle** bewußt zu registrieren (vgl. **Gefühlsrad** im November-Brief).

**Golden Girls:**
In der sitcom-Serie gibt es eine Szene, die unser Thema hervorragend illustriert:

*Dorothy* (zu ihrer Mutter): Ma, warum kannst du mich nie in Ruhe lassen?
*Sophia*: Ich will, daß du glücklich bist.
*Dorothy*: Ich würde ja glücklich sein, wenn du dich nicht laufend in meine Angelegenheiten einmischen würdest. Ich bin jetzt über 60! Wie alt muß ich noch werden, daß du mir zutraust, mein Leben zu managen…?

## Denk-Anstoß:

Wie oft reden **wir** uns „den Mund fusselig“ weil wir an diesen „sturen“ Menschen hin-**monologisieren**? Wie oft denken wir im Traum nicht daran zu fragen, ob unser Gesprächspartner bereits ein **konkretes Ziel** verfolgt? Wie selten klären wir ab, **wie wichtig** ihm/ihr dieses eigene Ziel ist?

## Kür-Aufgabe: Nachdenken...

In den nächsten Tagen, wenn Sie etwas Zeit haben, denken Sie (jeweils nur einige Minuten lang) an **einige Ihrer regulären** Motivations-Probleme und notieren Sie, was Sie **bisher** über die Insel Ihres „Kontrahenten" erfragt haben.

Später wollen Sie vielleicht mit den Betroffenen sprechen und Ihre Eindrücke abklären?

## F-Ketten-Fallbeispiel einer Seminar-Teilnehmerin

Viele von Ihnen baten um Fallbeispiele (vgl. Kasten), weil diese in Ihnen Assoziationen auslösen und so Ideen kreieren, die über die Freundschaftskette-Anregungen hinaus gehen. Wenn Sie z.B. in einem Fallbeispiel lesen, jemand hätte einer Person einen Text vorgelesen, dann erinnert Sie das vielleicht daran, **daß Sie dies** früher (in Partnerschaft, Familie. Freundeskreis) **ebenfalls** öfter getan hatten. Vielleicht wollen Sie die alte Gewohnheit ja wieder aufleben lassen?

> Es ist natürlich immer auch möglich, daß eine Idee in einem Fallbeispiel bei Ihnen eine weitere Gedanken-Kette auslöst. Deshalb sollte Ihr Arbeits-Journal immer griffbereit liegen, damit Sie einen „größeren" Gedanken eintragen können (Stichpunkte für „kleinere" Gedanken schreibt man ja in der Regel gleich in diesen Text hinein, nicht wahr?). Wenn sie regelmäßig Ihre eigenen Assoziationen notieren, werden sie in der Zukunft auch weit mehr „ernten", inklusive der **Ideen, die in den jeweiligen Fallbeispielen gar nicht enthalten waren.**
>
> Deshalb sind Fallbeispiele so wichtig; sie erzählen uns Stories. (Wenn uns das Beispiel hilft, dann sind es diese **Stories, die helfen.**)

**Teil 1: Rohkost für den Junggesellen.** Der Kollege meinte: einerseits würde er gerne mal einige Tage lang versuchen, seinen Appetit auf Schokoriegel mit Rohkost „auszutricksen", andererseits müßte er einen Umweg machen, um einen Lebensmittelladen aufzusuchen, der ein gewisses Sortiment für solche Sachen hätte und ehe er wüßte, ob es ihm wirklich hilft, Selleriestangen u.ä. zu knabbern... Da meldete sich unsere Leserin zu Wort und bot ihm an, ihn eine Woche lang mit Rohkost zu versorgen, damit er zuerst einmal die Erfahrung machen könnte. Er fand das prima und willigte ein, ebenfalls jemanden einen Gefallen zu erweisen.

**Teil 2: Der Junggeselle als** Vorleser. Einige Tage später bot sich eine Chance, als er hörte, daß die Oma einer Bekannten derzeit fast blind sei und noch einige Wochen warten müsse, bis eine Operation ihr die Sehfähigkeit zurückgeben würde. Die Bekannte meinte, die Oma sei eine Leseratte und klage vor allem, daß sie in zwei Büchern nicht weiterkäme. Auf die Frage, ob die Bekannte der Oma mit Vorlesen nicht helfen könnte, erfuhr er, daß sie die nächsten zwei Monate auf einem Film-Dreh im Ausland wäre und gerade jetzt der Oma nicht helfen könne. Daraufhin bot er sich an. Nun liest er der alten Dame zweimal die Woche vor, wobei das eine Buch ein archäologischer Bericht ist. Mit so etwas hatte er sich noch nie befaßt, er findet es überraschenderweise spannend! (Auch dies kann passieren, daß Sie durch Ihre Hilfsbereitschaft neue Interessen entdecken könnten - jetzt sind Sie gewarnt...). So gesehen meint er, er profitiere mindestens so viel wie die Oma

selbst. Deshalb wolle er die Kette fortführen statt die alte Dame zu bitten, ihren Teil beizutragen. **Birkenbihl-Kommentar**: *Es ist natürlich immer möglich, einen weiteren Ketten-Beitrag selbst zu übernehmen,* ***damit die Kette nicht abreißt****, wenn wir jemanden erfreuen wollen, den wir aus irgendeinem Grund nicht um seinen Beitrag bitten können oder wollen.*

**Teil 3: Der Junggeselle als Nikolaus**... Kurz darauf (am 4. Dezember) hörte er von einem Bekannten, der vorgesehene Nikolaus sei krank geworden. Nun seien bestimmte Details bereits mit ihm abgeklärt gewesen, die dieser Bekannte keiner "wild-fremden" Nikolaus-Agentur erzählen wollte, während seine Freunde (denen er diese Dinge durchaus erzählen würde) natürlich vom Kind erkannt werden würden... Unser junger Mann bot sich an. Er war dem jungen Vater bekannt genug, daß dieser ihm vertrauensvoll sagen konnte, was er (als Nikolaus) über seinen Sohn wissen sollte, aber er war fremd genug, daß die Gefahr (Sohn erkennt Nikolaus) gebannt war. Dieser junge Vater fand die **Idee der Freundlichkeiten-Kette absolut super**, er meinte übrigens (vgl. Kasten).

*Es ist leichter, in die Kette* ***einzusteigen****, als „einfach so" einen Gefallen anzunehmen, der jemand Zeit kostet. Er sagte, die* ***Bedingung****, jemanden in die Kette einzubinden, sei ihm sympatischer als ein Gefallen, den er nicht erwidern könnte.*

Diesen Standpunkt hörte ich schon häufiger. Er könnte erklären, warum die Freundlichkeiten-Kette gerade bei Menschen so gut „ankommt", bei denen Sie es vielleicht gar nicht unbedingt erwartet hätten.

**Teil 4: Der junge Vater**... Hier endet die Schilderung, weil meine Teilnehmerin am Seminartag noch nicht wußte, welche Idee der junge Vater haben würde... **Birkenbihl-Kommentar**: Ich finde solche Schilderungen wunderbar. **Danke an alle, die mit dazu beitragen, daß dieser Brief durch Ihre Inputs be-REICH-ert wird** (s. auch unten).

## Noch ein Denk-Anstoß:

**Anfang Januar könnten Sie...**

... alle Geschenke, die Ihnen nicht gefallen, zusammentragen und überlegen, ob Sie diese zurückgeben/eintauschen wollen, oder ob Sie sie einer gemeinnützigen Organisation spenden wollen. Dies verhindert, daß die Gebenden vielleicht verletzt wären. Wenn wir einmal bedenken, in welchem Überfluß die meisten von uns leben, dann könnte diese neue Januar-Tradition den weihnachtlichen Geist ins Neue Jahr hinüberretten.

Was meinen Sie?

# Tolle Ideen zum Los-Glas

Ihre Reaktionen auf die neue Strategie der **Lose im Glas** (Dezember-Brief) zeigt, auch diese Idee kam bei Ihnen gut an. Den **ersten Brief** einer Leserin finden Sie im Kasten (rechts).

Die ersten Ideen für Lose (vgl. **unterer** Kasten) haben bei Ihnen z.T. schöne Variationen ausgelöst, aber besonders berühren mich immer Feedbacks, aus denen hervorgeht, welche wichtigen Prozesse bei Ihnen abgelaufen sind, als Sie sich aktiv an die eine oder andere Aufgabe „herangemacht" haben. Das sind natürlich Entdeckungen, die nur macht, wer **aktiv** mitarbeitet. Nehmen Sie z.B. den Satz der Leserin: *Zuerst haben wir im Familienrat gemeinsam die Aufgaben definiert und die Lose beschriftet...*, dem die Schreiberin beiläufig (in der Klammer) hinzufügt: *das war schon ein immens wichtiger Prozeß*... Genau das war es. **Hier ist weit mehr passiert, als das Vorbereiten der Lose für aktiven Gebrauch später!** Und später profitieren alle von diesem Prozeß, der da ablief, **weil man bereit war sich einzulassen.** **Ich gratuliere dieser Dame und ihrer Familie** und Ihnen allen, bei denen ebenfalls wichtige Dinge geschehen, weil Sie die Anregungen in diesen Seiten aufgreifen.

Übrigens, wenn hier **Post von Ihnen** eingeht (als Brief, Postkarte, Fax oder e-mail), **dann freut sich unser ganzes Team!**. Vielen Dank. Es macht wirklich Spaß, so viele aktiv mitdenkende Leser/innen zu haben.

Zwar rutschen nur wenige Ihrer Briefe direkt als Zitat in den Brief hinein, **aber alle beeinflussen mich!!** Wenn ich Ihren Zeilen entnehme, daß ein Gedanke, eine Strategie oder eine Technik bei Ihnen besonders viele Reaktionen auslöst, dann **erhöht sich die Chance**, daß ich mich **zu diesem Punkt** auch in Zukunft wieder äußern werde. Deshalb sind auch diejenigen Ihrer Feedbacks immens wichtig, die **nicht** abgedruckt wurden!

Mit liebem Gruß,
Ihre

Vera F. Birkenbihl

(vgl. Dezember-Brief, S. 8)

> Wir haben die Idee auch auf Aufgaben im Haushalt, die jeder von uns erledigen soll, übertragen. Zuerst haben wir im Familienrat gemeinsam die Aufgaben definiert und die Lose beschriftet, (das war schon ein immens wichtiger Prozeß), dann haben wir Joker-Lose (mit lustigem Clownsgesicht) gestaltet. Übrigens sind **Kinder-Lose rot**, Lose für meinen Mann sind **blau, meine** sind **gelb**. Nun werden jeden Morgen die Lose gezogen.
>
> Somit beginnt der Tag mit einer gemeinsamen Aktion und **das ewige Schimpfen** (wer heute wieder mal was nicht gemacht hat) **hat mit einem Schlag aufgehört**. Last not least gibt es ja immer die **Chance**, einen **Joker** zu ziehen! Danke für die Idee, sie ist eine riesige Hilfe für uns!

**Zur Erinnerung**, erste Ideen für Lose im Los-Glas:

1 – **Namen**: **Wem** wollen Sie heute eine Freude machen?

2 – **Wohlfühl-Strategien**: alte oder in Zukunft auch neue Ideen, die das Wohlgefühl verbessern, testen.

3 – **Gedächtnis-Training**: Z.B. Aufgaben in den alten Briefen häufiger „trainingsmäßig" angehen

4 – **Konkrete Aufgaben**: Was heute getan werden muß...

# Der Vera F. Birkenbihl-Brief

## Erfolg & Lebensqualität

**Monatlicher Beratungs- und Trainingsservice**

**Denn: Erfolg ist ein Prozeß**

**Februar**

eine der erfolgreichsten Persönlichkeits-Entwickler

Vera F. Birkenbihl

Liebe Leserin,
lieber Leser,

der heutige Brief bietet Ihnen, was meine Kunden seit Jahren als **beste Fehler-Strategie** (S. 2) bezeichnen, wobei die dazugehörige Aufgabe jedoch **weder** als PFLICHT **noch** als KÜR ausgewiesen wird (vgl. auch die Aufgabe auf S.4). Ein Leser schrieb neulich, **alle** Aufgaben sollten eindeutig einer dieser beiden Kategorien zugeteilt werden. **Andere** sehen das ganz anders, ihnen geht das Etikett ***PFLICHT*** auf den Keks, während manche es hilfreich finden. Nun, ich mache Ihnen **Angebote** und **Sie entscheiden** natürlich letztlich immer selbst, **ob** und **wieviele** Übungen Sie (**wie oft** und **wie intensiv**) durchführen wollen. Trotzdem meinen einige von Ihnen, es löse fast Schuldgefühle aus, wenn man eine Pflicht-Übung **nicht** durchführt. Ich bitte Sie also um weitere Feedbacks. Sollte es eine klare Mehrheit geben, könnte ich mir vorstellen, die **Unterscheidung** (*PFLICHT* oder *KÜR*) fallen zulassen. Allerdings wird es immer **Aufgaben** (Übungen) geben, **sie sind die conditio sine qua non*** eines Coaching-Briefes; aber das **Etikett** *Pflicht* oder *Kür* **könnte** zur Disposition stehen.

Bis wir von Ihnen hören,

mit liebem Gruß,
Ihre

Vera F. Birkenbihl

> ***conditio sine qua non***
> Wörtlich bedeutet dies: (Die) **Bedingung** (vgl. *Konditionen* = Kaufbedingungen) **ohne welche nicht** (also eine Voraussetzung, ohne die „nichts geht". Es ist wichtig, bei wichtigen Fragen und Problemen Ihres Lebens, eine (oder mehrere) Kondition/en **sine qua non** zu definieren, **ehe** Sie entscheiden.

# Wann haben Sie zuletzt einen Fehler gemacht?

Gute Kommunikation setzt voraus, daß wir mit uns selber „gut klarkommen", daß wir also lernen mit Aspekten umzugehen, die auf unser Selbstwertgefühl "drücken" könnten.

Was empfinden Sie, wenn Sie einen Fehler gemacht haben? Ist es Ihnen peinlich? Warum? Eigentlich müßten Sie in Ihrem ganzen Leben nie Angst vor einem Fehler haben! Diese Angst ist nämlich nicht angeboren, sie wurde uns anerzogen (vgl. BASISWISSEN: Anti-Fehler-Programme und Januar-Brief: Meme durch Erziehung). Als Kinder konnten wir noch aus jedem Fehler profitieren.

Diese Einstellung gilt es wieder zu kultivieren: Das Geheimnis liegt in einem Verfahren, das eine intelligente (unbemannte) Weltraum-Sonde anwendet. Ständig vergleicht sie den Ist- und Soll-Zustand. Stellt sie eine Abweichung fest, sagt sie **nicht** etwa: „Wie furchtbar, ich bin drei Grad vom Kurs abgekommen", sondern eher: „Wie **faszinierend**, ich muß meinen Kurs um drei Grad **korrigieren**".

**Was zählt, sind NICHT die Irrtümer auf dem Weg, sondern was wir aus unseren Fehlern LERNEN können.** So kann jeder **Fehler zur Quelle eines Aha-Erlebnisses** werden. Er kann Sie be-REICH-ern und Ihnen helfen, wichtige Einsichten **zu gewinnen**!

Wenn Ihnen einleuchtet, daß Fehler eigentlich die **Quelle zukünftiger Erfolge** sind, dann werden Sie in Zukunft auch mehr Geduld und Verständnis für die **Fehler Ihrer Mitmenschen** aufbringen; ob das Ihre Kinder sind, Ihr Lebenspartner, ein Kunde (der die Gebrauchsanleitung nicht gelesen hat, ehe er anrief), eine Kollegin oder Ihr/e Chef/in. Auch Führungskräfte sind ja bekanntlich menschlich und das Fehler-Machen gehört nun einmal zum Menschsein!

Das einzige, was wir begreifen müssen, ist dies: **Das tatsächliche Problem ist niemals der Fehler an sich**. Das eigentliche Problem ist **unsere Angst vor Fehlern**. Erinnern wir uns an die Ungeduld von Eltern (paß doch auf!!) oder an die rot angestrichenen und schlecht benoteten Fehler in der Schule, dann begreifen wir, daß wir **diese lähmende Angst** vor Fehlern einmal **gelernt** haben. Gelerntes kann jedoch gottseidank von intelligenten und flexiblen Menschen auch wieder verlernt werden.

Aber nur, WENN wir uns den einzigen **„dummen"** Fehler (= die Scheu vor Fehlern nämlich) abgewöhnen, weil wir einen Nutzen aus **dieser** Einsicht gezogen haben. Können Sie das?

**AUFGABE:**

Fragen Sie sich bei jedem Fehler:

1. Worin liegt die **Ursache** des Fehlers?
2. Wie kann er **in Zukunft** vermieden werden?
3. Was kann ich **heute** aus diesem speziellen Fehler lernen?

# Ein faszinierendes Macht-Paradox

Heute wollen wir ein Paradox* betrachten, das bei meinen Seminar-Teilnehmer/innen immer großes Erstaunen auslöst. Normalerweise gehen wir davon aus, man behielte umso mehr Macht, je mehr man an sich reißt. Dies impliziert, daß man den Leuten, die hierarchisch „weiter unten" stehen (Mitarbeiter/innen, Kindern, Schüler/innen) **Macht absprechen oder entziehen** muß. Nach dem Motto: Je machtloser die „Machtlosen", desto mehr Macht den „Mächtigen". Aber genau das Gegenteil ist wahr, wie Richard Farson (vgl. Kasten) zeigt:

**Je mehr Macht eine Person abgibt, desto mehr behält sie auch!**

Im Klartext: **Je mehr Macht Führungskräfte** (Eltern, Lehrer, Ausbilder/innen) an ihre Mitarbeiter/innen, Kinder, Schüler/innen abgeben, desto mehr behalten sie. Denn Menschen, denen von Eltern, Lehrern und Ausbildern jedes kleinste Detail vorgeschrieben wird (die also keinerlei Entscheidungsfreiheit besitzen), tun zwar oft „Dienst nach Vorschrift", **aber sie respektieren diese Führungskräfte (Eltern, Lehrer/innen) nicht!** Demzufolge haben diese Führungs-Personen zwar die äußere Macht – auf dem Papier (vgl. *Papiertiger*!), in Wirklichkeit aber besitzen sie viel zu wenig innere Macht.

**Anders sieht es aus, wenn wir Mitmenschen Macht gewähren.**

Dies äußert sich z.B. darin, daß sie wichtige Bereiche ihres Lebens (ihrer Arbeit) selbst entscheiden dürfen. Nun behaupten Machtbesitzer gerne, die Machtlosen wüßten zuwenig, um selbst zu entscheiden. Dem ist jedoch entgegenzuhalten:

**Erstens** wissen die Menschen umso weniger, je mehr Infos man ihnen in der Vergangenheit **systematisch** vorenthalten hat. Daher muß in Zukunft auch die Informationspolitik geändert werden.

**Zweitens** dürfen **ermächtigte** Menschen natürlich auch Fragen stellen (vgl. Kasten)

* Ein Paradox (wörtl.: „entgegen der üblichen Meinung") ist etwas, **das es eigentlich gar nicht geben dürfte**, will man der **bisherigen Lebenserfahrung** vertrauen. So beginnt ein Science fiction Roman mit den Worten: „Er ist tot; Sie können jetzt mit ihm reden...".
Das faszinierende Paradox, das ich Ihnen heute vorstelle, basiert auf Gedanken von **Farson** und **Zukav**.
*Quellen*:
1. Richard **Farson**: *Die meisten Probleme sind keine*. (Farson ist einer der bemerkenswertesten Querdenker der letzten Jahrzehnte!) Wenn Sie sehr gut englisch lesen können, dann möchte ich Ihnen auch das neue Werk Zukavs empfehlen:
2. Gary **Zukav**: *The Seat of the Soul*
Auch hier finden Sie faszinierende Gedanken über Macht, besonders innere contra äußere. Sein Grundgedanke: **Je mehr innere Macht** (seelische Kraft!) **wir entwickeln, desto weniger äußere Macht benötigen wir...**

Merke:
Für die Antwort auf eine Frage bin ich dankbar, andernfalls empfinde ich für **dieselbe Information** vielleicht **Ablehnung**, wenn man sie mir in Form von Pseudo-Antworten aufzwingt, um die ich nie gebeten hatte...

Ihre Reaktionen auf den Fixstern-Gedanken (im Dez.-Brief) waren (ähnlich wie die meiner Seminar-Teilnehmer/innen) derart positiv, daß ich **Ihrer Bitte nach weiteren Fixstern-Assoziationen** gerne nachkomme. Heute sage ich zu Ihnen:

## Ihr Fixstern könnte *Liebe* sein...

**Winter-Fixstern:**
Nachdem viele Menschen um die Weihnachtszeit besonders nett und fürsorglich sind, dann aber wieder zum „ganz normalen" Alltag zurückkehren, könnte **jetzt im kalten Februar** der folgende Impuls hilfreich sein, um Ihr Herz zu wärmen

Denken Sie mit: Was halten Sie von diesen beiden Aussagen?

1. **Hinter** jedem **Ärger** liegt eine **Furcht**.
2. Die meisten von uns erleben **täglich Unsicherheitsgefühle** irgendeiner Art, z.B. weil wir **befürchten**, in den Augen eines Mitmenschen dumm dazustehen...

Solche Gefühle aber rauben uns wertvolle B-Energien (vgl. *BasisWissen*, S. 15 und Februar-Brief, S. 3ff.). Hierzu tauchen in Seminar-Pausen **besonders viele Fragen** auf, so daß ich Ihnen diese Idee als heutige **Fixstern-Assoziation** anbieten möchte (Quelle, s. unterer Kasten).

## Bedingungslose Liebe vertreibt die Angst...

Erscheint Ihnen der Gedanke vielleicht etwas zu groß, dann schlage ich Ihnen einen etwas kleineren vor: **Dankbarkeit** ist die **kleine Schwester der *bedingungslosen* Liebe**. Wenn Sie es schaffen können, **Dankbarkeit** zu **empfinden**... Aber Sie müssen den Dank wirklich **fühlen** (nicht nur denken); deshalb sind die Übungen am Gefühls-Rad so wichtig (November-Brief). **Dank** ist eine Form von (strahlender) **Energie**, ähnlich der „Strahlung" der bedingungslosen **Liebe**. Er ist ein Teil des **Spektrums der *bedingungslosen Liebe***. Noch nicht das volle Spektrum, aber ein wesentlicher Teil.

Das ist also ein ganz *pragmatisches Modell*. Je mehr Liebe Sie in Ihr Leben lassen, **je öfter** Sie das Empfinden von Dank üben, desto mehr wertvolle Energien befreien Sie!

Sie sehen, auch ohne spirituellen Überbau kann man es ganz pragmatisch ausprobieren...

**AUFGABE:**
Täglich mindestens einmal **30 Sekunden Dankbarkeit** empfinden! **Steigern** Sie langsam auf

a) **mehrmals** täglich
b) **mehr als 30 Sekunden** pro Trainings-Einheit.

**Quelle**: Dieser Grundgedanke stammt aus *A Course in Wonders*, den einige amerikanische Autoren sehr erfolgreich „anzapfen". Einer der besten ist Gerald **JAMPOLSKY**, dessen Bücher ich Ihnen **wärmstens ans Herz legen** möchte. Beginnen Sie vielleicht mit dem Taschenbuch: *Liebe heißt, die Angst verlieren.*

## Fortsetzung: Kommunikation & Motivation

Zur **Erinnerung**, wir hatten bisher besprochen:

1. Zu oft versuchen wir, anderen unseren Insel-Inhalt aufzuzwingen (Oktober bis Januar)
2. Dies tun wir, weil wir von unseren Vorbildern mit diesen Verhaltens-**Memen** „infiziert" wurden. Diese Erkenntnis ist quasi das *Medikament* gegen diesen „Viral-Infekt". (Januar)

***Mission*** bedeutet erstens: Man hat ein **Sendungsbewußtsein** und zweitens, man will andere für seinen Glauben **„werben"**. Dies kann zu recht unangenehmen (penetranten) Gesprächen führen!

## Pflicht-Aufgabe: Mini-Inventur

Notieren Sie Stichwörter für **einige** Situationen Ihres Lebens, in denen **irgend jemand Sie unbedingt von seiner/ihrer Meinung (Standpunkt) überzeugen wollte**. Halten Sie auch fest, **WIE** Sie dies empfanden (vgl. **Gefühlsrad-Übungen**, Nov/Dez.). Tun Sie dies bitte, ehe Sie weiterlesen.

Heute nähern wir uns dem Thema, indem wir an Zeiten denken, als jemand uns missionieren wollte.

### Jemand will Sie missionieren?

Missionare glauben etwas — deshalb missionieren sie ja schließlich! Wollen wir nun Schritt für Schritt eine CHECKLISTE entwickeln, aus der Sie später ersehen können, ob Gefahr besteht, daß Sie sich wie ein *Missionar* verhalten. Dabei gilt, daß wir diesen Begriff (per operanter Definition) nur so verstehen wollen, wie er **im Folgenden** verwendet wird:

1. Missionare halten ihren Glauben selbstverständlich für **gut, richtig und wahr**.
2. Des weiteren halten Missionare diesen Glauben für eine Tugend, d.h. sie als (bereits) Gläubige gehören damit zu den Tugendhaften (wenn nicht gar Auserwählten dieser Welt), während Mitmenschen, die man missionieren will, logischerweise als ***nicht (so) tugendhaft*** angesehen werden (weshalb man sie ja überzeugen muß!). Also sind Gesprächspartner vieler Missionare für sie automatisch „minderwertig", zumindest solange sie darauf bestehen, stur an ihrem Un-Glauben festzuhalten! Ist Ihnen klar,

Operare heißt tun, handeln, und ist eine Definition, die für das derzeitige Handeln gebraucht wird. Demzufolge meinen wir mit Missionare penetrante Mem-Verkäufer, nicht aber Missionare (Berufsbezeichnung) für Kirchen.

was das bedeutete, wenn früher sogenannte. „demütige Christen" arme „primitive Heiden" missionierten...??

Denken Sie jetzt bitte an die vorhin notierten Situationen zurück und beantworten Sie folgende Fragen (optimal schriftlich):

- Wer war jeweils der „Missionar"?
- Um welche Glaubensinhalte ging es in den einzelnen Fällen? (Im normalen Alltag sind es selten religiöse Glaubensfragen, aber gerade solche können erbitterte Feindschaften auslösen, die oft ein Leben lang andauern, deshalb kommen wir auf diesen wichtigen Teilaspekt gleich zurück.)
- Wie stur (intolerant) wischte Ihr/e Gesprächspartner/in Ihre Fragen oder Einwände vom Tisch?

Noch etwas sollten wir berücksichtigen, wenn wir eine **religiöse Überzeugung** weitergeben wollen. Sie basiert in der Regel auf der Offenbarung, die ein Mensch in der Vergangenheit hatte. Eine Offenbarung aber ist eine extrem persönliche Sache.

Søren **KIERKEGAARD** stellt fest: „Ich kann (im religiösen Sinne) nur glauben, wenn ich den Sprung in die Absurdität wage. Ich muß den Mut haben, den festen Boden unter meinen Füßen aufzugeben, wenn ich abspringe, und kann nur hoffen, daß ich drüben irgendwie „ankommen" werde, denn ich kann das, was es zu glauben gilt, eben nicht **rational, logisch, wissenschaftlich** herbeirechnen." Anders ausgedrückt, das, was ich wissenschaftlich beweisen kann, ist per Definition kein Glaube: jetzt handelt es sich um **Wissen** (um **Sicherheit**, um sicheren Boden unter den Füßen).

Immer, wenn wir glauben, wir hätten den einzigen wahren Glauben gepachtet, wird die Sache dramatisch, denn jetzt können wir fast nur noch mit Gleichgesinnten sprechen.

Dies bringt uns zum **dritten** und **vierten** Punkt unserer Checkliste:

3. **Ist das zentrale Thema** des Glaubens tabu, dann werden **sämtliche** (interessierte und aktiv mitdenkende) **Fragen** derer, die man missionieren will, **sofort abgeblockt**. Alle Fragen werden dann mit einem „Das weiß man doch", „Das ist halt so." oder einem „Das mußt halt glauben!" abgeschmettert und so beißt sich dann die Katze in den Schwanz: Weil man **glauben soll**, darf man es nicht **rational** erfassen wollen, weil aber **diese Art von Glauben** einer Offenbarung entspringen muß, die das „Opfer" der Missionare ja leider **nicht** hatte, soll er/sie nun einfach „blind glauben", was die „Erleuchteten" erzählen. Aber die Bereitschaft und der enorme Mut, Kierkegaards *Sprung in die Absurdität* zu wagen, ist eben nicht das Resultat eines „blinden" Glaubens, sondern ein wunderbarer Kraftakt, der nur aus Stärke einer persönlich erlebten Offenbarung geboren werden kann.

Ich behaupte keinesfalls, es gäbe keine höhere Macht (mißverstehen Sie das bitte nicht)! Ich behaupte nur, daß man eine echte Offenbarung nicht einfach in einen Katechismus eintragen kann, den Leute dann hunderttausend Mal vor sich hin murmeln, auf daß sie gerettet werden – **das** bezweifle ich.

4. **Der Grad** der **Intoleranz und Sturheit** ist ein exakter **Gradmesser** für einen memetischen Infekt: Gedanken-Viren machen unser Denken ENG (vgl. Januar-Brief, Seite 2ff.). Sie führen zu Rechthaberei und Besserwisserei. Sie verschließen unser Denken Fragen und Einwänden gegenüber.

Damit sehen wir eine andere Art von „Glauben" als den, der durch eine Offenbarung gewonnen wurde. Über die Gewißheit (das Wissen), das einer Offenbarung entsprang, kann man nachdenken und sprechen. Man kann sie Menschen, denen ein derartiges Erlebnis fehlt, zwar nicht gut schildern, aber man ist jederzeit fähig und bereit nachzudenken, sowie auf Fragen oder Gedanken anderer einzugehen. **Nicht so bei einem blinden „Glauben"**, mit dem ein **Gedanken-Virus** uns infiziert hat.

Sie können sich eine Gerade vorstellen, an dessen linken Ende eine Gewißheit „sitzt", die sich vor Ideen anderer **nicht** fürchtet, während am rechten Ende des Spektrums ein Gedanken-Virus „wohnt".

Wenn Sie wieder mal andere unbedingt überzeugen wollen, dann sollten Sie vielleicht daran denken: Blindes Überreden (sogenanntes „Motivieren"!) gleicht dem gerade beschriebenen **penetranten Missionieren** von „Heiden" (die man bewußt oder unbewußt als **minderwertige** Gesprächspartner sieht). Auf deren Fragen, Sorgen oder Bedürfnisse brauchen „Missionare" natürlich nicht einzugehen. Was ein richtiger Missionar (im Sinne eines penetranten Mem-Verkäufers) ist, er zerstört jede fremde Kultur, **weil er seine für besser hält**. Er etikettiert alle Götter anderer als „Götzen", **weil nur sein Gott der rechte sein kann**. Er zwingt **allen seine Meme** auf, selbst die von Freiheit und Menschenwürde (notfalls per Krieg!!).

Wenn Sie testen wollen, ob Sie Gefahr laufen, zum „Missionar" zu werden, denn gehen Sie folgende Checkliste durch:

## CHECKLISTE: Gedanken-Virus?

1. Halte ich meinen Glauben für ***gut, richtig* und *wahr***?
2. Halte ich meinen Glauben für eine **Tugend**?
3. Ist das zentrale Thema meines Glaubens **tabu**?
4. Wie hoch ist mein Grad an **Intoleranz** und **Sturheit**?

**Einmal „JA" (bei Frage Nr. 1) ist zu erwarten!** Jedes **weitere** „JA" sollte Sie nachdenklich stimmen. Müssen Sie noch zwei oder drei Mal „JA" sagen, dann besteht **akute Virus-Gefahr!**

## Kür-Aufgabe: Ein Mini-Aufsatz

Als Vorbereitung zu einem zukünftigen Brief-Thema möchte ich Sie bitten, mir etwas mitzuteilen. Wir wollen uns mit **Stories** befassen. **Stories, die uns helfen.**

Erstens, weil sie als **Analogie** eine **parallele Denkschiene** zu unserem **Leben** (unserer derzeitigen **Situation**, einem unserer **Probleme** usw.) aufbauen, auf welcher wir einen neuen Gedanken (eine neue Einsicht) probeweise testen können, um erst am Ende zu sehen, ob etwaige Einsichten der Geschichte auch auf unser Leben zutreffen. Damit geben sie uns die Freiheit, **bis zum Ende der Story zu warten**.

Zweitens bieten Stories uns so manche **Metapher** an, die eine große Lehre (Einsicht) **in eine kompakte Idee packt**, die man jederzeit hervorholen/berücksichtigen kann.

1. **Welche/s Märchen (Geschichte, Legende) hat Sie (früher einmal?) sehr beeindruckt?** Zum Beispiel: Die AESOP'sche-Fabel.
2. **Warum? Welche Gedanken/Einsichten der Story haben Ihnen in irgendeiner Form (auf die Sprünge) geholfen?**

**Apropos Mitmachen:**
Heute möchte ich die Aktiven unter Ihnen wieder bitten, Ihre Ergebnisse mit uns zu teilen. Das Schöne beim Faxen (oder an Fotokopien) ist ja, daß wir unser **Original behalten!** Also ist das aktive Mitmachen heute weit leichter als früher, nicht wahr?

Ich bin gespannt auf Ihre Antworten (gerne gleich direkt an **www.birkenbihlbrief.de**).

## Zum guten Schluß:

### Was manche so quaaaaaken...

Neulich **QUAAAKTE** (Verzeihung, er klagte) einer meiner Kunden, der **seinen** Kunden einen teuren **Abo-Brief mit Profi-Wissen** anbietet: „Wissen Sie, da zahlt man **hunderte von DM Beratungshonorar pro Stunde oder für einen einzigen Seminartag**, nur um einem **Experten** zuhören zu dürfen, aber wenn die Leute **diese Summe für ein ganzes Jahres-Abo** zahlen sollen, dann finden Sie das teuer!" *Nun,* dachte ich mir, *unsere Leser/innen bestätigen uns immer wieder, daß **sie** unser Preis-Leistungs-Verhältnis unseres Briefes ok finden.*
Das freut mich diebisch... Danke!

# Der Vera F. Birkenbihl-Brief

## Erfolg & Lebensqualität

**Monatlicher Beratungs- und Trainingsservice**
**Denn:** Erfolg ist ein Prozeß

**März**

eine der erfolgreichsten Persönlichkeits-Entwickler

Vera F. Birkenbihl

Liebe Leserin,
lieber Leser,

meine Schlußbemerkung zum letzten Brief hat einiges Echo ausgelöst. Einige sagten, wie viel es Ihnen brächte, regulär Gedanken- und Handlungs-Impulse zu erhalten, im Gegensatz zu einem Seminar, weil hier ja doch viele Anregungen **am Ende der langen Bank** (auf die man sie schiebt) **hinunterfallen**. Ein Leser: *Ihre Schlußbemerkung erinnerte mich: Sie boten in einem Seminar hervorragende Coaching-Ideen an. Können Sie das nicht im BRIEF erklären?* Nun, das tue ich natürlich gern, insbesondere, als die Idee **in meinem nagelneuen Buch** (*Das Birkenbihl-ALPHA-Buch**) enthalten ist, das bald erscheinen soll. (Es ist das Buch zu den TV-Sendungen, auch für jene, die sie nicht gesehen haben). Also beginnt der heutige Brief mit dem Thema Coaching; ich wünsche Ihnen viel Gewinn beim Durchführen der Ideen.

Auch zum Thema Pflicht-/Kür-Aufgaben gab es Meldungen. Der Tenor lautet: **AUFGABEN** **auf alle Fälle**, aber das **Etikett** PFLICHT oder KÜR finden wenige von Ihnen unbedingt notwendig. Nun, ich bin immer gerne lernbereit. Daher werde ich ab jetzt so vorgehen:

Wenn **eine Aufgabe absolut notwendig** ist, weil sie und der Folgetext **zusammen** einen **echten Aha-Effekt** (wie im Seminar) bieten, **dann** werde ich dies durch das bekannte STOP-Schild ausdrücken. Bitte betrachten Sie **solche Aufgaben ab jetzt als PFLICHT**. Sie brauchen aber letztlich bei keiner ausgelassenen Aufgabe Schuldgefühle zu empfinden, solange Sie insgesamt genügend Anregungen aufgreifen, so daß dieser Birkenbihl-BRIEF für Sie eine echte Coaching-Funktion haben kann. Einverstanden?

Mit liebem Gruß,
Ihre

Vera F. Birkenbihl

**Jetzt im März** leiden viele Menschen unter einem akuten **Tageslicht-Defizit**. Tip: Verbringen Sie die Mittagspausen draußen oder benutzen Sie Spezial-Lampen (S. 5)

* Der Beitrag im BRIEF ist dem im Buch ähnlich, aber **nicht** identisch.

# Wozu braucht man einen Coach?

Bitte kreuzen Sie Ihre Reaktionen an:

1. Jede/r Sportler/in, Musiker/in, Künstler/in oder Profi hat einen Coach, wenn er/sie einmal aus dem breiten Mittelfeld herauszuragen begonnen hat.
   ❑ Genau ❑ Na ja... ❑ Quatsch!
2. Jeder Mensch, der auf irgend einem Gebiet etwas erreichen will, braucht einen Coach.
   ❑ Genau ❑ Na ja... ❑ Quatsch!
3. Es ist auch privat sinnvoll, mit einem Coach zu arbeiten, z.B. für die persönliche Fitneß.
   ❑ Genau ❑ Na ja... ❑ Quatsch!
4. Es ist sehr schwer, einen Coach aufzutreiben.
   ❑ Genau ❑ Na ja... ❑ Quatsch!
5. Es kostet eine Menge Geld, sich einen Coach zu leisten.
   ❑ Genau ❑ Na ja... ❑ Quatsch!
6. Würden Sie gerne (z.B. telefonisch) mit ein, zwei Personen sprechen, ehe Sie Ihre Antworten mit meinen vergleichen (s. unten)?
   ❑ Ja ❑ Nein.

Punkt 6 entspräche übrigens einer Kleingruppen-Übung im Seminar, wobei wenige Minuten schon hilfreich sind.

Sie selbst als Leser/innen dieses Coaching-Briefes werden z.T. ganz anders antworten als Otto/Ottilie Normalverbraucher. Wenn Sie wollen, könnten Sie einige Ihrer Freunde/ Freundinnen befragen und **deren** Antworten mit einer **anderen** Farbe ankreuzen, um sie mit Ihren eigenen zu vergleichen. Der kopfstehende Kasten zeigt Ihnen, wie die meisten meiner Teilnehmer/innen antworten.

1. Jede/r Sportler/in... oder Profi hat einen Coach... ☒ Genau
2. Jeder Mensch, der ... etwas erreichen will, braucht einen Coach. ☒ Genau
3. Es ist auch privat sinnvoll, mit einem Coach zu arbeiten, z.B. für die persönliche Fitneß. ☒ Quatsch!
4. Es ist sehr schwer, einen Coach aufzutreiben. ☒ Genau
5. Es kostet eine Menge Geld, sich einen Coach zu leisten. ☒ Genau

Inzwischen wissen wir, daß sich das Coachen seit Jahrtausenden bewährt hat. **Neu ist lediglich, daß man heute mehr darüber erfährt**.

Übrigens ist der Coach die Person, die in Schriften der alten Zeiten (als es noch keine normalen Schulen gab) meist als *Lehrer* oder *Guru* bezeichnet wird. Und über einen solchen finden wir im persisch-arabischen Sufismus eine phänomenale Schilderung der Aufgabe eines guten Lehrers/Gurus:

> **Er führe den Schüler an den Rand des Abgrundes**. Er weiß, wann der Moment gekommen ist, daß er dem Schüler einen Stoß versetzt, so daß dieser beginnt in die Schlucht zu fallen, **aber plötzlich erstaunt feststellt, daß er inzwischen fliegen kann...**

Aber kehren wir zu den Fragen von oben zurück:

4. Es ist **sehr schwer**, einen Coach aufzutreiben. ☒ Genau und:
5. Es **kostet eine Menge Geld**, sich einen Coach zu leisten. ☒ Genau

Nun, beides kann stimmen, wenn Sie es „normal" betrachten, aber **oft liegt der Erfolg im Un-Normalen**. Deshalb schlage ich **mein Konzept** **des gegenseitigen Coachens** vor.

**Sie bilden eine Coaching Gruppe, in der jedes Mitglied für eine Person in der Gruppe Coach ist und gleichzeitig in einer anderen Person ihren eigenen Coach (aus dieser Gruppe) findet.**

Dabei gilt es, folgendes zu bedenken:

1. Die meisten Menschen können in **einem** oder **einigen** Lebensbereichen wunderbar helfen, wenn man sie fragt.
2. Eine **Gruppe** läßt sich relativ leicht auf die Beine stellen, wenn Sie gleichgesinnte Menschen **dort** suchen, wo diese sich aufhalten (z.B. auf Seminaren*, die sich mit dem Thema befassen, auf welchem Sie wachsen wollen).
3. Die „Gruppe" muß sich niemals in einem Raum aufgehalten haben. Wenn Sie z.B. regelmäßig mit einigen Leuten im **Internet** verkehren, dann bilden Sie die verschiedensten GRUPPEN, selbst wenn jeweils nur Einzel-Chats laufen. (Denken Sie an unser Forum **www.birkenbihlbrief.de**).
4. Coaching **auf Gegenseitigkeit** bedeutet natürlich **nicht**, daß **beide** sich gegenseitig auf **demselben** Gebiet coachen.

**Nehmen wir an, A ist Coach für B** (B möchte die Kommunikationsfähigkeit verbessern). A (der sich auf diesem Gebiet auskennt) schlägt B **Bücher, Kassetten** etc.vor bzw. zeigt B gute Übungen, die für ein **reguläres Training** geeignet sind. Vielleicht vereinbaren beide einen gezielten konkreten Trainings-Plan, so daß B regelmäßige **Berichte an A** senden (Faxen, emailen) soll. Es kann auch sein, daß A als Trainings-Partner für einige dieser Aufgaben fungiert, z.B. persönlich, am Telefon oder via Internet mittels Tele-Konferenz (die man heutzutage von PC zu PC veranstalten kann).

* Dies muß absolut kein teures Seminar auf dem kommerziellen Markt sein (in Hotels, wo ein Kännchen Kaffee mehrere Euro kostet). Es gibt eine Reihe von Trainer/innen, die sich auf **Seminare „für privat"** spezialisiert haben, und deshalb preiswerte Veranstaltungsplätze wählen. Auch **Volkshochschulkurse**, Kurse Ihrer **regionalen Kirchengemeinde** oder andere **soziale Einrichtungen** bieten Möglichkeiten, Gleichgesinnte zu finden. Dort treffen Sie zwangsläufig Menschen, die an Ihrer Selbstverbesserung arbeiten. Einige von ihnen kommen natürlich auch für das gegenseitige Coaching in Frage.

Gleichzeitig ist B jedoch Coach...

... **entweder** für A in einem anderen Bereich (z. B. bezüglich Fitneß), **oder** für eine weitere Person (C) dieser „Gruppe".

**Mein Konzept des Coaching auf Gegenseitigkeit bedeutet also, daß letztlich jede/r in der Gruppe sowohl Coach ist, als auch gecoacht wird!**

Natürlich wird ein privater Coach „nur" privat coachen. Wer in die **Weltspitze** will, muß früher oder später einen **Profi-Coach** finden. Aber bitte bedenken Sie, daß die meisten Stars in der Sport (oder Musik-)Welt zunächst von ihren Eltern (oder einem befreundeten Sportvereins-Coach) gecoacht wurden, bis feststand, ob sie eine professionelle Laufbahn einschlagen würden.

Ich kenne einen **Meister-Koch**, der einen professionellen **Redner** in wichtige Geheimnisse über den Einkauf und die Zubereitung von Nahrungsmitteln einführt, während er selbst beim „Gegen-Coach" reden lernt...

Außerdem kann es sein, daß einige (alle) Mitglieder der „Gruppe" für gegenseitiges Coaching PROFIS sind! Angenommen es tun sich ein sportmedizinisch gebildeter Arzt mit einem Persönlichkeitstrainer „coach-mäßig zusammen".

Wollen wir noch kurz auflisten, worin die **Aufgaben eines guten Coach** bestehen, damit man anfangen kann.

1. Er/sie hilft uns, **regelmäßig an unserer Selbstverbesserung zu arbeiten**, indem er uns unterstützt, wenn es gilt, unsere **Ziele** und einen (vorläufigen) Zeitplan zu erarbeiten (vgl. auch die früheren Beiträge zum Thema Ziele, s. Randspalte), sowie festzulegen, wie oft wir trainieren und uns darüber unterhalten wollen.
2. Er/sie hilft uns, **unsere Stärken besser wahrzunehmen** (denn unsere Schwächen kennen wir oft nur allzugut), damit wir unsere Stärken mit seiner/ihrer Hilfe **systematisch ausbauen** können, aber
3. er/sie hilft uns **auch, unsere Schwächen realistisch einzuschätzen**. Das **kann** bedeuten, uns auf Schwächen aufmerksam zu machen, die wir **nicht wahrhaben wollen** (dann gilt es, den berühmten blinden Fleck zu überwinden). Es kann aber auch heißen, uns **Mut zu machen**, wenn wir uns vor lauter „Bekämpfen" der Schwäche ständig selbst im Weg stehen.
4. Er/sie dient uns als „Spiegel", denn oft können andere weit besser als wir **beurteilen**, wo unsere Stärken liegen, wenn wir uns durch Konzentration auf (angebliche) Schwächen verrennen...

Zum Thema **Ziele**:
Jan.-Brief, S. 4ff.;
Aug.-Brief, S. 3ff.;
Dez.-Brief, S. 6

Natürlich muß uns klar sein: **Jede Bewertung oder Beurteilung eines Menschen** (egal ob uns selbst oder einen anderen), basiert immer auf unserem **Wertsystem**, vgl. Stichwort *Meme* (Januar- und Februar-Brief). Darauf sollten Sie unbedingt achten, wenn Sie die Person wählen, die für Sie als Coach in Frage kommt (bzw. die Person, für die Sie selbst Coach sein sollen).

Merke: Coach und Klient/in benötigen jeweils **genügend Überschneidungen ihrer beiden Inseln**, damit Klient/in sich „fair" bewertet fühlen kann. Gleichzeitig aber muß der Coach im Bereich des Coaching zwangsläufig eine **wesentlich größere Insel** haben (also im Neuland für Klient/innen **noch keine Überschneidung**), nur so kann ein Coaching erfolgreich sein!

**Fallbeispiel:**
Angenommen Heidi möchte sich in einer spezifischen Sing-Technik coachen lassen, um den leicht klagenden Ton der Sehnsuchts-Lieder (Country- und Western songs) zu produzieren, dann sollte sie sich vor einem Coach hüten, der sogenannte U-Musik verachtet. Übrigens ist unsere typische deutsche Art, Musik so einzuteilen, bereits ein weltweit einzigartiges Werturteil über den Großteil der produzierten Musik aller Länder...

## Zwei Winter-Tips

Jetzt im März werden die Tage zwar schon etwas länger, trotzdem leiden viele (berufstätige) Menschen unter einem akuten **Defizit an Tageslicht**. Deshalb heute zwei Tips:

**1. Tip: Vollspektrum-Licht**
Normale Glühlampen enthalten nur einen Teil des Lichtspektrums, wobei gerade der fehlende Anteil für uns überlebenswichtiges enthält. Seit einigen Jahren weiß man das, so daß wir heute gegensteuern können (vgl. Kasten).

**2. Tip: Augen in der Sonne baden (nach Deepak Chopra)**
Verbringen Sie die Mittagspause weitgehend draußen und baden Sie Ihre Augen im Sonnenlicht (auch bei leichter Bewölkung sinnvoll). Dabei „blicken" Sie MIT GESCHLOSSENEN AUGENLIDERN in die Sonne. Halten Sie den Kopf jeweils kurz still, dann bewegen Sie ihn ein wenig und halten wieder still. Dieses Vorgehen bewirkt folgendes: Die Sonne „wandert" durch den Sehnerv direkt in das Gehirn (dessen Vorposten das Auge ist!) und bestrahlt dort eine „Gegend" hinter dem Augapfel. Dies ist enorm heilsam, insbesondere in den sonnenärmeren Jahreszeiten!

Besorgen Sie sich eine Lampe mit **Ganzspektrums-Birne** und setzen Sie sich diesem Licht täglich mehrere Stunden aus oder gehen Sie rigoros mindestens eine Stunde täglich – in der Mittagszeit – nach draußen! (Vgl. auch nächster Tip)

**Die erste Reaktion** auf meinen Aufruf im letzten Monat welche Story Sie sehr beeindruckt hat, möchte ich Ihnen hier vorstellen!

1. **Sonne und Wind...** (vgl. Marginalie)
2. **Warum hat diese Story unsere Leserin so beeindruckt?** *Weil die Kampfenergien des Windes mit **abwehrenden Gegenmaßnahmen** (Mantel fest um Körper ziehen) beantwortet wurden während die angenehmen Sonnenstrahlen ein „mit-der-Sonne-Gehen", also ein **Ende des Kampfes** bewirkten. Ich habe mich oft gefragt, ob ich **auf der Bühne meines Lebens** mal wieder die Rolle des kalten Windes gebe und mich wundere, daß meine Mitmenschen alle ihre Mantelkragen hochgeschlagen haben. Wenn mir dies bewußt wird, entscheide ich mich immer sofort die andere Rolle zu geben, und den Menschen als Sonne zu erscheinen. Wenn mir meine Wind-Rolle mitten in einem Gespräch bewußt wird, beginnt meine Sonnen-Rolle mit einem Lächeln und meiner Entschuldigung. Wird mir meine „kalte" Rolle erst nach einer Begegnung klar, dann sende ich sofort eine schriftliche Note (inzwischen haben viele meiner Kontakte sowieso Fax), und schreibe, daß es mir leid tut. **Diese kleinen Sonnen-Aktionen haben schon viele Situationen meines Lebens gerettet** und dafür gesorgt, daß meine langfristigen Beziehungen alle sehr gut sind. Ich kann Ihnen gar nicht sagen, wie froh ich bin, daß ich dieser Geschichte im Alter von sieben Jahren begegnete, und daß unsere Lehrerin sie uns damals so ausführlich erklärt hat! Wundert es daher jemanden, daß ich mit dieser Story auch meine Seminar-Teilnehmer/innen immer wieder begeistern kann?*

**Und welche Geschichte (Parabel, Gleichnis) hat Ihr Leben besonders beeinflußt?** Bitte schreiben Sie uns (Postkarte, Fax, Internet (**www.birkenbihlbrief.de**), wobei übrigens Telegramm-Stil reicht, wenn Sie ungern schriftlich formulieren. **Wichtig ist, welche Stories uns wie beeinflussen können**. Ich werde später über die **Rolle von Geschichten** mehr sagen, wenn wir mehr Fallbeispiele von Ihnen einsetzen können.

**Sonne und Wind**

*Diese Geschichte aus meiner Lesefibel in der Schule hat mein ganzes Leben geprägt:* Der Wind und die Sonne stritten sich, wer es wohl schaffen würde, den einsamen Wanderer dazu zu bringen, seinen Mantel auszuziehen. Der Wind blies und stürmte und der arme Mann zog seinen Mantel immer fester um seinen Leib. Dann war die Sonne dran. Liebevoll sandte sie ihre Strahlen aus und schon bald öffnete der Mann den obersten Mantelknopf und kurze Zeit später zog er den Mantel aus.

Marlene Berchtold
SME-Consult,
CH-Basel

# Was Ihr Mousepad bewirken kann

**Aufgabe Nr. 1:**

Bitte lassen Sie Ihren Blick wandern und notieren Sie fünf Gegenstände Ihres täglichen (stündlichen, minütlichen) Gebrauchs, inklusive Dinge, die Sie eher unbewußt benutzen (z.B. Ihr Mousepad).

1. ______________________________________

2. ______________________________________

3. ______________________________________

4. ______________________________________

5. ______________________________________

**Aufgabe Nr. 2:**

Fragen Sie sich, ob diese Gegenstände Sie **positiv** oder **negativ** beeinflussen könnten, z.B. ein „aggressives" Poster an der Bürowand, das Ihr Vorgänger aufgehängt hatte (oder die ordinäre Abbildung auf seinem Mousepad, die Sie normalerweise überhaupt nicht registrieren).

Sie wissen vielleicht schon, daß den 11 km unbewußte Wahrnehmung nur ein klitzekleines bewußtes „Fenster" von 15 mm gegenübersteht*. Das heißt, daß Sie auch Dinge registrieren, die Sie angeblich nicht sehen. Und Sie kennen meinen Schlüsselgedanken: **Was uns umgibt, das wird uns prägen**, auf den ich ursprünglich durch Nachdenken über ein Goethe-Wort gestoßen bin (vgl. Kasten). Heute wissen wir, daß das, womit wir uns unbewußt beschäftigen, genau so einflußreich sein kann. Deshalb lade ich Sie ein, Ihre Umgebung genau zu studieren und Negatives zu entfernen, sowie bewußt einige positive Akzente zu setzen – Lieblings-Stifte, Fotos (von Pflanzen, Tieren, geliebten Menschen oder bewunderten Vorbildern), ein paar frische Blümchen...

Was fällt **Ihnen** ein?

* Diese Zahlen entstanden bei raffinierten Experimenten: Vgl. Thor Nørretranders brillantes Werk (*Spüre die Welt*). Ich halte sein Buch für die **beste Einführung in das Thema Bewußtsein und (un-) bewußte Prozesse** (es ist inzwischen als Taschenbuch erhältlich)

**Johann Wolfgang von Goethe:**
Sage mir, mit wem du umgehst, und ich sage dir, wer du bist. Weiß ich, womit du dich beschäftigst, so weiß ich, was aus dir werden kann.

# Post von Ihnen

## 1. Neue Ideen zum Los-Glas

Weitere Reaktionen auf die Strategie der **Lose im Glas** bieten schöne neue Ideen an. Den zweiten Leser-Brief hierzu finden Sie im Kasten (rechts). Drei weitere *Ihrer* Ideen habe ich im unteren Kasten hinzugefügt. **Danke für Ihr Feedback!**

## 2. Namens-Kawa©

*Wir hatten unsere Firma damals B.A.D. getauft, weil das die Anfangsbuchstaben der drei Gründer (und Besitzer) waren. Nun sind wir inzwischen fünf Partner, wobei von den ursprünglichen drei nur noch einer (ich) dabei bin. Durch Ihre gloriose Idee mit den Namens-Kawas haben wir eine Fülle von Ideen kreiert, wofür die ursprünglichen Buchstaben jetzt stehen werden, und wir haben dies in einem Weihnachtsbrief unseren besten Kunden auch mitgeteilt. Wir erhielten eine Flut von Gratulationen und Anfragen und haben allen Ihr TB „Power-Tag" sowie diesen Brief empfohlen. Allein die Idee ist das Abo für einige Jahre wert. Danke vielmals!*

## 3. Jahres-Inventur

*Ich muß Ihnen mitteilen, daß Ihre Jahres-Inventur mein Leben verändert hat. Vorletztes Jahr habe ich halbherzig ausprobiert aber inzwischen lese ich Ihren Brief über ein Jahr und weiß jetzt viel mehr. Deshalb hat die 2. Inventur auch viel mehr gebracht. Mir wurde klar, mit welchen Nichtigkeiten ich Zeit + Energie vergeudete. Ich habe einige drastische Maßnahmen ergriffen und bin jetzt 70% des Ärgers los, der mich krank gemacht hat. Mit dem Rest komme ich gut klar. Auch weiß ich inzwischen, was ich wirklich will. Ich – nicht die Leute, deren Stimmen ich oft noch im Ohr höre (das begriff ich, als ich im BasisWissen etwas über die Programme erfuhr). Wenn Ihr Brief bei den meisten nur 10% von dem bewirkt, was er mir geholfen hat, dann ist er eine tolle Sache.*

Mit liebem Frühlingsgruß,
Ihre

Vera F. Birkenbihl

Wir geben uns schon lange gegenseitig Rubbel-Massagen (es wird nur gestreichelt, nicht gedrückt) aber nun lassen wir das Los entscheiden, wer heute wen streichelt. Alle Namen sind zweimal vorhanden (aktiv & passiv) und erst wenn alle gezogen wurden, fangen wir von vorne an.

**Zur Erinnerung**, Ideen für Lose:

*Dezember*

1. - Namen: Wem wollen Sie heute eine Freude machen?
2. - Wohlfühl-Strategien: Alte oder in Zukunft auch neue Ideen, die das Wohlgefühl verbessern, testen.
3. Gedächtnis-Training: Z.B.mit der Dachliste arbeiten!
4. - Konkrete Aufgaben: Was heute getan werden muß...

*Januar*

5. Haushaltspflichten: (Kinder-& Erwachsenen-Lose verschiedenfarbig, Möglichkeit, einen JOKER zu ziehen

*März*

6. Streichel-Massagen geben/empfangen
7. Vorlesen: *Wer liest den Kindern heute abend eine Geschichte vor? Der Los-Entscheid beendet die endlose Quengelei...*
8. Fernsehen *Wenn es Streit gibt, wessen TV-Wahl heute dran ist, lassen wir ab jetzt das Los entscheiden. Ende der Debatte!*
9. Essen: *Was koche ich heute? Meine Lose bieten gesunde und Lieblings-Speisen in gleicher Zahl; das Los entscheidet, wann welcher Aspekt siegt...*

# Der Vera F. Birkenbihl-Brief

## Erfolg & Lebensqualität

**Monatlicher Beratungs- und Trainingsservice**

**Denn: Erfolg ist ein Prozeß**


**April**

Liebe Leserin,
lieber Leser,

heute lade ich Sie zum **Aufbau Ihres INNEREN ARCHIVS©** ein, das Ihnen phänomenale Vorteile bieten wird (ab S. 2), aber natürlich nur, wenn Sie aktiv mitmachen. Mit dem inneren Archiv ist es so ähnlich wie mit dem Fahrradfahren, insofern, als man es erfahren haben muß, um zu wissen, was es „bringen kann". Andererseits ist es weit leichter möglich, die Anweisung in einem BRIEF mitzuteilen. Also, wenn Sie Schritt für Schritt aktiv mitmachen, ist dies während Sie arbeiten auf alle Fälle mal wieder gutes **BRAIN-Training**. Aber gleichzeitig haben Sie sich ein funkelnagelneues Denk-Instrument geschaffen, welches Sie hinterher benutzen können, wann immer Sie wollen. Dieses aber ist so beschaffen, daß es mit jeder Benutzung „schärfer" wird, so daß Ihre Ausbeute umso größer wird, je häufiger Sie es einsetzen. Übrigens stelle ich **dieses INNERE ARCHIV©** in der jetzt beginnenden Seminar-Saison erstmals vor, so daß **Sie als Leser/in die Nase um einige Wochen vorne** haben! Trotzdem teste ich das Konzept seit drei Jahren mit Freiwilligen, so daß wir jetzt wissen, wie unglaublich gut es sich bewährt hat!

Mit liebem Gruß,

Ihre

Vera F. Birkenbihl

eine der erfolgreichsten Persönlichkeits-Entwickler

Vera F. Birkenbihl

Dies ist ein echter **Neu-Anfang** für **alte und neue Leser/innen**. Wahrscheinlich müssen **neue** etwas mehr Zeit investieren als jene, die letztes Jahr bereits die Vorübungen (Dach-Liste etc.) absolvierten. Aber es wird sich lohnen!

brauchen ein gutes Gedächtnis als <u>**conditio sine qua non**</u>* für die drei **anderen Vorteile**.

- Selbstwertgefühl
- Intelligenz
- Kreativität

1. **Selbstwertgefühl**: Zwar ist ein gutes Gedächtnis kein Allheilmittel für Selbstwertgefühl-Probleme, aber umgekehrt wird ein Schuh daraus: Je dramatischer Ihre Gedächtnis-Probleme, desto unsicherer fühlen Sie sich auch!
2. **Intelligenz**: Sie leitet sich aus dem Wissens-Netz her! Wir können nur intelligent reagieren (Probleme lösen, Entscheidungen treffen, Fragen stellen etc.), wenn uns intelligente Ideen, Lösungen, Fragen etc. einfallen. Wo aber „wohnen" die, wenn nicht in unserem Wissens-Netz? Na also!
3. **Kreativität** „lebt" von Wissens-Netz-Fäden, die in neuen Kombinationen ver-BUND-en werden. Merke: 95% aller kreativen Einfälle sind Neu-Kombinationen bekannter Ideen, Meme, Techniken etc.

Im Klartext: Je besser wir auf die Fäden unseres Wissens-Netzes **zugreifen** können, **desto selbstsicherer, intelligenter & kreativer** reagieren wir (vollautomatisch). **Deshalb** sollten wir diesen Zugriff systematisch trainieren und optimieren! Dieses Ziel verfolgt das **INNERE ARCHIV**©!

*<u>**conditio sine qua non**</u>: Erinnern Sie sich an diesen Begriff aus dem Februar-Brief (vgl. unterer Kasten)? Kannten Sie den Begriff bereits, als er Ihnen dort begegnete? Wenn *Nein, dann beantworten Sie bitte diese Fragen*:

1. Haben Sie die Definition beim letzten Mal **bewußt** gelesen?
2. Haben Sie sie bewußt in Ihr Wissens-Netz einge**BUND**en?

Sicher verstehen Sie **jetzt**, warum Sie sich den Begriff so gut (oder schlecht) gemerkt haben…

*<u>**conditio sine qua non**</u>

Wörtlich bedeutet dies: (Die) **Bedingung** (vgl. *Konditionen* = Kaufbedingungen) **ohne welche nicht** (also eine Voraussetzung, ohne die „nichts geht". Es ist wichtig, bei wichtigen Fragen und Problemen Ihres Lebens, eine (oder mehrere) Kondition/en **sine qua non** zu definieren, ehe Sie entscheiden.

## Aufgabe:

Die folgende **alphabetisch aufgebaute Liste** wird **sowohl** Begriffe enthalten, zu denen Sie solide Fäden besitzen, als auch Begriffe, bei denen dies **nicht unbedingt** der Fall ist. Vielleicht ist Ihr Faden zu Nr. 2 dünn (wenn Sie Null Interesse an *Bugs Bunny* haben). Vielleicht haben Sie zu einigen Begriffen absolut „nichts", im Wissens-Netz, in welchem Fall diese Infos an Ihrem Netz vorbeisegeln werden. **Daraus leitet sich die erste Aufgabe ab:**

Lesen Sie die Liste einmal langsam und bewußt und haken Sie alle Begriffe ab, zu denen Sie gute Fäden im Netz haben, (so daß Sie mit diesem Begriffen bequem arbeiten können). **Bei allen anderen** setzen Sie ein **Fragezeichen vor die Nummer** (z.B. **?** *24. X-mas*). Tun Sie dies bitte, **ehe** Sie weiterlesen!

## Die Anker-Liste (Start: INNERES ARCHIV©)

1. Ankermann (oder Ankerfrau)
2. Bugs Bunny
3. Camping, Cello
4. Dromedar
5. Elefant
6. Flöte
7. Garten Eden
8. Hut
9. Indianer/in
10. Japaner/in
11. Kilogramm
12. Leiter
13. Militär
14. No-Theater
15. Olympiade
16. Paar (i. Sinne von: Liebespaar)
17. QUEST, die Weltraum-Station!/Quark*
18. Reisemobil
19. Student/Studentin
20. Tennis
21. Uhrzeit/Unpünktlichkeit
22. Vase
23. Waage
24. X-mas**/Xylophon
25. Yacht
26. Zeppelin

### Achtung!

Wie oben (S. 1) erwähnt, ist es mit dem INNEREN ARCHIV© ähnlich wie mit Radfahren (Skilaufen, zärtlichen Liebesbeziehungen): **Nur wer es erlebt hat, weiß, wovon wir reden.**

Deshalb möchte ich Sie einladen, die Basis-Übungen zum INNEREN ARCHIV© heute und im nächsten Brief zumindest als **Gehirn-Training** mitzumachen, damit Sie sich die **Chance geben, später selbst aktiv zu experimentieren**, ob **das INNERE ARCHIV© hält, was ich heute verspreche**. Wie heißt es in der Werbung für eine Samstagnacht-Jux-Nachrichten-Sendung so schön?

**Wer nicht schaut,
kann's nicht sehen.**

**So auch hier**: Wer jetzt **nicht** mitmacht, kann später ebenfalls **nicht sehen**, was es bringen hätte können, wenn man halt mitgemacht hätte, gell?

***QUARK***
**Erinnerung**: Namens-KaWa-Diskussion (Juni-Brief); dort habe ich Ihnen den Ferengi **QUARK** (auf Deep Space 9) „vorgestellt"…

****X-mas***
**Erinnerung**: Stoßen Sie auf Begriffe, die Sie **nicht** (er-)kennen, dann markieren Sie diese und lernen Sie, **Lücken** ohne Schuldgefühle zu registrieren — von wegen Anti-Fehler-Meme aus Kindheit & Erziehung!

## Weitere Aufgaben:

1. **Entscheiden Sie** bei Mehrfach-Nennungen für eine Möglichkeit, z.B. bei Nr. 1 *Ankermann* oder Ankerfrau. Ähnlich gilt, wenn Ihnen „X-mas" als Begriff fremd ist, (vgl. Punkt 3), dann könnten Sie in Ihrer Vorstellung ein Xylophon unter den Weihnachtsbaum legen und mit diesem Auswahl-Begriff das schwierige „X" in der Liste gut „belegen".
2. **Registrieren Sie alle Fragezeichen-Begriffe bewußt**, die Ihnen **nichts** (oder zuwenig) „sagen", weil Sie hierzu keine Fäden haben. Nun können Sie intelligentes **Lücken-Management** betreiben und sich entweder entscheiden, einen Faden anzulegen oder aber den Begriff auszutauschen (vgl. nächster Punkt). Beispiel: Wer den Begriff „X-mas" („X" ist die Abkürzung für Christus, der am KREUZ starb und „mas" ist mit dem deutschen Wort Messe verwandt, also stand X-mas ursprünglich für die Christmesse, heute aber für Weihnachten, daher die moderne Formulierung „Merry X-Mas" für fröhliche Weihnachten.
3. **Tauschen Sie diese aus**. Vielleicht haben Sie „keinen Bezug" zu (2) *Bugs Bunny* oder zu (17) einer *Weltraum-Station namens QUEST*? Dann **ändern** Sie diese Begriffe gegen selbst-gewählte, damit Sie **später gerne mit der Liste weiterarbeiten** werden. Theoretisch können Sie Ihre eigene Liste erstellen, solange Sie bedenken (vgl. oberer **Kasten**):
4. **Überlegen Sie** sich eine **Erklärung** dafür, warum der Begriff an dieser Stelle in der Liste steht (vgl. unterer **Kasten**)

1. Die **alphabetische** Reihenfolge **muß** erhalten bleiben (somit verankern sich u.a. die Buchstaben mit ihrer Rangfolge im Alphabet).
2. Der **erste** Begriff sollte *Anker* oder *Ankermann (-frau)* bleiben, weil wir diese Liste später als **ANKER-Liste** bezeichnen (da sie das INNERE ARCHIV© in uns ver-**ANKER**-n soll).
3. Die Liste funktioniert **deutsch & englisch** gleichermaßen. Wer also (wie ich) **im Englischen dieselbe Ankerliste** verwenden möchte, sollte **beim Austauch** von Begriffen ein neues Wort wählen, das in **beiden Sprachen** sehr ähnlich ist, z.B.
   1. **Ankerman** – *Ankermann,*
   2. **Ladder** – *Leiter,*
   21. **unpunctuality** – *Unpünktlichkeit*

Jetzt bitte ich Sie, sich diesen Monat täglich einmal einige Minuten lang mit dieser **Anker-Liste** zu befassen. Es kostet kaum Zeit und tut nicht weh, wenn Sie **alle** Begriffe (nebst ihrer Position in der Liste) in Ihr Wissens-Netz einhängen...

Und nun ein **Themenwechsel**: Es folgen **einige Gedanken für die Psyche/Seele**.

(Ich zitiere mich teilweise selbst, aus meinem *Vorwort* zur Neuauflage des brillanten Büchleins von George Leonard: *Der längere Atem*. Es geht darin um die Meisterschaft des Alltäglichen (ein enorm inspirierendes Werk)!

**Fallbeispiel:**
**Nr. 1 Ankermann**
Steht **an 1. Stelle**, weil er die Hauptperson ist, weil die gesamte News-Sendung an ihr „hängt".
Oder:
Er ist die **1-zige** (*einzige!*) Person **vor** der **Kamera**...

**Fallbeispiel:**
**Nr. 18 Reisemobil**
Erste Assoziation: **Führerschein mit 18.**
Zweite Assoziation: Zwar kann man den Führerschein mancherorts (z.B. USA) früher erwerben, aber kaufen (mieten, leasen) kann man ein ein Reisemobil **erst mit 18.**

# Unterschiede oder Gemeinsamkeiten?

Thorwald Dethlefsen wies (in: *Ödipus der Rätsellöser*) auf einen faszinierenden Zusammenhang hin:

Je **oberflächlicher** wir Menschen betrachten, desto klarer sehen wir **Unterschiede** (Körperbau, Größe, Haar- und Hautfarbe, in den Gesichtszügen usw).

Je **tiefer** unsere Analyse jedoch geht, desto mehr überwiegen die **Gemeinsamkeiten**.

So ähneln sich unsere Organe weit mehr als unser Äußeres. Auf der Ebene der Zellen ähneln wir einander noch mehr. Beim Vergleich unserer Moleküle gibt es keine Unterschiede mehr. Ähnlich sieht es aus, wenn wir über wichtige Fragen des Lebens nachdenken: Oberflächlich betrachtet, scheinen die Menschen völlig unterschiedliche Ziele zu haben.

So können sich z.B. Berufswünsche sehr unterscheiden: vielleicht möchte der eine ein Tennis-Profi, der nächste ein Super-Verkäufer und der dritte ein Multi-Media-Experte werden, während wieder andere 2private" Ziele wichtiger finden.

Deshalb gibt es Selbsthilfe-Bücher, -Kassetten und -Seminare für viele **Teilgebiete**. Die meisten bleiben jedoch an der Oberfläche und befassen sich mit Erfolgs-Kosmetik. Deshalb gehen wir in diesen Briefen **manchmal** ziemlich in die Tiefe.

Das Faszinierende an tiefen Gedanken ist fast ein **Paradox**: „Tiefe" Gedanken können uns relativ leicht ansprechen. Sie bringen **in jedem von uns** etwas zum **Klingen**, weil eben **in der Tiefe die Gemeinsamkeiten überwiegen**...

**So haben wir alle einen angeborenen Drang, uns zu verbessern, zu wachsen, zu lernen**. Bei Kindern ist dies noch offensichtlich, aber je älter wir werden, desto mehr wird dieser „tiefe" Wunsch durch **oberflächliche Teilziele** überdeckt.

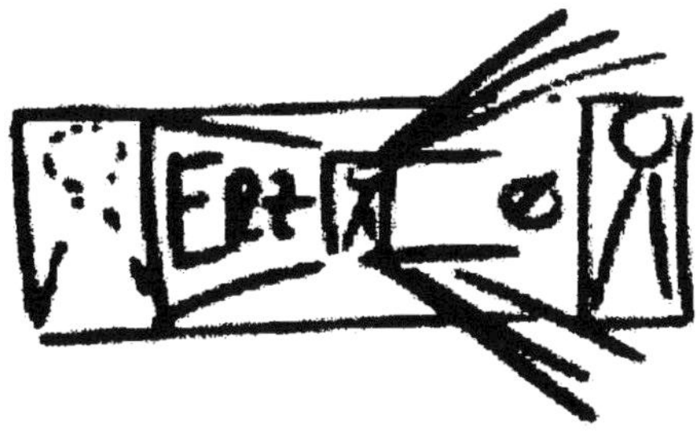

Unser angeborenes POTENZ-ial trotz Erziehung entwickeln & entfalten...

Dabei haben manche Menschen so viele „Kleinigkeiten" angehäuft, daß sie regelrecht „graben" müssen, um die Faszination an lebenslangem Lernen und lebenslangem Wachstum wieder zu finden. Wenn ihnen dies jedoch gelingt, dann merken sie sehr schnell: **Diese „Arbeit" an uns selbst bietet uns die größten Befriedigungen unseres Lebens**.

Sie, liebe Leserinnen und Leser wissen das natürlich, sonst würden Sie diese Zeilen ja jetzt nicht lesen.

Mit ganz liebem Frühlings-Gruß,

Vera F. Birkenbihl

# Der Vera F. Birkenbihl-Brief

## Erfolg & Lebensqualität

**Monatlicher Beratungs- und Trainingsservice**

**Denn:** Erfolg ist ein Prozeß

**Mai**

eine der erfolgreichsten Persönlichkeits-Entwickler

Vera F. Birkenbihl

Liebe Leserinnen,
lieber Leser,

Heute beantworte ich einige Ihrer Fragen zum Thema (**gegenseitiges) Coachen** (das viele Reaktionen auslöste). Dann folgt die restliche Erklärung zum Wie des INNEREN ARCHIV©, mit einem praktischen Beispiel für Sinn und Zweck. Es freut mich, daß viele von Ihnen aktiv mitmachen und selbst bereits über erste Erfolgserlebnisse berichten. Erinnerung: Man kann das **INNEREN ARCHIV©** nicht beurteilen, wenn man es nicht er-fahren hat! Da die Erklärungen/Übungen hierzu etwas Platz beanspruchen, **hat der heutige Brief 12 Seiten**. Sie wissen ja, daß das ein- bis zweimal pro Jahr geschehen kann.

Denn heute steigen wir auch in das Thema **STORY** ein, indem wir beginnen, darüber nachzudenken, **was eine Story für unser Leben bedeuten kann** – dies gilt übrigens auch für Menschen, die gerne glauben, es gäbe keine wichtigen Geschichten in Ihrem Leben!

Falls Sie bisher noch nicht wirklich darüber nachgedacht haben, welche Stories Ihr Leben (mit) beeinflußt haben, wäre es optimal, wenn Sie dies vor dem Juni-Brief tun könnten, denn dann können Sie alles dort erklärte auch auf die **Stories Ihres Lebens** beziehen. Wie immer liegt die Entscheidung bei Ihnen, aber **als Ihr Coach** muß ich manchmal ein wenig „nerven", damit auch die mitmachen, die sich bisher vor einem Thema (und seinen Aufgaben) gedrückt haben, gell?
Einen tollen Vorsommer wünscht Ihnen

Mit liebem Gruß,

Ihre

Vera F. Birkenbihl

Bitte senden sie uns weitere Stories, die Ihr Leben beeinflußt haben. Je **mehr** Ihrer eigenen Fallbeispiele das Thema Story **illustrieren** werden, desto spannender wird es für Sie! Ob Postkarte, Brief, Fax oder bei **www.birkenbihlbrief.de** – jede Story plus Grund (warum sie für Sie wichtig war/ist) ist für uns interessant.

Danke.

## Fragen zum gegenseitigen Coachen

1. ***Wie kann man entscheiden, ob der potentielle Coach auf diesem Gebiet wirklich so ein Experte ist?*** **Antwort**: *Nichts genaues* weiß man nicht... Und zwar solange, wie man **diesen Bereich** auf der **eigenen** Insel **noch nicht** entwickelt hat. Aber im Laufe der Zeit **lernt** der Klient eines Coaches hinzu, außerdem spricht er/sie als Interessierte/r auch mit anderen, so daß er/sie zwangsläufig bald weit besser Bescheid weiß. Bedenken Sie immer: Auch ein schwacher Coach kann uns auf einen neuen Weg bringen (vgl. Eltern, die ihre Kinder coachen, bis ein Sportclub-Coach das Potential erkennt, der wiederum später gegen einen Profi-Coach ausgetauscht wird).
2. ***Wenn ich an mehreren Bereichen arbeiten will, soll ich es dann gleichzeitig angehen?*** **Antwort**: Jein! Warum? Es gibt voneinander getrennte Lebensbereiche, die man **gleichzeitig** „bearbeiten" kann, z.B. Probleme im Straßenverkehr (Ruhe bewahren bei Kolonnenspringern) und Probleme beim Kochen (Bratgut seltener wenden). Hier gibt es keine Interferenz, das eine Training „läuft" beim Autofahren, das andere in der Küche. Aber wenn Sie zwei Schwerpunkte **desselben** Lebensbereiches bearbeiten wollen, dann ist es besser, sie nacheinander anzugehen.
3. **Die kritische Bemerkung**: *Es erscheint mir unwahrscheinlich, daß (wie in Ihrem Beispiel) Kommunikations-Übungen mit dem Coach die Kommunikation verbessern sollen. Übungen finden immer im Trockendock statt, aber schwimmen muß man draußen, im „Meer"!* **Antwort**: Wenn ich Ihre Metapher aufgreife, dann kann ich feststellen, daß auch ein Schiff für wichtige Check-ups ins Trockendock gebracht wird, **weil gewisse Dinge im laufenden Betrieb weder überprüft noch repariert werden können**. So auch im Bereich der **Kommunikation**: Nehmen wir an, eine Trockendock-Übung mit einem Coach fördert eine starke Neigung zu SAGE-Technik zutage, was insbesondere, wenn man verhandeln, verkaufen oder motivieren möchte, kontra-produktiv sein kann. Nehmen wir desweiteren an, der Klient ist noch ziemlich **unfähig, in Fragen zu denken**. Hat die Inventur mit dem Coach dies aufgezeigt, kann z.B. genau diese Schwäche durch ein gezieltes **Training im Trockendock** immens verbessert werden!

Einige von Ihnen fanden die Idee, **ein Seminar am Namen des Kunden „aufzuhängen"** grandios und möchten wissen, wie das komplette Beispiel (April, S. 3) aussieht. Nun, ich fand das Blatt in meinen alten Unterlagen und zeige Ihnen das Firmen-KaWa© gerne. Voilá!

Die Idee des **gegenseitigen Coachens** (März-Brief, ab S. 2) ist auf großes Interesse bei Ihnen gestoßen. Sie haben viel gelobt, zwei Fragen gestellt und einmal kritisiert.

Der **punktierte** Bereich (rechts in der Insel-Abbildung) ist der, den der Coach kann/kennt, in den wir aber erst hineinwachsen wollen.

Vgl. hierzu auch meine beiden Taschenbücher: *Fragetechnik – schnell trainiert* und *Kommunikation für Könner* – beide voller Trockendock-Übungen, die man mit kleinen Gruppen durchführen kann – mit und ohne Coach!

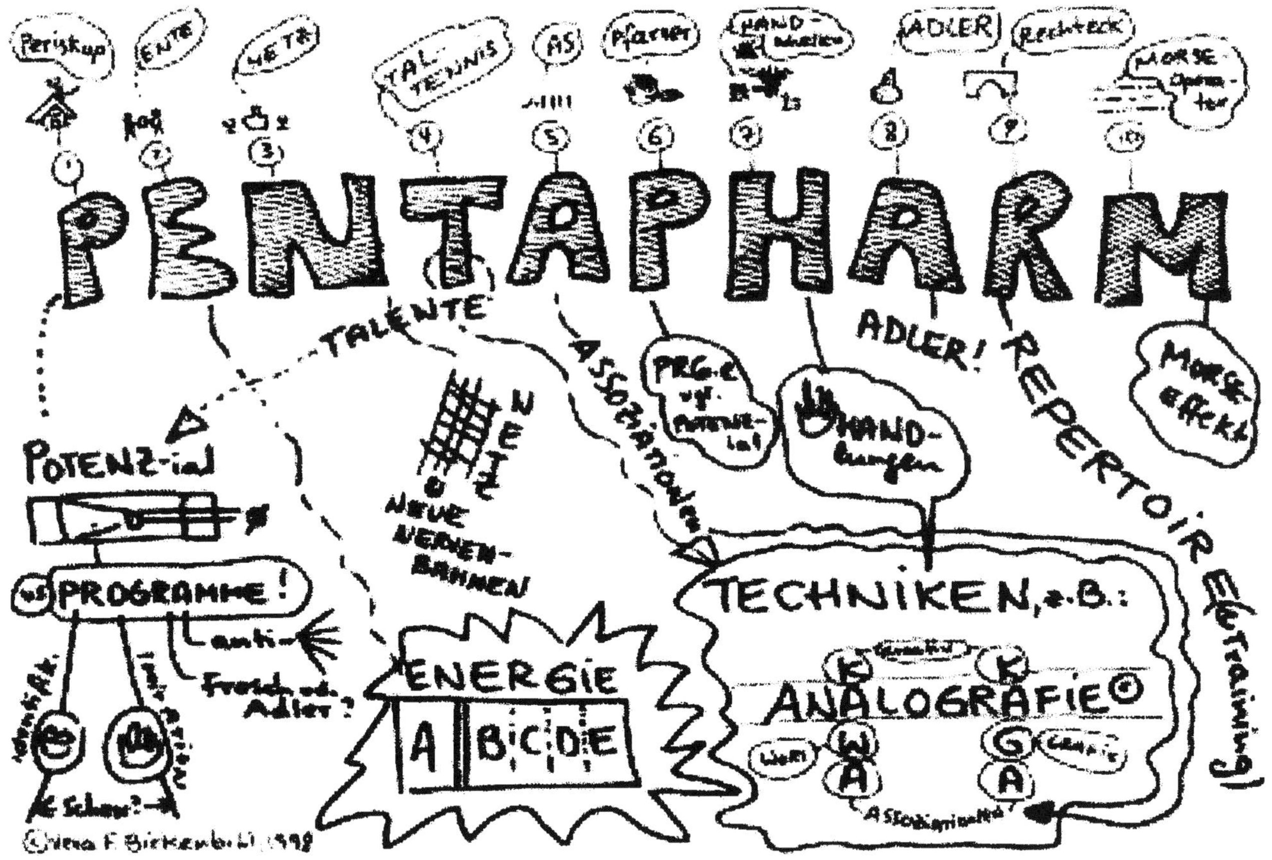

## Thema: Geschichten in unserem Leben

Bitte legen Sie auf einem extra Blatt ein KaWa© zum Begriff STORY an, indem Sie sich fragen, was dieses Konzept überhaupt beinhalten könnte. Es wäre wunderbar, wenn Sie erst mit anderen darüber sprechen könnten, ehe Sie zu S. 10 in diesem Brief gelangen…

## Das Innere Archiv© im Wissens-Netz©

Der vierte Teil der April-Aufgabe (vgl. **Rand**) hat manchen etwas Schwierigkeiten bereitet. Auch hier muß ich betonen: Es ist **wie** beim **Kreuzworträtselraten**: Anfangs wirkt es fast schon unangenehm schwierig (weil Sie hierfür ja noch zu wenige Fäden im Netz haben), dann wird es leichter und am Ende tut man es sogar freiwillig!

Dasselbe gilt hier. Ich kann Ihnen meine Erklärung gerne anbieten, aber sie basiert natürlich auf **meinen** Wissens-Fäden. Ihre Erklärungen aber müssen auf **Ihrem** eigenen Netz aufbauen! Deshalb können Sie

**Aufgabe**

**Zur Erinnerung:**
**4. Überlegen Sie** sich eine **Erklärung** dafür, warum der Begriff an dieser Stelle in der Liste steht

**Fallbeispiel:**
**Nr. 1 Ankermann**
Steht **an 1. Stelle**, weil er die Hauptperson ist, die an erster Stelle steht, weil die gesamte News-Sendung an ihr „hängt“.
Oder:
Er ist die **1-zige** (*einzige!*) Person **vor** der **Kamera**… vgl. auch *Der Birkenbihl Power-Tag*

solche Übungen sehr schön mit anderen Spieler/innen durchführen, damit Sie immer wieder sehen, daß andere Ideen haben können, wenn einem selbst zunächst nichts eingefallen war. Das macht Mut.

Bitte bedenken Sie: Viele **Wissens-Vermittler** bieten ihren Schüler/innen ihre persönlichen **Erklärungen** (also **Netz-Fäden** oder **Esels-Brücken**) an, ohne zu begreifen, daß diese **nur solchen Menschen** helfen können, die bereits diese, ähnliche oder passende Fäden im Netz haben!

In dem Sinne biete ich Ihnen meine eigene Erklärung **zum Vergleich** an. Beim Lesen können Sie ein **wichtiges Training** absolvieren, das **intelligente Lücken-Management©** nämlich:

Haken Sie jede **Erklärung, die Ihnen (sofort) einleuchtet** ab, wobei Sie **bewußt** registrieren, daß **Sie und ich** in diesem Bereich eine Insel-(Wissens-Netz)-Überschneidung haben! Markieren Sie **alle** Erklärungen, die Ihnen **nicht** (gleich) **gefallen** (oder einleuchten), und sagen Sie sich: *Die passenden Fäden sind in meinem Netz* ***nicht*** *(oder nur ansatzweise) vorhanden; deshalb gefällt (oder hilft) mir diese Erklärung* ***nicht*** *bzw. nicht viel* (z.B. Nr. 7, 10, 11, 14, 22?).

1. Ankerperson sitzt/steht allein **(= 1-zig!) vor Kamera**
2. Bugs Bunny hat **2 Backen** (bzw. **2 große Ohren)**
3. Das Symbol für Camping = die **3-eckige Zeltform**
4. Das Dromedar hat **4 Beine**
5. Elefant: 4 Beine + ein Rüssel = **5 Elemente**
6. Flöte mit **6 Löchern**
7. Die STORY hat **7 Elemente** (**1**. Gott, **2**. Baum, 3. Frucht, **4./5**. Adam/Eva, **6**. Schlange, und last not least **7**. Rauswurf aus dem Paradies...)
8. Die **Form** ähnelt der **Acht**; ein kleiner (waagerechter) Strich durch den oberen „Kreis" macht diesen quasi zum **HUT**)
9. Ein junger Indianer trägt **9 Federn**
10. Das MITI in Tokyo denkt/plant in **Jahrzehnten**...
11. max. **11 Stellen hinter Komma** reichen beim Wiegen, Zählen und Messen (in der Technik)
12. Die Leiter hat **12 Sprossen** (= lange Leiter zum Fensterln)
13. Vorstellung: 12 Soldaten & 1 Leader = **13 Mann**
14. Das No-Theater begann im **14. Jahrhundert**
15. Schon **15**/100 Sek. Unterschied...!
16. Mit **16 Jahren** darf man...
17. Die Weltraumstation hat **17 levels** (= „Stockwerke")
18. Führerschein mit **18 Jahren**...
19. Im Schnitt: Alter **19 Jahre** = Start Studium
20. Tennis: Spielstand **2 : 0** (zwei zu eins)
21. Unpünktlich um **21 Uhr**
22. FORM-symetrisch: **Zwei 2-en** spiegelverkehrt
23. Waage ist schief, die **„2"** leichter als **„3"**
24. Der **24. Dez**. (= X-mas = Weihnachten)
25. Yacht-LÄNGE **25 m lang** ...
26. Flug-HÖHE Zeppelin: **26 m hoch**...

Drei Elemente sind mit der Dach-Liste identisch (Igel, Elefant und Garten Eden), daher sind diese drei Erklärungen ebenfalls identisch.

Nehmen wir an, Sie befinden sich mit einem Kunden in einem schummrigen Lokal und haben kein Schreibzeug, wollen sich aber **wichtige Schlüsselwörter des Kunden merken**, bis Sie diese **später notieren können**.

Wenn Sie ein **INNERES ARCHIV©** aufbauen, dann profitieren Sie **mehrfach**: Es beginnt bereits mit der (ersten) Anker-Liste.

1. Sie ver-**ANKER**-t das Alphabet mit der Rangnummer, so daß Sie sich beim Nachschlagen (in alphabetischen Namens-Listen oder Wörterbuch) leichter tun als Menschen, die nie sicher sind…
2. **Sie bietet Ihnen eine Basis-Liste im Ihrem Wissens-Netz**, an die Sie jederzeit schnell und spontan Infos (= neue Fäden, die Sie sich merken wollen), an-BIND-en können. Dazu brauchen Sie nur jeweils ein Anker-Wort mit einer (der zu merkenden) Info ver-BIND-en. Das PENTAPHARM-Beispiel (April-Brief und hier Seite 3) sowie die Gedanken zum Wissens-Netz im letzten Brief zeigen klar: **Man kann alles und jedes miteinander ver-BIND-en,** wenn man trainiert**!**

So wie sich in einem Netz, das Sie übereinanderfalten, jeder Faden mit jedem verknüpfen läßt, so läßt sich (im übertragenen Sinn) jeder Wissens-Faden mit jedem anderen ver-BIND-en.

Zum Beispiel wollen Sie dem Kunden später schriftlich zusichern, daß er (wie im Restaurant besprochen) die nächsten vier Jahre lang stabile Preise erhält. Sie wollen sich merken, was er Ihnen über die Zement-Mischung erzählt, usw. Verbinden Sie je einen **ANKER-Begriff** mit je einem Schlüsselwort (als BILD, möglichst mit **Bewegung**!), z.B.

1. **ANKERMANN** & Preis: Der Ankermann trägt ein **riesiges Preisschild**, das ihm zum Kragen heraushängt und bei jeder Bewegung **herumbaumelt**…
2. **BUGS BUNNY** & die Zement-Mischung: Sehen Sie **Bugs Bunny**, der sich an einer **Zement-Karotte** die Zähne ausbeißt, welche in hohem Bogen durch die Gegend **fliegen**…

Natürlich ist die Anker-Liste gleichzeitig ein **Memo-Liste** für alle „normalen" Lern-Prozesse (Schule und Ausbildung), wobei man an jeden Begriff eine kleine Bilder-Kette „anhängen" kann, so daß eine Liste mit 26 Begriffen leicht weit über 100 Informationen enthalten kann. Beispiel: Meine **ABC-Liste** zu **Leonardo** (da Vinci) enthält den gesamten Vortrag, den ich für Microsoft im Haus der Kunst in München hielt, anläßlich der Ausstellung von Leonardos *Code Leicester* (Leihgabe von Bill Gates). Ich biete Ihnen den Anfang der Liste (mit Mini-Erklärungen; ich habe meine **Ankerbegriffe** als **Piktogramme** dargestellt).

1. A –  – Architekt, Anatom, a-normale Entwicklung (sie ließ eine weit größere Kreativität zu), Annahme (wegen der „verschollenen" Jahre: Gefängnis?) Außenseiter-Ausbildung (vgl. E)

2. B –  – Bildhauer, Baumeister, Biologe, „Bastard" (Sein Vater akzeptierte ihn, er wuchs auch zuhause auf, aber er durfte keine normale Ausbildung durchlaufen.)

3. C –  – Choreograph, Chronist, Charakter? (War er gefühlskalt, weil er z.B. den alten Mann 5 Minuten nach dessen Tod, nach dem letzten freundlichen Gespäch mit ihm – einem von vielen – in den Keller trug und sezierte)

**Quelle**: Nebenstehender Gedanke entstammt dem neuen *Das Birkenbihl-ALPHA-Buch* (die Ergänzung zu den Alpha-TV-Sendungen im BR).

4. D –  – Dandy (er war sehr modebewußt), Dressman

5. E –  – Entdecker, Erfinder (allein seine neue Waffen und Kriegs-Strategien wären als Lebenswerk jedes Kriegs-Experten phänomenal gewesen), Entfaltung (seines POTENZ-ials, weit mehr als normale Menschen, weil er als „Bastard" nur einen Außenseiter-Beruf erlernen durfte.)

Bisher sprachen wir von einzelnen Wissens-Listen, die Sie später in Ihr **INNERES ARCHIV**© (vgl. April-Brief) integrieren werden. Tun Sie dies, dann trainieren/profitieren Sie **mehrfach**:

1. Während Sie eine neue (weitere) Liste **aufbauen**, **trainieren** Sie das **Zugreifen auf Ihr Wissens-Netz**!
2. Wenn Sie die neue Liste **gehirn-gerecht mehrmals langsam durchdenken**, lernen Sie sie beiläufig (echt nebenbei) auswendig, **ohne zu pauken**! Sie **trainieren** also Ihr **Gedächtnis**! **Am Ende beherrschen Sie die Liste** vorwärts, rückwärts, in Zweier- oder Dreier-Sprüngen etc.), zuerst in Zeitlupe, dann etwas schneller und am Ende in Ihrem normalen Denk-Tempo bzw. noch schneller.
3. Nach dem Aufbau jedes neuen (weiteren) Wissens-Alphabetes haben Sie die **Matrix** (= Ihr **Areal** im Wissens-Netz) **vergrößert**, die Sie im Training davor **aktiviert** hatten. Der Inhalt dieser Liste bleibt ab jetzt **in Ihrem permanenten Zugriff**, wenn Sie nur ab und zu damit „spielen".
4. **Nun können Sie jederzeit aktiv auf dieses Wissen zugreifen**. Ab jetzt erhöhen sich vollautomatisch Ihre Möglichkeit, dem Leben intelligente(re) und kreative(re) Antworten zu geben, wobei diese Steigerungen durchaus dramatisch sein können; es **hängt sehr vom Training** (Häufigkeit, Dauer und Intensität) ab!

Wollen wir uns dies etwas näher ansehen. Wenn sie sich an das altbekannte **Spiel Stadt-Land-Fluß** erinnern (vgl. auch Urlaubs-Spiele-Sammlung), dann ist Ihnen klar, daß hier jeweils bestimmte **Wissens-Kategorien** gefordert werden…

## Stadt-Land-Fluß...

Weiterhin wissen Sie, daß Leute, die **häufig** Stadt-Land-Fluß spielen, **wesentlich besser sind** als solche, die nur alle Jubeljahre einmal mitmachen. Ihnen ist jedoch auch klar, daß selbst die Spieler/innen, die häufig spielen, sich anstrengen müssen, wenn man plötzlich eine **neue Kategorie** einführt, zu denen sie nur wenige Assoziationen im Netz haben. Nehmen wir an, ein Physiker in der Runde schlägt vor: **Stadt-Tier-Quantenphysik**. Nun, welche Assoziationen hätten Sie dann bei A, E, H und Q? Vielleicht wollen Sie erst testen, was Ihnen einfällt, ehe Sie nachsehen?

**A** wie Amsterdam - Ameisenbär - Atom,
**E** wie Essen - Esel - EPS (= Einstein-Rosen-Podosky-Experiment),
**H** wie Hamburg - Hammel - Heisenberg'sche Unschärfe-Relation,
**Q** wie Quebec - Quastenflosser - Quantensprung
**T** wie Tripolis - Termiten - Teilchen/Welle-Dualität

Natürlich weiß unser Spezialist zu **jedem** dieser Buchstaben jede Menge weiterer Assoziationen,

z.B., Q 

Quanten-: 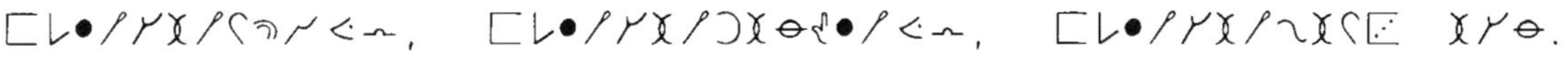

### Aufgabe Nr. 1:

Basteln Sie eine Liste berühmter/bekannter Namen (Persönlichkeiten):

1. **Schreiben Sie ein numeriertes ABC (senkrecht) an den linken Rand** eines Blattes. **Wandern** Sie nun **entspannt** mit den Augen die Liste rauf und runter und tragen Sie diejenigen Namen ein, die Ihnen **spontan** einfallen. Zählen Sie, wieviele sind Ihnen im ersten Durchgang ganz locker eingefallen?
   _________________ Namen (spontan)
2. **Spielen Sie jetzt mit den Lücken**. Es ist wichtig, daß Sie entspannt spielen. Beobachten Sie sich: Wie groß ist Ihre Tendenz, zu verkrampfen? Können Sie es spielerisch angehen? Können Sie Spaß dabei haben? Probieren Sie jetzt den jeweiligen Buchstaben mit den Vokalen (z.B. bei „K" die Vokale: *Ka, Ke, Ki, Ko, Ku* und die Doppelvokale: *Kau, Kei, Keu.*
3. **Probieren** Sie jetzt den jeweiligen Buchstaben mit anderen Buchstaben, wobei manche der so entstehenden **Kombinationen** (wie Kb, Kf etc.) keine Wortanfänge (im Deutschen) ergeben. **Spielen Sie**, probieren Sie z.B. *Kl* >> (KLEIST!), *Kn* >> (KNAUR vgl. Knaur Lexikon), *Kr* >> (Karl KRAUS) usw.

Eine mögliche Liste finden Sie am Rand (auf dem Kopf), aber sie soll Ihnen nur bei dem einen oder anderen Buchstaben helfen, bei dem Sie (zu Unrecht) befürchten, es gäbe keinen berühmten Namen, wenn Sie allein üben. Spielen Sie nämlich gleich mit anderen, dann sehen Sie wieder einmal, daß jede/r Spieler bei manchen Buchstaben zunächst eine Leere „findet", wiewohl diese Lücken bei unterschiedlichen Menschen an anderen Stellen „sitzen", weil **jeder Mensch seine eigenen Wissensfäden anzapft**.

Bitte achten Sie auch darauf, daß einem manche Namen berühmter erscheinen als einer anderen Person. Falls Sie in Gruppen spielen, achten Sie daher auf die **Tendenz**, die eigene Bewertung **für allgemeingültig zu halten** (vgl. auch *Meme*, Januar-Brief, S. 2ff.)!

So spielten wir dieses Spiel einmal in einem Seminar, die Aufgabenstellung lautete: *Menschen, die einen wichtigen Beitrag zur deutschen Kultur geleistet haben.* Ein Teilnehmer hatte bei „H" *Heino* notiert, zwei aus seiner Gruppe haben ihn dann fast „in der Luft zerrissen". Der Streit wurde so laut, daß ich hinmarschierte um zu lernen, worum es ging. Der erste Teilnehmer meinte, Heino habe viel für das deutsche Liedgut getan, und dieses sei ein wichtiger Bestandteil unserer Kultur. Die beiden Streithähne in der Gruppe waren sich jedoch völlig einig (Insel-Überschneidung!): Das deutsche Liedgut mag ja vom Kunstlied bis zur Opernarie viel sein, aber niemals Heino-Lieder… Tja!

1. Archimedes
2. Beethoven
3. Cäsar
4. Descartes
5. Einstein
6. Freud
7. Goethe
8. Heisenberg
9. Ibsen
10. Jack the Ripper
11. Kant
12. Leonardo (da Vinci)
13. Mozart
14. Newton
15. Otto
16. Picasso
17. Quark*
18. Rachmaninov
19. Sokrates
0. Telemann
1. Ustinov, Peter
2. van Gogh
3. Wagner
4. Xanthippe
5. Yamaha
6. Zuckmayer, Carl

* Sie dürfen auch Leute aufschreiben, die einem Roman entsprungen sind oder im Star Treck Universum leben!

### Aufgabe Nr. 2:

**„Basteln" Sie weitere Listen**. Lernen Sie, dies zu Ihrer **neuen Gewohnheit** zu machen. Beachten Sie, daß man **Stadt, Land, Fluß** auch ganz anders aufziehen kann:
Statt **horizontal** z.B. **Darmstadt – Dänemark – Donau…** kann man sich **senkrecht** „bewegen">>>>>

senkrecht:
**Celle**
**Darmstadt**
**Essen**

### Aufgabe Nr. 3:

**Legen Sie mehrere Listen an, die Sie (geistig) nebeneinander legen, so daß eine Matrix entsteht und Sie** (senkrecht, waagerecht, kreuz und quer durch diese **Matrix**) **springen können**. Somit sorgen Sie dafür, daß Sie einen kleinen Teilbereich aus Ihrem gigantischen (größtenteils passiv verfügbaren) Wissens-Netz stetig **aktiv** halten. Dieser Bereich wird quasi von Ihrer Suchlampe (mit rotem Glas vorne)

Listen-„Basteln" als wichtige **neue Gewohnheit**

permanent rot angestrahlt und damit permanent in Ihrem bewußten Zugriff gehalten.

Nun haben Sie ja von den ersten Briefen an gelernt, wie wichtig Ihre Assoziationen sind! Jetzt überlegen Sie, welchen geistigen Reichtum Sie sich so geschaffen haben. Wann immer eine intelligente oder kreative Reaktion erwartet wird, haben Sie weit mehr blitzschnelle Assoziationen als Sie ohne INNERES ARCHIV© gehabt hätten. Ich wiederhole: Man muß es er-fahren haben (wie Fahrrad fahren!), ehe man diese Behauptung nachvollziehen kann!

Um nur ein kleines Beispiel zu nennen: Sie sollen ganz schnell eine Präsentation vor einer Kundengruppe machen (weil Ihr Chef, der diese Aufgabe eigentlich an sich gerissen hatte, mal wieder „auswärts" ist). Sie erfahren, die Leute wollen etwas zum Schwerpunkt Ihres Hauses (Interferenzstromtherapie) hören und Sie haben knapp drei Minuten Vorbereitungszeit, bis man die Gäste von der Lobby in den Konferenzraum bringen wird. Nun, wenn Sie zu wichtigen Themen Ihres Lebens einige Wissens-ABC-Listen angelegt haben, ist dies natürlich für Sie kein Problem. Dies ist übrigens das echte Beispiel eines der „Versuchskaninchen", mit denen ich das INNERE ARCHIV© seit 1997 teste. Er berichtete:

Neben der ersten Anker-Liste hatte ich mir auch berufsbezogene ABC-Listen zusammengestellt, darunter eine mit technischen Begriffen und eine mit medizinischen Konzepten zu unseren Physio-Therapie-Geräten. Dann hatte ich Ihre Los-Idee aufgegriffen und trug ständig einen Satz der Kügelchen (vgl. Randspalte) mit mir herum. Ich besaß mehrere Sätze (zuhause, Handschuhfach/Auto, kleine Beutel zum Herumtragen). Nun griff ich hinein und zog das „H":

| Anker-Liste | Tiere | Geräte | Medizin |
|---|---|---|---|
| 8. **Hut** | **Hase** | **H-28** | **Hautverätzungen** |

*Meine Gedankenkette lief extrem schnell ab, aber wenn ich versuche, sie jetzt nachzuempfinden, so kann ich feststellen, daß ich spontan alle vier nebeneinanderliegenden Begriffe in meiner Matrix* ***vier*** *miteinander verbinden konnte, woraus sich, de facto von allein* ***sofort der rote Faden*** *für mein Kurz-Referat ergab. Außerdem strömte eine solche Flut von Assoziationen auf mich ein (z.B. wie schwierig es früher war, welche Vorteile wir mit dem neuen Ansatz heute haben, welche wissenschaftlichen Studien dies nachgewiesen hatten), daß ich mein Wissen total „parat" und „griffbereit" hatte. Also hielt ich nicht nur ein tolles Referat, sondern ich konnte die nachfolgenden Fragen ebenfalls sicher und locker beantworten.*

*** Miniatur Plastik-Kügelchen für das Buchstaben-Lotto:**

Bei unter 12 Begriffen könnte man jederzeit mit **zwei Würfeln** entscheiden, welcher „dran" ist, aber bei 26 Buchstaben bieten sich andere Wege an. **Eine** Möglichkeit wäre es, eine ABC-Liste (die nur Buchstaben enthält) auf einem Streifen „griffbereit" zu haben und dann blind einen zu „greifen", eine **andere**, die den Versuchspersonen mehr Spaß macht ist diese: Ähnlich wie das **Los-Glas** (Dez. 99, S. 8), aber statt kleiner Lose, (die durch häufiges Benutzen bald unansehnlich werden), beschriften wir **kleine Plastik-Kügelchen** von 1 – 26 (und/oder A – Z). Diese Art von „Lotto" kann in einer Schachtel oder sogar in einer Hosen- oder Jackentasche stattfinden…

| 8. Hut | Hase | H-28 | Hautverätzungen |
|---|---|---|---|
| **Hut**<br>Hutmacher-Irrsinn ausgelöst durch mangelnde Kenntnis, gibt es heute nicht mehr! | **Hase**<br>Angst – früher hatten viele Patienten zurecht Angst vor der Behandlung (vgl. H-28), heute gibt es die Auslöser ebensowenig wie den Hutmacher-Irrsinn! | **H-28**<br>Ein früheres Gerät mit zwei Elektroden, bei welchem die Probleme ausgelöst wurden, die bei manchen Patienten zu Angst geführt hatten... | **Hautverätzungen**<br>treten bei Interferenzstrom so gut wie nicht mehr auf, weil der therapeutisch wirksame Strom hier endogen erzeugt wird, wodurch der Hautwiderstand auf der Haut nicht mehr aktiviert wird. |

Sie sehen, wenn Sie eine **Matrix im Wissens-Netz** aktivieren, dann können sie **immer minimal zwei Begriffe**, oft aber auch mehr sinnvoll miteinander ver-BIND-en und schon „fallen" Ihnen unglaublich viele Gedanken „ein". Sie sehen auch, daß dieser Herr den Begriff *Handwerker* ausließ, während die anderen sofort zu äußerst wertvollen Ver-BIND-ungen für seine Denkprozesse wurden. Natürlich ist klar, daß **unsere** Fäden im Wissens-Netz ausschlaggebend für die **jeweilige Ausbeute** sein werden. Deshalb ist es ja so wichtig, daß Sie **möglichst viele eigene Erfahrungen** mit dem **INNEREN ARCHIV© machen.** Fremde Beispiele können nur der Erläuterung des *Wie gehe ich vor?* dienen, nicht aber Überzeugungsarbeit leisten, denn den **Nutzen** kann jede/r immer nur **aus dem eigenen Wissens- und Erfahrungs-Netz** herausziehen.

Genaugenommen fallen diese vielen Gedanken Ihnen nicht einfach „ein" sondern sie „wandern" aus dem gigantischen Bereich (11 km*) Ihres **unbewußten** Denkens in den klitzekleinen (von 15 mm*) Ihres **bewußten** Denkens „hinein" (bzw. „hinüber"); wir sprachen bereits darüber im März-Brief.

* Diese Zahlen entstanden bei raffinierten Experimenten, vgl. z.B. Thor Nørretranders in seinem brillanten Werk (*Spüre die Welt*). Ich wiederhole: Ich halte sein Buch für die **beste Einführung in das Thema Bewußtsein und (un-) bewußte Prozesse** (es ist inzwischen als Taschenbuch erhältlich).

## Thema: Geschichten in unserem Leben

Haben Sie ein KaWa© zu STORY angelegt (vgl. S. 3)? Dann können wir unsere Assoziationen vergleichen. Vielleicht be-REICH-ern meine die Ihren und bieten Ihnen zusätzliche, weitere Ideen an, weil jeder meiner Begriffe wiederum mit vielen weiteren Stellen in Ihrem Wissens-Netz verknüpft ist. (Sie sehen, daß auch jedes KaWa© Ihr INNERES ARCHIV© aktiviert!).

Wenn wir ab jetzt *Story* (oder *Stories*) sagen, dann meinen wir damit (als Überbegriff) jede **Geschichte, Erzählung, Parabel, Fabel, Analogie** jedes **Gleichnis, Symbol**, jeden **Mythos** und jede **Metapher**...

## KaWa© zu Story:

Wiewohl die **Erstellung** des KaWa©, wie Sie inzwischen wissen, **nicht** vom ersten zum letzten Buchstaben abläuft, können wir ein KaWa im Nachhinein **sowohl** von vorne nach hinten **als auch** der ursprünglichen Entstehung gemäß besprechen. Heute beginnen wir vorne.

Das „**S**" sagt uns etwas über den **SINN**: Zum einen erwarten wir von einer Story, daß sie „sinnvoll" ist. Zum anderen, und das ist der **Knackpunkt**, **können Stories maßgeblichen Einfluß auf den Sinn unseres Lebens haben (bzw. überhaupt unseren Lebens-Sinn stiften)**.

> In meinem Fall hat das **Gleichnis von den Pfunden**, mit denen wir wuchern sollen, einen solchen Einfluß auf mein Leben gehabt (vgl. Marginalie). Ich hörte es in der Kirche, als ich ca. **10 Jahre alt** war. Die Gedanken dieser Predigt (für die ich jenem Pfarrer ewig dankbar sein werde) machten mir klar, daß unsere Gaben nicht nur Geschenk sondern auch Verpflichtung sind und daß wir das, was uns in die Wiege gelegt wurde, nutzen und mehren sollten. Wenn jemand ein Talent hat, muß er lernen & trainieren, damit er es mehrt und nutzt.

Später wurde mir klar, wie **viele Menschen sich durch die Erziehung abhalten lassen**, ihr POTENZ-ial zu entfalten (vgl. BasisWissen!) und so wurde meine AnForderung (*nicht wegen sondern trotz Erziehung*) zu einem wichtigen **Lebens-Motto** und **Fixstern** für mich. Hätte ich damals diese Predigt nicht gehört…? Das „**T**" von STORY bedeutet für mich z.B. **TEST**, d.h. mit einer Story (z.B. einem Fallbeispiel) können wir die **REALITÄT TEST**en, so daß eine Story immer auch etwas **VR** (**virtuelle Realität**) darstellen kann. Dies zeigt das Beispiel der Sonne-Wind-Geschichte (März-Brief, S. 6) meiner geschätzten Trainer-Kollegin Marlene Berchtold.

Ein Meister hatte drei Dienern je **ein Pfund** gegeben, damit sie damit *wuchern* (= mit *wachsen* verwandt!) sollten. Als er zurückkam, hatte der erste **zehn** Pfund daraus gemacht. Er wurde reich belohnt, der zweite hatte **fünf** Pfund erwirtschaftet und wurde auch belohnt, der dritte aber hatte nichts unternommen…

Diese Story finden wir **dreimal** im NT, in drei **Variationen**, aber **jedes Mal** gilt es, **mit dem, was uns gegeben ward** (z.B. unseren Talenten!) **zu wuchern**!

Die Geschichte veranlaßt sie, im täglichen Leben, sich zu fragen, ob sie gerade die (kalte, kämpferische) Wind-Rolle „gibt" oder ob es nicht Zeit ist, auf die Wärme (und Leben) spendende Sonnen-Rolle umzuschalten, was sie dann auch oft tut. Also benutzt sie das **Symbol** (eine weitere Assoziation zu „S") des Windes und der Sonne, um ihr altes oder derzeitiges Kommunikationsverhalten zu überprüfen und ein neues in Erwägung zu ziehen. Indem Sie sich fragt, inwieweit die Sonnen-Rolle die Situation verbessern könnte, betreibt sie eine gedankliche Simulation (noch ein „S"-Wort!) und kann, dank dieser einfachen **VR**-Maßnahme eine Entscheidung treffen! Damit haben wir das „**R**" bereits „abgehakt" und kommen zum nächsten Buchstaben.

Das „**O**" steht in meinem KaWa© für **Orientierung**. So bedeutet für Frau Berchtold die Sonnen-Rolle eine **Neu-Orientierung** im **jeweiligen** Augenblick, wenn die Story ihr hilft, eine spezifische („schwierige") Kommunikation zu verbessern, während mein Gleichnis von den Pfunden mir **damals** half, eine **grundsätzliche** **Orientierung** zur POTENZial-Erweiterung, (zu Wachstum, zu lebenslangem Lernen, ständiger Verbesserung meines Repertoires durch Training etc.) zu gewinnen. Diese **Orientierung** war **Zeit meines Lebens** immer wieder ausschlaggebend für wichtige **Entscheidungen**!

Das „**Y**" von Story nutze ich, von seiner **Form** her, um zu zeigen, daß viele Stories eine wichtige **POLARITÄT** aufzeigen. Oft geht es um gut/böse, um kalt/warm oder Kampf/Freundlichkeit, um Sinn contra Unsinn, richtig/falsch, um Wert/Unwert etc. Viele Stories helfen uns, zwischen beiden Polen zu wählen (wie die Sonne-Wind-Geschichte). Jetzt verstehen Sie, warum ich Sie seit Monaten bitte, **wichtige Stories Ihres Lebens zu identifizieren.** Bitte denken Sie weiterhin darüber nach, denn wir haben mit unserem ersten KaWa© das Thema STORY nur eröffnet. Und senden Sie uns weitere Stories…

Ihre

Vera F. Birkenbihl

**Zur Erinnerung Sonne und Wind**

Der Wind und die Sonne stritten sich, wer es wohl schaffen würde, den einsamen Wanderer dazu zu bringen, seinen Mantel auszuziehen. Der Wind blies und stürmte und der arme Mann zog seinen Mantel immer fester um seinen Leib. Dann war die Sonne dran. Liebevoll sandte sie ihre Strahlen aus und schon bald öffnete der Mann den obesten Mantelknopf und kurze Zeit später zog er den Mantel aus.

Marlene Berchtold SME-Consult, CH-Basel

# Der Vera F. Birkenbihl-Brief

## Erfolg & Lebensqualität

**Monatlicher Beratungs- und Trainingsservice**
**Denn:** Erfolg ist ein Prozeß

**Juni**

eine der erfolgreichsten Persönlichkeits-Entwickler

Vera F. Birkenbihl

Liebe Leserin, lieber Leser,

In diesem Brief werden wir das enorm wichtige Thema „Stories" weiterführen. Einige Ihrer Beiträge im Forum zeigen, wie weltbewegend der Einfluß auf unser gesamtes Leben sein kann, der von einer Story ausgeht. Dies ist einer der Gründe, warum wir uns mit dem Thema befassen, aber es gibt noch weitere. Allerdings will ich nicht vorgreifen, nur soweit: Bitte glauben Sie mir, daß das Thema auch in Ihrem Leben wichtig sein kann und machen Sie bei den Übungen mit, sie sind quasi als PFLICHT-Übungen zu sehen. Sollten Sie den Einstieg in dieses Thema übersehen haben, bitte Februar-/März-/Mai-Brief lesen. Ich garantiere Ihnen, es lohnt sich.

Last not least taucht (auch im Forum) immer wieder die bange Frage auf: Wenn ich nicht alles auf einmal lesen kann...? **Antwort**: Sie lesen, wann Sie wollen! Die alten Textstellen dienen zum **Nachschlagen**. Wenn es also z.B. heißt: vgl. *Mai, Seiten 3 – 4* dann lesen Sie **jetzt diese zwei Seiten**, um den neuen Text darauf aufzubauen. Und wenn die Briefe mal eine Zeitlang nicht sofort gelesen werden, dann kommt bestimmt irgendwann ein verregneter Sonntag... Blicken Sie jedoch sicherheitshalber immer auf Seite 1, damit Sie Angebote nicht verpassen.

Ihre

Vera F. Birkenbihl

# Noch ein KaWa© zu: Stories

**Aufgabe**

Sie erinnern sich: Im letzten Brief haben wir ein erstes KaWa© (zu *Story*) besprochen und angedeutet, daß dies **nur der Einstieg** in dieses extrem **wichtige Thema** sei. Es wäre gut, wenn Sie den **Mai-Brief** lösen (falls noch nicht geschehen). Sie können ihn unter **www.birkenbihlbrief.de** noch einmal nachschlagen und lesen (bzw. ausdrucken). Bitte legen Sie (am besten gleich, ehe Sie weiterlesen!) ein **zweites** KaWa© (diesmal zu **Stories**) an, indem Sie sich fragen, was dieses Konzept **über** *das im Mai-Brief Besprochene* **hinaus** noch beinhalten **könnte**. (Wir kommen später im Brief darauf zurück)
Wir bleiben kurz beim Thema ***KaWa***©:

## Einsichten (für alle) und gleichzeitig Tips

für Vortragende, Lehrende, Wissensvermittler/innen und Trainer/innen, Hörer/innen:

Die Idee, das **Firmen-Kawa**© mit den **Seminar-Inhalten** zu verbinden, hat vielen von Ihnen erst richtig klar gemacht, was KaWa's im Alltag bedeuten können. Nun fragten einige Trainer-Kollegen, was man machen kann, wenn ein Firmenname so kurz ist (z.B. nur 3 Buchstaben), daß man nur drei Aspekte des Seminar-Inhaltes daran „anbinden" könnte. Ein anderer Trainer wollte wissen, was man machen soll, wenn der Name des Veranstalters sich nicht eignet. Nun, dann nehme ich ein wichtiges Schlüsselwort dieses spezifischen Vortrages/Seminars und hänge alle Unterpunkte an diesem Begriff „auf". Hier ein Beispiel dafür:

Übrigens kann man diese Idee in allen Situationen nutzen, in denen es etwas zu merken gilt:

a) für Referent/innen, die sich ihren Stoff besser merken wollen und die Freiheit von Spickzetteln suchen,
b) für Hörer/innen, damit diese sich später leicht an die wesentlichen Knackpunkte erinnern werden...

**Links:**
Vortrag (firmeninternes Seminar) für eine Firma, deren Firmenname nur wenige Buchstaben lang (besser: kurz) ist!

## Quanten-Physik & Komplexität...

1. Atom
2. Bosonen
3. Caesium
4. Deuterium
5. Elementar-Partikel
6. Fermionen
7. Glia-Quanten-Effekte?
8. Heisenberg
9. implizit/explizit (Bohm)
10. Jagd auf Quarks...
11. komplementär (Bohm)
12. Laser
13. Molekül
14. Nano-Technologie
15. Ordnung vs. Unordnung
16. Phasenverriegelung
17. Q-Sprung
18. Relativität (Einstein)
19. Superfluids
20. Tunnel-Effekt
21. Unschärfe-Relation
22. Vergleich Polarisierung
23. Welle & Teilchen
24. X-rays
25. YOUNG (19.Jh)
26. Zwillings-Effekt

1. Attraktor
2. Bedeutg. der log. Tiefe
3. Chaos
4. Denken im Schwarm
5. Emergenz
6. Fraktale Mathematik
7. Gleichgewicht (fern von)
8. Huberman/Hogg.85: O-K-C
9. Intelligenz
10. J
11. Kreativität
12. Leben/Lernen
13. Menschen = komplex
14. Nachr. Wert:Arb/Senders (Bennet)
15. Ordnung vs. Zufall/Chaos
16. Probleme vs. Prädikamente
17. Q??
18. Rand/Ordnung (vs. R./Chaos)
19. Schmetterlings-Effekt
20. Tiefe (via Exformation)
21. Unordnung?
22. VANTS
23. Wellen & Wolken...
24. x (Bild: Ver-NETZ-ung)
25. Y??
26. Zufall (i.Sinne v. „random")

### Anregung/Frage:

Frage:
*Können sie noch einige Beispiele geben, damit man anfangen kann, die Querverbindungen zwischen den einzelnen Listen zu testen, ehe man sich die Arbeit macht, und eigene Listen erstellt?*
**Gerne!**

Frage:
*Woran arbeiten Sie derzeit noch?*
**An der rechten Liste (zum Thema *Komplexität*).**

## Betreff: Wissens-Alphabete – Feedback!

Eine kleine Auswahl Ihrer Gedanken möchte ich Ihnen hier anbieten, vielleicht hilft der eine oder andere Kommentar, mit den Übungen doch noch anzufangen (bzw. bestärkt jene, die es bereits tun. *Ich hätte nie gedacht, daß es so viel Spaß machen könnte, Listen zu bestimmten Wissens-Kategorien zu erfinden, aber wir alle haben früher auch viel Stadt, Land, Fluß gespielt. Damit haben wir jetzt wieder angefangen. Wir erfinden andauernd neue Kategorien. So macht Gehirn-Training Freude und es macht Sinn: Je mehr ich mit den Fäden des Wissens-Netzes spiele, desto breiter ist das Wissen natürlich auch. Und durch die Wissens-Listen entscheide ich vom Thema her, was ich besonders parat haben will. Toll!*

**Ein Leser**: *Neulich auf einem Spaziergang spielten wir stundenlang. Von **Fahrzeugen** (z.B. **A**uto, **B**ahn, **C**ondor-Flug) über Gebäudeteilen (wie **D**achterasse, **E**feu-Wand) und **Automarken** (**F**ord, **G**olf) bis zu Bäumen (wir endeten mit der **Z**eder).*

**Eine Leserin**: *Mein Chef will zwar altmodisch in meinen Steno-Block diktieren, läßt sich aber ständig durchs Telefon unterbrechen. Früher saß ich nur rum, heute übe ich ein Wissens-ABC im Kopf. Soll er doch telefonieren so viel er will...*

**Eine andere Leserin**: *Auch wenn ich alleine bin (morgens und abends an der Bushaltestelle) übe ich jetzt auch. Die Zeit vergeht mir wie im Flug und ich fühle mich gut, weil ich meinen Kopf trainiere...*

Übrigens hat die Idee der **Piktogramme zu meiner Anker-Liste** einige von Ihnen neugierig gemacht und nun baten Sie um das **gesamte Bild-Alphabet zur Anker-Liste**. Gerne komme ich diesem Wunsch nach, wobei Sie jedoch bitte bedenken, daß **manche** Bilder beim Schreiben stark vereinfacht werden! Außerdem möchte ich manchmal Dokumente mit gleich langen Zeilen erreichen (wie im Arabischen), deshalb zeichne ich dann **Varianten**, z.B. Nr. 18: Das *Reisemobil* wird manchmal sehr laaaang (bzw. seine Rückansicht verkürzt die Zeile).

## Meine persönlichen Anker-Piktogramme

Varianten denkbar:
z.B. Nr. 18
**Reisemobil**
 (von hinten gesehen)

1.  *Ankermann*
2.  *Bugs Bunny*
3.  *Camping*
4.  *Dromedar*
5.  *Elefant*
6.  *Flöte*
7.  *Garten Eden*
8.  *Hut*
9.  *Indianer*
10. 日本人 *Japaner*
11.  *Kilogramm*
12.  *Leiter*
13.  *Militär*
14.  *No-Theater*
15. 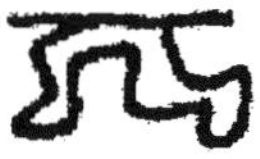 *Olympiade*
16.  *Paar*
17.  *Quest*
18.  *Reisemobil*
19.  *Student*
20.  *Tennis*
21.  *Unpünktlichkeit*
22.  *Vase*
23.  *Waage*
24.  *X-mas*
25.  *Yacht*
26. 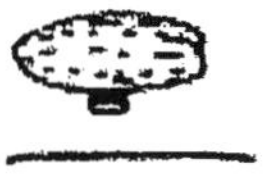 *Zeppelin* 

Vielleicht macht Ihnen das Lust, Ihre eigenen Piktogramme für Ihre persönliche Anker-Liste zu entwerfen? Oder vielleicht möchten Sie meine übernehmen, so daß Sie nur dort, wo Sie einen Begriff ausgetauscht hatten, ein neues Symbol benötigen…?

# Können sich Menschen ändern?

Eine **Frage**, die immer wieder auftaucht, lautet: **Können wir Verhalten verändern?** (Vgl. Sie auch Oktober – Februar zum Thema *Motivation*)

**Antwort Um Verhalten (dauerhaft) zu ändern** (unser eigenes oder das anderer Menschen), **brauchen wir** eine **„new emotional experience“** (= eine neue gefühlsmäßige Erfahrung). Diese **neue emotionale Erfahrung** muß in unserem **Herzen** etwas bewegen, nicht (nur) im Kopf! Sie kann (und wird in der Regel) eine wichtige **Einsicht** enthalten, **aber Logik und Ratio allein werden niemals Verhalten verändern!**

Was wir benötigen ist das, was Karl BÜHLER das ***Aha-Erlebnis*** nannte. Er sprach **nicht** von der *Aha-Schlußfolgerung* (Logik & Ratio) sondern von einem **Er-LEB-nis**, das das **ganze LEBewesen** erfaßt! Somit beschreibt das *Aha-Erlebnis* diesselbe Idee der neuen emotionalen Erfahrung!

Einer der besten Wege, eine neue emotionale Erfahrung zu kreieren, sind Stories. Geschichten können, aufgrund der gigantischen Fähigkeit des Menschen, seine Phantasie zu nutzen, (fast) so gut wie real Erlebtes sein.

Wenn eine Story unser Hirn & Herz bewegt, dann hat sie in uns die **Bereitschaft** geschaffen, etwas zu **verändern**. In anderen Worten:

Jede Story **kann** eine **andere** (zukünftige) **Wirklichkeit** erzeugen als jene, die wir ohne diese Story erlebt hätten.

Als ich im Laufe meines Psychologie-Studiums in den USA den **Lehrsatz der neuen emotionalen Erfahrung** kennenlernte, fiel mir ein **Schlüsselerlebnis** dazu ein: eine Story. Sie begegnete mir in einem *Reader's Digest* (Rubrik „wahre Geschichten“) und es war meine Mutter, die sie uns vorlas. Diese Schilderung hat mein Leben **maßgeblich** beeinflußt, wobei mir erst viele Jahrzehnte später klar wurde, welche ungeheure Power von Stories ausgehen kann und inwieweit Stories uns helfen können, unser eigenes POTENZ-ial weit besser zu entfalten (als ohne sie). (Natürlich können Stories auch zerstörerische Kräfte entfalten, aber wir wollen uns auf die positiven (Aus-)Wirkungen von Geschichten für unser Leben konzentrieren!)

## Die Nacht vor der Tortur

**Stichwörter zum Hintergrund:**
Eine Frau aus den Südstaaten der USA. Beim Duschen trat kochend heißes Wasser aus, Verbrennungen 3. Grades, über 40% der Körperoberfläche betroffen, akute Lebensgefahr. Transport in eine Klinik, die auf solche Verbrennungen spezialisiert war.

## Die Story:

Während der ersten Wochen kam es, zur ersten Bildung von **hauchdünner neuer Haut** und zu diesem Zeitpunkt stand den Patient/innen ein erstes „Bad" bevor (Eintauchen in eine besondere Lösung, die jene neue Haut sichern und pflegen sollte). Vor diesem „Bad" hatten alle entsetzliche Angst und konnten in der Nacht davor keine Minute schlafen. Nun hatte sich in jenem Krankenhaus ein Ritual herausgebildet: In der letzten Nacht leistete einem eine Person Gesellschaft, die diese Tortur bereits hinter sich hatte und die inzwischen das nächste Stadium (wie eine Mumie in Bandagen eingewickelt zu sein) erreicht hatte. So auch bei jener Frau. In ihrem Fall war es eine männliche „Mumie". Manchmal wurden solche Nächte schweigend verbracht, manchmal wurde gesprochen. In ihrem Fall sprach die Mumie mir ihr. (Wenn Sie die TV-Serie *Hör mal, wer da hämmert* kennen, ich stelle mir die hilfreiche „Philosophie" dieser „Mumie" in etwa so vor, wie die des Nachbarn.)

## Die Nacht vor der Tortur, Fortsetzung:

Jedenfalls hat diese „Mumie" unserer Frau geholfen, ihre Seelenruhe unterhalb der Panik wiederzufinden und jene Nacht, sowie das „Bad" am Morgen mit einem Rest an Würde durchzustehen.

Ungefähr vier Wochen später, als unsere Frau inzwischen selbst das Stadium der „Mumien" erreicht hatte, war bei jener Mumie die nächste Phase fällig (Abnehmen eines Großteils der Verbände, insbesondere Gesicht und Hände). Dabei stellte sich heraus, daß ihre „Mumie" einer jener Menschen war, die **sie als Südstaatlerin** per **Mem** (vgl. ab Januar-Brief: *Viren des Geistes*) als kindlich einzustufen gelernt hatte, als unreif, unfähig sich intellektuell zu entwickeln usw. (schwarze Mitbürger Ende der 50-iger Jahre). Sie berichtete ehrlich von ihrem Schock! Ihre **ganze Weltsicht** (Weiße müssen Schwarze bevormunden, anleiten und für sie sorgen) brach in diesem Augenblick zusammen, als die Ex-Mumie ohne Verbände ihr Zimmer betrat und sie im Nachhinein begreifen mußte, daß dieser Mensch ihr geholfen hatte, die schwerste Nacht ihres gesamten Lebens durchzustehen. Ohne die Weisheit und die Reife gerade jener Person hätte sie ihre Tortur niemals ohne Nervenzusammenbruch geschafft.

Quelle: Reader's Digest, ca. 1956/1957

Dieses **Erlebnis** hat das Leben der Schreiberin dramatisch geändert: Sie würde einen schwarzen **Mitmenschen** nie wieder ohne Respekt behandeln können. Vorher waren Schwarze für sie **wie kleine Kinder gewesen**. Ihre **neue emotionale Erfahrung** hat sie **über Nacht verwandelt**. Ähnliches kann jeder Person widerfahren, die die Story liest/hört. Ich war damals ca. 10 Jahre alt und ich habe **durch diese Pseudo-Erfahrung** mit-gelernt! Jede Story ist mentale VR (virtuelle Realität) und kann ein **ähnliches emotionales Erlebnis** in uns auslösen, **wenn** wir uns mit den Personen in der Geschichte identifizieren! **Deshalb** „funktionieren" Stories. Dies gilt gleichermaßen für **Gleichnisse**, die uns die großen Meister (Buddha oder Jesus) seit Jahrtausenden erzählen, eben weil sie **neue emotionale Erfahrungen** auslösen und deshalb das **Verhalten** der Zuhörer/innen (Leser/innen) **verändern können, wenn – aber nur wenn** die Betroffenen dies wünschen.

Sie sehen, unser heutiges **KaWa**©, drückt diese Zusammenhänge aus:

**S**: Stories stiften **Sinn**!

**T**: In einer Story können die wichtigen Elemente (Weisheit, Hilfe) einzeln vorgestellt und geistig durchgecheckt (ge-**TEST**-et) werden, bevor das neue Element bekannt ist (Hautfarbe).

**O**: Stories **öffnen uns** für andere, alternative Möglichkeiten (vgl. wie z.B. gute sf uns für andere mögliche Zukünfte öffnet!).

**R**: Es muß (seelisch-emotionale) **Resonanz** bestehen, damit sich die Wirkung einer Story entfaltet. Wer die Idee (Hilfe durch „Mumie" in jener Nacht) nicht begreift, kann aus der Story keine Lehre ziehen (ohne Resonanz bleibt das Herz stumm).

**I**: Nur wenn wir uns **identifizieren**, kann eine Story uns bewegen und unsere…

**E**: … **Evolution** (Entwicklung) voranbringen, die individuelle wie die unseres Volkes… Beide sind Voraussetzungen für die emotionale Erfa.

S: Das zweite „S" möchte ich hier dem **Sehen & Schauen** widmen: Durch gute Stories können wir **Dinge anders sehen** als zuvor und darin liegt ihre immense Be-REICH-erung für unser Leben!

In Manager-Seminaren erzähle ich manchmal die **Story eines Managers**, der spätabends noch zugange war, als eine junge Frau sein Büro betrat.

„Ah," sagt er, „haben Sie etwas Zeit, um mir zu helfen?" Sie scheint zwar etwas unsicher aber hilfsbereit. Zwar muß er ihr erst zeigen, wie manche Geräte (z.B. der Fotokopierer) funktionieren, aber nachdem sie es weiß, geht ihr die Arbeit flott von der Hand. Er ist begeistert und gegen Mitternacht bedankt er sich überschwenglich und drückt die Hoffnung aus, bei Gelegenheit wieder einmal zusammenarbeiten zu können…?

Hier beginnt **seine** **Lern-Erfahrung** mit ihr, denn nun lernt er, daß sie zur Putzkolonne gehört. Sie kann weder richtig schreiben noch lesen. Aber er hat ja bereits sehr positive Erfahrungen mit ihr gemacht, er weiß bereits: Sie lernt schnell, sie ist flexibel und hilfsbereit. Später lernte er ihre innere Ruhe kennen und schätzen, sowie ihr Pflichtbewußtsein und ihre absolute Verläßlichkeit. **Auch für sie war dies eine großartige Lern-Erfahrung gewesen**, denn sie lernte in der Nacht: Es war möglich, daß jemand ihr etwas zutraute, was sie dann auch schaffte. Trotz widrigster „Verhältnisse", denen sie entstammte, trotz mangelnder Schulbildung: Hier traute ihr jemand zu, daß sie ihm tatsächlich helfen konnte und das konnte sie dann auch wirklich! Diese drei Arbeitsstunden waren **für beide** eine **neue emotionale Erfahrung** gewesen!

Aber auch viele der Manager/innen, denen ich die Story erzähle, können von ihr profitieren. Viele erzählen mir später, **diese Geschichte sei für sie** eine enorm wichtige Lern-Erfahrung gewesen. Einige der Lektionen, die meine Teilnehmer/innen dieser Story „entnommen" haben, sind z.B.

- Selbst-Vertrauen entwickelt sich **durch** das Vertrauen, das andere zuerst in uns gesetzt haben…
- Beurteile **komplexe Menschen** nicht gemäß **einfacher Etiketten** (z.B. Schulversager, soziale Unterschicht, ungebildet…)
- Bilde dir selbst ein Urteil, statt dich auf das (Vor-)Urteil anderer (z.B. der Personalabteilung) zu verlassen

## Eine weitere Idee zum Los-Glas…

*Wir haben angefangen, **Stories** zu sammeln. Diese fotokopieren wir dann (verkleinert) und rollen sie wie Lose zusammen. Wenn wir beschließen, statt Fernsehen eine **Story-Time** abzuhalten, dann ziehen wir ein Los und denken über diese Geschichte nach.*

*Zuerst macht jeder für sich 5 Minuten lang Notizen, dann setzen wir uns zusammen und reden darüber. Die Gespräche, die sich dabei ergeben, sind echt spannend. Manche sind erhebend (und heben unsere Stimmung), manche bieten Stoff zum weiteren Nachdenken für Tage. Story-Time ist inzwischen eine echte Be-REICH-erung geworden (Sie sehen, wir übernehmen auch Ihre Art, Wörter wirklich wahrzunehmen). Danke für all diese wunderbaren Anregungen.*

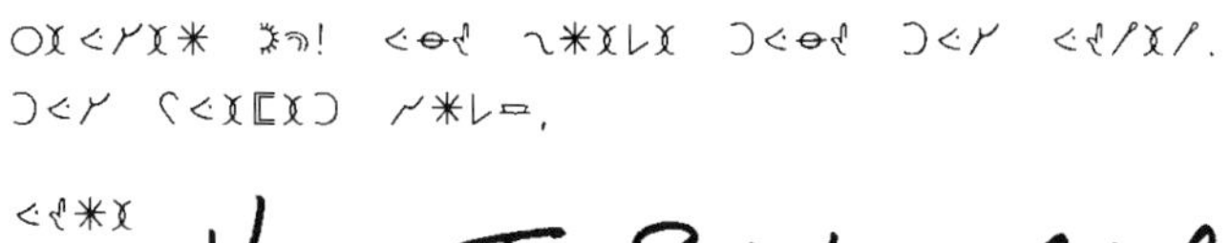

Vera F. Birkenbihl

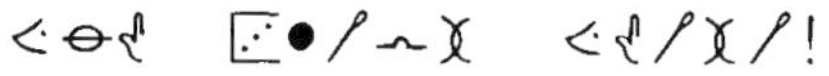

# Der Vera F. Birkenbihl-Brief

## Erfolg & Lebensqualität

**Monatlicher Beratungs- und Trainingsservice**
**Denn:** Erfolg ist ein Prozeß


**Juli**

eine der erfolgreichsten Persönlichkeits-Entwickler

Vera F. Birkenbihl

Liebe Leserinnen, liebe Leser,

es war schon immer etwas Besonderes, Birkenbihl-Brief-Leser/in zu sein! Im Mai und Juni sind einige (wenige) ausgestiegen, weil ihnen mein Brief zu „anstrengend" sei. Tja, **Coaching** ist halt mehr „als nur lesen", aber wie sehr viele von Ihnen uns immer wieder bestätigen: Die Übungen bringen enorm viel. Manche (z.B. die **Wortlisten-Aufgaben der letzten Monate**) bringen sogar noch mehr als Sie ahnen, nämlich im Sinne eines **Anti-Alzheimer-Trainings**! Sie als Briefleser/in können **vorab** ein Modul aus dem völlig überarbeiteten *Das „neue" Stroh im Kopf?* lesen; es heißt T-NEUROBICS© (nach Katz) und **erklärt, warum gerade die „schwierigen" Aufgaben die beste Altersvorbeugung im Gehirn darstellen!** Deshalb gratuliere ich allen, die sich nicht gleich in die Flucht schlagen lassen, wenn Ihnen ein wenig Mühe und Gehirnschmalz abverlangt wird; als Ihr Coach muß ich Sie manchmal **fordern**, um Sie optimal **fördern** zu können.

Ab **jetzt wird es wieder leichter** (so daß Sie vielleicht die Mai-/Juni-Aufgaben im Urlaub nachholen könnten?), denn heute gehen wir den nächsten Schritt in Richtung **Storys**. Wir begannen (**Februar**, S. 8) mit der Doppel-Frage: 1. Welche **Geschichte** (oder **Metapher**) hat Sie einmal sehr beeindruckt, und 2. warum? Im **März** (S. 6) folgte das erste Fallbeispiel meiner Trainer-Kollegin Berchtold. In den Briefen vom **April**, **Mai** und **Juni** befaßten wir uns mit ersten Ideen (inkl. **KaWa**©s) zu dem Begriff „Story". Im **Juni** stellten wir fest, daß Stories unser **Verhalten**, ja unser gesamtes **Leben ändern** können. Dies zeigen die Antworten meiner beiden Trainer-Kolleginnen: die (heute vorgestellte) Altmann-Story vom Steinmetz und auch die **Sonne-Wind-Story**, die wir heute erneut aufgreifen werden.
Ich wünsche Ihnen einen tollen Juli.

Mit ganz liebem Gruß,
Ihre

Vera F. Birkenbihl

Sie liebe Leserinnen, liebe Leser,
haben durch unsere Sommer-Beilage wieder einmal die Nase vorn (siehe Beilage 1ff.)

Falls Sie die **erwähnten Textstellen** noch nicht gelesen haben: Es lohnt sich! Im Zweifelsfall können Sie sie im Internet finden und lesen oder ausdrucken:
**www.birkenbihlbrief.de.**

# Die Story vom Steinmetz...

Beginnen wir mit Frau Altmanns Antwort auf meinen Aufruf im Februar-Brief. (Übrigens: Wir brauchen noch **viele** Geschichten, also: machen Sie bitte mit! Sie können gerne Telegrammstil schreiben (ich formuliere dann für Sie aus) oder aber einen echten kleinen Aufsatz abliefern (Brief, Fax oder gleich ins **Forum (unter www.birkenbihlbrief.de)** eintippen! Ich hoffe, daß dort bald weit mehr Geschichten stehen werden, als wir je in den Briefen unterbringen können, so daß unsere Leser und Leserinnen sich gegenseitig inspirieren werden. Denn, was die vergangenen und folgenden Monate zeigen ist: **Stories haben enorme Kraft**, sie können einen großen Block von Memen (Einstellungen, Programmen) mit einem Schlag verändern und dadurch unser ganzes Leben.

Auch das Leben von Sinah Altmann wurde durch **eine kleine Geschichte im Readers Digest** verändert (übrigens habe ich dieser gerne als „einfach" etikettierten Zeitschrift früher oft großartige Anregungen entnommen). Sie finden Frau Altmanns Story am Rand und ihre Ausführungen dazu (also das, was die Story ihr „gebracht" hat, hier im Haupttext). Frau Altmann schreibt:

Liebe Frau Birkenbihl,

hier ist meine Geschichte über meine Geschichte! Es begann Anfang 1990. Beruflich war ich gefestigt, hatte „Karriere" gemacht. Dennoch war ich unzufrieden mit meinem Leben. Meine „**Karriere**" war zwar toll, aber sie machte mich nicht wirklich zufrieden. Immer, wenn ich etwas erreicht hatte, war es nicht genug, und ich wollte etwas ganz anderes. Nun probierte ich einen weiteren Schritt, ich machte mich nämlich nebenberuflich mit einem **Schreibbüro** selbständig. 1992 ging ich im Bereich „**Büro-Service**" in die Vollexistenz, ebenso begann ich in dieser Zeit, meine Erfahrungen in **Seminaren** weiterzugeben. 1993 erfolgte die erste **Expansion**, 1995 die zweite. In diesem Jahr schrieb ich gleichzeitig mein erstes **Buch**. Dann erlebte ich eine Zeit des ständigen **Zweifelns**, und dann begegnete mir die **Steinmetz-Story**. Langsam wurde mir klar, was da passierte.

Sie und ich wissen, manchmal braucht es nur einen kleinen Stups, um weitreichende Entwicklungen in Gang zu setzen. **Diese kleine Geschichte war für mich so ein Stups**, der mich zum **Nachdenken** brachte. Ich fragte mich, wie lange das noch so weitergehen sollte?

Es war einmal ein Steinhauer, der es leid war, in der brütendheißen Sonne Steine aus dem Berg zu hauen. „Es ist so schrecklich mühselig, Steine zu hauen und diese Sonne! Wie gern würde ich den Platz mit ihr dort oben am Himmel tauschen und so allmächtig sein wie sie", sagte der Steinhauer laut zu sich. Auf wundersame Weise erfüllte sich sein Wunsch, und er wurde zur Sonne. Freudig sandte er seine Strahlen hinab, mußte jedoch rasch erkennen, daß sie von den Wolken abprallten. „Was nutzt es, die Sonne zu sein, wenn die Wolken meine Strahlen aufzuhalten vermögen?", klagte er. Und er wurde eine Wolke, flog über der Welt dahin, regnete auf sie hinab und wurde schließlich vom Wind zerfetzt und verweht. „Ah, der Wind kann also die Wolken verwehen, so muß er wohl das stärkste Element sein. Ich möchte der Wind sein." Und er wurde zum Wind. Er wehte und blies und toste. Doch eines Tages verwehrte ihm eine hohe Wand den Weg. Es war ein Berg. „Was nutzt es, der Wind zu sein, wenn ein Berg mich aufhalten kann?" So wurde er ein Berg. Doch alsbald spürte er etwas an ihm hämmern. Es war ein Steinhauer. (Verfasser unbekannt)

Nach einigen Wochen intensiven Überlegens, zahlreicher geschriebener Seiten (um meinen Geist zu klären) sowie vieler Gespräche mit guten Freunden, faßte ich einen Entschluß: Ich mußte herausfinden, was ICH wirklich wollte (im Gegensatz zu vielen gutgemeinten Ratschlägen aus der Umwelt).

Mit Ihrem Buch „Der persönliche Erfolg" im Gepäck fuhr ich für 2 Wochen nach Griechenland. Ich habe mich in diesem „Urlaub" umfassend mit mir auseinandergesetzt und diese Zeit war der **Beginn einer für mich unglaublichen persönlichen Entwicklung**! Erstens gab ich die ganze Büro-Service-Sache auf, zweitens baute ich die Seminarschiene voll aus, denn nun weiß ich, daß das das einzige ist, was ich machen will. Auch ich bin der Steinmetz.

Übrigens möchte ich Ihnen für Ihre brillante Entwicklung zum Thema **Stories** danken. Ich habe in den letzten Wochen erst wirklich zu begreifen begonnen, warum sie so enorm viel be-WIRKEN-en können. Was meine **Seminare** angeht, so kann ich auch hier feststellen, wie häufig es eben diese kleinen Geschichten sind, die bei meinen Teilnehmerinnen und Teilnehmern bewundernswerte Weiter-ENTWICKLUNG-en auslösen. (Sie sehen, Ihre Art der Schreibweise ist inzwischen auch die meine geworden).

Ihre
*Sinah ALTMANN*, Augsburg

Es freut mich, festzustellen, daß viele Leser-Reaktionen diesen Gedanken wiederspiegeln und daß viele von Ihnen schon mit Spannung auf die Fortsetzung des Story-Themas warten. Einige wollten auch etwas genauer wissen, was eine **Metapher** ist. Denn eine **gute Metapher** kann unser Leben genau so maßgeblich **verändern**, wie eine Story. Also, falls Sie erst kurz nachdenken wollen, tun Sie dies jetzt, **ehe** Sie den kopfstehenden Text in der Marginalie lesen.

Erste eigene Assoziationern zu der Story auf der vorigen Seite:

**Metapher:**
Wir benutzen eine Sache, um eine andere zu erklären. So verstehen wir den **Bergrücken** und den **Flußarm**, wiewohl ein Berg keinen „echten" Rücken und Flüsse keine „echten" Arme haben. Ebenso will Jesus mit den Metaphern seiner Gleichnisse das Verständnis erleichtern, wenn er vom Samenkorn (= einem Menschen) spricht, das sich sehr unterschiedlich entwickeln kann...

## Story oder Metapher?

Die Sonne-&-Wind-STORY erzählt die **Geschichte** eines Streits und wie er ausging. Aber in dieser Erzählung **steht die Sonne für etwas, der Wind für etwas anderes**, somit sind Sonne und Wind nicht nur wörtlich zu verstehen sondern auch als Gleichnis, als Analogie, als Metapher.

Vorschlag:
Legen Sie schnell und spontan ein erstes **KaWa**© zum Begriff der METAPHER an; indem Sie Ihre allerersten Assoziationen zu jedem Buchstaben aufschreiben

Bitte bedenken Sie: Jede Metapher macht manche Aspekte einer Sache besonders deutlich (HEBT sie also besonders HERVOR) während sie andere Aspekte quasi ENTFERNT (weil sie diese „verschweigt", übersieht, unterbetont). Wenn wir diese **Doppelnatur** verstehen, dann können einfachste Stories und Metaphern uns enorm helfen!

Aufgabe: Denken Sie über **Ihr Leben** nach und kleiden Sie Ihre ersten Assoziationen in eine **Metapher**, nach dem Motto:

*Mein Leben ist wie (ein/e)* ____________________ ,

*weil* ________________________________________ .

Sehen Sie das Leben eher wie eine **Hühnerleiter** (kurz und besch...) oder eher als **Flußfahrt** (immer Neues zu sehen/erleben)?

Somit bietet uns jede Metapher einerseits eine Be-REICH-erung, weil sie uns durch den Vergleich (= die ANALOGIE) auf bestimmte Aspekte AUFMERKSAM und für diese empfänglich macht.

Andererseits stellt sie auch eine potentielle Ver-ARM-ung dar, wenn wir die Metapher für die „ganze Wahrheit" halten und **nicht** begreifen, wie zweischneidig jede Ver-EINfachung zwangsläufig sein muß.

Ich möchte Ihnen nun eine Story anbieten, die ich seit vielen Jahren aktiv einsetze, insbesondere, wenn das Thema Meditation aufgetaucht ist und Teilnehmer/innen Ängste äußern, etwas falsch zu machen.

Sufismus: alte persischarabische Philosophie, die drei Wege zur Erleuchtung anbietet:

1. **Vom Kopf ins Herz** (Stories),
2. **Ekstase** (hierhin gehören die berühmten tanzenden Derwische) und
3. **Mantrische Meditation**. Ein Mantra ist ein Wort, ein Wortklang oder ein Sinn-Spruch. Dieser wird laut (oder leise) unablässig wiederholt.

## Eine alte Sufi-Story

Ein frisch gebackener Sufimeister, der befindet sich auf dem Rückweg von jenem Ort, an dem er gerade seine Ausbildung beendet hatte (quasi ein frischgebackener „Diplom-Sufi"). Er reist mit dem Boot den Fluß entlang und kommt an eine kleine Insel, die durch eine Flußgabelung in dem breiten Fluß entstanden war.

Auf dieser Insel hört er einen Sufimeister, der dort meditiert: *Akbar, Allahu Akbar*... „Na", denkt er, „jetzt habe ich gerade mein Sufidiplom. Ich weiß, daß da jemand sein Mantra falsch ausspricht. Also muß ich ihm das mitteilen".

Er bindet sein Boot fest, geht auf die Insel, und findet einen Mann, der seit 40 Jahren an dieser Stelle sitzt und meditiert. Er wartet eine Weile, bis der Alte ihn aus den Augenwinkeln wahrnimmt und erklärt ihm dann, er habe gerade seine Ausbildung beendet und er habe das Mantra gehört, und daß diese heiligen Worte genaugenommen etwas anders ausgesprochen werden müßten! "Um Gottes Willen!", sagt der alte Mann. „Das ist ja furchtbar, das wußte ich ja gar nicht. Würde der junge Meister mich bitte unterweisen?"

Jetzt üben sie ein paar Tage lang, weil das seit Jahrzehnten eingeschliffene Verhalten bei dem Alten sich hartnäckig gegen Veränderung wehrt. Immer wenn sie meinen, „jetzt haben wir es", fällt der Derwisch in die alte Aussprache zurück. (Übrigens wird behauptet: wenn einer mit dem Mantra richtig meditiert, dann kann er über Wasser laufen und andere Wunder tun. Das wissen beide.)

Nach einigen Tagen scheint der Alte die neue Aussprache dann doch zu beherrschen und der junge Meister will seine Reise in Richtung Heimat auf dem Fluß fortsetzen. Er rudert wieder los und nach einigen Minuten meint er plötzlich die Stimme des alten Mannes direkt hinter sich zu hören, was nicht möglich ist, da er sich inzwischen einige hundert Meter von der Insel entfernt hat. Trotzdem hört er die Stimme des Alten, direkt hinter seinem linken Ohr. Erschrocken dreht er sich um und tatsächlich ist ihm der Alte über das Wasser nachgelaufen und sagt: „Junger Meister, wie muß ich das Mantra bitte exakt aussprechen?"

Diese Geschichte setze ich gerne im Seminar ein, um den Teilnehmern und Teilnehmerinnen **Mut** zu machen, **Ihren eigenen Weg** zu gehen.

**Lehrer/innen, Berater/innen und Coaches dürfen Ihnen Tips geben, sie können Ihnen ihr Wissen auch stückweise anbieten, aber: niemand kann für Sie schmecken, kauen, schlucken und verdauen.**

Wenn Ihr Mantra nach einer Weile eine andere Silbe hervorhebt, dann ist das **IHR MANTRA** und **Ihr Lebensweg** und **für Sie** vollkommen ok.

**Deshalb** kann der alte Derwisch mit seinem „falschen" Mantra auf dem Wasser gehen!

Und gerade hier liegt der Unterschied zwischen offenen und geschlossenen Systemen. Etablierte Kirchen und Sekten sind oft geschlossen, sie schreiben ihren Anhängern bis ins letzte Detail vor, was sie zu glauben und wie sie zu handeln hätten (die Betonung auf dem Mantra muß 100%-ig so sein!). Offene Systeme hingegen wollen, daß wir unseren freien Willen nutzen. Sie machen uns Vorschläge, aber sie engen uns nicht ein. Sie machen uns Angebote, sind aber nicht beleidigt, wenn wir nicht kaufen. Sie bieten uns Hilfestellungen, akzeptieren es aber, wenn wir uns für einen anderen (nämlich unseren!) Weg entscheiden.

## Denk-Aufgaben:

1. **Reflektieren** Sie **immer wieder** darüber, was das „Mantra" in Ihrem Leben **bedeuten** könnte. Wofür ist es eine **Metapher**? Für die Art wie Sie singen? Für Ihre Art (was?) zu tun? Möchte sich in Ihrem Leben jemand als „Diplom-Sufi" aufspielen und Ihnen sagen, wo es längs gehen müßte?
2. **Denken** Sie aber **ebenfalls** darüber nach, wem gegenüber **Sie selbst** vielleicht die Rolle des „Diplom-Sufis" einnehmen und **andere** nach **Ihrem** Willen formen möchten.

Nachfolgend biete ich Ihnen mein KaWa© zum Begriff METAPHER an, es steht absichtlich Kopf, damit Sie, falls Sie noch keines angelegt ha-

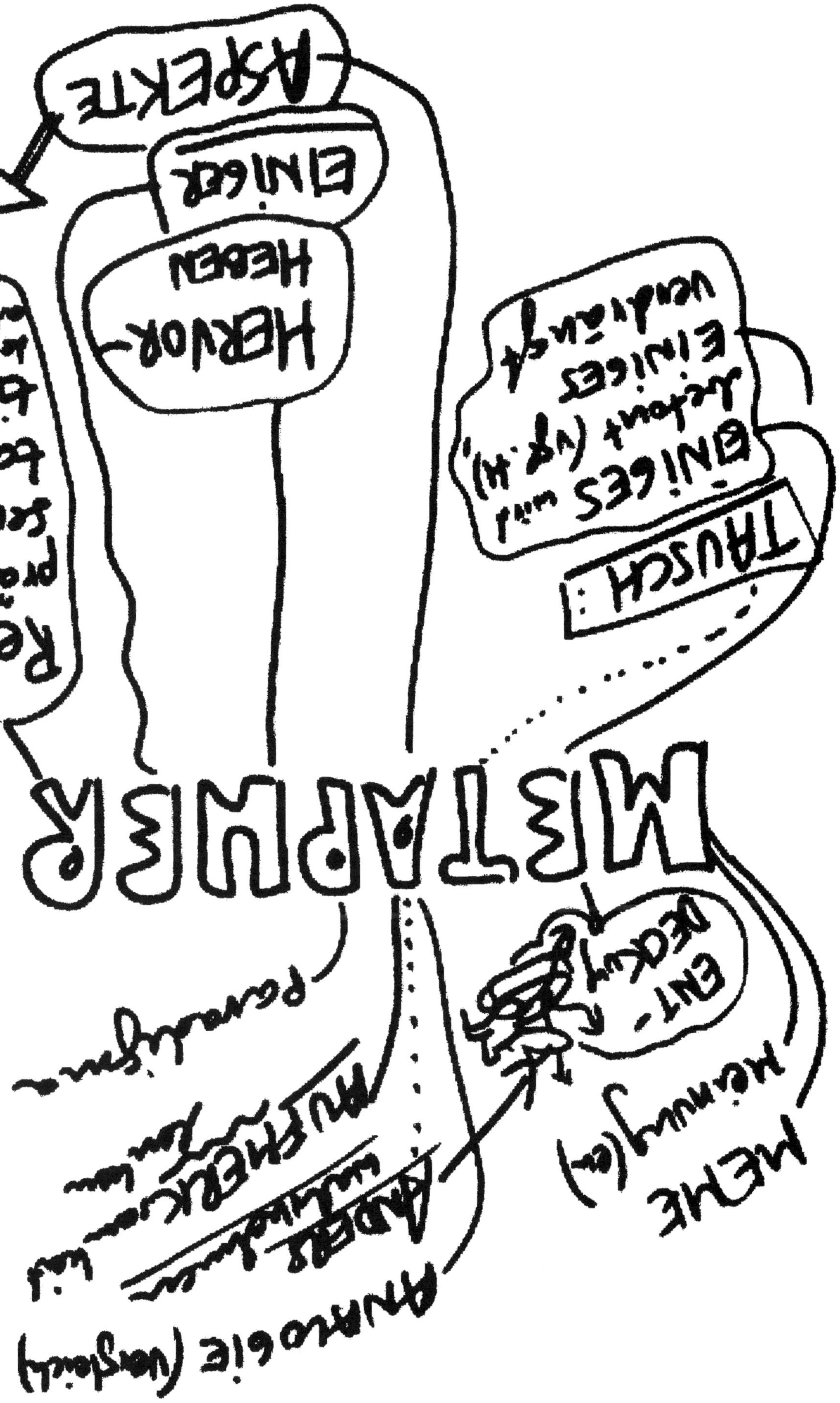
METAPHER
ANALOGIE (Vergleich)
ANDERS wahrnehmen
AUFMERKsamkeit lenken
paradigma
MEME
Meinung(en)
ENT-DECKung
TAUSCH:
EINIGES wird betont (vg. H), EINIGES verdrängt
HERVOR-HEBEN
EINIGER
ASPEKTE
Re-prä-sen-ta-tion der Situation

ben, dies noch tun können, ehe Sie meine Vorschläge begutachten... Bei den ersten **Hotline-Telefonaten** mit Brief-Leser/innen (am 8. Mai) ergab sich eine interessante Schlüssel-Frage. Es geht um die unangenehme „ewige" (chronische) Suche nach den Schlüsseln:

## Das Schlüssel-Such-„Gedächtnis"-Problem

Ein Leser meinte, er habe ein Gedächtnis-Problem, weil er seine Schlüssel so oft suchen müsse. Diese Frage taucht auch regelmäßig in Seminaren auf. Antwort: Dieses Problem wird nicht durch **mangelnde Gedächtnis-Leistung** ausgelöst, sondern durch **mangelnde AUF-MERK-samkeit**. Sie können sich später nicht erinnern, wenn Sie den Schlüssel vollkommen unbewußt „beiseite" legen (fallen lassen), während Sie den Gastgeber begrüßen oder (zuhause) schon im Gehen beginnen, die Post aus dem Briefkasten aufzureißen oder ähnlich. Lernen Sie, sich selbst bewußt zu „erzählen", wohin Sie die Schlüssel legen oder wenden Sie (vor allem unterwegs) den Trick der nächsten Antwort an. Zuhause empfiehlt es sich, die Schlüssel auf einen Nagel in unmittelbarer Nähe der Türe zu hängen. Dies war meine Lösung. Es dauerte ca. 6 Wochen, bis die neue Handlung zur neuen Gewohnheit wurde und seither habe ich nie mehr Schlüssel gesucht! Im Haus ist es ein Haken an der Wand, im Büromobil ist es ein kleines Schlüsselfach – in jedem Fall ist die Schlüsselablage heute völlig automatisiert (auch wenn ich spätnachts „todmüde" von einer langen Reise nach Hause komme...).

**AUF-MERK-samkeit:**
Ihr Geist muß OFFEN sein (z.B. für die Info, wo Sie den Schlüssel plazieren. So MERK-en Sie sich diesen wichtigen Tatbestand. Gegensatz: Konzentration (= die „Zu-MERK-samkeit")! Lernen Sie **bewußt wahrzunehmen**, was Sie sich merken wollen, ehe Sie Ihr angeblich so schlechtes Gedächtnis „schuldig sprechen".

## Variante: Das Schlüssel-Such-Handtaschen-Problem

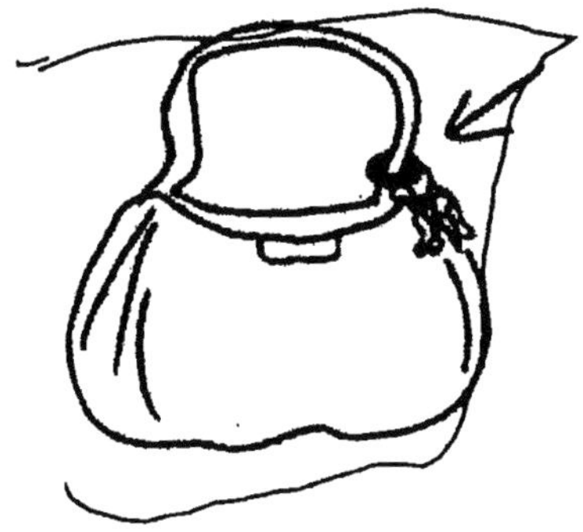

Im Seminar taucht regelmäßig eine Variante des Schlüssel-Problems auf: **Je größer die Handtasche, desto größer das Wühl-Problem.** Da viele Frauen ihre Taschen häufig tauschen, ist es wenig sinnvoll, nach dem **immer gleichen Platz** zu fahnden, denn die eine Tasche hat ein kleines Seiten-Innenfach, die nächste nicht. Deshalb schlage ich eine mechanische Lösung vor:

**Befestigen Sie am Bügel des Griffes jeder Handtasche einen jener großen Schlüsselringe (Karabinerhaken), die man wirklich mit einem Griff öffnen kann.** Dort hängen Sie den Schlüssel hinein.

**Oder befestigen Sie eine** (farblich abgestimmte) **Kordel an dem Griff**, an der Sie den Schlüssel festbinden, den Sie danach getrost in die Tiefe Ihrer Tasche gleiten lassen können. Er kann ja nun mit einem Griff herausgezogen werden! Alles klar?

## T-Training, aber wie?

### Oder: Gehirn-gerechtes Training

Liebe Leserinnen, liebe Leser,

**in diesem Modul geht es konkret darum, wie Sie Verhalten trainieren.**

Wenn wir Gedanken (Ideen, Theorien usw.) lernen wollen, also das, was wir im *Lernkurven-Beitrag** als „Buchwissen" bezeichnet haben, dann müssen wir **neue Infos in das vorhandene Wissens-Netz knüpfen** (häkeln, ein-BIND-en; vgl. *Gedächtnis wie ein Netz?*, oder Lernprozesse in unserem BasisWissen S. 26ff.). Das kann sogar extrem schnell geschehen, wenn bereits Fäden vorhanden sind, an welche wir das Neue „anhängen" können.

Anders sieht es aus, wenn wir etwas lernen wollen, das nur durch Training „gelernt" oder verbessert werden kann. Hier können wir nicht sofort einmal begreifen und ab jetzt nur noch so handeln, denn hier geht es um Verhalten, um Handlungen, um Tätigkeiten, und deshalb müssen neue Nervenbahnen angelegt werden. Dies aber ist weit „mühseliger", als vorhandene zu nutzen, indem wir uns neue Ver-BIND-ungen bewußt machen. Wir können uns auch durch künstliche Hilfsfäden (Eselsbrücken) helfen, um neue Infos als Pseudo-Bekannte zu behandeln, um sie ebenfalls sehr schnell zu lernen (vgl. *T-Eselsbrücken-Training* und *Gehirn-gerecht machen von <Lern-> Infos*).

Aber bei **Verhalten** geht das nicht. Für jeden **Bewegungsablauf** müssen sogenannte **bevorzugte Nervenbahnen** geschaffen werden.

> **Wir können diesen Prozeß beschleunigen und wir können mit weniger Trainings-Zeit pro Trainings-Einheit auskommen, wenn wir die Besonderheiten dieses neurophysiologischen Prozesses (aus-)nüt-**

* Die *kursiven Hinweise* beziehen sich auf hier nicht abgedruckte Passagen aus der 36. erweiterten Auflage *Das „neue" Stroh im Kopf?*

**zen. Aber wir können die Zeit nicht auf (fast) Null herunterfahren, weil diese Nervenbahnen ein Minimum an Real-Zeit benötigen.**

Sie können sich dies auch so vorstellen: Wenn eine Kette von Männern mit Wassereimern ein Feuer löschen will, dann müssen die Eimer die ganze Strecke von vorne bis hinten wandern, ehe am anderen Ende etwas passiert (Wasser in die Flammen). Eine eingespielte Männerkette kann die Eimer in einem atemberaubenden Tempo durchgeben; als Zuschauer haben Sie fast den Eindruck, der Eimer würde schweben. Aber jetzt stellen Sie sich vor, wir haben neue Männer im Team:

1. **Sind absolut alle Leute neu**, dann wird es eine Weile dauern, bis die Kette überhaupt funktioniert. Noch weiß keiner, daß der Eimer ca. 80% voll sein muß, damit es flott läuft. Ist er zu leer, dann kommt am Ende zu wenig an, ist er zu voll, dann schwappt zuviel über (Wasserverlust und Störungen im rhythmischen Ablauf).
2. **Sind einige Leute neu**, dann wird der Lernvorgang in der Gesamt-Gruppe umso leichter, je mehr alte Hasen dabei sind.

So ähnlich ist es auch, wenn Sie neue Bewegungen (Handlungen) lernen wollen.

1. **Sind absolut alle „Leute" neu** heißt jetzt: Sie haben noch nichts derartiges gemacht; daher müssen lauter neue "Leute" (Neuronen) eine völlig neue Kette (Nervenbahn) aufbauen. Das ist mit allen Irrungen und Wirrungen von Neu-Lern-Prozessen verbunden!
2. **Sind einige „Leute" neu** heißt jetzt z.B.: Ein Tennisspieler will Squash lernen, d.h. er kann **einen Teil** der bereits trainierten „Leute" (Neuronen) nutzen. Dies können auch Neuronen-Gruppen (ganze Bewegungs-Abläufe) sein.

Ist aber der neue Bewegungs-Ablauf einem früher gelernten sehr ähnlich, dann haben Sie quasi einige 1,80-Meter-Leute in einer Kette mit neuen kleinen Männern (oder umgekehrt), so daß auch und gerade die Routine der alten Hasen zum Störfaktor werden kann: Hier erleben Sie Interferenz! Es kann schwieriger sein, eine ähnliche (aber andere) Handlungsweise zu erlernen (trainieren), als eine vollkommen neue.

Es folgen nun einige konkrete Tips, die das Training betreffen, sie nutzen die Besonderheiten des Nervenbahnen-Bau-Prozesses im Gehirn, sind also gehirn-gerecht, weil sie dem Gehirn-Benutzer helfen Zeit und Energie zu sparen.

## Wer zu schnell reisen will, den bestrafen die Neuronen

Vielleicht kennen Sie eine meiner Lieblings-Geschichten von Till EULENSPIEGEL, als ein Kutschenbesitzer ihm im Wald begegnete und im Vorbeifahren (in einem Affentempo) schrie: „Wie lange noch zur Stadt?" Eulenspiegel rief zurück: „Zehn Minuten, wenn Ihr langsam fahrt!" Der feine Herr murmelte eine Beleidigung zwischen zusammengekniffenen Zähnen und drosch weiter auf die Pferde ein. Nun, Sie ahnen es, als Eulenspiegel viel später zu Fuß um die letze Kurve zwischen Wald und Stadt bog, da lag die Kutsche im Graben – mit gebrochener Achse! „Nun," meinte der närrische Eulenspiegel „wenn Ihr langsam gefahren wäret, dann wäret Ihr jetzt schon lange dort."

So ähnlich ist es auch mit Trainings-Maßnahmen. Viele Menschen brauchen letztlich 10 bis 20 Mal so lang wie es nötig gewesen wäre, wenn sie sich am Anfang der Strecke mehr Zeit genommen hätten. Dies gilt für das Erlernen von Musikinstrumenten (z.B. einem Keyboard) genau so, wie für das Lernen von neuen Sportarten bis zur Phase des Aktiven und Passiven Hörens beim Fremdsprachen-Erwerb (vgl. mein Buch „Sprachen lernen, leicht gemacht").

Die nächste Einsicht wird uns helfen, das beste aus zwei Welten miteinander zu verbinden. Haben Sie sich schon einmal mit dem Zen-Bogenschießen, der (japanischen) Tee-Zeremonie oder den asiatischen Kampfsport-Künsten (Martial Arts) befaßt? Dann wissen Sie, daß bestimmte Teile des Lernprozesses rein **mental** ausgeführt werden.

Inzwischen praktizieren auch westliche Sportler „mental", z.B. indem Sie vor der Abfahrt entspannen und mental die ganze Strecke auf den Skiern (oder im Bob) hinunterfahren, jede Kurve, jede Unebenheit der Strecke bewußt noch einmal ins Bewußtsein rufend ... Aber das Mental-Training ist **nicht nur** für die Profis nützlich, wir sollten es bereits im **Lernprozeß** (vom ersten Tag an) einsetzen. Dagegen verwehren sich nun manche Sport-Lehrer, weil sie sagen:

Ehe der Lernende den Ablauf genau kenne, könne er ihn auch nicht mental trainieren. Dies ist zwar richtig, aber nur ein Teil der Wahrheit, und zwar der unwichtigere. Bedenken Sie bitte:

1. **Wenn Sie eine neue Handlung lernen, muß Ihr Gehirn doppelt arbeiten**: Zum einen muß das Anlegen der neuen Nervenbahn vorbereitet und durchgeführt werden, das kostet Ressourcen (Neuro-Peptide und Energie), sowie Zeit.
2. **Zum anderen** aber muß Ihr Gehirn (genauer, der Motor-Cortex, Kleinhirn, zahlreiche Muskeln, Sehnen etc.) **Ihre tatsächlichen Bewegungen koordinieren**, auch das kostet Zeit und Kraft! Das ist so ähnlich, wie wenn unsere Feuer-Brigade nicht nur lernen sollte, wie man den Eimer weitergibt, sondern parallel dazu noch ein Lied singen müßte …
3. **Weil** aber beides **gleichzeitig** geschehen muß, wird ein Teil der Lern-Energie für jene **Gleichzeitigkeit** ausgegeben, so daß die beiden Anteile (Nervenbahn aufbauen plus Tätigkeit ausführen) mehr als ein Ganzes ergeben. Angenommen jede würde alleine 50 Punkte kosten, dann kosten die beiden, wenn sie gleichzeitig ausgeführt werden müssen, zusammen nicht 100, sondern 130 Punkte!

Deshalb sollte das Lernen in möglichst kleine Häppchen unterteilt werden, welche modular trainierbar sind, so daß später kleine funktionierende Module zusammengesetzt werden können. Daher profitieren **auch und gerade** Einsteiger von dem Mental-Training, wenn sie es richtig angehen.

Wir erinnern uns an die berechtigte Warnung der alten Profi-Lehrer: Die Gefahr, daß Sie falsch trainieren, weil Sie den richtigen Bewegungs-Ablauf ja noch gar nicht **kennen** ist natürlich **vorhanden**. Übrigens berücksichtigt das klassische Sprachenlernen in der Schule gerade diese Warnung NICHT, denn die Lernenden sollen **Wörter bereits aussprechen**, von denen sie noch gar nicht wissen, wie sie klingen werden, wenn sie diese Wörter später einmal können werden. Dies passiert auch heute noch beim Vorlesen im Unterricht (vgl. auch *Probleme mit dem Lesen*) oder beim Vokabel-Pauken! Kein Wunder, daß man völlig falsch trainiert …

Aber zurück zu unserem neuen Verhalten:

## Wer alles „echt" macht, der tut zu viel ...

Wir umgehen das Problem des falschen Vorbildes, indem wir jeweils nur einen Miniatur-Vorgang abwechselnd real und mental ausführen, z.B.:

1. **eine** Bewegung oder
2. **einen Bewegungsablauf** bzw.
3. **eine kurze Passage** (z.B. bei Musik)

oder ähnlich.

Bleiben wir gleich bei einem Beispiel. Sie üben auf dem Keyboard. Spielen Sie immer nur einige wenige Takte (bzw. wenige Noten) und zwar:

**einmal REAL (voll bewußt im Hier und Jetzt!), und einmal MENTAL.**

Beim realen Durchgang wollen Sie genau registrieren, was wie „passiert", also in unserem Beispiel:

1. **Welcher Finger,**
2. **welche Taste,**
3. **mit wieviel Druck,**
4. **wie lange** man drücken muß und
5. **mit welcher Bewegung** sich der
6. **Wechsel zum nächsten Finger** vollzieht. Ab hier geht es bei **Nr. 1, oben** wieder weiter.

Je langsamer und bewußter Sie dies tun, desto besser, oder, als Regel ausgedrückt:

## Wer sich beeilt, der zahlt mit Zeit ...

Je langsamer und bewußter Sie vorgehen, desto mehr Zeit (Real-Zeit!) hat Ihr Gehirn, um jene Nerven-Ver-BIND-ungen aufzubauen, auf daß der „Wassereimer" später auf dieser Bahn entlang rasen kann! Es müssen eine Menge Prozesse im Gehirn ablaufen, u.a. wachsen die Dentriten (wie Muskeln), d.h. Teile der Neuronen verdicken sich. Des weiteren muß das Gehirn viele neue Synapsen (Ver-BIND-ungsstellen zwischen Neuronen) anlegen, um sogenannte bevorzugte (neue) Nervenbahnen anzulegen.

**All dies sind „Baumaßnahmen", die Zeit und Kraft kosten und die nur weitergeführt werden, solange wir am Ball bleiben** (vgl. auch *Lernkurven gefällig?*)!

Wenn Sie einmal gesehen haben, wie die Chinesen auf der Straße und im Park schattenboxen (Tai-Chi ausführen), dann haben Sie ein perfektes Modell für die **Langsamkeit** des Vorgehens! Andernfalls denken Sie an **Zeitlupe**. Nehmen Sie einen kleinen Abschnitt auf einer Video-Kassette, in dem jemand eine **Handlung** ausführt (z.B. ein Motorrad startet oder ins Auto steigt) und lassen Sie **diese** Sequenz zehn Mal in Zeitlupe Revue passieren, dann erhalten Sie ein gutes Gefühl für das Tempo von dem wir sprechen. Merke: Schneller werden wir ganz von alleine.

Wir müssen immer darauf achten, **laaaangsam** zu arbeiten, das Tempo zu bremsen, denn erstens wurden wir von unserer Kultur „vergiftet", in der alles immer schnell-schnell gehen soll (bis hin zum Erfolg in Tagen und Erleuchtung in Minuten, bitteschön!). Zweitens wurden Sie vielleicht durch die Erfahrungen in Schule und Ausbildung verdorben und glauben deshalb fälschlicherweise, es müsse schneller gehen.

Vergleichen Sie das gehirn-gerechte Lernen von Handlungen mit der fernöstlichen Lebens-Art und überlegen Sie bitte:

> **Wenn wir das Mental-Training aus dem fernen Osten holen, um uns zu helfen, dann müssen wir die langsame Mentalität dazunehmen, die dazu gehört. Sonst hat es keinen Sinn.**

Falls Sie noch Zweifel haben (Motto: das Mentale könne nicht sooooo hilfreich sein, es handle sich dabei ja nur um Gedanken), dann bedenken Sie dies: In einem groß angelegten Experiment hat man hunderte von (schweren) Knochenbruch-Patienten (Skifahrer) in zwei Gruppen geteilt. Die eine lernte, täglich zwei mal **10 Minuten mental „spazierenzugehen"** (hier war das Mental-Training sofort möglich, da jeder wußte, wie man geht), die Kontrollgruppe lernte dies nicht. Wenn Sie schon einmal dabei waren, als ein atrophiertes Beinchen aus einem Liege-Gips herausgeschält wurde, dann wissen Sie: Der Abbau geht weit schneller als der Aufbau. Dies gilt für Muskeln wie für Nervenbahnen im Gehirn! Aber bei der Gruppe der Mental-Spaziergänger, da war es anders:

1. **Die Muskeln** waren um so viel weniger zurückgebildet, daß Fachleute geschworen hätten, der Gips sei 10 Tage am Bein gewesen statt (wie im Schnitt) acht bis zehn Wochen.*
2. **Der Heilungsprozeß der Knochens** entsprach dem „normalen" Status 1 bis 2 Wochen nach Gips-Abnahme!
3. **Die Leute lernten weit schneller wieder normal zu gehen**, und Sportler konnten in der halben Zeit nach Gips-Abnahme wieder zu ihren sportlichen Betätigungen (inkl. Joggen) zurückkehren.

* Die Studie lief in den 70er Jahren, als Gipse groß und schwer waren und in der Regel für längere Zeiträume verordnet wurden als heute …

**Also, wann fangen Sie an REAL – MENTAL zu üben?**

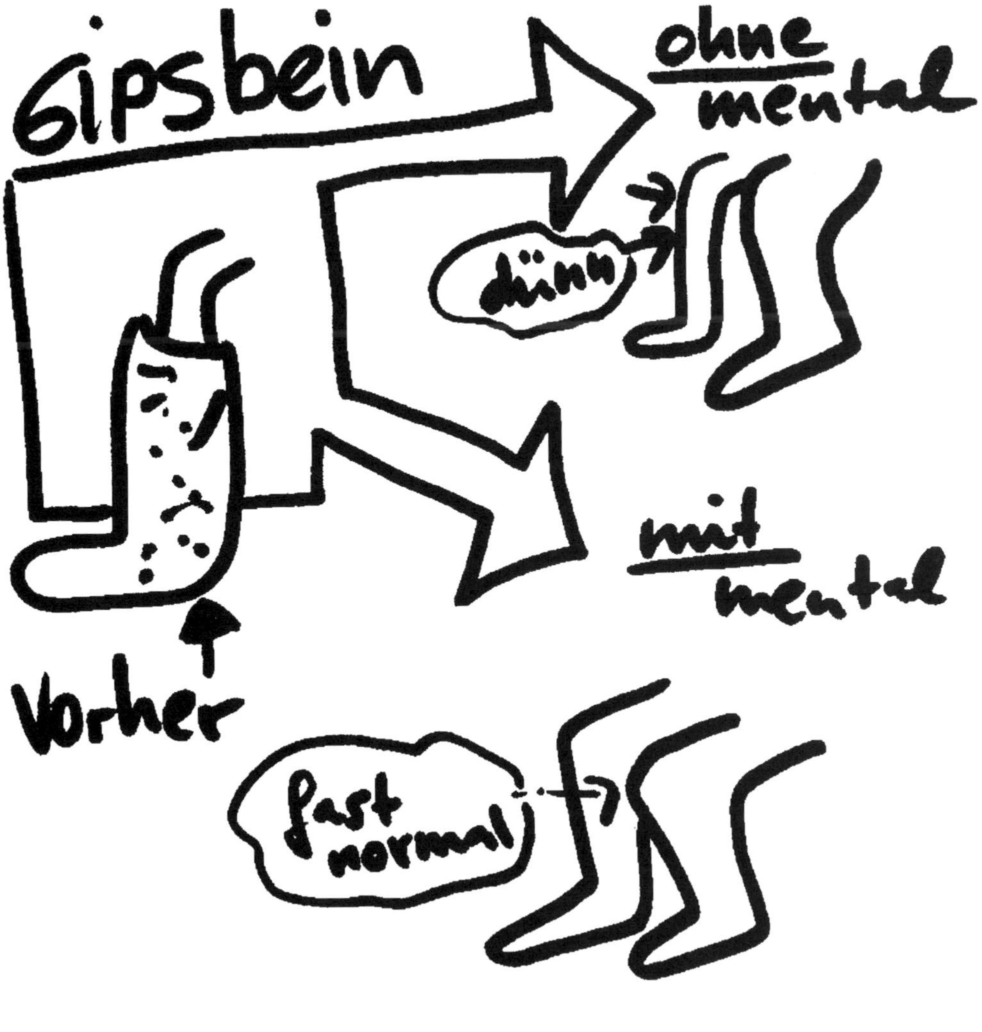

# Gegen den inneren Schweinehund...

Vielleicht fragen Sie sich auch häufiger: Wie kann man sich dazu zwingen, Dinge zu tun, die man sich zwar vorgenommen hat, die einem jedoch waaaaaaaaahnsinnig schwerfallen. Nun, vor kurzem fiel mir in einem amerikanischen **Buch** ein Gedanke „zu" (welch ein Zufall), der auch Ihnen sehr helfen könnte. In diesem locker formulierten (und doch nicht oberflächlichen) Selbst-Hilfe-Buch erzählt die Autorin (selbst ein Coach) Mary LoVerde, wie schwer es ihren Klienten oft fällt, ihre guten Vorsätze in die Tat umzusetzen. Deshalb hat sie sich eine Technik ausgedacht, die unglaublich hilft. Die ersten Reaktionen meiner Seminar-Teilnehmer/innen zeigen, daß die Methode auch hier gut ankommt. Sie nennt es „micro-actions", was wir mit ***Mini-Handlungen*** übersetzen können.

Quelle: **Mary LoVerde**:
***Don't scream at the microwave!***

Eine ihrer Klientinnen schaffte es absolut nicht, dreimal die Woche 20 Minuten spazierenzugehen. Jede Woche nahm sie es sich zwar wieder vor, kam aber jede Woche mit hängendem Kopf: „Ich hab es wieder nicht geschafft". Da sagte Mary Lo-Verde: „O.k., glauben Sie, daß Sie es schaffen, sich **lediglich den Jogging-Anzug anzuziehen**?" Darauf folgte ein völlig verdutztes: „Klar könnte ich das, aber..." – „Kein aber! Versprechen Sie mir, daß Sie es eine Woche lang versuchen und berichten Sie mir nächste Woche."

Nun, nächste Woche stellte sich heraus, daß die Klientin sich dann doch etwas albern vorkam und dann doch einmal um den Block zu gehen begann, sich dann wider Erwarten fünf Block weit weg von zuhause befand, dort einer Nachbarin begegnete und seither mit dieser geht... Aber der Knackpunkt ist: **Das eigentliche Versprechen, das wir uns gegeben haben, bezieht sich auf eine Mini-Handlung.** Diese kann man **immer** schaffen! Oft ergibt sich mehr, weil **weder Druck noch Zwang** uns quälen. Aber wenn sich **nicht** mehr ergibt, **ist dies völlig in Ordnung**. Und genau darauf basiert das überaus erfolgreiche Konzept der **Mini-Handlungen**.

**Und genau darauf basiert das überaus erfolgreiche Konzept der Mini-Handlungen.**

Sie sehen das Prinzip: **Reduzieren Sie die geplante Handlung auf ein solches Minimum, daß Ihr innerer Schweinehund überhaupt nicht merkt**, was Sie vorhaben. Sie haben keinen Bock auf Gymnastik? Dann denken Sie nicht daran! Nehmen Sie sich stattdessen vor, **lediglich Ihre Arme und Beine einmal zu strecken!** Mehr nicht! Oder geht es bei Ihnen eher um das **Geschirr**, das Sie **abwaschen** sollten? Fein. Wenn Sie damit beginnen würden, würde Ihr innerer Schweinehund bellen (vielleicht beißen). Wenn sie sich aber vornehmen, **nur eine einzige Tasse** abzuwaschen, dann merkt er gar nichts. Das heißt:

> Mini-Handlungen erlauben es Ihnen, Ihre eigenen inneren Blockaden zu umgehen und den üblichen Frust zu vermeiden.

Meist werden Sie etwas mehr als die Mini-Handlung ausführen, häufig sogar sehr viel mehr, aber im **Zweifelsfall** reicht diese. Somit brauchen Sie **kein schlechtes Gewissen** mehr zu erleiden. Noch einige Beispiele:

- Zähne putzen? Mögliche **Mini-Handlung**: **Zahnpasta auf Bürste streichen und halten**.
- Zimmer aufräumen? Mögliche **Mini-Handlung**: Eine 400 Quadratzentimeter große Fläche definieren und **nur diese aufräumen**.
- Jemand möchte nicht zum Einkaufen **gehen**? Mögliche **Mini-Handlung**: Mantel, Einkaufsnetz, Portemonaie etc. nehmen und nur **bis zur Ecke gehen**, dann darf man wieder umkehren.
- Jemand möchte eine Fahrt mit dem **Wagen** nicht erledigen? Mögliche **Mini-Handlung**: Nur alles nötige mitnehmen und **sich ins Auto setzen**.
- Manchmal möchten Sie **diesen Brief** vielleicht herumliegen lassen. Mögliche **Mini-Handlung**: Nur die erste Seite lesen!

Einer meiner Seminar-Teilnehmer reagierte zunächst skeptisch, aber er war bereit, die Idee zu testen. Vor dem Seminar hatte er sich oft **vergeblich** vorgenommen, zweimal pro Tag 50 Kniebeugen durchzuführen... (s. Randspalte).

Er einigte sich mit sich auf 5 Kniebeugen pro Training. **Mit diesen 5 hat er den inneren Schweinehund besiegt**. Sollte er nun Lust haben, weiterzumachen, dann darf er das natürlich, aber **er muß nicht**.

Nun, er berichtete einen Monat später per Fax:

*Manchmal mache ich wirklich nur 5 (das sind die Tage, an denen ich früher nichts gemacht hätte), aber meistens mache ich weiter, meist mindestens 20 – 25, aber auch schon mehrmals 50. Ich merke, daß ich in der letzten Woche fast immer 50 geschafft habe, weil ich trainiert habe. Und ich habe begriffen, daß auch die Tage mit der Mini-Handlung von nur 5 Kniebeugen bewirken, daß ich im Trainig bleibe. Lieber nur 5 als gar keine. Eine tolle Strategie. Ich hätte nicht gedacht, daß sie so gut funktioniert.*

Übrigens sind viele von uns auch schon auf die Idee gekommen, **aber wir haben es wahrscheinlich nicht so konsequent zur Methode gemacht, wie diese Autorin!** Ich kämpfe oft bei schlechtem Wetter mit dem inneren Zwang spazierenzugehen. Dann nehme ich mir vor, nur drei Minuten lang (bzw. nur bis zur Hauptstraße und zurück) zu gehen. Natürlich nur mit Walkman und intelligenten Hörkassetten (z.B. Literatur-Hörspiele). Wenn diese mich faszinieren, fällt es mir leicht, doch „ein wenig mehr" zu gehen, wobei dieses **„ein wenig mehr"** durchaus 40 Minuten werden kann. Wenn ich hingegen nicht mit meinem Mini-Ziel losgezogen wäre und wenn ich nicht gewußt hätte, daß ich im Zweifelsfall wirklich nach drei Minuten wieder hereinkommen darf, dann hätten sich jene 40 Minuten auch nicht ereignet!

Na, von welchen Tätigkeiten hält Ihr innerer Schweinehund Sie immer wieder mal ab?

**Beispiel-Problem**: Koffer auspacken.
**Mini-Handlung**: Koffer nur öffnen und **ein einziges Kleidungsstück in den Schrank hängen**!

## Aufgabe: Anti-Schweinehund-Strategie

1. **Tragen Sie Ihre „Problem-Handlungen" ein!**
2. **Denken Sie sich eine Mini-Handlung aus, die sooooooo minimal ist, daß sie Ihren inneren Schweinehund kaltlassen wird!**

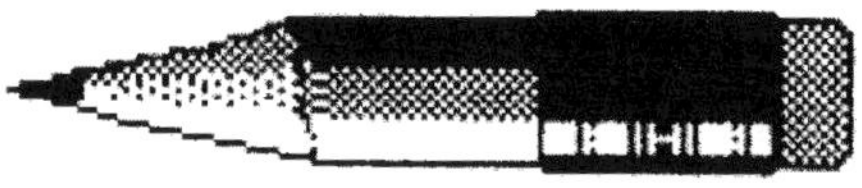

**Das Problem:** ____________________

____________________

**Mini-Handlung:** ____________________

____________________

____________________

____________________

Später tragen Sie weitere Ideen in Ihr Arbeits-Journal ein.

## (Wahrnehmung sogenannter) Wiederholungen

Wann haben Sie das letzte Mal darüber nachgedacht, inwieweit die Art, wie Sie wahrnehmen, **das Wahrgenommene verändern wird**? Bei jeder Wiederholung gilt nämlich: Zwar holen wir uns die Information anscheinend nur wieder (her-), aber da wir heute genaugenommen eine andere Person sind als gestern, vorgestern, letzte Woche oder vor 10 Jahren, können wir „es" **niemals identisch** (also genau so wie gestern, neulich oder damals) wahrnehmen.

Nicht nur unsere Interessen (Präferenzen, Prioritäten) haben sich (zumindest teilweise) geändert, auch unsere (un-)bewußten Wünsche (Motive, Ziele). Wir sind eben nicht mehr dieselbe Person wie beim letzten (vorletzten, dritten, ersten) Mal, als wir diese Info wahrgenommen haben. Im Klartext: Je mehr wir zwischen dem letzten Mal und heute **erlebt** haben, desto mehr in uns hat sich inzwischen verändert!

Damit aber ändern sich auch unsere eigenen **Assoziationen**, mit denen wir alles Wahrgenommene immer „an-REICH-ern"! Deshalb werden wir dieselben Dinge (Vortrag, Artikel, Audio-MC/CD, Film, Video/DVD, Buch etc.) an unterschiedlichen Tagen zwangsläufig anders wahrnehmen – es geht nicht anders.

## AUFGABE: Ein Experiment

Diesen Effekt können Sie leicht testen, indem Sie sich einen Tonträger **minimal zehn Mal** anhören, wobei zwischen den einzelnen Hör-Erlebnissen jeweils mindestens 24 Stunden (besser einige Tage oder Wochen) liegen sollten. Bei den ersten 2 – 3 Mal hören Sie **jedesmal neue Details heraus**. Beim 4. – 6. (oder 7.) Mal **langweilen** sich die meisten Menschen.[1] Diese „Langeweile" wird durch **oberflächliches (flaches) Hinhören** verursacht. Im Gegensatz hierzu steht ein aktives, mitdenkendes **Zuhören** (bei dem wir uns einer Person, Tätigkeit oder einem Gedankengang wirklich zuwenden). Selbst, wenn Sie die mittleren Male „langweilig" finden, machen Sie weiter, denn beim 8./9. (manchmal erst beim 10. Mal) **hören Sie plötzlich wieder ganz „neu"**. Sie nehmen Details wahr, von denen Sie (fast) schwören würden, sie seien **bisher niemals** zu hören gewesen. Deshalb sollen Sie das Experiment mit einem Tonträger ausführen, bei dem Sie sicher sind, daß niemand Ihnen Ideen „hineinschmuggeln" kann, die plötzlich (in Ihrem Bewußtsein) „auftauchen".

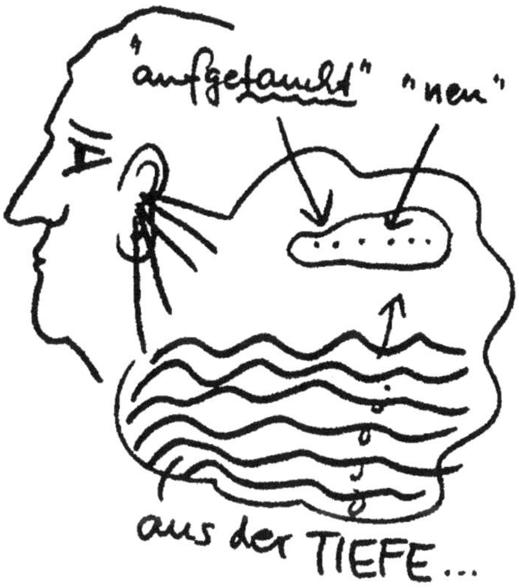


Wenn aber etwas in uns „auftaucht", dann bedeutet das, daß es **aus einer gewissen Tiefe** an die Oberfläche gestiegen ist, also **konnte** es bei den ersten, noch flachen (oberflächlicheren) Hör-Versuchen noch gar nicht wahrgenommen werden.

Ich habe dieses Experiment vor vielen Jahren mit einem Kassetten-Vortrag durchgeführt, in dem ich noch heute **jedesmal** weitere **neue Aspekte entdecke**, wenn ich ihn **weiterhin** ein oder zweimal pro Jahr höre!

---

[1] Ausnahmen sind rar; falls Sie eine sind: Kompliment!!

Ähnlich ist es beim Lesen von Texten mit Tiefe. Natürlich lesen wir nur wenige Bücher mehrmals (was sich bei einigen jedoch durchaus lohnt).

**Fazit: Je wichtiger ich einen Gedanken früher fand, desto spannender ist es, jedesmal wieder zu fragen:**

*Was „sagt" diese Passage mir heute?*

Dieser Prozeß ist nicht zu verwechseln mit stupiden, mechanischen Wiederholungen (wie in der Schule), bei denen auch beim 115. Mal nichts Neues „aufsteigen" kann, weil nichts Tiefes im Lern-Material verborgen war.

## Denkanstoß: Etwas „Knigge" gefällig?

Gespräche mit vielen Seminar-Teilnehmer/innen und anderen Betroffenen ergaben immer wieder: **In der täglichen Büro-Routine haben sich einige höchst unangenehme Gewohnheiten eingeschlichen, die auch Ihnen vielleicht zu denken geben**, insbesondere, falls Sie mit **Kunden** verhandeln. Dabei gehe ich immer von folgender Annahme aus: Jede Person, der Sie **etwas „verkaufen" wollen** (und sei es Ihre **Meinung**!) sollte (*psychologisch*) als „Kunde" eingestuft werden!

### BRIEF-/FAX-Benimm-Regeln

Ich erhalte tagtäglich eine Flut von Briefen, Faxen von Menschen, die etwas von mir wollen. Dabei gehen jedoch die meisten kein bißchen auf mich ein; **sie bauen also keine Brücke zu meiner Insel**. Sie stehen völlig isoliert auf ihrer Insel und wollen etwas von mir, z.B. daß ich ihr Manuskript lese, ihre Frage beantworte, ihre Bitte wohlwollend prüfe oder meinen Kund/innen und Leser/innen ihr Buch (meist ohne Stichwort-Verzeichnis und Quellen-Angaben (= Literatur ) empfehlen soll usw, usf. Überlegen Sie: Ist es wirklich **meine** Aufgabe, die **DISTANZ** zwischen den Inseln zu überbrücken?

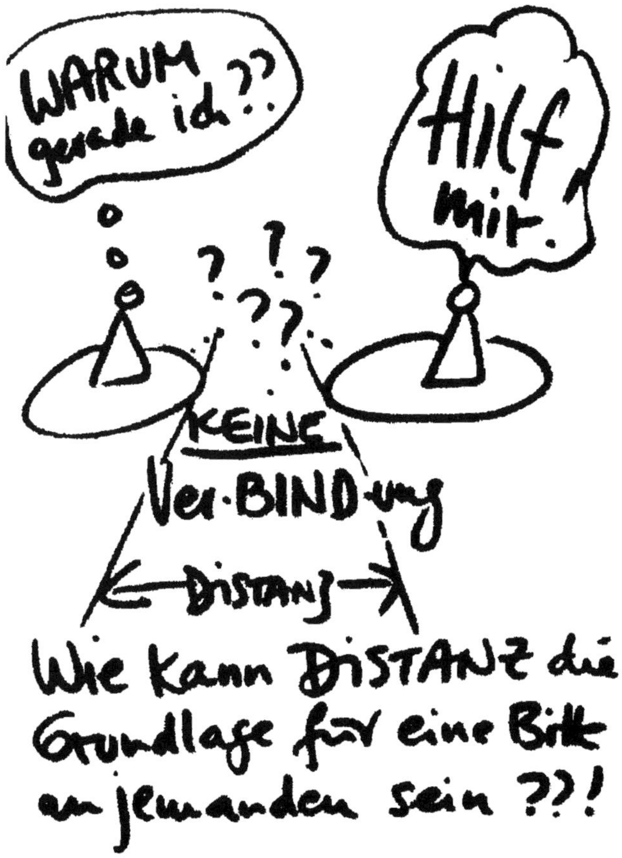


Ähnlich meinen die meisten Arbeitssuchenden, der potentielle Arbeitgeber habe sich gefälligst für sie zu interessieren, nur weil sie ihm eine pro-forma Anbiederung (Pardon: *Bewerbung*) geschickt haben (vgl. mein neues ALPHA-Buch, Stichwort *Arbeitslos, was nun?*).

Also, lassen Sie mich vorschlagen: Wenn Sie etwas von jemanden wollen, dann sollten schon Sie die Brücke zum anderen bauen; schließlich sind Sie ja derjenige, für den/die **der Mitmensch Zeit und Energie opfern soll**, oder?!

## Inventur-Aufgabe Nr. 1:

Es folgt eine jener Aufgaben, für die es **nur ein einziges erstes Mal gibt. Sie dauert jedoch nur 2 Minuten**, und die sollten Sie sich sofort nehmen, wenn irgend möglich:

Denken Sie genau 2 Minuten lang darüber nach, wie Sie Ihre Zeit verbringen. Es geht um (Wochentags-)Zeiten für häufige **Tätigkeiten eines normalen Arbeitstages**. Notieren Sie **sofort** typische Durchschnitts-Tätigkeiten und wieviel Ihrer Gesamt-Arbeits-Zeit diese benötigen. Tun Sie es jetzt!

**2 Min.**

1. Haben Sie Zeit für den *Weg* zur/von der Arbeit eingeplant?
2. Haben Sie linear, analytisch (eher linkshirnig) gedacht und die Prozent-Zahlen *aufgeschrieben* (oder haben Sie versucht, die Relationen zueinander zu zeichnen (z.B. in Form eines *Balken-Diagrammes*, mit dessen Hilfe Sie sofort einen guten Über-**BLICK** erhalten)?

Dann beantworten Sie Fragen (Kasten, rechts):

## Inventur-Aufgabe Nr. 2: Zeichnen Sie eine Torte

**2 Min.**

Genauer: Zeichnen Sie eine Kategorien-Torte[2]. **Es ist ganz einfach**: Zeichnen Sie einen Kreis und teilen Sie diesen in einzelne „Tortenstükke", wobei manche größer/kleiner sein werden, je nachdem, wieviel jedes enthalten soll. **Dieses „Wieviel" bezieht sich auf die jeweilige Frage**, die Sie mittels dieser Kategorien-Torte beantworten wollen. Die Kategorien-Torte (rechts) zeigt Ihnen, wie es aussehen kann, wobei die einzelnen „Tortenstücke" beschriftet werden. Übertragen Sie Ihre Antwort von oben jetzt bitte in dieses Torten-Format!

[2] Vgl. das neue *Birkenbihl ALPHA-Buch* sowie die weitgehend neue 36. Aufl.: *„Das* ***neue*** *Stroh im Kopf?"*.

Erst wenn Sie fertig sind, lesen Sie den Text in Geheimschrift!

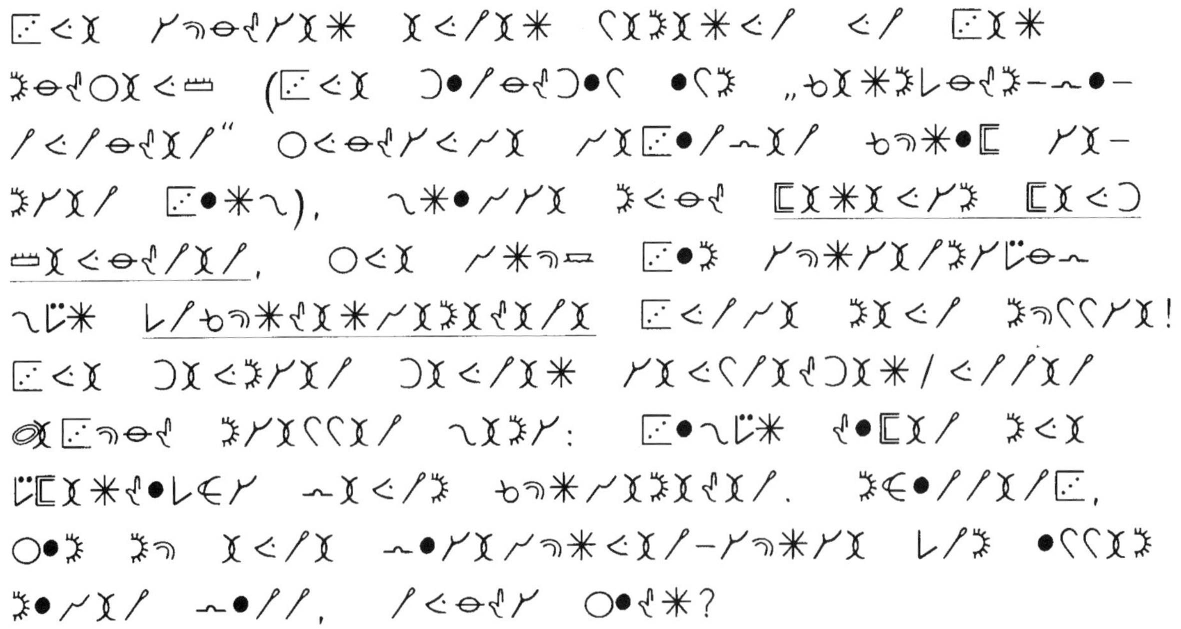

**Anregung: Zeichnen Sie in Zukunft viele Kategorien-Torten!**

Seit ca. einem Jahr stelle ich diese Technik im Seminar vor, dabei hat sich gezeigt: Wer sich mit dieser neuen Denk-Technik vertraut macht, stellt erfahrungsgemäß bald zwei Dinge fest:

1. Wie **schnell** Sie den **Überblick** bekommen.
2. Wieviele **wichtige Zusatzgedanken** Ihnen **beim Zeichnen einfallen** bzw. wieviel Sie lernen, wenn Sie merken, welche *Zeichen-Probleme* auftauchen. Gerade diese stellen die „Zusatzgedanken" dar, die Ihnen beim Notieren von Buchstaben/Zahlen **eher nicht** eingefallen wären.

Testen Sie es!

Ihre

Vera F. Birkenbihl

# Der Vera F. Birkenbihl-Brief

## Erfolg & Lebensqualität

**Monatlicher Beratungs- und Trainingsservice**
**Denn: Erfolg ist ein Prozeß**

**September**

eine der erfolgreichsten
Persönlichkeits-Entwickler

Vera F. Birkenbihl

Liebe Leserinnen,
liebe Leser,

vielen Dank an alle, die bei der **Fragebogen-Aktion** im letzten Brief mitgemacht haben (wer noch nicht hat, kann seinen Bogen gerne noch einfaxen). Die beiden Haupt-Tendenzen sind jedoch bereits recht eindeutig:

1. Es haben **sehr viele von** Ihnen sehr rasch reagiert (weil nur wenige den Brief lange herumliegen lassen – das freut mich natürlich sehr) und
2. **die allermeisten von Ihnen sind sehr zufrieden** (S. 2). **Überschneidungen/Gemeinsamkeiten** kann man schnell herausfinden, bei Unterschieden dauert es länger.

Insgesamt aber ist die Anzahl unser Leserinnen und Leser, die „echt" mitarbeiten sehr hoch, wobei die **Entwarnung** auf der *ersten* Seite des letzten Briefes von vielen von Ihnen **mit großer Erleichterung** zur Kenntnis genommen wurde!

Auch Mary LoVerdes Strategie der **Mini-Handlungen** (S. 2 – 4: **wider den inneren Schweinhund**) wurde mit **großem Lob** von Ihnen bedacht. Das freut mich; danke. Sie finden diesen Text auch unter **www.birkenbihlbrief.de**, weil die Idee so wichtig und so hilfreich ist!

**Entwarnung**
(vgl. S. 1 im Aug.-Brief)
**Man muß weder alles lesen noch alle Übungen machen!**

Auch heute beginnt wieder ein extrem wichtiges Thema, das die Wahrnehmung Ihrer **Kommunikationen** dramatisch verändern könnte (ab S. 3: *Exformation*).

Ihre

Vera F. Birkenbihl

## INFORMATION – EXFORMATION?

Beginnen wir mit einem Begriff, den wir alle sehr gut zu kennen scheinen.

**Aufgabe**: Bitte beantworten Sie folgende Frage und schreiben Sie in die Marginalie: Was ist *Information*? ➔

In seinem Buch *Spüre die Welt* macht der Dänische Wissensschafts-Publizist NØRRETRANDERS einen faszinierenden Vorschlag, indem er auf **zwei Arten von „Infos"** abzielt, die wir **trennen** sollten, nämlich **zunächst** in etwa das, woran sie eben dachten, als Sie in die Randspalte schrieben (oder lesen Sie nur?). Vergleichen Sie Ihre Beschreibung mit der Definition von NØRRETRANDERS: *Information = die Bits und Bytes – wieviel Buchstaben, Silben oder Wörter wurden benutzt.*

Wesentlich aber ist die **neue Einsicht**, zu der NØRRETRANDERS uns verhilft, nämlich: Das eigentlich Wertvolle in der zwischenmenschlichen Kommunikation ist **nicht** die **INFORMATION**, sondern die **EXFORMATION**. Damit meint er das, **was wir** (ex = heraus) **auslassen** oder: das, was wir **nicht** gesagt (geschrieben) haben. Und NØRRETRANDERS betont, daß **erst das** eine Botschaft für Menschen interessant macht (im Gegensatz zum Computer, der nur Infos verarbeitet). **Beispiel**: Wenn Sie einen Satz hören, bei dem das letzte Wort fehlt, können Sie das fehlende immer ...

Ihre **Ergänzung** ist die **EXFORMATION**! Jeder weiß, was **gemeint** ist. Meine Stammhörer kennen mein Beispiel aus dem Lokal, wenn der Ober fragt: „Schwein?" und Ihr Tischnachbar erwidert: „Das bin ich.", was selbstverständlich niemandem auffällt! Hier haben wir wenige Buchstaben (sieben), wenige Silben (eine), wenige Wörter (eins). Also extrem wenig Info, sollte man meinen. Trotzdem ist die Kommunikation komplett, wenn der Gast das Unausgesprochene, das Weggelassene, richtig (im Sinne des Obers) ergänzen kann. Diese Ergänzung („Wer ist die Person, die das Schweinefleisch-Gericht bestellt hat?) beantwortet der Gast mit „Das bin ich." und alle sind zufrieden. Allerdings können wir nur ergänzen, was wir kennen und genau hierin liegt der „Kasus knacksus" der Exformation: Stellen Sie sich einen Menschen vor, der noch nie in seinem Leben in einem Restaurant war, der also all das nicht weiß, was wir wissen, z.B.

**Information** = ____________________

Kennen Sie die **Story** von der Bergfahrt, bei der zwei Männer in einem **Jeep** den Berg hinauffahren und es begegnet ihnen ein roter **Sportwagen** mit offenem Verdeck (ziemlich knapp um die Kurve), darin eine Blondine. Sie schreit „**Schwein!**", als die beiden Wagen auf gleicher Höhe sind?

Die beiden sind stocksauer, der Fahrer ruft etwas „Unaussprechliches" ... Wie die beiden jedoch um die Kurve fahren, rennt ihnen ein riesengroßes Wildschwein voll in den Wagen. Die junge Dame hatte sie nur warnen wollen! Tja, da haben die beiden wohl „falsch" ergänzt, d.h. sie deuteten **die Exformation falsch**.

- Hier erhält man **Essen gegen Bezahlung**.
- Hier **wird** man **bedient**.
- Wenn der Ober **nicht mehr auswendig weiß**, wer was bestellt hat, wird er fragen und **erwartet Hilfe** von uns.
- Usw.

Jemand, der von all dem nichts weiß (dessen Insel keine vergleichbaren Erfahrungen enthielte) würde vielleicht davon ausgehen, die Äußerung „Schwein" könnte **einen Angriff auf ihn selbst** darstellen und dementsprechend reagieren. Er könnte jedoch vielleicht auch annehmen, der Ober wolle wissen, ob jemand **mit Namen *Schwein*** am Tisch säße…

Oder: Wie sehen Ihre **allerersten Assoziationen** aus, wenn Sie hören: *Das Käsebrot will noch ein Bier!* (bzw. im Krankenhaus: *Die Galle will schon wieder aufstehen!*) Das sind ganz einfache Beispiele für **Exformation**.

Im Klartext: Exformationen „leben" von den Ergänzungen der Menschen. Je ähnlicher die Inseln sind, desto ähnlicher sind unsere Ergänzungen; desto mehr Insel-INHALTE werden aktiviert, weil wir uns ER-INNERN, wenn wir unsere eigenen Erfahrungen aktivieren, die an den Exformationen „hängen"!

Nun bietet NØRRETRANDERS die **zweite** Weisheit, welche das Konzept der Exformation so faszinierend macht:

1. Exformation ist die **ausgelassene** „Info", und:
2. **Durch Exformation erhält ein Gespräch Tiefe**.

Das aber ist unglaublich spannend, denn:

Eine Botschaft wird wesentlich REICH-haltiger und be-REICH-ert uns umso mehr, wenn eben nicht alles gesagt wird.

Das eigentlich Wertvolle in der zwischenmenschlichen Kommunikation ist **nicht** die (nackte) **INFORMATION**, sondern die **EXFORMATION**.

Quelle: Tor NØRRETRANDERS: *Spüre die Welt*. (Das beste Buch über **Bewußtsein**, das ich kenne!)

Jede ERFAHRUNG kann durch Exformationen "angerissen" werden, das BERÜHRT uns.


Der Empfänger muß **ähnliche** Erfahrungen (in seiner **Insel**) haben, sonst kann er nichts (oder nicht genug) **hinzufügen** bzw. **ergänzen**. Genau dieses Ergänzen-Müssen aber bewirkt, daß man sich „angesprochen" fühlt! Flache Infos (wie eine Nachrichten-Sendung) sprechen uns selten „echt" an!

## Neue Technik & neue Inventur-Aufgabe:

# Die KaWa-Couvert-Technik©

Ein ganz wichtiges Thema für diesen Herbst/Winter wird der **Humor** in Ihrem Leben sein (bzw. der mangelnde Humor?). Ich bin jetzt seit fast zwei Jahren an diesem wichtigen Thema und kann Ihnen bereits andeuten: Es wird faszinierend. Aber zunächst möchte ich Sie bitten, selbst ein wenig nachzudenken, und zwar mit Hilfe meiner **KaWa©-Technik**. Als Vorbereitung sollen Sie so viele **KaWa©s** wie möglich erstellen, und zwar wir folgt:

Schritt 1: Legen Sie ein KaWa© zu folgenden drei Begriffen an:

1. **HUMOR**
2. **LACHEN (LÄCHELN, GELÄCHTER)**
3. **KOMIK (KOMISCH)**

Wenn Sie Lust haben, können Sie natürlich auch KaGa.s zeichnen. aber das ist eine sehr fortgeschrittene Variante. **KaWa©s** reichen derzeit völlig…

Sie können bei den Punkten 2. u. 3. **einen** dieser Begriffe auswählen oder variieren, ganz nach Wunsch.

Schritt 2: Fertige **KaWa©s** in ein Couvert stecken, so daß Sie davon nicht mehr beeinflußt werden.

Schritt 3: **Einmal pro Tag** werden Sie **jeweils ein** KaWa© zu jedem dieser drei Begriffe beginnen (und Ihr Resultat später ebenfalls ins Couvert stecken).

Wenn es Ihnen **zu viel Arbeit** zu sein scheint, **1x täglich** ca. 2 – 3 Minuten **pro Begriff** (= zus. 6 – 9 Min.) zu investieren, dann wählen Sie (zumindest an manchen Tagen) die **einfache Variante**, indem Sie **täglich nur einen** dieser Begriffe KaWa-mäßig „bearbeiten". **Bedenken Sie, daß Sie hier eine bestimmte Denk-Technik einüben** und daß die **Vorteile** Ihre **eigenen** sein werden, wenn Sie mitmachen. Andererseits macht kein/e Leser/in **alle** Übungen. **Sie entscheiden immer selbst, bei welchen Aspekten Sie sich auf spannende Entdeckungen über sich einlassen wollen!**

Erst nach einem Monat breiten Sie alle **KaWa©s** aus und lassen sich überraschen. Und ich kann Ihnen versprechen, daß es immer zu Überraschungen kommt. Im ersten Moment mag es zwar verrückt erscheinen, **täglich** KaWa©s **zum selben Wort anzulegen** und einige Tage lang ist es durchaus möglich, daß Ihnen immer wieder dieselben Assoziationen (zu denselben Buchstaben desselben Begriffes) einfallen. Diese dürfen sie selbstverständlich jedesmal hinschreiben. Aber plötzlich (vielleicht nach vier Tagen, vielleicht erst nach 2 Wochen) tauchen völlig **überraschend** ganz neue Ver-BIND-ungen auf, die zu weiteren neuen Gedankenketten führen, so daß sich **Ihr Verständnis von Begriffen, die Sie in dieser Weise „bearbeiten" in dieser Zeit dramatisch ver-TIEF-en wird.**

Es ist ja auch nicht von ungefähr, daß wir uns zur Zeit mit dem Thema TIEFE befassen. Sie werden mit Hilfe dieses hier vorgeschlagenen Mini-Trainings **viele** der bereits in Ihnen schlummernden **EXFORMATIONEN** zu HUMOR, LACHEN und KOMIK selbst **entdecken**.

Wer von Ihnen beim Thema Stories (Briefe: Februar bis Juli) aktiv mitgemacht hat, **hat diesen spannenden Entwicklungs-Prozeß bereits** ansatzweise **miterlebt**, denn: Sie wurden eingeladen, mit mehreren **KaWa©s** zum Begriff *STORY (STORIES)* mitzudenken, damit sich wichtige eigene Ein-SICHT-en entwickeln konnten. Diese „steigen" (wie magisch) an die Oberfläche, weil sie ja aus der TIEFE kommen. Sie erinnern sich: *Ent-WIKKELN* heißt, herauszuwickeln, was sich bereits **im Inneren befindet**. Also ist häufig ein faszinierender **Entwicklungs-Prozeß** zu erwarten, wenn wir es wagen, zu einem Thema wiederholt nachzudenken.

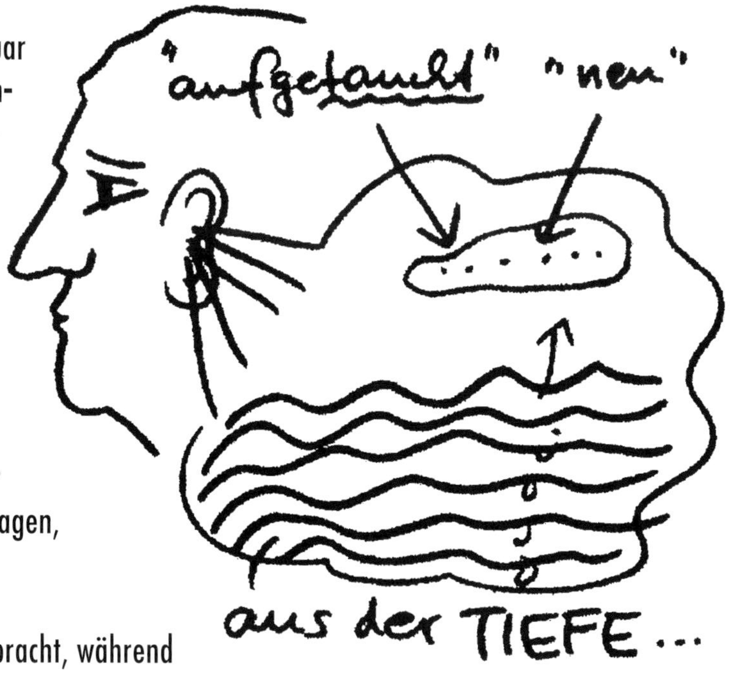


Dies hat uns unser Schulsystem uns oft nicht beigebracht, während **Forscher, Autoren, Künstler** ständig über bestimmte Themenbereiche nachdenken. Dabei fördern wir auch immer mehr „Material" aus der Tiefe zutage…

Nun habe ich festgestellt: Die Wirkung des wiederholten Nachdenkens ist bereits dann sehr stark, wenn Sie täglich (nur 2 – 3 Minuten lang) über Ihr (derzeitiges) Thema reflektieren. Dies können Sie sehr leicht erreichen, indem Sie jedesmal ein **schnelles KaWa©** anlegen. Testen Sie dies, wenn Sie aktiv mitmachen. Wir beginnen bald mit dem Thema Humor; und es wird spannend!

Dabei ist es optimal, einige Ihrer **Ideen kurz zu notieren**, am besten in ein **kleines HUMOR-Notizbuch**, das Sie **ständig** bei sich tragen. Denn manche Ihrer (aus der TIEFE Ihres Geistes) auftauchenden neuen Ein-SICHT-en werden **ganz plötzlich** erscheinen, wenn Sie es am wenigsten erwarten.

Ihre

Vera F. Birkenbihl